U0494175

集人文社科之思　刊专业学术之声

集 刊 名：日本学研究
主办单位：北京日本学研究中心
　　　　　教育部国别和区域研究基地日本研究中心

日本学研究

第35辑

集刊序列号：PIJ-2018-300
集刊主页：www.jikan.com.cn/日本学研究
集刊投约稿平台：www.iedol.cn

郭连友 主编

35

第 35 辑

北京日本学研究中心、教育部国别和区域研究基地日本研究中心

日本学研究

社会科学文献出版社
SOCIAL SCIENCES ACADEMIC PRESS (CHINA)

目　录

灾害人文学专栏

日本语言

灾害人文学专栏

东亚灾害人文学的构想

——以日本的灾害文化为例

〔日〕山泰幸著　程　茜译*

【摘　要】现代社会暴露在"持续破坏性压力源"（PDSs）之下。东亚各国在自然灾害方面有着共同的特点，最近的传染病流行、少子老龄化和人口减少等共问题，都可以综合地当作东亚地区共同的PDSs。把灾害当作定义的PDSs，通过对东亚特有的共同特征和各地区多方面的阐释，可以构筑实践性学问——"东亚灾害人文学"。本文以日本的灾害文化为例，探讨探讨传统的灾害文化和构筑新灾害文化的尝试，试图勾勒出"东亚灾害人文学"的轮廓，并预测其发展方向。

【关键词】灾害人文学　灾害文化　东亚

引　言

现代社会暴露在"持续破坏性压力源"（PDSs）之下。这个概念是由综合防震学者冈田宪夫提出的，包括伴随着气候变化出现的大规模自然灾害、在全球范围内持续不断的环境破坏、正威胁着人类生存的传染病等。这些强大的力量不断袭来，带来破坏，并由此带来再创造的机会。

为了应对这种情况，目前正在开展防灾科学研究，并开发各种灾害风险管理方法和系统，但为了使这些方法和系统有效发挥作用，必须扎根在

* 山泰幸，关西学院大学人间福祉学部人间科学科教授，主要研究方向为人文社会、社会学。
程茜，北京师范大学外国语言文学学院副教授，主要研究方向为日本文化。

具体的地区，在居民的生活中实现社会实装①。因此，对"人"的理解不可或缺，包括历史上围绕灾害形成的思想、文化、社会关系等多个方面。人文学知识为实现社会实装的"最后阶段"提供了抓手。

东亚各国地理位置相邻，有深厚的历史渊源，有相似的气候条件，在自然灾害方面有着共同的特点，其密切的人文、经济关系反映在最近的传染病流行和应对措施上。还有许多共同的社会问题，诸如少子老龄化和人口减少等，这些因素可以被综合地视为东亚地区共同的 PDSs。

把"灾害"当作广义的 PDSs，全面考察东亚地区应对灾害的历史，将历史上围绕灾害形成的思想、文化、社会关系等视为"可持续发展的实践知识"，通过对东亚特有的共同特征和各地区发展的多方面的阐释，可以构筑有助于实现社会实装的实践性学问——"东亚灾害人文学"。

本文以日本的灾害文化为例，介绍了笔者所构想的东亚灾害人文学关心的一些问题及其范围。

一 灾害文化的概念

思考灾害问题有一个前提，即灾害是在自然和人类的交互关系中发生的。偏远山区的山体滑坡只是一种自然现象，而不是灾害，只有对人类的生命和生活造成损失时，其才被认为是灾害。自然现象是否成为灾害及其造成损失的大小，在很大程度上取决于"人与自然的相处方式"。

在日本的人文学科中，民俗学的分支环境民俗学主要研究"人与自然的相处方式"。民俗学者鸟越皓之指出，"民俗学的研究对象'自然环境'总是指经过人类加工的'自然环境'"，环境民俗学即"用民俗学的观点研究自然环境（经过加工的自然）与人类之间关系机制的领域"。在此基础上，他将环境民俗学的研究主题分为三大类：①人类对自然的"利用"；②自然与人类的"共生"；③以环境为媒介的"人类之间的相互关系"。②

环境民俗学的基本课题包括：①居民作为消费者，在其传统的生活方式中使用了哪些传统技术来获取自然的馈赠（利用）；②居民在不过度开发和消耗、享受自然的馈赠的同时，如何以可持续的方式维持其生活（共

---

① 社会实装是验证一项技术是否在社会中切实可行，是否适宜推广商用的重要环节，这种验证是多维度的。——译者注
② 鸟越皓之编『試みとしての環境民俗学』，東京：雄山閣出版，1994。

生）；③居民为实现其生活目标，如何建立和管理社会组织（人类之间的关系）。可以说，这些课题的关注点集中在"人与自然的相处方式"中自然向人类提供恩惠的一方面。

然而，大自然不仅带来了恩惠，也带来了灾害。如果聚焦在这一方面，可以提出如下问题：有哪些传统技术被用来防止自然界引起的灾害？即使不能完全防止自然灾害，人类是如何设法减轻损失并可持续地维持生计的？进一步说，为了实现这一点，建立了什么样的社会组织并管理运作的？本来"人与自然的相处方式"就具有两个方面，如果我们特别关注后一个方面，可以把"人与自然的相处方式"称为"灾害文化"。

自然灾害是多种多样的。有些灾害，如台风、暴雨、暴雪等，随着季节周期性地发生；而有些灾害，如地震、海啸、火山爆发，则有突发性高、频度低、会造成严重破坏的特点。"灾害文化"也相应地发展出不同形式。

文化人类学者田中二郎认为，在灾害多发地区，已经形成了关于灾害征兆和灾害应对的当地特有的知识和技能，这种与人类灾害知识的获得、积累、传承、使用有关的有形文化与无形文化被称为"灾害文化"。从广义上讲，"灾害文化"既包括建筑物的抗震、防火结构、防洪大坝等技术方面，也与代代相传的防灾知识、灾害观、疏散行为等人文社会科学方面不可分割。①

文化人类学者林勋男指出，有两种传统的研究灾害文化的方法。一种是"描述性"方法，即收集和记录过去灾害经验的传承和灾害观；另一种是"价值评价的"方法，即把防灾、减灾的积极意图和行动结合起来，把与灾害有关的知识和技能评价为"有价值"的。后者为了明确其价值，有时会用"防灾文化"一词。②

二　灾害文化的研究史

日本的灾害文化研究主要由民俗学承担。民俗学中关于灾害文化的研究大多基于"描述性"方法，其特点正如民俗学者野本宽一所说，不仅关注"对自然灾害的唯物的反应和传统"，也特别关注与自然灾害有关的"信

---

① 田中二郎：「災害と人間」，田中二郎、田中重好、林春夫共編『災害と人間行動』，東京：東海大学出版会，1986。
② 林勲男：「災害文化」，野呂雅之、津久井進、山崎栄一編『災害対応ハンドブック』，京都：法律文化社，2016。

仰、巫术、传说"以及"预兆传说"。① 可以说，比起当前防灾对策"理性的"反应，更关注传统的对策和神秘的现象，其原因与结果、手段与目的之间的关系用今天的观点来看是难以证明的。

此外，自东日本大地震以来，出现了许多支援灾区"复兴"的实践研究。对支援灾区民间表演艺术的复兴活动、受损文物救援活动的实践研究，② 以及对灾害中死者的祭奠和追悼的研究③等受到了关注。传统灾害对策的智慧和独创性重新受到审视。④ 而且随着研究的发展，民俗学中也引入了灾害研究动向，出现了以灾害对策实践化为目的的民俗学的尝试。⑤ 以大地震为契机，试图积极评价地方文化在灾害应对过程（包括从灾害预防到重建）中发挥的作用的"价值评价的"方法，开始在民俗学研究中占据核心地位。

三 培育新的灾害文化

灾害文化既包括在全国范围内普遍存在的文化，如水稻种植的机制和智慧的积累，即与天气和耕种有关的习俗、谚语和节气等，还包括一些特定地区独特的文化，如东日本大地震时重新受到重视的避难口号"海啸来时各自逃"（海啸等灾害来临时，不要管家人在内的其他人，先各自抓紧到高处避难），以及有众所周知的保护生命和财产免受水灾的硬件设施"助命坛"⑥ 和"水屋"⑦ 的轮中⑧文化（木曽川、长良川、揖斐川三条河所在的

---

① 野本寬一：『自然災害と民俗』，東京：森話社，2013。
② 橋本裕之：『震災と芸能—地域再生の原動力』，茨木：追手門学院大学出版会，2015；橋本裕之、林勲男編『災害文化の継承と創造』，京都：隣川書店，2016。
③ 鈴木岩弓、磯前順一、佐藤弘夫編『〈死者/生者〉論 —傾聴・鎮魂・翻訳』，東京：ぺりかん社，2018。
④ 川島秀一：『津波のまちを生きて』，東京：富山書房インターナショナル，2012；東北文化研究センター：『東北学 特集 災害の民俗知』2014 年第 3 号。
⑤ 谷口陽子：「災害民俗学 危機管理と災害対応の実践の民俗学に向けて」，『東洋文化』2012 年第 93 号；鈴木岩弓：「災害」，『日本民俗学』2014 年第 277 号；及川祥平：「『東日本大震災』と民俗学—日本語版のための序論」，及川祥平、加藤秀雄、金子祥之、クリスチャン・ゲーラット 編『東日本大震災と民俗学』，東京：成城大学グローバル研究センター，2019。
⑥ 为没有"水房"的农民建造的洪水时避难的高高的土堆，被称为"助命坛"或"命冢"。——译者注
⑦ 在经常被洪水破坏的低洼农村地区建造的有高土层的房屋。——译者注
⑧ 轮中，指由堤坝围起来的结构，或这种结构的聚落。——译者注

木曾川流域）。防灾心理学者矢守克也认为，灾害文化是与灾害共存的智慧积累，为战胜自然的威胁反其道而行之，边享受自然的恩惠边与灾害共存。换句话说，与其说灾害文化是对抗自然、试图压制自然的"防灾"理论，不如说其更接近"减灾"理念，即向自然妥协，尽可能减少自然带来的灾害。[1]

的确，从巨型堤坝的建设中可以看出，"防灾"理念是基于对科学技术的绝对信任的现代社会思想。另外，传统上人们敬畏拥有超人类力量的自然，人类通过向自然妥协尽可能地减轻损害。自从经历了阪神大地震和东日本大地震等大规模灾害后，"减灾"理念逐渐流行。这一理念与灾害文化中"人与自然的相处方式"非常接近。

然而，因在特定地区反复发生的灾害而形成的灾害文化，对低频、大规模灾害，或对近年来因气候变化而频繁发生的大规模灾害，不仅没有效果，甚至可能导致错误的应对。此外，构成灾害文化基础的地方社区，一方面由于城市化进程和归属感变弱，另一方面由于人口减少，从源头开始面临着崩溃的危险。有关灾害的科学知识和信息在不断增加，与灾害有关的环境也在发生巨大变化。从这个意义上而言，传统的灾害文化已经不再适用，要培育新的灾害文化来满足现代社会的需求。

四　灾害文化与地方社区

在1995年的阪神大地震中，据统计，将近70%的获救者通过包括家人在内的"自助"方式获救，30%通过邻里"互助"获救，只有少数人是通过"公助"获救的。由此人们认识到在大规模的灾害中，首先"自助"是最重要的，其次"互助"也很重要。此后，由当地居民组成的自主防灾组织迅速增多，东日本大地震后，甚至在一些自治体成立率达到了100%。

的确，在重大灾害发生后，整个社会的防灾减灾意识会增强，自主防灾组织的成立率显著增加，疏散演习也频繁开展。然而一段时间后，活动往往停滞不前，组织陷入休眠状态。即使在成立率达到100%的自治体，在现实中也只是在文件上把现有的自治会、町内会[2]等居民组织向政府报告为

---

① 矢守克也：『〈生活防災〉のすすめ：東日本大震災と日本社会』（增补版），京都：ナカニシヤ出版，2011。

② 以促进共同利益和地方自治为目的的地方协会，也是居民的利益团体，有"自治会""町内会"等各种名称。——译者注

自主防灾组织，许多居民不清楚已经成立了自主防灾组织，甚至不知道自己是其中的一员。

此外，截至 2020 年 9 月 15 日，日本估计有 3617 万 65 岁以上的高龄人口，占总人口的 28.7%，拥有世界最高的老龄化率。① 随着日本进入超老龄化社会，灾害期间需要援助而又难以"自救"的人数激增，依托当地社区的"互助"变得越来越重要。

2018 年（平成 30 年）6 月 28 日至 7 月 8 日的暴雨在西日本地区造成了广泛的破坏，导致 263 人死亡，其中七成是老年人。冈山县真备町是受灾最严重的地区，51 名死者中九成是老年人。河水泛滥导致水位迅速上升，人们无法疏散到地势较高的避难所，被迫在家中二楼避难，悲惨的是他们中的大多数人因为年龄太大无法爬楼梯而被淹死。

真备町在 1972 年和 1976 年发生重大水灾后，被开发成城郊住宅区，供通勤到仓敷市中心的新居民使用，该地区的人口也随之增加。因此，许多新居民没有关于洪水灾害的经验或知识。这可能是损失增加的一个原因。还有人指出，由于平成大合并②，位于外围的真备町被并入仓敷市，市政府没有给予足够的重视。在笔者对幸存者的采访调查中，一些人反映，该地区居民间缺乏传统的关系和联系，日常的交流很少，在紧急疏散时，他们甚至无法做到"打声招呼"。

缺乏日常交流、在紧急情况下无法相互招呼疏散，是当代日本许多地方面临的共同问题。可以说这些问题与关系丧失、社会隔离和高龄者孤独死等问题是相通的。创建、维护和管理社区的智慧和方式等，也应该作为广义的灾害文化加以考虑和培育。

五　在社区生活的礼仪

根据民俗学者柳田国男的说法，明治时期以来引入了重视人生成功的学校教育，他把这种作为成就非凡的手段的教育称为"非凡教育"；而在过

---

① 数据来源：日本总务省统计局发布的『高齢者の人口』，www.stat.go.jp/data/topics/topi1261. html。——译者注

② 自 1999 年（平成 11 年）到 2010 年（平成 22 年），为了削减人工费等地方支出的成本，减轻国家长期的补助金负担，在政府的倡议下进行的市町村合并。真备町于 2005 年 8 月 1 日并入仓敷市。——译者注

去，强调的是传授社区生活智慧和礼仪的教育，他称之为"平凡教育"。柳田认为，随着近代化的发展，对"非凡教育"的强调逐渐压倒了"平凡教育"。① 鸟越皓之以柳田的观点为线索，重新评价了"平凡教育"在社区建设中的作用，指出"平凡教育传授的智慧能使社区成功运转"。②

地方社区最基本的生活礼仪是打招呼。民俗学者福田亚细男认为，在过去，村落（生产和生活互助组织）的构成单位——家庭中，应该采取的行为和态度代代相传，并作为秩序而存在，这些秩序可以分为两大类。③ 一类是对村子本身的态度和行为，具体而言是要遵守村子的规定、参加村子的工作等。如果忽视或违反，就不仅仅是被周围人说坏话的问题，而是会受到村里的直接制裁。福田将此称为"村务"，即村里成员需要履行的"义务"。另一类是家庭间的交流和合作，福田称之为"村交"。在"村交"中，既有受欢迎的行为和态度，也有应受谴责的行为和态度，但即便是应受谴责的行为和态度，除非特别过分，否则不会受到制裁。在这个意义上，"村交"不是一种"义务"，而是一种"义理"。

可以想象在村子作为生产互助组织的时代，"村务"的义务会有相当大的强制力，但今天的地方社区活动没有这样的强制力，其约束力甚至可能远远低于依靠义理而存在的"村交"。值得注意的是，打招呼被列为"村交"最重要内容，即在街上或田间地头遇到村民，要打招呼，寒暄问候，保持日常见面和谐的关系。

能够在适当的时间、场合向别人打招呼，被认为是一个人独当一面的标志，而如果做不到这一点，不仅会被人在背后说"不会打招呼"，实际上还会引发各种问题，使其在当地的生活举步维艰。在今天的地方社区也可以看到不同程度的这类情况。日常问候可以说是在地方社区生活的基本礼仪。

然而问题是，人们并不总是能顺利地与他人打招呼，可能是面子的问题，一时犹豫导致自己没有主动打招呼，也可能是没能好好应答对方打来的招呼。这成为参与当地社区生活的一个障碍，也是产生孤立的原因。由此可见，管理社区、传授在社区生活的智慧和礼仪的机制没有很好地发挥作用。

① 柳田國男：「平凡と非凡」，『柳田國男全集』第27卷，ちくま文庫，東京：筑摩書房，1990＝1938。
② 鳥越皓之：『「サザエさん」的コミュニティの法則』，東京：日本放送出版協会，2008。
③ 福田アジオ：「村落生活の伝統」，『日本民俗学講座』第2卷，東京：朝倉書店，1976。

为了解决这个问题，需要"创造场所"来学习这种智慧和礼仪。

六　创造场所和哲学咖啡馆

在法国巴黎，有一种叫"哲学咖啡馆"（Café Philosophique）的聚会，人们每周日上午聚集在咖啡馆里，边喝咖啡边讨论各种话题。只要支付咖啡费，任何人都可以参加，而且不必表明自己的身份。当然，哲学咖啡馆有自己的规则。那些想发言的人可以表达自己的任何见解，而那些不想发言的人则不必发言，只听别人发言即可。可以批评别人的意见，但是不能全盘否定别人的意见。这意味着互相尊重对方的意见，向对方表达敬意。而且，也没有必要得出一个结论，或形成共识、付诸行动。这只是一种参与者分享不同见解的方式。作为一种"创造场所"的方法，笔者引进哲学咖啡馆，在日本各地的社区活动现场举办。

在举办哲学咖啡馆初期，有人顽固地坚持自己的观点，对别人的意见一概否定；有人不辩出高下誓不罢休；有人炫耀自己的学历和知识，卖弄并不熟练的专业术语；有人不顾眼前的话题，一味吹嘘自己退休前的头衔；等等。虽然气氛时不时会变得紧张，但随着会议次数的增加，参加者们逐渐习惯就一个固定主题表达自己的观点，听取别人的意见，为度过一段愉快而充实的时间而共同努力。此外，资历较深的参加者开始成功地引导新人，巧妙地帮助新人学习在这种场合的交流方式。正是因为这种交流方式是建立在双方互相"用心"帮助对方理解自己的基础上，换句话说，是因为能够感受到双方在互相认可对方的个性并表示尊重，所以彼此不需要过度顾及面子，能够安心、平和地沟通。

目前，政府、自治会、町内会、社会福利委员会正在牵头使用"交流沙龙"和"社区咖啡馆"等名称，以确保社区内的"生存场所"和"活动场所"。但是，有些人很快就适应了这些地方，有些人却难以适应。另外，如果一个场所里多是一些熟面孔，新来的人很难融入其中。哲学咖啡馆也不例外。必须有意识地为不同背景的居民创造一个学习社区生活沟通技巧的空间。①

---

① 山泰幸：「超高齢時代のまちづくり－地域コミュニティと場づくり」，岩本通弥他編『民俗学の思考法：「いま・ここ」の日常と文』，東京：慶応義塾大学出版会，2021。

通过上述的社区建设活动，也有望培育出一种新的灾害文化。

结　论

笔者最初开办哲学咖啡馆，是因为在日本的地方社会，没有供当地人聚在一起自由讨论各种话题的场所。例如一些所谓的"严肃话题"，包括社会问题、地方问题和个人的烦恼，发言者认为这有违他们的礼仪而不谈论这些话题，听众也不知道如何回应，在地方社区被认为是不合适的。因此，当地人没有机会分享他们对这些问题的认识，更没有机会采取合作行动来解决这些问题。进而对居民来说，要主动合作应对因气候变化而更加频繁发生的自然灾害，更是难上加难。笔者认为开办哲学咖啡馆为居民创造了一个讨论这些问题的空间，是解决上述问题的有效途径。

自 2015 年 12 月以来，笔者在德岛县的一个过疏地区每三个月举办一次哲学咖啡馆。每次会议的主题都不一样，第一次会议的主题是"知识"，接着是"工作""游戏""常识"等。第 17 次的主题是"灾害"。"灾害"这一主题是参加者自发决定的，没有任何强迫性。参加者围绕主题自由交换意见，这成为大家共享问题意识的宝贵机会。

通过在哲学咖啡馆对包括灾害在内的各种问题的讨论，人们树立了问题意识，并开始在各地展开活动。可以认为，一种新的地方文化和灾害文化将从这种创造场所的小尝试中诞生。

以上是以日本为例，笔者对构筑东亚灾害人文学的一点设想。当然，这只是其中的一部分。只有把包括中国和朝鲜半岛的东亚地区与灾害有关的哲学、历史学、文学、社会学和文化人类学等人文学科的各种研究方法结合起来，并把各学科的研究成果综合起来，"东亚灾害人文学"这门新学科才有可能出现。

基于这一理念，笔者从 2021 年开始在京都大学人文科学研究所发起了"东亚灾害人文学的构建"联合研究小组，并作为研究员代表开展活动。笔者真诚地希望更多东亚人文学领域的研究者参与其中并展开合作。

Establishing Disaster Humanities in East Asia
—By Examining "Disaster Cultuer" in Japan

Abstract: Modern society is being adversely affected by serial invasions, such as large-scale natural disasters triggered by climate change, environmental destruction on a global scale, and infectious disease outbreaks that threaten humankind. Thus, we are exposed to "Persistent Disruptive Stressors" (PDSs), which constitute a powerful force that drives re-creation, as advocated by Norio Okada, a comprehensive disaster management scholar.

East Asian countries are geographically contiguous, have close historical ties, and share similar climatic conditions, resulting in a similarity among natural disaster characteristics. This human-economic relationship is also evident in the current pandemic and responses thereto. Moreover, since East Asian nations have a number of social issues in common, such as low birth rates, aging of societies, and population decline, it is possible to comprehensively understand these East Asian characteristics as common PDSs.

The purpose of this study is to outline and propose a direction for establishment of "East Asian disaster humanities" by examining "disaster culture" in Japan. This study will look at extant research in disaster culture and will examine instances of Japan's traditional disaster culture as well as modern efforts made to create a new one.

Keywords: disaster humanities; disaster culture; East Asia

巡礼与物语

——关于灾害记忆

张政远*

【摘　要】2011 年 3 月 11 日，日本发生东日本大地震，里氏 9.0 级地震引发了巨大海啸和核灾。本文尝试从介绍"巡礼"与"物语"出发，反思有关灾害的记忆问题。笔者主张的"巡礼"不是宗教意义上的"朝圣"或"灵场巡拜"，而是一种唤醒被遗忘记忆的"实践"。我们走访灾区，记录地震与复兴，重要的不仅是看眼前的记忆装置，而且是要考察那些场所的风土与历史。对抗遗忘不能只是靠走访"记忆装置"，而是要发掘那些被遗忘了的"物语"。如何把灾难记忆传承下去？以福岛为例，我们不应只是阅读加害者的大叙事，而是要聆听受害者的小物语。

【关键词】巡礼　物语　灾害记忆　记忆装置　福岛

一　巡礼

2011 年 3 月 11 日，日本发生东日本大地震，里氏 9.0 级地震引发了巨大海啸和核灾，是当代日本最严重的一次地震灾害。同年 12 月，笔者决定前往重灾区石卷视察，由于海啸的影响，仙石线仍未恢复正常服务，从仙台站出发，途中要换乘穿梭巴士才能抵达石卷站。市内大部分的瓦砾已经被清除，但剩下的房屋基础却深深地刻在笔者的脑海里。下层的基础是上层建筑的起点。然而，灾区因地震出现了沉降现象，满潮时土地会被淹没。

---

*　张政远，东京大学大学院综合文化研究科副教授。

即使基础残存，周遭的生活世界已不复存在。

翌年 3 月 9～10 日，笔者参加了在东北大学举行的"大地震与价值的创生"国际会议，以"人们为什么不敢逃跑"为题作了报告。在海啸期间，有许多人赶不及逃脱，但也有一些人本来可以逃脱，却没有逃脱。人类有动物的求生本能，在危急关头会采取行动逃离危险。然而，为什么有些人未能逃脱？灾难心理学家广濑弘忠认为，这涉及了三个"心理陷阱"。第一个是正常化偏误。尽管在地震和海啸之间有 30 分钟至 1 小时，但许多人以为没有危险，所以没有疏散。第二个是朋辈压力。身边的人没有采取任何行动，所以自己也没有撤离。第三个是爱他行动。有一些人没有避难，是因为他们试图说服仍留在海边的人避难，结果自己失去了逃脱时间。[①]笔者主张人们没有逃跑是有原因的。因为人不是动物，做子女的会担心父母，做父母的会担心子女。当然，从行政管理的角度来看，牺牲自己救助他人引致了死亡数字的增加，但笔者认为要从道德的角度来评价这种舍己为人的精神。

两日的会议结束后，东北大学的老师们安排了考察团，让与会者视察南三陆、石卷和仙台沿岸的灾区。在仙台市若林区，有一座很小的神社，名为"浪分神社"，它的所在地是数百年前海啸的到达点。神社作为一座记忆装置，本来是为了警告人们不要住在海边，但这些年来，它的存在被遗忘了。同行的一位学者指出，这次视察可以说是一次"巡礼"。笔者认为，巡礼的目的不一定是宗教上的理由，而是要让那些被遗忘了的记忆重新被唤起。

上述有关巡礼的思想，可以追溯到日本哲学家和辻哲郎（1889～1960）于 1919 年出版的《古寺巡礼》。和辻在该书的改版序言（1946）中如此说明：

> 此书是笔者与几位友人在大正 7 年（1918）5 月观摩奈良附近古寺的印象记。从大正 8 年（1919）初版发行以来，已过了二十七年，其间遭遇关东大地震，纸版被烧毁，因此在翌年的大正 13 年（1924）又出了新版。当时虽然也想趁机重写，但旅行时的印象不宜事后篡改，只好以并非学术书的借口，继续保持原样……数年之后，应该是昭和

---

① 廣瀬弘忠：『人はなぜ逃げおくれるのか』，東京：集英社，2004。

十三四年（按：1938～1939）左右，收到出版社的通知，说是重新编排的时机到了。笔者便决定借机修订，并让他们提出了需要加笔润色的地方。笔者认为，即使旅行印象无法事后修改，亦可以用注释形识补充自己现在的思考。然而，工作却没这么简单。最初的印象记虽然幼稚，却具备有机的关联，局部的修改非常困难，所以需要重写的地方过了几年还是原封不动。其间，社会局势的变化也让此书的重刊变得不合时宜起来。最终，相关部门间接告诉我，《古寺巡礼》还是以不再重版为好。彼时离绝版已经过了五六年，换言之，迄今为止此书已经绝版七八年了。①

如果只是一册关于奈良的"印象记"或"游记"，何以《古寺巡礼》在战时会被视为"不合时宜"？有关"巡礼"，和辻如此定义："我们试图巡礼的是'美术'，而非救济众生的佛陀。即使我们在某尊佛像面前，衷心俯首，被慈悲之光感动得泪水涟涟，恐怕也是因为被发挥了佛教精神的美术之力量所击败，而不是因为在宗教上皈依了佛教吧。"②和辻否认自己皈依佛教，这可能只是为了转移视线。和辻本来的意图，就是说明没有宗教意味的佛教艺术并不存在。笔者认为，和辻有意识地避免直接指控国家对佛教的打压，而是选择以"巡礼"来婉转地批判国策。基于这个原因，和辻后来才会被劝告不要把《古寺巡礼》重版。

在奈良巡礼的意义，并不在于巡回或礼拜，而是在"脱亚入欧"的风潮下，重新认识被遗忘了的奈良历史。事实上，奈良历史不单被遗忘，其文化财产亦受到了相当严重的破坏。所以，和辻才会在《古寺巡礼》第五章以"废都独特的沧桑"来形容奈良。我们现时去奈良一游，大概会感受到当地对文化传承的重视，特别是各寺院对文化的保护。但是奈良有很多佛寺被破坏，佛像被遗弃，博物馆失修。如果没有相当的文化或宗教设施来存放国宝让国民鉴赏，就是抹杀了国宝的意义。和辻要求我们透过"巡礼"来重新认识日本文化的多样性。奈良的特点是吸收了很多外来文化，并成功把外来文化本土化。笔者把重点放在和辻哲郎的"巡礼"上。这不是宗教意义上的"朝圣"或"灵场巡拜"，而是一种唤醒被遗忘记忆的"实

① 〔日〕和辻哲郎：《古寺巡礼》，谭仁岸译，上海三联书店，2017，第17～18页。
② 〔日〕和辻哲郎：《古寺巡礼》，谭仁岸译，上海三联书店，2017，第60页。中译本把这里的"巡礼"译作"巡回礼拜"。

践"。为了不忘掉东日本大地震，我们走访灾区，记录震灾与复兴。重要的不仅是看眼前的"记忆装置"，而且是要考察那些场所的风土与历史。

二 物语

上文简述了"巡礼"的哲学思想，以下将讨论"物语"与灾害记忆的问题。日文的「物語」（monogatari）一词非常多义，中文一般译作"故事"或"叙事"，但在日文里，「語る」（kataru）与「騙る」（kataru）同音，因此所谓物语，本来并不是对"事实"的陈述，而是带有虚构成分的叙事。当代日本哲学家野家启一（1949~）在《物语的哲学》中提出以下主张：

> 人是"物语动物"，更正确地说，是因"物语欲望"而入了迷的动物。我们以物语来表述自己体验或从他人处听到的事情（原文：出来事），这即一种最原初的语言行为，透过这一行为，我们可以整理各种复杂的经验，并在与他人沟通之中分享这些经验。人不是神，我们只能在一定的时间和空间秩序之中看东西、听声音并得知事物。结果，看过和听过的会被遗忘，沉淀在意识的下层。我们用线索唤醒沉睡的记忆的时候，已不能完整无缺地再现知觉现场中遇到的东西。不管是意识抑或无意识，记忆本身会在视域（perspective）中取舍情报，并筛选（screening）那些被认为值得传承的有意义的事情。我们透过记忆建构的事物会在一定的语境中重新配置，它们会沿时间次序来重新排列，这样，我们终于可以谈及"世界"和"历史"。①

"历史"一般来说都是官方的叙事，包含各种意识形态。但除了这些"大叙事"，我们还可以想象一些"小物语"。这些"小物语"来自我们的经验传承，例如身体习惯、宗教仪式或口传记忆等。野家主张："人作为'物语动物'，是指以'物语'来堵塞无情的时间流动，在记忆和历史（共同体的记忆）的厚度之中来确认自我的动物。为了对抗在无常迅速的时间流动中的自我解体，我们会记忆各种各样的经验，把它们在时间和空间之

---

① 野家啓一：『物語の哲学』，東京：岩波書店，1996；『物語の哲学』（増補新版），岩波現代文庫，東京：岩波書店，2005。以下引自文库版。

中排序，编织出各种物语。"①野家指出，为了强调"物语"不是名词而是动词，他曾打算把『物語の哲学』这个书名改为『物語りの哲学』，但由于新旧两版书名的差异会引起混乱，所以保留了『物語の哲学』作为书名。要注意的是，旧版『物語の哲学』的副题「柳田國男と歴史の発見」在文库版本中却被删除，野家的理由是，撰写该书并不是要建立某种"柳田国男论"。显而易见，野家的研究兴趣是哲学，不是民俗学或文化人类学。但是，野家的"物语"哲学与柳田的"物语"思想有着重要的关系。

《物语的哲学》的第一章论及柳田国男（1875~1962）的名作——《远野物语》（1910）。严格来说，《远野物语》并不是柳田的个人创作，而是他对岩手县远野市的"口传记忆"的笔录。例如，柳田引述当地人佐佐木嘉兵卫的故事。话说佐佐木年轻时去深山打猎，曾遇到传说中的"山女"，并把她击毙。为了留下证据，他割下山女的一缕头发，但在下山途中小睡时，被高大的"山男"夺回。山男山女的存在，没有任何证明，但以"物语"的方式被传承下来。柳田的文字记录如下：

> 群山深处有山人。栃内村河野一个名叫佐佐木嘉兵卫的人，现在已七十多岁，依然在世。这位老翁年轻时进深山打猎，远远望见岩石上有个美丽女子正梳理黑色长发。其面色白皙。男人胆大，当即举枪射击，女子应声倒下。奔向前去看，只见女子身材颀长，解开的黑发更长于身量。为留作日后证据，割下女子一缕头发，绾好放入怀中。归途中睡意难耐，于是往阴凉处小息。正当半梦半醒之间，恍然见一高大男子走来，将手伸进自己怀中，取走了那缕绾好的黑发，男人吓得睡意顿失。据说那就是山男。②

访问远野的时候，柳田的身份是农商务省的官僚。他有机会到日本各地了解当地的风土文化，但发现不同地方的衣食住行、乡土人情等文化财产在现代化的处境下往往被破坏、忽略或遗忘。柳田认为有必要保存传统的文化资源，包括并没有文字记录的口传资料。柳田担心，现代印刷技术急速发展，会引致"口承文艺"的衰退。柳田自费出版的代表作《远野物

① 野家启一：『物語の哲学』，東京：岩波書店，1996；『物語の哲学』（増補新版），岩波現代文庫，東京：岩波書店，2005。笔者翻译。

② 〔日〕柳田国男：《远野物语·日本昔话》，吴菲译，上海三联书店，2012，第8~9页。

语》不单记录了日本东北地方过去的生活文化，亦重现了被遗忘的世界观及价值观。所谓"物语"，表面上是某人说的故事，但柳田所展示的"物语"强调说故事者与听故事者的互动关系，而非单方面的历史文献或官方记录。

野家之所以重视柳田国男，也有另一个原因。2011 年发生了东日本大地震，野家当时虽然身在东京，但位于仙台的住所受到严重的破坏。作为一位"灾民"，他仿佛对柳田国男有了一种新的认识。1896 年，三陆大海啸给日本东北沿岸带来极大的破坏。柳田 1920 年走访东北，便从仙台出发经石卷徒步北上。当时他刚辞去贵族院书记官长的职位，以朝日新闻特约人员的身份视察灾区。柳田在《雪国之春》中如此写道，在三陆地区称为文明年间的大高潮，现在完全是一个传说。许多人指着山峰上散落的松树说，那是一条古道的遗迹，但没有金石文等遗物。相反，每个村庄都有明治 29 年的"海啸"纪念塔，但碑文以汉字书写，现在无人问津。[①] 碑文是重要的记忆装置，但被遗忘了的记忆装置却是无力的。

三 福岛的事例

笔者认为，"物语"被书写下来，最实际的效果就是即使讲述者不在场，读者也可以阅读。正如柳田国男的《远野物语》，它是柳田从当地人口中听回来的"物语"。这些人虽已离世，但"物语"却以文字的形式保存下来，反而得到了另一种生命。这可以说是"物语"的意义，它可以保留死者的话语。东日本大地震之后，最大的问题，就是如何保存和分享灾区的记忆。以下将分享笔者 2021 年春天和 2022 年夏天在福岛的经验，展示"巡礼"与"物语"的意义。

福岛之春

2021 年 3 月最后一个星期天，也是疫情紧急状态宣告解除后的第一个星期天，笔者在上野站坐上了开往仙台的特急列车，3 小时后抵达双叶站，到站后转乘免费穿梭巴士前往"东日本大地震·核能灾害传承馆"（以下简称传承馆）。由于核灾的影响，双叶町大部分地方属于"归还困难区域"，

---

① 『柳田國男全集』第 2 卷，ちくま文庫，東京：筑摩書房，1990 = 1938，第 116～118 頁。

即短期内无法让居民回去居住。双叶站与福岛第一核电站的直线距离只有大约 4 公里，从车站到传承馆的道路被列为"特定复兴再生据点区域"。传承馆于 2020 年 9 月开幕，其母体为"福岛创新海岸构想推进机构"。该机构是一个国家项目，目的是在福岛县沿岸地区重建一个新的工业基地，并向大众提供相关信息。因此，传承馆或多或少反映了日本官方对福岛核灾的立场。

传承馆的第一项展示，是由福岛出身的演员西田敏行负责旁白的一段短片。该短片首先交代了核电站于 1967 年兴建，并于 1971 开始运作。影片强调核电站虽然位于福岛县，但是向东京供电，并支撑了日本的经济发展；当然，它并没有说明假如核能真的安全，为什么核电站要选择远离首都圈的地方兴建。下一个画面是 2011 年 3 月 11 日下午 2 时 46 分，日本东北地方发生强烈地震。片中提及地震之后出现了海啸，海水流入核电站，后备电源无法运作，冷却系统失灵，引发氢气爆炸。然而，我们可以追问：在海啸来临之前，核电站是否早已因为地震而出现严重的结构损伤？日本为地震多发国，核电站的设计与选址是否有基本的缺陷？传承馆把事故归咎于海啸，是否有意把视线从"人祸"转移到"天灾"之上？短片指出，核灾之后很多居民被迫开始了长期的避难生活。西田以伤感的声调说，他在有生之年亦可能无法目睹灾民回到故乡。

展览厅分为五个展区：灾难的开始、核后的应对、县民的声音、长期化影响、复兴的挑战。以"除染"这个国家工程为例，展览指出它分为三个部分，即去除辐射污染、加以遮蔽并移到远处。"除染"的对象主要是住宅、道路、农地、生活圈的森林和公共设施。然而，据笔者所知，所谓"除染"实际上只是把一些受污染的土壤和枯叶等放到袋里，并移到海边或山边等空地暂时保管。由于没有任何消除辐射污染的工序，因此应称为"移染"。时至今日，辐射污染依然在生态圈内循环，灾民要有心理准备，他们可能永远无法回到这个已变得不宜居住的故乡。

日本有很多和平纪念馆，例如广岛和长崎的纪念设施，它们会展示死者名单，并详细介绍他们的故事。东日本大地震之后，"震灾关联死"的人数在福岛县约有 2000 人，亦有一些人因核灾而自杀。传承馆最大的问题，是忽略了死者的声音，展示数据没有提及死者的故事，可以说是对死者的忘却。此外，展览严重缺乏人文视野。10 年来，日本有不少以核灾为题的文学、漫画和电影等作品，思想界亦对核能和复兴等课题进行了大量的讨论。传承馆以"创新"挂帅，却欠缺想象力和批判思考。

传承馆最新的展品，是一块题为「原子力　明るい未来の　エネルギー」（中译：核能发电　前途一片光明的未来能源）的巨大牌坊。牌坊的内容来自 1987 年的小学生标语创作，1991 年设置于双叶站附近的商店街。核灾之后，这个牌坊成为一大讽刺，2016 年却因为有倒塌风险而被撤去。现在，这个牌坊被安置于传承馆的后门，可以说是传承馆最具警世作用的展品。

下午，笔者赶上了班次稀疏的火车去了浪江町视察。与双叶町的情况不同，浪江站距离福岛第一核电站大概 9 公里，车站附近的主要地区已在 2017 年解除封锁，称为"避难指示解除区域"，原则上灾民可以回去居住。但 10 年之后，很多避难家庭已在他方落地生根，重返故乡谈何容易？

浪江站附近有一家名为"日进社"的印刷公司，因核灾而停业。常年关注福岛核灾问题的山田彻导演在银江町拍摄了一出题为『テツさん、浪江に』的短片，记录テツ婆婆一家在"日进社"拆毁前回到浪江一游。笔者在浪江邮局附近找到了"日进社"的停车场，但印刷公司的所在地现已成为空地。

车站范围一片死寂，尽管樱花正在盛放，前来欣赏的人却寥寥可数。"道之驿"（设有商店和餐厅的停车场）的人流明显较多，但大部分都是过路客。回到这个地方居住的人，大概只有灾前的一成。他们主要是公务员，或者是复兴项目的负责人（浪江町近年正在发展花卉种植产业）。这里也有数间酒店，主要是服务那些在福岛第一核电站善后（日文称为"废炉"）的劳动者，日本哲学家高桥哲哉在《牺牲的体系：福岛、冲绳》中提及了四种牺牲：严重事故中的牺牲、核电站内劳动者的牺牲、铀矿开采现场的牺牲、放射性废物导致的牺牲。劳动者的牺牲，无论是灾前还是灾后都存在。在核灾过后，小区配套由于人口减少难以恢复以往的水平。此外，笔者偶然经过小学和公园，但那里并没有儿童的踪影。

核灾 10 年，令不少人丧失了故乡。"废炉"工程困难重重，至少还要 30 年。天灾人祸仍然会随时发生，污染水问题亦未见受控。核废料的处理问题，可能到了人类灭亡之后也无法解决。要谈"传承"的话，应该是思考用一些线索（例如象形文字），去警告人类之后的文明——这些核废料就是我们留给他们的"遗产"。

有关辐射量，笔者使用在双叶站免费借得的个人测量仪，在双叶町录得的数值为 0.2μSv（东京的数值大概是 0.05μSv，香港的数值大概是 0.10μSv）。

但在浪江站月台上测量仪却显示 0.239μSv，为当天最高的数值。如果把这个每小时的数值转为年间数值（假设每日 16 小时于木造家屋内，8 小时于户外，扣除背景辐射量 0.04μSv），会得出 1.05mSV/a，刚好超出了日本在核灾前建议的年间剂量（1mSV/a）。日本在灾后把建议年间剂量提高到 20mSV/a，遭受了联合国人权高级专员办事处专家的批评。

在返京途中，笔者想起了《家路》这部 2014 年的日本电影。回到核灾区居住和耕作被美化为一种"希望"，但笔者相信离乡别井另觅天地也是一种"勇气"。

福岛之夏

东京大学有一门题为"福岛复兴知学"的课，负责的老师为同位素综合中心的秋光信佳教授和农学生命科学研究科的沟口胜教授。2022 年春季学期笔者旁听了两堂，嘉宾讲师为山泰幸教授（关西学院大学）及谭万基博士（香港中文大学）。这个暑假，笔者参加了秋光教授和沟口教授策划的实地考察，目的地是福岛核灾的重灾区——富冈町、大熊町、双叶町和饭馆村。

从富冈站徒步前往东京电力废炉资料馆，几乎没有任何人影，但资料馆附近的购物中心有不少人在用午膳，还有人在富冈川钓鱼。所谓"废炉"（decommission），是指东京电力公司在 2011 年福岛第一核电站核灾后进行的善后工程。有别于切尔诺贝利核灾的石棺方式，东电的做法是用机械臂把堆积在反应堆底部的核燃料取出。但由于一号至三号反应堆发生了炉心熔解（meltdown），要回收所有核燃料谈何容易。东电最近宣布这项工序将再次延期，估计最少要 30 年才能完成所有工程。

经过废炉资料馆职员的讲解和核对身份之后，我们坐上了东电安排的巴士，进入了位于大熊町及双叶町的福岛第一核电站。沿途路经国道 6 号线，两旁还有颇多荒废了的家屋（房屋）和商店。

巴士停在核电站前，没有穿上防卫衣的我们下车，近距离观看了第一号至第四号机组的现状。这里的辐射水平是 69.4μSv/h，比较香港京士柏的数值（0.14μSv/h）和东京新宿的数值（0.05μSv/h），这一数字相当惊人。离开核电厂时，身上的辐射计显示笔者在厂内所受的辐射量为 0.02 mSv。在牙医诊所照一次 X 光的辐射量为 0.01 mSv，东京往返纽约的辐射量为 0.1 mSv。当然，这只是短时间参观核电站的数值，不能和长时间在核电站工作的员工受到辐射的数值比较。日本哲学家高桥哲哉指出，核电是"牺牲的体系"。第一，核灾发生之后，灾民要做出无可计算的牺牲。第二，核电厂运作时，员工要承受辐射风险的牺牲。第三，在采掘核电燃料铀矿时，矿工亦要承受辐射风险的牺牲。第四，核电排放核废料，牺牲了环境和未来。没有这些牺牲，核电便无法运作。

福岛第一核电站的电力主要送到首都圈，但福岛县本来不属于东电的管区，为何福岛人要为东京人牺牲自己？东电的官方论述带有或多或少的"反省"之意——废炉资料馆的职员在说明核灾时，并没有把事故归咎于"天灾"；相反，他们强调核灾是一场"人祸"，尤其是东电高层低估了地震与海啸的风险，亦没有认真聆听专家及市民的意见。然而，"反思"的空间仍在——由于俄乌冲突，日本政府有意重开及新建核电站，以解决电力供应紧张的问题。但如果亲身走访核电站，便会发现厂房其实不堪一击。"天灾"无法避免，"人祸"亦难以预期。不要有下一个福岛，这个反核口号大概已被忘记得一干二净。

听完了加害者的大叙事，我们不要忘记受害者的小物语。第一天的晚上，我们约见了广野站附近一间测量设计公司的社长——大和田先生。作为一位灾民，核灾之后他第一时间与家人开车前往千叶县避难。后来重建项目开始，他与几位员工义无反顾地重返灾区，积极参与"除染"及复兴等工程。他指出"复兴"不同于"复旧"（例如恢复水电供应），它要求创新的思维。为了让核灾区有新的发展，不可只听从中央政府的宏观大计，而要聆听当地人的声音。灾难带来了由零开始的可能性，他希望年轻人考虑在这里共创未来。

第二天早上，我们邀请了 24 岁的秋元小姐为我们介绍富冈町的海啸灾情，以及核灾后的现状。她特别带我们到夜之森站一带视察，那里是她的故乡。夜之森地区的樱花和杜鹃非常有名，但很多灾民在町外生活多年，已没有回乡打算。由于房屋无人打理，加上野生动物入侵和核污染问题，她的老家亦早已拆掉。车站前的小店，却保留了 11 年前的光景——一间游戏厅，名字是"理想乡"，但回忆中的乌托邦已不复存在。回到灾区居住的人们，肯定对故乡有一种无条件的爱。偶然在车站遇到了两位负责清扫的女性，她们与我们有说有笑，大合照之后不忘提醒我们来年春天到这里赏樱。

这里显然不是"世界末日"，但附近却有一个"冷酷异境"——福岛第一核电站外围的广泛地区被指定为"中间储藏设施"。这个由环境省管辖的巨大设施之内，收集了福岛县内各地"除染"后的污染物，例如土壤等固体废料。这些带有放射性的废料被运到这里先经过分类，再送去焚化或堆填。问题是，这个设施只有 30 年期限，期限之后废料会被运去哪里长期储藏，日本政府至今还没有定案。另外，由于邻近福岛第一核电站，设施范围之内的住宅、小学、老人中心、神社和寺庙等，灾后至今依然原封不动。核电或许曾经为这个小区带来了短暂的机遇，但这些利益远远不及牺牲的代价。

我们亦参观了位于双叶町的"传承馆"。2021 年春天，笔者曾走访传承馆，因此留意到位于后门的巨大牌坊——「原子力　明るい未来の　エネルギー」（中译：核能发电　前途一片光明的未来能源）——换成了另一个版本：「原子力　正しい理解で　豊かなくらし」（中译：核能发电　正确的理解带来丰富的生活）。除此之外，原来还有两个版本——「原子力　郷土の発展　豊かな未来」（中译：核能发电　为了乡土的发展　丰富的未来），「原子力　豊かな社会と　まちづくり」（中译：核能发电　带来丰富的社会　社区的营造）。日文的「まちづくり」是指营造或建设社区，但在核灾之后，这些宣传标语成为最大的讽刺。如何把一个不宜居住之地，营造为宜居之处？

第三天的主要目的地是位于核电站西北方向的饭馆村。这个村落由于不是核电厂所在地，因此没有得到东电的"恩惠"；但核灾之后由于风向关系，饭馆村所受的辐射污染相当严重。沟口胜教授在震后马上跟进了饭馆村的农业复兴问题，经过多年的"除染"、试验种植和辐射检测等，现已成功复耕田地，并酿造清酒。当地村长回忆并向我们讲述，灾后他们体会离乡别井之苦，避难时职员视"废村"为禁忌。复兴之路荆棘载途，最重要的并不是由上至下的城市规划，而是从下至上积极了解村民之所急所需。

稻米在日本传统文化中有着特别的地位，农家亦不忍祖田荒废。但农业亦会日新月异，例如有中年夫妇移居当花农，也有农家耕田不是为生计而是为兴趣。另外，有一群年轻人在村内从事艺术活动，负责人矢野小姐向我们诉说她的梦想——把村里的荒废空间改建为秘密基地，吸引更多人一起到这里思考环境问题。她希望人们访问福岛的目的不是所谓的"黑暗旅游"（dark tourism），而是改变未来。

复兴并不是重建昔日故里，而是指向未来的共同想象。笔者相信，灾区只有一个未来，就是让那些没有地方居住的人到此居住。即使把一个不宜居住之地成功转化为宜居之处，无人居住的话亦只是徒然。

结　语

本文尝试从介绍"巡礼"与"物语"出发，反思有关灾害的记忆问题。如何重拾灾难的记忆？和辻哲郎在《古寺巡礼》中，要求我们透过"巡礼"来重新认识日本文化的多样性。和辻的"巡礼"思想，表面上不是他专长的西方哲学研究，但他的身体力行可以说是一种哲学实践，以行动的方式来对抗遗忘。笔者主张的"巡礼"不是宗教意义上的"朝圣"或"灵场巡拜"，而是一种唤醒被遗忘记忆的"实践"。我们走访灾区，记录地震与复兴，重要的不仅是看眼前的记忆装置，而且是要考察那些场所的风土与历史。对抗遗忘不能只是靠走访"记忆装置"，而是要发掘那些被遗忘了的"物语"。如何把灾难记忆传承下去？柳田担心随着印刷文化的蓬勃发展，文学将失去力量。今天的信息泛滥成灾，出版业界承受着巨大的压力，但口传文学消失的危机仍然存在。我们要细心聆听那些被遗忘了的"物语"，让灾难记忆更有效地传承。和辻不是日本民俗学家，柳田亦不是日本哲学家，但"巡礼"与"物语"可以让这两门学问结合起来，笔者把这种学科融合称为"哲学的民俗学转向"。

Pilgrimage and Monogatari
—On Remembering Disasters

Abstract: On 11 March 2011, the Great East Japan Earthquake occurred in Japan. The magnitude 9 earthquake of the Richter Scale triggered a huge tsunami and nuclear disaster. This article attempts to reflect on the memory of disaster from "pilgrimage" and "narrative." How to recollect the memory of disaster? By pilgrimage, I do mean pilgrimages in the religious sense, but a practice to revive forgotten memories. While we visit disaster affected areas to document the earthquake and recovery, it is important not only to look at the memory installations, but also to examine the culture and history of those places. However, it is not possible to combat forgetfulness by visiting "memory installations" alone, but by discovering the "narratives" that have been forgotten. How to pass on the memory of the disaster? In the case of Fukushima, we should not just read the big story of the victimizers, but listen to the small narratives of victims.

Keywords：pilgrimage；narrative；memory of disaster；memory installation；Fukushima

地方灾害经验与中日灾害教育机制比较研究[*]

地方灾害经验与中日灾害教育机制比较研究[*]

伍国春[**]

【摘　要】本文关注地方灾害教训传承，以中国西昌地震碑林和日本灾害教训传承调查会为案例，探讨中日灾害教训传承机制。中国西昌地震碑林，通过收集、整理散落西昌的刻有地震的石碑，形成了可以用于现代减灾教育的碑林。日本也有海啸石碑。日本中央防灾会议成立灾害教育传承专门调查会，总结灾害教训，为国民提供减灾教育的科学素材。日本灾害教育传承更重视地方知识传承，提倡自助、共助和公助的结合；中国更多的是自上而下的对公众的科学宣传。在地方灾害经验制度化的过程中，科学的应用不可或缺。

【关键词】地方灾害经验　灾害文化　灾害教训传承　制度化　科学化

引　言

公众应对灾害的能力始终是提高社会韧性的关键因素，《2015—2030年仙台减少灾害风险框架》提出"开展减少灾害风险的公共宣传活动"，[①] 提高公众对灾害风险的认识和应对能力。

日本和中国都是地震灾害多发国家，为了减少地震灾害造成的损失和

---

[*] 本文系中国地震局重大政策理论与实践问题"社区韧性视角的城市地震风险防治对策研究"（编号：CEAZY2021JZ07）阶段性研究成果。

[**] 伍国春，中国地震局地球物理研究所研究员，主要研究方向为灾害社会学。

[①] 联合国：《2015—2030年仙台减少灾害风险框架》，https://documents-dds-ny.un.org/zh/documents/treaty/A-RES-69-283，2022年3月20日。

伤害，日本和中国先后设立了防灾减灾日。1923 年 9 月 1 日发生的关东大地震由于发生在首都圈，在日本灾害史上具有特别重要的意义，9 月 1 日被定为日本的防灾日；2008 年 5 月 12 日发生的汶川地震，是改革开放后中国受灾最严重的地震，5 月 12 日被设立为中国的防灾减灾日。防灾减灾日的设立具有重要的象征意义，除了防灾减灾日，两国也将地震遗址等建为灾害纪念设施。位于神户的人与防灾未来中心作为阪神大地震纪念馆在中国减灾科普领域知名度很高；东日本大地震后当地也保留了很多遗址，比如南三陆町减灾中心遗址，通过海啸幸存者做讲述人等方式，对到访的外地观光人员讲述受灾经历。虽然形式有所不同，"5·12"汶川地震后多地恢复重建规划中也保留了地震遗址，建立了"5·12"汶川特大地震纪念馆。

设立防灾减灾日或修建灾害纪念馆，既有悼念的意义，也有通过灾害记忆构建防灾减灾文化、提高公众的减灾意识和灾害应对能力的目的。减灾意识很多来源于灾害体验，灾害体验分个体体验和集体记忆，大的灾害的体验有时以集体记忆的方式得到传播，成为一个民族永久的或短暂的记忆，比如很多民族都有创世记的大洪水传说。灾害文化作为集体记忆，在提高灾害应对的社会系统响应水平方面，具有重要的现实意义。"文化陈述形成一个群体的灾害理解，也可能影响到该群体的备灾、灾害响应、以及受灾之后的恢复重建。"[1]

本文从灾害文化视角，分析中国和日本如何吸取地方灾害的教训，探讨中日灾害教育机制的异同。灾害教育有学校的灾害教育和面向公众的灾害教育，本文所讲的灾害教育主要指面向公众的灾害教育。

一 研究背景和国内外相关研究进展

1. 研究背景

中国和日本都面临多种自然灾害的威胁。根据《2000—2019 年的灾害回顾报告》[2]，2000～2019 年中国发生灾害 500 多起，是全球发生灾害最多

① Webb, Gary R., Wcia Wachtendorf and Anne Eyre, "Bringing Culture Back in: Exploring the Cultural Dimensions of Disaster," *International Journal of Mass Emergencies and Disasters* 18 (1), 2000.

② CRED & UNDRR, "Human Cost of Disasters: An Overview of the Last 20 Years (2000 – 2019)," https://cred.be/sites/default/files/CRED-Disaster-Report-Human-Cost2000 – 2019.pdf, 2021 – 01 – 10.

的国家；美国是受灾害影响第二大国家，总共经历了 467 起灾害事件；日本灾害发生数第六多。中国发生的灾害包括水文、气象、地球物理等类型，日本的灾害以气象、地球物理和水文灾害为主（见图 1）。

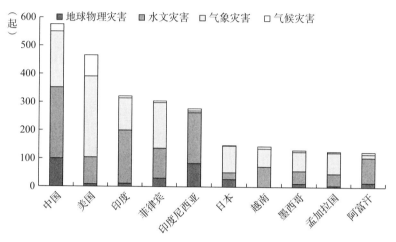

图 1　2000～2019 灾害发生数前十的国家

资料来源：CRED & UNDRR，"Human Cost of Disasters：An Overview of the Last 20 Years（2000－2019），" https://cred. be/sites/default/files/CRED-Disaster-Report-Human-Cost2000－2019. pdf，2021－01－10.

2022 年 CRED 关于全球灾害数量统计的报告①显示，2001 年到 2021 年全世界范围内经济损失最严重的十大自然灾害中 3 次是地震灾害，7 次为飓风或水灾。地震灾害分别是 2004 年的日本中越地震——灾害损失 400 万亿美元、2011 年的东日本大地震——灾害损失达 2530 万亿美元、2008 年的中国"5·12"汶川地震——灾害损失达 1070 万亿美元。这 3 次地震在过去20 年中分别为世界经济损失第十、第一和第三的巨灾（见图 2）。

2. 国内外相关研究

（1）灾害概念

社会科学研究注重灾害对人类社会的冲击，认为"灾害是自然和人类社会共同作用的结果"。②首先，只有自然灾害作用于人类社会，导致房屋倒塌、人员伤亡等客观结果发生后才成为灾害。其次，社会内在因素对灾害有放大

---

① CRED，"2021 Disasters in Numbers，" https://cred. be/disasters-numbers-2021，2022－12－20.

② 〔美〕James K. Mitchell：『巨大都市と変貌する災害』，中林一樹等訳，東京：古今書院，2006。

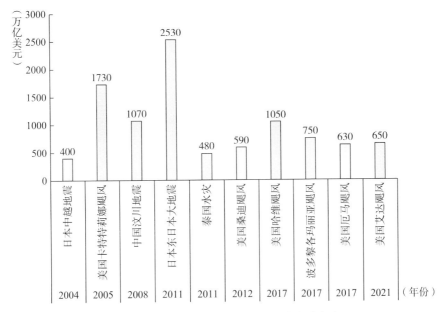

图 2　2001～2021 年经济损失前十的自然灾害

资料来源：笔者根据 CRED 资料重新制图。

或缩小的功能，当同等规模的地震作用于不同社会时，其造成的损失往往不同，比如印尼地震海啸和东日本大地震海啸，人员伤亡和灾害损失模式均存在差异；另外，在同一社会不同人群遭受灾害后，其受灾情况也会有差异，一般认为在同一次地震中，少数族群、妇女、儿童等社会脆弱人群较容易受灾。再次，灾害是一个被社会构建的过程。"灾害被社会构建，是由于各个集团或个人的不同体验，对一个过程产生不同的解释。"① 最后，灾害在不断进化。② 伴随社会、经济的发展，社会系统越来越复杂，发生在城市的灾害和发生在农村的灾害会表现出不同的形态，城市型灾害的灾害链会更复杂。

对于参与灾害应对的机关，"灾害是一个按照既有的定义和目标进行的过程"，同时，"灾害在冲击的强烈性或恢复重建的紧张中，呈现社会和文化的根本特征，明确事物之间的紧密联系或基本价值"。③ 从实践观念看，

---

① 〔美〕Susanna M. Hoffman & Anthony Olive-Smith：『災害の人類学　カタストロフィと文化』，若林佳史訳，東京：明石書店，2006。
② 田中二郎：『災害と人間行動』，東京：東海大学出版会，1986，第 2 頁。
③ 〔美〕James K. Mitchell：『巨大都市と変貌する災害』，中林一樹等訳，東京：古今書院，2006。

灾害文化的表述发挥了基本的在个人、集团和世代间传输知识的功能,灾害文化研究具有重要的实践和理论意义。

(2) 灾害文化

从类型上说,灾害文化有"灾害亚文化"(disaster subcultures) 和"灾害流行文化"(the popular culture of disaster) 之分。"灾害亚文化"由 Wenger 和 Weller 在 1973 年提出,是在对若干经受了多种灾害的社区进行经验研究后得出的概念,这是最早围绕灾害文化的研究。探讨灾害亚文化的目的在于研究如何强化一个社区应对自然灾害和灾后恢复重建的能力。"灾害流行文化"概念则由美国灾害社会学家 Quarantelli 在 1998 年提出,但是,他没有给出一个具体的定义,仅仅界定了其研究范围,把诸如灾害幽默、游戏、民间传说、有关灾害的信仰、灾害日历、歌曲和诗歌、对错误预测的反应(美国和中国的一些事例)、灾害小说、电影、灾害报纸、大洪水的传奇、网上涂鸦、某种特定形式的记忆服务、卡通和连环画等罗列为灾害流行文化的研究内容,但是灾害研究者们公认灾害流行文化是富有研究价值的领域。[1] 定义灾害流行文化概念,需要包括如下四个维度:作品特征、创作者的身份、创作的时间、分配和消费的方式。[2]

田中二郎指出灾害文化是"遭遇灾害后,为保证社会系统最小破绽、提高人类生存可能性的各种有形、无形的文化","广义上包括建筑物的抗震、防火构造等技术面,也包括基于灾害传承等的防灾知识、灾害观、避难行动等人文、社会科学面"。[3] 田中重好从防灾减灾角度对灾害文化进一步做了梳理。首先,从功能上说,"灾害文化是个人和组织的灾害经验,为防灾减灾采取心理应对和适当行动,使组织功能的维持和适应能力的提高成为可能"。[4] 其次,作为减灾研究的战略性概念,灾害文化是涉及防灾减灾的文化,具体包括:①灾害预防;②预知无法预防的灾害的发生;③最大限度地减少包含二次灾害在内的灾害损失;④受灾后的恢复重建。所有

[1] Webb, Gary R., Wcia Wachtendorf and Anne Eyre, "Bringing Culture Back In: Exploring the Cultural Dimensions of Disaster," *International Journal of Mass Emergencies and Disasters* 18 (1), 2000.

[2] Webb, Gary R., "The Popular Culture of Disaster: Exploring a New Dimension of Disaster Research," in H. Rodriguez, E. L. Quarantelli, and R. R. Dynes eds., *Handbook of Disaster Research*, New York: Springer Science + Business Media, 2006, pp. 430 – 440.

[3] 田中二郎:『災害と人間行動』,東京:東海大学出版会,1986,第 9 頁。

[4] 田中重好:『共同性の地域社会学』,東京:ハーベスト社,2007。

促进（或阻碍）如上四点的文化都是灾害文化。

从内容上说，灾害文化具有三个层次。第一，涉及防灾的价值、意识、认知和知识。可以认为灾害文化是产生具体防灾行为的诸要素，包括灾害观，而且这种知识不仅是科学知识，也包括口口相传或技术、技能等。第二，行动方式，不仅指灾害时的应对行动，也包含灾前的防灾行为或灾后恢复重建过程中的行为方式。第三，作为灾害行为结果的灾害文化，它是一种软硬兼备的防灾对策。比如，从储存备灾用品或防灾用品，到住房抗震设防、防灾系统等。

灾害文化涉及个人、社区、组织和社会全体。从主体上说，灾害文化可以分为广义的灾害文化和狭义的灾害文化，广义的灾害文化包括个人、社区和组织乃至全社会的涉及防灾减灾的知识以及对策；狭义的灾害文化仅指以个人和社区为主体的灾害文化。有的灾害文化是可以观察到的，比如每天检查用火安全，为了提高住房的抗震性加固住房等，而且这种为了减灾采取的行动，其效应持续时间较长，属于累积型的灾害文化；与此相反，有关灾害的价值、规范、知识虽然难以观测，但是，其为地区居民所共有，具有很强的区域性，同时又存在地区差异性，这种有关灾害的价值、规范和知识的灾害文化，具有超越时间和空间的共性特点。

综上所述，灾害文化可以从时间层面上分为传统灾害文化和现代灾害文化。由于现代防灾减灾机制的确立、生活方式的城市化以及人口的大规模流动，灾害文化由传统的灾害文化向现代的灾害文化转变。如表1所示，传统的灾害文化是集体记忆层面的，现代的灾害文化是制度化的。集体记忆层面的灾害文化存在于社区，是区域性的，以口口相传的方式内在于社会，具有非制度化和共时性的特点。而现代，伴随社交媒体的发展，发生在某一地的灾害，很快通过社交媒体在全球直播或即时传播。总之，灾害文化是一个涉及防灾减灾的综合性概念，同时它又随社会的变迁而发生变化。

表1　灾害文化的演变

	传统的灾害文化	现代的灾害文化
存在区域	社区	全国、全球
传播方式	口口相传	传媒、学校等
存在方式	内在于社会的、非制度化	制度化

资料来源：笔者自制。

（3）灾害教育

联合国减灾办公室提倡备灾文化（culture of prevention），[1] 对欧洲多国的研究显示促进防灾的"软"文化变革需要在"现有文化价值观和日常生活基础上的鼓励措施"，设计与公民日常生活相关的活动，"通过展示如何在灾难中利用公民的个人日常技能，提高人们的自我意识"。[2] "备灾文化"（culture of prevention）[3] 是一个多维术语，代表对减灾由反应性向预防性方法的转变。在发展中国家"灾害科学教育"（Citizen Disaster Science Education）[4] 对提高公民减灾或备灾意识的转变不可或缺，科学教育有助于减少暴露、改善灾害准备和反应、应对及恢复的决策。灾害科学教育通过给公民提供灾害情景响应，提高个体应对灾害的能力，从而提高社会的韧性。

在中国灾害教育一般以科普的形式开展。本文以西昌地震碑林和日本灾害教育传承调查委员会为例，比较、分析中日两国在灾害教育上利用地方灾害经验的特点和机制。

二 案例研究

1. 西昌地震碑林

西昌地震碑林的案例来自相关研究和当地考察。四川省西昌市位于安宁河和则木河两条断裂带的交汇处，历史上是地震多发地区。根据历史地震考察，西昌区域内在明清时期发生过三次大地震，即 1536 年的明嘉靖 7.5 级地震、1732 年的清雍正 6.75 级地震和 1850 年的清道光 7.5 级地震。[5] 这三次地震给当地造成了较大的人员伤亡和建筑物损毁。

20 世纪 70 年代中期，四川文物工作者和地震、地质、建筑等部门技术人员在西昌开展联合历史地震调查。当时在西昌境内发现、收集了记载有

---

① UN Office for Disaster Risk Reduction, *International Strategy for Disaster Reduction*, 2016.

② Appleby-Arnold, Sandra, Noellie Brockdorff, and Celia Callus, "Developing a Culture of Disaster Preparedness: The Citizens' View," *International Journal of Disaster Risk Reduction* 56, 2021.

③ Petras, Hanno, Moshe Israelashvili, and Brenda Miller, "Introduction to the Special Issue on 'Promoting a Culture of Prevention: An International Perspective'," *Prevention Science* 22, 2021.

④ Parajuli, Rishi Ram, "Citizen Disaster Science Education for Effective Disaster Risk Reduction in Developing Countries," *Geoenvironmental Disasters* 7, 2020.

⑤ 四川凉山彝族自治州博物馆编《西昌地震碑林》，文物出版社，2006。

明清三次大地震内容的碑刻 91 通，其中记载 1536 年明嘉靖西昌地震内容的 4 通，记载 1732 年清雍正地震内容的碑刻 3 通，以及 1850 年清道光地震内容的碑刻 84 通。

西昌地震碑刻分为三类。第一类是庙宇、祠堂、字库碑，第二类为告示碑，第三类是墓碑。前两类主要记载地震对庙宇、祠堂、城垣、寺塔及水利设施等建筑物的破坏，最后一类是为纪念地震死者所立。

20 世纪 80 年代初，凉山博物馆将其中 75 通地震石碑安置在光福寺旁蒙段祠内，建立了西昌地震碑林。今天位于西昌市区泸山光福寺内的西昌地震碑林是中国范围内收集陈列历史地震碑刻最多的碑林。

西昌地震碑林前立有关于碑林设立缘由、内容的说明石碑和科普宣传栏，宣传栏解释了西昌地震活断层的分布，对地震烈度、震级以及不同情景下的地震避难行为结合图例进行了说明，并且分析了西昌古城的地理特点，对当地地震形成邛海的传说进行了辟谣。

2. 从民间记忆到灾害文化的制度化

散落在西昌境内的地震相关石碑，内容多为悼念因地震死亡的家庭成员，或者记录灾后重建的道观、寺庙等，根据内容分析，石碑不是专门记述地震的。这些石碑作为历史地震资料，为地震学家还原历史地震的破坏情况、推算历史地震烈度等提供了宝贵的史料。西昌地震石碑通过科学考察被 "集体发现"，地震碑林由此设立，于 1980 年 7 月被列为四川省文物保护单位，并增加地震相关科学知识的说明，完成了从个体或社区记忆上升为地区记忆的转变，成为西昌地震的文化符号。西昌地震碑林作为全国四大碑林之一，通过科学考察和博物馆的整理，最终制度化为当地减灾备灾文化传承的重要载体。结合地震科普活动，地震碑林的资料得到了重新整理、展示。

3. 灾害教育传承专门调查会

日本防灾体制一直在不断改善。1959 年伊势湾台风导致名古屋及周边地区受灾严重，1961 年日本制定了《灾害对策基本法》，这是日本战后灾害应对机制完善的标志。日本的灾害应对机制以法律为根本，每当有大的灾害发生都会修订灾害对策基本法及相关法律，并根据社会、经济发展制定新的防灾减灾救助的法律。

阪神大地震是日本防灾减灾政策的重要转折点。阪神大地震作为城市直下型地震，造成巨大的伤亡，让日本政府认识到，防灾减灾不能仅仅依靠政府。阪神大地震之后日本防灾减灾开始强调"自助、共助和公助"，[①]强调个人的自助、志愿者与社区的共助和政府的公助相结合。虽然日本在不断完善自己的减灾制度，但是伴随社会、经济的发展，灾害也在不断进化，每次巨灾之后都会发现新的问题。通过提倡自助，让居民产生相关的灾害联想，并及时采取行动，成为日本减灾的重要课题。

日本一直重视灾害教育和传承。通过"灾害传承"将灾害教训传承给后代，让他们知晓历史上的灾害和应对经验，以便更好地应对未来的灾害。2003 年 5 月日本中央防灾会议成立灾害教育传承专门调查会（日语为災害教訓の継承に関する専門調査会，以下简称"专门调查会"），计划用十年时间系统收集日本发生的大灾害，整理当时的受灾情况、政府的应对、国民和社会经济受到的影响，以启发国民的防灾意识，帮助他们继承受灾经验和减灾智慧。[②] 专门调查会的专家由理科学者、工科学者、历史学者等组成，通过多学科联合从历史灾害中发掘适用于现代社会的防灾经验。[③]

根据内阁府网站介绍，该专门调查会分类整理地震、海啸、水灾、台风、火灾、火山喷发等历史灾害资料。以地震海啸[④]为例，调查会的每个灾害调查报告都达 200 多页，在进一步缩写的基础上形成启发教育用的册子。调查后将每一次地震海啸的特点概括为一句话，比如 1896 年明治三陆地区地震海啸的特点是"地震动不大，但发生了大海啸"，1933 年昭和三陆地震海啸特点为"地震导致海鸣，然后发生了海啸"，1960 年智利地震海啸是"从地球背面而来的大海啸"。这种一句话总结，有利于减灾宣传及记忆。专门调查会的调查成果从 2005 年到 2011 年累计在日本内阁府《广报 防灾》介绍了 31 次。

① 伍国春：《灾害救助的社会学研究》，北京大学出版社，2014。
② 中央防災会議災害教訓の継承に関する専門調査会：『災害史に学ぶ 海溝型地震・津波篇』，2011，https://bousai. go. jp，2023 年 3 月 31 日。
③ 北原糸子：「歴史災害の見直しと災害教訓の検証」，『広報ぼうさい』2005 年第 25 号（2005 年 1 月），第 18~19 頁，https://bousai. go. jp，2023 年 4 月 10 日。
④ 中央防災会議災害教訓の継承に関する専門調査会：『災害史に学ぶ 海溝型地震・津波篇』，2011，https://bousai. go. jp，2023 年 4 月 10 日。

三　讨论和结论

1. 地方灾害经验—科学化—制度化

西昌地震碑林和日本专门调查会的案例是处于不同发展阶段的案例。根据专门调查会的报告，日本各地也有很多石碑刻有灾害教训的传承。比如大阪大正桥"大地震两川口津浪记"① 石碑，记录了1854年安政南海地震导致的海啸受灾情况。西昌地震碑林和大阪大正桥石碑比较如表2所示。

表2　西昌地震碑林和大阪大正桥石碑比较

名称	中国西昌地震碑林	日本大阪大正桥石碑
灾害	1536年明嘉靖地震、1732年清雍正地震、1850年清道光地震	1854年安政南海地震、海啸
石碑刻立时间	跨度362年，最早1539年，最晚1901年	1855年
内容	庙宇、祠堂、字库碑，告示碑等记载重修及地震对建筑物、城垣、寺塔及水利设施等的破坏；墓碑主要纪念地震死者；碑刻记载了地震发生年月日，甚至具体时辰	1854年6月15日伊贺上野地震时大阪情况；11月4日安政东海地震，很多人乘小船到海上避难；11月5日南海地震，房屋倒塌、发生火灾，地震后2小时发生海啸；针对坐船逃生人遇难，回顾148年前宝永四年（1707）地震同样的受灾情况
灾害教训传承	历史地震科考，地震碑林，地震应急避难等解说	石碑内容反省没有记住先人的教训；中央防灾会议专门调查会案例

资料来源：根据笔者调查和日本中央防灾会议资料制表。

西昌地震石碑和日本的石碑，都记述了灾害发生时间、受灾情况。大阪的石碑记录了人们坐船避难却因海啸遇难的教训，感慨人们没有吸取教训，这说明历史灾害教训很可能会被遗忘，加之石碑本身年代久远，如果不是专家的挖掘、整理，历史灾害教训大概率会被遗忘。

日本的石碑记录了坐船逃生因海啸遇难，中国西昌的石碑并没有关于逃生等的记录，而是修建了宣传栏作为地震碑林的一部分，说明地震碑林的历史以及西昌的三次地震，并解释了地震、震级、地震能量等专业术语，结合生活场景宣传在家中、学校、公共场所和户外应该如何避难。

---

① 中央防災会議災害教訓の継承に関する専門調査会：『災害史に学ぶ 海溝型地震・津波篇』，2011，https://bousai.go.jp，2023年4月10日。

中日的案例均为"地方灾害经验—科学化—制度化"的过程。地方的灾害教训很可能会被遗忘，对历史灾害的挖掘，一方面可以帮助当地人提高灾害风险认知，另一方面可以从防灾减灾的角度赋予历史灾害新的意义。这种总结、再利用的过程即灾害经验的制度化。

日本的灾害经验制度化和其重视自助、共助和公助的合作不可分，在制度化的过程中注重个体和社区的参与。专门调查会致力于推广灾害教训，比如印度洋海啸后，日本把"点燃稻草传递海啸来了"的故事，作为灾害教训传承案例介绍到印尼等海啸受灾地区。中国的灾害经验制度化以政府为主导，具有自上而下科普的特点。

最后，日本政府以地方灾害教训传承为目的，系统性整理灾害资料，最终简化资料用于灾害教育；西昌地震碑林的案例是地方性的，没有制度性的扩大，虽然当地居民都知道地震碑林，也因而知道西昌多震，但是在减灾活动中地震碑林是如何使用的，还需要进一步的研究。

2. 灾害文化的培育及政策建议

灾害文化是涉及防灾减灾的综合性概念，传统灾害文化具有口口相传、社区传播的特点；由于政府越来越多地承担了防灾减灾的功能，通过媒体等途径传播的新型灾害文化开始形成。新型灾害文化的形成，需要制度化地整理、分析和传播灾害经验，帮助个体形成灾害情景想象。

灾害具有区域性的特点，这种灾害的区域性，不仅仅指灾害的地区性，更重要的是受灾地区的社会特点和当地的文化特性导致受灾后的特异性。灾害区域性问题的解决需要挖掘非正式途径传播的地方灾害经验，以提高区域防灾减灾能力。在防灾减灾机制建设中，通过科学化的方式制度化地区受灾经验，在灾害教育方面具有超越国界的现实意义。

地区性的灾害文化记忆，通过制度化的形式进入减灾体系，在防灾减灾制度建设中具有重要的战略意义。从政策方面推进新型灾害文化建设，促进传统灾害文化与新型灾害文化的并存，构建科学、包容的灾害文化，最终达到提高整个社会的减灾能力，这是我们提倡灾害文化的出发点。

A Comparative Study on Local Disaster Experience and the Disaster Education Mechanism Between China and Japan

Abstract：This paper analyses Earthquake Steles in Xichang, China（ESXC），and the Committee of Disaster Lessons Transmission and Investigation Japan（CDLTIJ）as a case study. ESXC has collected and sorted out the stone tablets carved with earthquakes scattered in Xichang as a ceremony for modern disaster reduction education. Japan also has tsunami steles. CDLTIJ is a unique research committee on disaster education to compile disaster lessons and provides scientific materials for disaster reduction education for the public. In Japan，disaster education pays more attention to the transmission of local knowledge and the combination of self-help，co-help，and public assistance；In China，it is more of a top-down science propaganda to the public. In institutionalizing local disaster experience，scientific application is indispensable.

Keywords：local disaster experience；disaster culture；inherit the disaster lessons；institutionalization；scientific

实践共同体视角下海啸灾害社区
韧性建设及启示[*]

孙英英^{**}

【摘　要】为了提升应对灾害的社区韧性，多元主体的参与受到越来越广泛的关注。然而，已有研究侧重多元参与的合法性和组织过程，较少探讨多元参与的科学性和生产结果。本文笔者通过在具有特重大地震与海啸风险的高知县黑潮町的调研活动，综合运用面对面访谈法和行动研究法收集了海啸减灾活动的数据资料。分析发现，为了促进多元主体共同参与海啸减灾的"实践"活动，需要设计符合减灾需求的"工具"。社区实践能转变参与者的固有"属性"，有效提高社区应对灾害风险的能力。

【关键词】实践共同体　海啸灾害　社区韧性　多元参与

引　言

美国地质调查局（USGS）的数据显示，最近 20 年来，全球大约发生了 3.6 万次里氏震级 5.0 级及以上的地震，其中，约 10% 的地震发生在日本。^①尤其是 2011 年的东日本大地震，引发了高达 10 米以上的海啸，造成了 2 万余人死亡和巨大的经济损失。东日本大地震后，日本内阁府中央防灾会议

＊　本文系国家自然科学基金项目"心理应激视角下高层建筑人群疏散行为规律与管控策略研究"（编号：72204253）阶段性研究成果。

＊＊　孙英英，中国人民大学公共管理学院副教授，主要从事应急管理研究。

①　USGS, Earthquake data, https://www.usgs.gov/programs/earthquake-hazards/science/earthquake-data, 2023 – 01 – 01.

重新评估了太平洋沿岸地区可能发生的地震与海啸的风险，结果表明，在东海、近畿、四国等太平洋沿岸地区可能发生高达 10 米的海啸，在三重县和高知县等地区甚至可能发生高达 20 米的海啸。[①] 这些现实问题促使日本社会重新思考如何建设具有海啸灾害韧性的社区。

由于地理位置的特殊性，日本频繁遭受地震、海啸、台风和地质灾害等，因此，非常重视开展各种防灾减灾活动，包括不断完善硬件基础设施、修建避难场所、实施疏散演练、推进防灾教育，并倡导建构"公助、互助、自助"三位一体的防灾减灾体系，以此提高基层社区应对灾害的韧性。[②] 然而，东日本大地震暴露了当前的社区灾害韧性建设依然存在不少问题，比如，减灾活动单纯追求提高公众参与率的缺陷、以学校防灾教育和社区防灾研讨会为核心的不足、盲目遵照防灾指南和风险地图的惰性等。[③] 为了弥补现有减灾活动的不足，更好地应对未来的海啸风险，笔者尝试引入实践共同体理论，从"工具、实践、属性"三个层面设计并实施"个人海啸疏散演练""社区减灾计划"等活动，打破已有研究中主要关注多元参与的合法性和组织过程，而较少探讨多元参与的科学性和共同产出的樊篱，真正实现基层社区灾害韧性的提升。

一　前期研究及相关研究综述

韧性的概念首先被运用在生态学领域，是指生态系统内关系的持久性，即系统受到扰动后恢复到稳定状态的能力。[④] 随着研究的进展，韧性理论被广泛应用于材料科学、工程学、系统科学、心理学、社会学等多学科领域，并较多集中在应对灾害风险方面，提供了一种主动适应环境变化和不确定性的新范式。[⑤] 社区韧性强调可持续发展，通过整合外部环境、社会经济、

---

①　内阁府：「南海トラフの巨大地震による震度分布・津波高について」，https://www.bousai.go.jp/jishin/nankai/model/，2012 年 4 月 12 日。

②　矢守克也：『防災人間科学』，東京：東京大学出版会，2009，第 19～33 頁。

③　孫英英等：「実践共同体論に基づいた地域防災実践に関する考察——高知県四万十町興津地区を事例として」，『自然災害科学』2012 年第 31 巻第 3 号，第 217～232 頁。

④　Ayyub, Bilal M., "Systems Resilience for Multihazard Environments: Definition, Metrics, and Valuation for Decision Making," *Risk Analysis* 34 (2), 2014.

⑤　崔晓临、张晓会、张继飞：《国内外灾害韧性研究的主题脉络与前沿趋势》，《自然灾害学报》2023 年第 1 期。

自然生态等方面的资源，提升社区应对灾害的抵抗力（resistance）、适应力（adaptation）、转变力（transformation）。① 已有研究对社区灾害韧性的界定可划分为"被动韧性"和"转型韧性"两种类型，前者强调灾害发生后社区的恢复重建能力，后者则强调灾害发生后系统的更新与转型能力，即能够更好地提升社区的整体结构与基本功能。② 同时，建构社区灾害韧性不仅需要完善社区应急规划和应急预案，更需要增强多元主体联动参与和技术赋能。③ 然而，大多数针对社区灾害韧性的研究仅仅停留在概念界定、模型建构、案例观察、理论探讨等方面，既缺乏长期的实地调研，也没有研发能够满足减灾需求的工具和方法，更缺少客观科学的实证检验。

多元主体参与社区治理的研究可以追溯到20世纪50年代，其基本假设是，如果多元主体积极联动参与民主体制的建构，那么从这一过程中产生的社会治理政策将更具民主性和有效性。④ 多元参与理论在20世纪80年代被广泛应用于环境治理和环境政策制定过程中，诸多来自公众的参与性倡议迫使政治派系妥协并找到当下棘手问题的解决方案，同时，政府机构也可以获得重要的政治支持来改变治理方向。⑤ 在强调人与人之间的互动关系方面，多元参与理论和实践共同体理论（community of practice）具有许多相似之处，但是后者还关注人与"工具"之间通过共同的"实践"形成的内在"属性"。Lave等人提出，实践共同体理论主要包括三个核心变量，即工具（artifact）、实践（practice）、属性（identity）。⑥ 工具不仅包括客观存在的实物和物体，也包括一些反复发生并逐渐形成固定模式的实践活动。比如，在社区灾害韧性建设中，工具不仅包括防洪堤和避难场所等硬件设施，也包括风险地图和防灾手册等具有实体的软性对策，甚至还包括"海啸对策推进委员会"等组织，以及"地震后退潮预示着即将发生海啸"等经验

① 刘佳燕、沈毓颖：《面向风险治理的社区韧性研究》，《城市发展研究》2017年第12期。

② 梁珺淇、刘淑欣、张惠：《从被动韧性到转型韧性：智慧社区的灾害韧性提升研究》，《广州大学学报》（社会科学版）2021年第2期。

③ 张勤、李京客：《韧性治理：基层社区应对复合风险面临的挑战与探索》，《学习论坛》2022年第6期。

④ Irvin, Renee A., and John Stansbury, "Citizen Participation in Decision Making: Is It Worth the Effort?," *Public Administration Review* 64（1），2004。

⑤ Diaz-Kope, Luisa, and John C. Morris, "Why Collaborate? Exploring the Role of Organizational Motivations in Cross-Sector Watershed Collaboration," *Politics & Policy* 50（3），2022。

⑥ Lave, Jean, and Etienne Wenger, *Situated Learning: Legitimate Peripheral Participation*, New York: Cambridge University Press, 1991.

教训。实践是指人们使用工具开展的共同作业，作业的内容包括生产与再生产工具。在社区灾害韧性建设中，实践包括参加疏散演练、转移到避难场所、与"海啸对策推进委员会"共同商讨如何建设更多的防灾设施等。属性是指人们通过实践而建立的与他人或工具之间的关系。在社区灾害韧性建设中，"海啸对策推进委员会"利用避难场所实施疏散演练时，这一实践本身就决定了多元主体的属性，比如指挥疏散演练的负责人、参与演练的公众、不参加演练也不关心灾害风险的公众等。这些人所具有的属性，就是在实践中以他人或工具的先行存在为基础而形成的。

在多元参与研究方面，已有的研究为了保证研究成果的客观性和可重复性，剥夺了公众参与社区灾害韧性建设的主体性，而将公众变成了被研究的客体，削弱了多元参与中的多样性、包容性、民主性。[1] 为了重构公众参与的主体性，岩崛卓弥等人从实践共同体视角探讨了阿武山地震观测所开放日活动中防灾专家和居民志愿者之间的互动实践，然而没有涉及社区灾害韧性中科学检验这一重要环节。[2] 竹之内健介等人从实践共同体视角分析了三重县灾害性天气监测预报预警活动中防灾专家和中学生、居民的共同实践，然而没能实现灾害信息的发送者和接收者各自属性的转换。[3] 值得注意的是，笔者等人突破已有研究中大规模人群疏散的常规思路，利用摄像机、GPS 记录仪、计时器等设备设计的个人海啸疏散演练（single person drill），较为完整地呈现了多元主体参与社区灾害韧性建设的过程。[4]

个人海啸疏散演练是指，以个人或家庭为单位，从日常生活的地点出发，朝着避难场所疏散的演练。在多元主体参与方面，居民在疏散过程中携带能够记录疏散轨迹的 GPS 记录仪，小学生手持摄像机进行全程录像并记录疏散时间，同时记录疏散过程中遇到的问题（见图 1）。疏散结束后，防灾专家和小学生一起整理疏散记录，并制作"疏散动画"（见图 2）。疏散动画的屏幕被分割为四个小窗口。左上和右下的窗口，分别显示 2 部摄像

① 杉万俊夫：『コミュニティのグループ・ダイナミックス』，京都：京都大学学術出版会，2006，第 19~43 頁。
② 岩堀卓弥等：「正統的周辺参加理論に基づく防災学習の実践」，『自然災害科学』2015 年第 34 巻第 2 号，第 113~128 頁。
③ 竹之内健介等：「気象情報の共同構築──災害リスクに対する共同意識の醸成の視点から」，『災害情報』2014 年第 12 号，第 100~113 頁。
④ 孫英英等：「新しい津波減災対策の提案─『個別訓練』の実践と 『避難動画カルテ』の開発を通して」，『災害情報』2014 年第 12 号，第 76~87 頁。

图 1　个人海啸疏散演练

资料来源：转引自孙英英等人发表在《灾害情报》上的论文图表。孫英英等：「新しい津波減災対策の提案—『個別訓練』の実践と『避難動画カルテ』の開発を通して」，『災害情報』2014 年第 12 号，第 76~87 頁。

图 2　疏散动画

资料来源：转引自孙英英等人发表在《灾害情报》的论文图表。孫英英等：「新しい津波減災対策の提案—『個別訓練』の実践と『避難動画カルテ』の開発を通して」，『災害情報』2014 年第 12 号，第 76~87 頁。

机的录像；右上的窗口播放小学生和居民的对话字幕，包括小学生对居民的采访和居民提出的关于疏散的问题等；左下的窗口显示海啸风险的模拟结果，这个结果耦合了海啸风险的运动状况和居民疏散的移动轨迹。同时，在模拟结果的地图上，用圆点表示疏散者的当前位置，用红色线条表示疏散者的移动轨迹。在疏散动画中，四个窗口与中央的计时器同时播放，以此同步呈现居民的疏散运动和海啸的袭击状况。完成疏散动画的制作后，社区负责举办防灾教育研讨会，邀请小学生、疏散者本人、居民、政府机构的人员、防灾专家等多元主体共同观看疏散动画，一起思考更好的海啸减灾措施。笔者等人指出，个人海啸疏散演练能够有效激发多元主体参与海啸灾害韧性社区建设的热情，着重突出公众参与的主体性，同时还能确保客观科学的实证检验，明确居民"在哪一时刻、哪个位置将有生命危险"。① 但是，由于制作疏散动画的费用较高，且小学生不能持续参与个人海啸疏散演练，很难大规模推广应用。

二　研究目的

在社区灾害韧性建设研究中，已有的文献侧重多元主体参与实践的合法性和组织过程，而较少探讨多元参与的科学性和共同产出。为了解决这一问题，本文笔者通过在日本基层社区的长期调研活动，选取具有特重大地震与海啸风险的高知县黑潮町作为调研地区，综合运用面对面访谈法和行动研究法收集海啸减灾活动的数据资料，从实施模式、实施路径、实施内容三个方面整理和分析黑潮町的《社区减灾计划》，基于实践共同体理论探讨多元主体共同生产的工具和实践，并阐释多元主体的属性的转变机理。

三　案例分析

1. 社区减灾计划

东日本大地震发生后，许多基层政府失去了原有的应急响应和抢险救灾的功能，几乎陷于瘫痪。这使日本政府和专家认识到，只有建设坚实的

---

① 孫英英等：「新しい津波減災対策の提案—『個別訓練』の実践と『避難動画カルテ』の開発を通して」，『災害情報』2014年第12号，第76~87頁。

"公助、共助、自助"三位一体的社区灾害韧性能力，才能应对未来的广域大规模灾害。同时，2013 年 11 ~ 12 月，内阁府实施的居民减灾意识调查显示，只有 8.3% 的居民认为"减灾活动的重心在于公助"，而 56.3% 的居民认为"减灾活动的重心在于平衡公助、共助、自助的应急响应能力"。① 因此，2013 年内阁府中央防灾会议修改《灾害对策基本法》时，大幅度增加了关于自助和共助的内容，提出了在全国推行《社区减灾计划》的建议，并于 2014 年 4 月 1 日起实施。

《社区减灾计划》指基于共助的理念，鼓励同一社区的居民、团体和组织自主实施防灾减灾活动，制定符合社区需求的减灾计划。《社区减灾计划》最大的特征是居民自主、全程负责本地区减灾计划的制定过程，充分发挥自身深度了解社区实际情况的优势，并借助防灾专家、政府机构的专业支持，思考符合社区需求的减灾策略，达到真正提高社区灾害韧性能力的目的。推行《社区减灾计划》的途径有两种，一种是根据市町村等政府机构的判断和市町村的《区域减灾计划》制定《社区减灾计划》，深度反映社区居民的意愿和提案要求；另一种是社区居民向市町村的防灾会议委员会提案，把自己制作的《社区减灾计划》纳入市町村的《区域减灾计划》之中。由此可知，《社区减灾计划》由防灾减灾活动的当事人设计、提议、制定和修改，而且制作成果的质量好坏将直接影响灾害发生时当事人自身的生命和财产安全。因此，从社区治理的角度看，这是一种新型的权力下放和权力回归的模式。以往根据国家法律制定且具有科层制特色的《减灾基本计划》（中央防灾会议制定）、《城市减灾事业计划》（政府机构和特定公共机构制定）、《区域减灾计划》（市町村行政机构和事业团体制定），均由专职负责减灾活动的机构和团体制定，极大地削弱了公众参与的主体性。可知，推行《社区减灾计划》正是为了改变高度依赖政府机构开展防灾减灾活动的现状，是基层社区自下而上重建社区灾害韧性的一种新范式。值得注意的是，为了确保《社区减灾计划》的可靠性和科学性，在制作过程中依然需要防灾专家和政府机构的干预和辅助，而且完成的作品需要经过科学检验。正如《社区减灾计划》手册所述："在制定《社区减灾计划》时，不要一味地追求协作、合作等只是听起来令人舒适的词语，因为这会

---

① 内阁府：平成 25 年度世論调查，http://survey. gov-online. go. jp/h25/index-h25. html，2014 年 2 月 10 日。

导致互相推诿、无人负责的结果。只有多元主体共同参与制作过程，提前把社区中存在的对立意见和利益矛盾暴露出来，才是一种真正的基于社区需求和实际情况的计划，也只有这种计划才能在应急响应中发挥作用。"①

2. 高知县黑潮町《社区减灾计划》

从 2014 年 4 月至 2016 年 8 月，笔者以防灾专家的身份参与了黑潮町的《社区减灾计划》。截至 2023 年 3 月 31 日，黑潮町总人口 10355 人，家庭数量 5413 户，面积 188 平方公里。② 根据内阁府中央防灾会议公布的地震和海啸风险评估结果，黑潮町将受到日本烈度 7 的大地震、34.4 米大海啸的袭击。因此，黑潮町从 2014 年起就以极高的热情推动《社区减灾计划》。本文从实施模式、实施路径、实施内容三个方面详细描述《社区减灾计划》的制作过程。

实施模式方面，黑潮町制定了町政府全体职员网格化分管各个辖区的《社区减灾计划》，并采取了三阶段的实施措施。第一阶段，居民、政府机构、防灾专家共同调研和设计海啸避难场所及其管理体系，比如设立片区责任制。第二阶段，多元主体共同诊断和整顿海啸避难场所，将实际问题条理清晰地列举出来并提出精准的解决方案，比如出具减灾诊断书和减灾处方。第三阶段，设计并定期实施防灾教育活动和疏散演练，逐步提高公众参与减灾活动的比重，提高《社区减灾计划》的自主性、民主性、科学性。在制定过程中，截止到 2016 年 8 月，黑潮町举办了 836 次大大小小的减灾活动，比如防灾教育和培训、疏散演练、避难场所的检查、社区减灾讨论会等，参与人次达到了 40013 人。无论从参与度还是从执行力度来看，黑潮町实施的多元主体参与防灾减灾活动的实践都十分少见。虽然对于黑潮町居民而言，只不过是每年参加几次活动而已，但是，通过《社区减灾计划》可以逐步将减灾活动融入日常生活中，使其成为建构社区灾害韧性的重要组成部分。

实施路径方面，黑潮町将《社区减灾计划》设定为三年期的业务，建立了自主防灾机构总负责、町职员和防灾专家协助的体制。黑潮町辖内共

① 内阁府：『地区防災計画ガイドライン』，http://www.bousai.go.jp/kyoiku/pdf/guidline.pdf，2014 年 3 月 1 日。

② 黑潮町：「まちの情報」，https://www.town.kuroshio.lg.jp/，2023 年 3 月 31 日。

有 63 个地区,① 每个地区都成立了自主防灾机构,由 14 个消防分团管理。
2014 年 6 月,黑潮町针对 63 个地区开展了是否愿意制作《社区减灾计划》
的调查。结果显示,32 个地区已经开始着手制作,14 个地区计划讨论是否
参与制作,3 个地区明确回答不制作,14 个地区没有回答。根据调查结果,
黑潮町将町职员和防灾专家分配到 32 个已经开始制作的地区。每个地区
《社区减灾计划》的负责人是自主防灾机构的会长。町职员按照责任分工分
为三类。第一类是组长,由科长级别的人员担任,统筹町职员,对接防灾
专家,参加社区举办的减灾讨论会等。第二类是组员,由科长以下的职员
担任。第三类是中小学教师和幼儿园教师。町职员基本按照自己居住的地
区就近分工,"我家在早关地区,需要负责早关和相邻地区的《社区减灾计
划》"(町职员访谈,2015 年 2 月)。防灾专家也遵循片区责任制,并根据
相似的研究背景进行组合,力求制作具有各个地区特色的《社区减灾计
划》。比如,笔者和一位防灾教育专家负责 8 个地区,其中,人口最多的社
区有 568 名居民(见表 1),人口最少的地区只有 28 名居民。4 个地区靠海,
具有海啸风险;4 个地区靠山,有地质灾害风险。可知,每个地区的地理位
置、人口结构、灾害风险各不相同,而且居民之间的风险意识相差很大。

表 1　《社区减灾计划》的片区责任制

消防团	自主防灾机构	户数(户)	人口结构			町职员			防灾专家(人)
			总人口(人)	65 岁以上人口(人)	老龄化率(%)	政府职员(人)	中小学教师(人)	幼儿园教师(人)	
拳川分团	市野濑	21	43	26	60.5	10	1	0	2
	佐贺橘川	37	84	45	53.6				
	拳川	65	157	67	42.7				
	拳川团地	8	28	0	0.0				
	荷稻	31	70	30	42.9				
	川奥	52	112	53	47.3				
	小黑川	13	27	10	37.0				
	中川	20	47	18	38.3				
总计		247	568	249	43.8	10	1	0	2

资料来源:2015 年黑潮町政府统计数据(内部资料)。

① "地区",有时也称为"团地、村、集落"等,相当于中国的"村庄"。

实施内容方面，主要由减灾讨论会、疏散演练、防灾教育研讨会组成。黑潮町要求参与《社区减灾计划》的地区必须每两个月举办一次减灾讨论会，每年至少开展一次疏散演练，而且每年10月在町政府主办的防灾教育研讨会上发表阶段性报告。本文主要介绍由居民主导的减灾讨论会。各个地区的第一次减灾讨论会，需要思考并制定三年内《社区减灾计划》的框架和目标，主要包括：第一，决定课题的优先顺序，参照黑潮町提示的减灾课题，划分针对本地区的紧急度和实施难易度；第二，依据课题的优先顺序，决定三年内18次减灾讨论会的主题；第三，列出每年开展疏散演练时需要诊断和解决的难题；第四，讨论三年内可以取得的减灾成果。

黑潮町提出了8项减灾讨论课题。（1）讨论基本思想，交流居民对地区的感情，并在自由讨论中得到地区的未来发展蓝图。（2）讨论地区优势，客观分析本地区在地理位置、减灾人才、应急响应和应急资源等方面的优势。（3）讨论整顿避难场所，细致分析应对不同灾种的避难场所类型，比如，应对地震和海啸灾害的紧急疏散场所和避险设施，应对地质灾害的相关设施。（4）讨论本地区的减灾资源，比如，个人、地区的应急物资储备计划，应急物资仓库的使用办法，发现本地区现存的多样化的减灾资源（如水井、食物），开发减灾资源的有效利用方法。（5）讨论不同阶段的防灾减灾体制，比如，灾前、灾时和灾后阶段自主防灾机构应该发挥的功能，本地区内外的各种组织（如自主防灾机构、市町村政府、消防团、社区团体、志愿者等）之间的合作方式。（6）开展实践并检验结果，包括定期更新每家每户的疏散记录卡，制定疏散时如何支援弱势群体的计划，检验开车疏散和步行疏散的效果等。（7）讨论社区可持续发展计划，可以从防灾减灾的角度思考社区的未来发展前景，也可以在社区发展蓝图中纳入防灾减灾计划。（8）讨论对口支援计划，比如，没有海啸风险的地区是否能够提供长期的避难场所，是否应该延长疏散路线等。

黑潮町要求，开展《社区减灾计划》三年后，每个地区要保证至少有一项事业付诸实践，使防灾减灾事业真正融入居民生活，成为日常活动之一。因此，参与《社区减灾计划》的地区，要求每家每户自主制作自己的减灾计划，在减灾讨论会上进行分享，以此为基础制定《社区减灾计划》。随后，黑潮町在防灾会议委员会上讨论《社区减灾计划》的内容，并将其纳入《区域减灾计划》（见图3）。

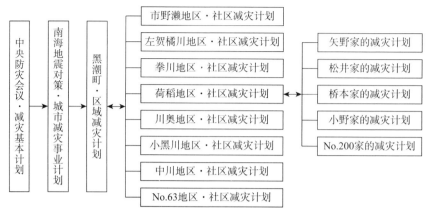

图 3 《社区减灾计划》示例

资料来源：笔者自制。

四 结果与讨论

黑潮町开展的《社区减灾计划》呈现了实践共同体理论中"工具、实践、属性"之间的密切关系，这种关系正是推动黑潮町海啸灾害社区韧性建设的原动力。第一，通过自下而上的方式敦促居民主导制作《社区减灾计划》，可以从根本上改变社区高度依赖政府的现状，使政府和社区融为一体，共同思考防灾减灾措施。第二，黑潮町引入防灾专家协助制作《社区减灾计划》的方法，不仅可以确保《社区减灾计划》的科学性和可靠性，还可以因外部人员的加入激发居民的参与积极性，提高当事人意识。第三，灵活利用社区的特性，使居民在制定《社区减灾计划》过程中能够发挥自身的知识和经验的优势，以"我的事情我负责"的态度制定自家的减灾计划。第四，多元主体的参与，能够提前暴露各个主体之间的对立意见或矛盾，能够事先讨论矛盾产生的根源并找到解决办法，进而将之记录在《社区减灾计划》中，为应急响应提供更多智力支持。由此可知，《社区减灾计划》并非一成不变的"工具"，而是根据社区实际情况进行制作的，制作过程中能够不断发现新问题和新矛盾，因此，最终形成的计划不拘一格。正如实践共同体理论所述，当"实践"反复发生并逐渐形成固定模式时，"实践"就具备了"工具"的性质。《社区减灾计划》正是经过长期的"实践"演变成了"工具"。

"工具"化的《社区减灾计划》取得了许多成就。根据《社区减灾计划》，多元主体共同制作了灾害风险地图，充实了应急物资，开展了疏散演练等实践活动。在"工具"和"实践"相互作用的同时，多元参与者的"属性"也相应发生了变化。比如，居民从"防灾减灾是政府机构的事情，我能做的贡献非常有限"的"属性"，转变为在疏散演练的"实践"中，积极承担帮助弱势群体、烹饪集体食物等责任的当事人属性。政府机构的职员从"我按照上级部门的要求分配防灾减灾的任务，不了解具体的社区情况"的"属性"，转变为在减灾讨论会上建议"利用社区自产的水稻，储备应急物资"的当事人属性。

　　然而，不可否认，当《社区减灾计划》和海啸避难场所等"工具"生成之后，以它们为基础而开展的各种"实践"在趋于稳定的同时，也固定了参与者和工具之间的关系，进而带来了参与者"属性"固定化的问题。例如，居民多次反映"希望政府部门建设更多的海啸避难场所""由减灾讨论会决定的海啸疏散路线真的安全吗"等。这些意见反映出地区居民高度依赖《社区减灾计划》的内容，却忽视了正是通过自己的"实践"，才形成了《社区减灾计划》的事实。这是因为，实践共同体理论中"工具"的固定化和"实践、属性"的固定化密切相关，互为因果。为了解决这些问题，防灾专家将海啸风险的模拟结果用于检验个人的减灾计划，不失为一种新的思路。比如，个人海啸疏散演练就是把着眼于整个地区的"实践、工具、属性"转变为聚焦于个人的活动，不断地促进海啸减灾的实践共同体的更新。

结　语

　　通过分析黑潮町的《社区减灾计划》，本文从实践共同体视角创新地揭示了多元主体共同推动社区灾害韧性建设的发展机制。具体而言，在传统的防灾减灾活动中只能被动服从安排的居民，通过《社区减灾计划》重建了自身的主体性，即拥有了主导防灾减灾活动的属性。防灾专家和政府机构通过评估海啸风险和开展海啸的模拟仿真，将风险评估结果用于检验《社区减灾计划》的科学性和可靠性，据此也变成了《社区减灾计划》中的共同实践者，打破了自身在传统防灾减灾活动中作为唯一主导者的属性。因此，《社区减灾计划》使多元主体都改变了自身在防灾减灾活动中的定位和属性，重新建构了相关的主体性结构。中国幅员辽阔，各个省份因经济发展水平和灾害风险的不同，无论是防灾基础设施的建设还是居民的灾害风险意识，均存在较大差异。因此，不能仅仅依靠政府机构上传下达的方式制定防灾减灾计划，而应该汲取广大公众的智慧，来完善符合各地实际需求的防灾减灾制度。日本的《社区减灾计划》为中国提供了一种新的增强社区灾害韧性的思路。

Enhancing Community Tsunami Disaster Resilience from the Perspective of Community of Practice and Its Enlightenment

Abstract：In order to enhance community resilience in terms of tsunami risks, the participation of multiple actors has been receiving more attention. While previous studies have focused on the legitimacy and organizational process of diverse participation, little attention has been given to the outcomes. The author of this article applied face-to-face interviews and action research on tsunami risk reduction activities in Kuroshio-cho, Kochi Prefecture. Results showed that designing tools that meet the needs of tsunami risk reduction was essential in promoting the participation of multiple actors such as residents, disaster experts, and administrations. Community practices could change the attribute of multiple actors, and effectively enhance community resilience towards disaster risks.

Keywords：community of practice；tsunami；community resilience；multiple actor participation

灾害重建主导权之更迭　通往灾后恢复治理2.0版之路[*]

——石卷市小渊滨的"海滨的潜力与韧性"

〔日〕大矢根淳著　薛　烺　宋金文译^{**}

【摘　要】海啸灾后恢复研究的经典之作《海啸与村庄》① 始于记述石卷市牡鹿半岛的小渊滨。虽然东日本大地震已过十年有余，走在海边依旧能看到瓦砾碎石，日常生活使用的道路也在修复之中，但是小渔港和水产加工场却充满了活力。牡鹿半岛也有很多海滨由于被指定为灾害危险区域而被剥夺了可居住权，濒临消失的危险。那小渊滨是如何恢复营生的呢？50年来，历经三代，当地又是如何应对石油危机和200海里限制，以独自形成的渔家再生产方式与东日本大地震、海啸灾害抗衡的呢？本文通过相关访谈数据，解读其"设法应对的经过以及韧性（resilience）"的内涵。

【关键词】恢复力　既定灾后恢复　海滨潜力　小渊滨自适应治理

---

* 论文原文出自『災害復興研究』2022年第14号，第21~44页。

** 大矢根淳，日本专修大学人间科学部教授，研究方向为社会系统工程学、安全系统学、社会学、自然灾害科学、防灾学。
薛烺，北京日本学研究中心硕士研究生；宋金文，北京日本学研究中心教授，研究方向为日本农村社会学、日本社会保障、灾害研究。

① 山口弥一郎：『津浪と村』，東京：三井弥書店，1943 = 2011（復刻）。

引　言

　　本文介绍了在东日本大地震中遭受大海啸灾害的小渔村（宫城县石卷市小渕滨）的灾后恢复①情况，并用"恢复力"的概念来解读之。② 在掌握

---

①　着重号为笔者所加，未说明原因，可能为个人写作习惯，下同。——译者注

②　本文基于笔者在 2020 年 12 月 23 日召开的"东北再生研究会"（关西学院大学灾后恢复制度研究所）做的报告及提问而写成。

　　2020 年一年，笔者任专修大学长期研究员，作为尚絅学院大学客座研究员赴仙台，对东日本大地震的长期灾后恢复过程进行了研究。本文是当年所做调查研究的成果。这里向提供研究机会的专修大学，接受笔者任客座研究员的尚絅学院大学以及提供研究报告机会的灾害重建制度研究所表示感谢。

　　另外，需要说明的是，本文将此前笔者在多项研究资金支持下所撰写的著作加上 2020 年度调查的最新数据进行了新的分析解释，与已发表原稿有重复之处。第一节：大矢根淳「東日本大震災における集落再興：被災漁村（牡鹿半島・小渕浜）における生業再開への一視角」，『都市社会研究』2012 年第 4 号；大矢根淳「石巻市 市街・牡鹿 —まちの復興と生活再建への災害社会学の視角」，浦野正樹他『津波被災地の 500 日』，東京：早稲田大学出版部，2013；大矢根淳「小さな浜のレジリエンス」，清水展他編著『新しい人間 新しい社会 – 復興の物語を再創造する』，京都：京都大学学術出版会，2015。

　　第二节：大矢根淳、宮定章「津波被災地石巻の復興（平野 +リアス部）」［科研費基盤（A）19H00613 2019 年度報告書 現地調査グループ］，2020，http://www.waseda.jp/prj-sustain/Kaken2019 – 23/Kaken2019/2019_2 – 3％20oyane_miyasada.pdf；大矢根淳「津波被災地石巻の復興（平野 +リアス部）・Ⅱ」［科研費基盤（A）19H00613 2020 年度報告書 現地調査グループ］，2021；大矢根淳「東日本大震災・現地調査の軌跡・Ⅹ —生活再建・コミュニティ再興の災害社会学の研究実践に向けて（覚書）」，『専修人間科学論集 社会学篇』2021 年第 11 巻第 2 号；大矢根淳「災害社会学から見た東日本大震災からの復興」，『三田評論』2021 年第 1253 号。

　　第三节：所澤新一郎、佐藤慶一、大矢根淳：「復興ステークホルダーの探索的再構築に関する研究実践 —被災地・石巻での聞き取り調査から」，『専修大学社会科学研究所月報』2018 年第 660 号；所澤新一郎、大矢根淳「減災サイクルのステークホルダーと事前復興への取り組みの実相（Ⅰ）—被災地石巻での聞き取り調査から：『仮設住宅』生活を射程に」，『専修大学社会科学研究所月報』，2019 年第 672 号；所澤新一郎、大矢根淳「減災サイクルのステークホルダーと事前復興への取り組みの実相（Ⅱ）—被災地石巻での聞き取り調査から：（脱）仮設・『復興』から日常への収斂」，『専修大学社会科学研究所月報』2020 年第 684 号；所澤新一郎、大矢根淳「減災サイクルのステークホルダーと事前復興への取り組みの実相（Ⅲ）—被災地石巻での聞き取り調査から：そして、コロナ禍下の『新しい日常』へ」，『専修大学社会科学研究所月報』2022 年第 708 号。2019 年以后至今，笔者作为日本社会学会所属灾害研究人员开展的科研经费项目 2019 – 23、科研费基础研究 A（代表：浦野正樹）"大规模灾后重建的区域性最优解综合研究"（JSPS KAKENHI Grant Number 19H00613）科研团队的一员（分担研究者），从事本文所讨论的石卷灾后恢复研究。在此对浦野科研经费团队表示感谢。

石卷市整体的受灾与灾后恢复概况的同时，明确作为田野研究对象的小渕滨的地位（第一节），不同于从所谓"灾害（灾后恢复）家父长制"观点（将灾后重建公共土木事业的预算执行、竣工称为"灾后恢复"的视角）的角度，而是从各个受灾者的生活重建过程、重构海滨营生机会①的地区韧性（"海滨的潜力"）的角度，对在此展开的与灾后恢复相关的事件进行特别记述（第二节）。以这样的视角来观察石卷灾后恢复的现场，就可以发现一些新的治理实践（第三节）。这也是将 10 年震灾恢复的历史与一个海滨的事例结合进行的回顾。

一　小渕滨（石卷市牡鹿半岛）的受灾与既定灾后恢复的展开

石卷市拥有 16 万人口，是宫城县内仅次于仙台的第二大城市，东日本大地震时，是基础自治体中牺牲者人数（死者 3282 人，失踪者 669 人）最多的地方。包括市政府在内的市区大部分区域和相邻的临海地区的水产加工厂等工业地带属于都市型受灾，还有离岛、半岛地区中很多锯齿式海岸小渔村的毁灭性受灾，这两者相叠加是当地受灾情况的特征。

本文以离岛、半岛地区的小渔村事例为中心进行讨论。为了掌握离岛、半岛地区的灾后恢复情况，首先概观整个市区的灾后恢复事业计划。这里需要了解的是，地震灾害是在采取措施克服石卷市广域合并后产生的所谓"合并后遗症"的时期发生的［见本节第 1 小节第（1）部分］，而且，由于灾后恢复事业是以市区灾后恢复城市规划事业为基础推进的［见本节第 1 小节第（2）部分］，所以没有太多目光投向离岛、半岛地区的小渔村，但是，在这样的海滨之上，"恢复力"起了作用，反倒体现出了一种独特的灾后恢复路径（见本节第 2 小节）。

1. 合并后遗症之下的既定灾后恢复

（1）合并后遗症

2005 年 1 市 6 町合并后诞生了现在的石卷市。但是合并协议的进展并

---

① 在关东大地震的重建现场，就曾有如下讨论：灾后恢复必须是"人的灾后恢复"，这就意味着灾后恢复是生活、营业、劳动机会等生存机会，即"营生机会"的灾后恢复。山中茂树：「復興リベラリズムに裏打ちされた災害対応を——逆回り災害サイクルからの発想」，『災害復興研究』2011 年第 3 号；福田徳三研究会編「七　営生機会の復興を急げ」，『福田徳三著作集』第 17 巻，東京：信山社，2016。

不顺利。协议的目标是升级为法定人口超过 20 万的特例市（可获得都道府县部分事务权限的委托，地方交付税也会增多），但相邻的女川町（因核电站各种补助金而受益）、东松岛市（因航空自卫队各种补助金而受益）拒绝参加自愿合并协议会，结果合并人口规模只有 16 万多，导致特例市构想未能实现。尽管如此，由于合并，政府一般职员还是从约 1700 人中削减掉 500 多人。合并后，旧町被定位为综合办事处，在人员缩减、没有决策权和财源的情况下，在地震前就出现了行政服务低下、地区差距扩大等所谓合并后遗症，[①] 为人所诟病。2009 年，龟山市长以解决这一问题为承诺上任。他原任石卷专修大学开放中心负责人，大家期待他能以科学知识为基础推行相关政策。

在灾害现场，地方首长随机应变的政治判断是不可或缺的，但综合办事处所长没有这个权限，为了听取市长的判断，办事员从因海啸、山崖崩塌被切断交通的牡鹿半岛出发前往旧市区内，但县道已经被冲断，实际到达市厅则是在地震发生后的第五天。地震发生之后，半岛上孤立的村落独自设法开始了救助活动和受灾后的协作生活。

在无法把握离岛、半岛地区受灾情况的前提下，市行政部门首先开始着手开展中心城区的应对工作，并在此套用上了日本传统的市区灾后恢复事业的框架。而离岛、半岛地区的重建则交给了志愿介入当地事务的大学建筑师团队（和市政府签署了全面合作协议），由他们绘制草案。

（2）县特命小组主导的既定灾后恢复

石卷市在 2011 年 11 月中旬，明确了灾后恢复工作目前的进展，并提出了今后工作的方向。其中表述了石卷市中心街区附近的灾后恢复，将和阪神大地震之后一样，以土地区划整理事业为主，按灾后恢复城市规划事业进行。阪神大地震时，为了在受灾地实施区划整理事业，先根据《建筑基准法》第 84 条规定了 2 个月的建筑限制时期，以防受灾地盲目开发，并通过延长这一限制来争取时间，同时在这期间又利用新制定的《受灾市区灾后恢复特别措施法》，为实施灾后恢复城市规划事业指定灾后恢复推进地区，并将其设定为区划整理对象地，也就是所谓的"黑地地区"。在此次地

---

① 广原盛明在地震后不久就指出了石卷合并后遗症所造成的严重影响。广原盛明：「災害時の"リダンダンシー"（冗長性）を奪った広域合併と欠陥支所体制、平成大合併がもたらした石巻市の悲劇（9）」，https://hiroharablog.hatenablog.com/entry/20120721/1342859324，2012年 7 月 21 日。

震后，沿岸各县的众多受灾市区都采用了这种灾后恢复方式，石卷市区也是如此。

石卷市也是按照这种方式，并且决心缩短建筑限制的延长期限，在受灾半年后的 9 月 12 日指定了推进地区，因此在全国报纸上被作为"先行案例"而得到广泛报道（其他地方自治团体则是 2 个月 +6 个月延长 = 受灾 8 个月后的 11 月指定推进地区）。相关事项与市政府方面整备灾后恢复体制一同详见表 1。

表 1　石卷市到目前为止的灾后恢复过程

日期	市政府方面的灾后恢复体制整备	对于市民和灾民民意的吸纳
2011 年 4 月 11 日	设置灾后恢复对策室（专职职员 8 人的体制）	
2011 年 4 月 15 日	设置震灾恢复推进本部	
2011 年 4 月 27 日	第 1 次石卷市震灾恢复推进本部会议 石卷市震灾恢复基本方针［基本理念 1 ~ 3、计划时间段：恢复（2011 ~ 2013）+ 再生（2011 ~ 2017）+ 灾后恢复（2011 ~ 2021）］	
2011 年 4 月 29 日	提出恢复城市基础的草案（《面向石卷的城市基础恢复》）	
2011 年 5 月 1 日		开始进行关于城市建设（城市基础建设整备）的问卷调查
2011 年 5 月 10 日	第 2 次石卷市震灾恢复推进本部会议 面向城市基础恢复 主题：关于召开灾后恢复展望恳谈会	
2011 年 5 月 15 日		第 1 次震灾恢复展望"有识者恳谈会"召开→为了制定震灾恢复基本计划
2011 年 5 月 16 日		开始征集震灾恢复基本计划制定的相关建议
2011 年 5 月 22 日		第 2 次震灾恢复展望"有识者恳谈会"召开
2011 年 5 月 23 日	第 3 次石卷市震灾恢复推进本部会议 主题：关于追加指定受灾市区的建筑限制	
2011 年 5 月 26 日	第 4 次石卷市震灾恢复推进本部会议 主题：关于追加指定受灾市区的建筑限制	

续表

日期	市政府方面的灾后恢复体制整备	对于市民和灾民民意的吸纳
2011 年 6 月 3 日		公布关于城市建设（城市基础建设整备）的问卷调查结果
2011 年 6 月 8 日		与居民（建筑限制区域内的町内会代表）进行意见交换会
2011 年 6 月 9 日	第 5 次石卷市震灾恢复推进本部会议 主题：关于设置石卷市震灾恢复基本计划市民讨论委员会	
2011 年 6 月 14 日		第 1 次市民讨论委员会召开 →为了制定"震灾恢复基本计划"
2011 年 6 月 19 日		第 2 次市民讨论委员会召开：产业部会 + 生活部会
2011 年 6 月 23 日	第 6 次石卷市震灾恢复推进本部会议 主题：关于城市基础恢复构想 （调查问卷 + 与建筑限制区域居民代表的意见交换会）	
2011 年 6 月 24 日	建设抗灾能力强的城镇（基本构想）方案公布：石卷市城市基础灾后恢复计划（市区 + 村落地区）	
2011 年 6 月 29 日		第 3 次市民讨论委员会召开
2011 年 7 月 2 日		第 4 次市民讨论委员会（产业部会）召开
2011 年 7 月 9 日		第 5 次市民讨论委员会（生活部会）召开
2011 年 7 月 14 日		与居民的关于城市基础恢复计划意见交换会召开（市内 17 个会场，7 月 14 ~ 24 日）
2011 年 8 月 22 日	《石卷市城市基础灾后恢复基本规划图（草案）》公布	
2011 年 9 月 12 日	根据《受灾市区灾后恢复特别措施法》第 5 条决定灾后恢复推进地区（雄胜、牡鹿地区为 11 月 11 日）	
2011 年 10 月 12 日	石卷灾后恢复协作项目协议会成立	
2011 年 11 月 7 日	石卷市震灾恢复基本计划（草案）	

续表

日期	市政府方面的灾后恢复体制整备	对于市民和灾民民意的吸纳
2011年 11月15日		关于"基础方案"的意见交换会 （市内14个会场：11月15～27日）
2011年 11月24日		灾后恢复推进地区的事业说明会（市 内33会场：11月24日至12月18日）
2011年 12月5日	公众对"基础方案"的意见的调查结果，以及市 政府对意见和建议的看法	
2011年 12月22日	石卷市震灾恢复基本计划	
2012年 2月1日	新设"震灾恢复部"。四科室：灾后恢复政策科＋ 协作项目推进科＋土地利用住宅科＋基础整备科	
2012年 2月8日		关于确认今后住所的意向调查
2012年 2月17日	石卷市灾后恢复整备协议会成立 灾后恢复推进计划认定：石卷町中再生特区/北 上食品供给体制强化地区	
2012年 3月31日	制定并公布石卷市灾后恢复整备计划	
2012年 5月3日		石卷市震灾恢复推进会议召集委员

资料来源：本表由笔者根据石卷市政府主页记载内容（城市基础灾后恢复：抗灾能力强的城市建设）以及灾后恢复对策室访谈记录（2011年4月22日）等整理制作而成。

受灾一个月后，先由8名专职职员组成了"灾后恢复对策室"，开始进行厅内讨论（4月11日），并在此基础上立即成立"震灾恢复推进本部"（4月15日），提出灾后恢复的基本方针（基本理念和计划期限）（4月27日），拟定了作为灾后恢复事业的核心与先导的城市基础整备的基础方案（4月29日）。

另外，为了保证在此基础上吸取市民的意见，把握受灾者以及市民的意识，市政府组织开展了以"城市基础建设整备"为题的问卷调查（5月1日），同时听取有识之士的意见（5月15日），向居民征求制定震灾恢复基本计划的意见（5月16日），并与建筑限制区域的居民交换意见（6月8日），成立"市民讨论委员会（产业部会＋生活部会）"（6月14日），制定并公布了城市基础灾后恢复计划（市区＋村落地区）（6月24日），然后在市内17个会场召开了市民意见交换会（7月14～24日），将会上提出的意见纳入《石卷市城市基础灾后恢复基本规划图（草案）》并公布（8 月 22 日）。并且如上所述，比其他市町村先行两个月，根据《受灾市区灾后恢复特别措施法》决定灾后恢复推进地区（9 月 12 日），在市内 14 个会场举行了关于"基础方案"的意见交换会（11 月 15～27 日）。之后，关于灾后恢复推进地区，以地权者为对象在各地区 33 个会场举行了关于事业内容等的说明会（11 月 24 日至 12 月 18 日）。

在以地权者为对象的说明会上征集意见，并将其纳入在年内总结出的《石卷市震灾恢复基本计划》（12 月 22 日）。在"震灾恢复部"的基础上设置了四个参与实际工作的科室，[①] 以居所的重建为目标进行意向确认（2012 年 2 月 8 日），确定了灾后恢复体制。

从中可以看出以下三点。第一点，在市里多样的受灾地区中，决定先将市区灾后恢复作为城市规划事业进行。第二点，以问卷调查、市民讨论委员会、意见交换会、说明会等形式收集灾民意见（但对此当然也有很多异议）[②]。第三点，令人遗憾的是，人们还是很少关注受灾地区的多样性，尤其是小渔村。6 月下旬，虽制定并公布了城市基础灾后恢复计划（市区 + 村落地区），但此后主要致力于市区的灾后恢复推进地区的指定，对牡鹿半岛小渔村的关注不足。

表 1 是从地震一个月后设立灾后恢复对策室开始记述的，倘若再加上一条辅助线和一个基点，就更容易理解石卷市的灾后恢复立场、背景和主要思路了。在开头的 4 月 11 日设立灾后恢复对策室之前，可加上以下三行作为宫城县当局的行动：

---

① 2012 年 2 月新设的震灾恢复部为四科体制（灾后恢复政策科、协作项目推进科、土地利用住宅科、基础整备科），其主要业务为震灾恢复的政策立案及综合调整、产学官协作项目的推进、震灾恢复的基础整备（出自石卷市官网主页）。

② 例如市政府进行的问卷调查（"市民对城市建设灾后恢复的意识调查"2011 年 5 月 1～15 日实施），在报告书的"询问方法"一栏中明确记载着，"在人们排队领取受灾证明的接待室一角，在各综合办事处、避难所、临时住宅等人群集中的地方，还有在大型超市的停车场"发放问卷。其样本数，例如雄胜地区受灾前有 1600 户（总体 N）的地方，在问卷中则为 N = 273。这让人不得不对作为标准化调查之关键的总体抽样方式产生怀疑。地方政府根据汇总数值得出这个村落"有 60% 的人希望迁移到其他地区"的结论，并开始着手集体迁移构想的推进。当地对此抱有疑问的受灾者独自进行了问卷调查（N = 834），结果显示"56% 的人今后也想住在雄胜"［『月刊ぉがつ Vo. 1』（《月刊雄胜 Vo. 1》）2011 年 8 月号］，但调查结果并没有被灾后恢复行政方重视。

·2011 年 3 月 11 日 根据《建筑基准法》第 84 条施行建筑限制（2 个月）

·2011 年 4 月 1 日 宫城县知事下令组织土木部与特命小组

·2011 年 4 月 11 日 特命小组开始征询各市町意见→决定于石卷市设置灾后恢复对策室

从这里可以看出，在受灾后 2～3 周的时间内，县土木部掌握主动权，决定以既定灾后恢复方式[1]（受灾市区的区划整理事业，也就是"神户方式"）来推进灾后重建，为此组织县土木部与特命小组，巩固了指导沿岸海啸受灾自治体的体制。[2] 4 月成立的石卷市灾后恢复对策室，实际上也是为了响应 4 月 1 日县土木特命小组主导的市区基础再整顿事业，换言之，这是针对灾后恢复推进地区的决定而做的准备工作。

在 9 月经过灾后恢复推进地区的决定之后，以 10 月"石卷灾后恢复协作项目协议会"的成立[3]为标志，明确了"受灾地恢复＝市区基础再整备"逻辑的全貌和方向性。受灾市区街道的重建以 IBM 和三井物产为中心，重点包括建立先进的能源管理机制、构建基于再生能源的地区能源供应系统，以及利用信息通信技术（ICT）实现新产业的再造等，通过这样的新城市建设（所谓的智慧城市构想）以实现东日本大地震后的灾后恢复。然而，无论企划书中的哪一部分，都只字未提"重建灾民生活"。反而是明确地表示

---

[1] 日本自 1923 年关东大地震以来，灾区灾后恢复是以城市基础建设公共事业为主轴予以推进的。这意味着，在火灾大规模蔓延的预设下，土地区划整理事业（为了避免火势蔓延，以宽广的道路和公园来构成街区）作为灾后恢复政策而被统一采用。关东大地震灾后恢复之际，根据大正 8 年（1919 年）制定的旧版《城市规划法》中的"土地区划整理"相关法条，颁布《特别城市规划法》，在东京、横滨开展帝都灾后恢复事业。大约 20 年后，针对空袭和战灾的灾后恢复，日本将《特别城市规划法》普及到全国。从那以后，在日本一提到灾后恢复，就毫无疑义地将其与既有基础再整备的公共事业重叠起来。这种灾后恢复方式被称为"既定灾后恢复"。大矢根淳：「被災へのまなざしの叢生過程をめぐって一東日本大震災に対峙する被災地復興研究の一端」，『環境社会研究』2012 年第 18 号。

[2] "土木部灾后恢复城市建设小组是作为接受知事命令的'特命小组'登场的，这个小组正是服务于受灾市镇正在进行的灾后恢复计划的核心——城市建设计划的制定，为其提供援助，帮助制定计划案，并且直接到受灾市镇进行细致说明等，开展积极行动。"宫城县土木部长寄语，http://www.pref.miyagi.jp/uploaded/attachment/40667.pdf，2015 年 6 月 1 日。

[3] 在石卷市长龟山纮给各地宣讲应对灾害的资料中，开头部分都详述了石卷灾后恢复协作项目协议会的意义、体制等。例如，"City Summit 2012—建设与下一代相连的未来城市—石卷市的挑战、灾后恢复示范城市"等。http://creative-city.jp/doc/citysummit2012_ishimaki.pdf，2015 年 6 月 1 日。

以"世界灾后恢复示范城市"为目标,"为了聚集国内外的人力、物力、资金、信息,作为创造产业和工作岗位的魅力城市而进行灾后重建,对活用国家等补助金和民间活力的事业项目立案的内容进行讨论",(这是为了"灾区恢复的公共事业"而给"日本产业""加油"),而不是面向"灾民的生活重建"而为"东北地区""加油"。如此,石卷正式宣布采用 21 世纪型的既定灾后恢复方式。

2. NPO 的参与与全面合作协定

另外,我们来看一下离岛、半岛地方(合并前的旧町地区,例如旧牡鹿町)的情况。当地媒体报道了当时受灾的情况:

> "我们虽然通过卫星电话好不容易和市厅联系上了,但对方也是忙得不可开交,我们只能自己干。"牡鹿综合办事处所长成泽正博(60 岁)回顾了地震发生后的情况。旧牡鹿町位于向太平洋突出的牡鹿半岛上,在大海啸中各海滨都遭受了毁灭性的破坏。由于震灾,半岛各处道路被切断,一时沦为陆地上的孤岛。当时办事处的职员人数是 47 人,约为合并前的四成。由于得不到市厅的支援,不得不以有限的人员进行初期应对。"为了确保通往旧市内的道路,我与附近的建筑商联系,开车前往旧市内取物资,已经是地震发生后的第五天了。"[1]

(1) NPO 的积极介入

最先"发现"海滨情况的,是牡鹿半岛侍滨出身、在市区主持 NPO 工作的年轻人,名叫布施龙一。他经营着宫城县第一家平价交易咖啡店,为老年人、精神疾病患者、尼特族、蛰居族等社会弱势群体提供持续性就业支援和自立帮助,同时他也是为振兴地区产业而涉足社会化农业的 NPO "平价交易东北公司"(FTT)的法人代表。他从被水淹没的市区出发,徒步前往半岛,以确认其顾客和老乡们的安危。通往半岛的县道等都被切断了,所以他就沿着从少时就知道的山野小道和不再使用的旧道,有时需要下水游过去,一直沿半岛南下。他发现这是完全没有任何支援的一个孤立

---

① 『河北新報』2011 年 10 月 16 日付。

的半岛。①

　　半岛海滨（例如小渕滨）上的公设避难所已被冲毁，几个家庭挤在剩下的私人住宅里避难生活。这就是被 FTT 称为"自家小规模避难所"的私设避难所。小渕滨有 18~20 户躲过海啸灾害的人家成立了这样的私设避难所，这些避难所在海滨当地称为"班"。大家用储存在仓库或保鲜库中的食材维持生命（关于小渕滨的班的生活，下一节第 2 小节中有提及）。

　　布施与市灾害对策本部交涉，请求对半岛的支援，但从市政府那里只

图 1　在海滨的自家小规模避难所"班"的生活

资料来源：『朝日新闻』（晚间版）2011 年 4 月 18 日付。

---

①　川副早央里、布施龍一：「復興から取り残される人々—NPO 法人フェアトレード東北の『在宅被災者』支援の取り組み」，『復興』2012 年第 5 号。

得到了"已竭尽全力应对旧市区的问题"的回答。另外，因为灾民们不是在被政府认定为避难所的设施里避难的（在认定的避难所避难会登记灾民名册），所以政府默认这些灾民不存在，也就不存在给这些人分发的物资。在旧市区，汇集了来自全国、全世界的各种支援，创建了后来被称为"石卷奇迹"的志愿者网络体系（以石卷专修大学为据点的石卷灾害灾后恢复支援协议会），① 然而这些志愿者组织并没有回应布施的请求。于是，FTT 依靠生来就熟悉的地缘关系和血缘关系，开始逐一调查海滨的情况，运送支援物资。② 来自全国各地的物资基本上都集中在上述的志愿者体系中，虽然没有达到分到这些物资的目的，但原本在全世界拥有丰富受灾支援经验的国际 NPO 高度赞赏 FTT 的视角和在现场开展的活动，单独把各种救援物资直接储存在 FTT 办公室里，由此 FTT 得以根据自己的调查来发放这些支援物资。

此外，FTT 还以同样的视角去调查市区的避难所，发现在避难所被孤立的老年人和残疾人。其中有很多人无法待在避难所，只能寄居在附近破损的民房里。③ FTT 将这些人命名为"在家受灾者"，因为这些人居住在普通住宅中，所以不能被认定为灾民（没有被分配到公共避难所的物资），FTT 开始为他们单独送来物资。

这样的支援在家受灾者活动，后来得到市灾后恢复行政部门认可，政府将巡回型受灾高龄者等支援事业委托给 FTT。另外，在市区设有据点的大规模志愿者组织"石卷灾害灾后恢复支援协议会"内也设置了海滨支援分科会和在家受灾者支援联络会，以进行扩展性应对。

（2）海滨的灾后恢复计划

如前所述，石卷市忙于旧城区的灾后恢复，海滨的灾后恢复偶然性地被委托给了参与研究实践的研究者小组。Archi Aid 参加了海滨灾后恢复支援的活动。

---

① 中原一步：『奇跡の災害ボランティア「石巻モデル」』，東京：朝日新聞出版，2011。
② 地震前就一直与 FTT 在市内共同开展活动的石卷专修大学经营学部李东勋副教授的研究班作为志愿者参加了此次支援活动。
③ 避难所（例如学校体育馆）里，有半夜要上几次厕所的老人，有抱着半夜两次哭着要吃奶的婴儿的母亲，还有对陌生环境敏感、大声乱跑的患有精神疾病的孩子们和他们的家长，这些人忍受不了周围的眼神和牢骚，不得不离开避难所。

在大学任教的建筑师和学生们进入当地，和居民讨论制定重建计划的想法。这些想法被纳入地方自治团体的灾后恢复计划中，对地区再生起到了很大的作用。①

　　如此，该活动得到了媒体的好评。

　　市政府本厅忙得不可开交，灾后恢复的工作委托给了志愿到现场进行研究实践的建筑家们组成的半岛支援团队 Archi Aid 负责。2011 年 7 月，利用暑假，来自全国各地建筑专业的学生在教师的带领下，来到半岛之滨进行考察集训。这是由建筑师和 15 所大学组成的半岛支援团队。每一个研究室都在各自负责的海滨上步行、观察地形、了解情况，② 并运用建筑工学的专业技法，将其绘制在图纸、模型上，作为海滨复兴计划提交给海滨的灾民。

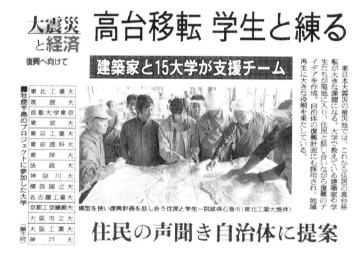

图 2　Archi Aid 开展的活动

资料来源：『朝日新闻』（晨间版）2011 年 10 月 30 日付。

　　在被海啸席卷而空的海滨上，灾民激动地称赞道："这个图纸、模型才是真正的集会所！"大家围着模型，用自己的生活语言，快乐地编织着灾后

---

① 　『朝日新闻』（晨间版）2011 年 10 月 30 日付。

② 　重视"那个地方的历史、那里的人们的记忆、他们重视的东西，以及潜移默化地从祖先那里继承下来的东西，简朴的自然，小小的神社、祠堂等，那种比人更重要的问题"，有人将之用"文化的地域基因"进行概念化（Archi Aid 编『浜からはじめる復興計画』，東京：彰國社，2012，第 116 頁）。

恢复的故事。

例如，在某个海滨，隔壁4个海滨的渔民们围坐在模型旁讨论灾后恢复之计，话题深入于如何将渔港功能集中起来，重新振兴海滨和渔业。这并不是附和县里的构想（将渔港集中起来推进灾后恢复的构想）①，而是和自己的伙伴以及从外面来的研究室人员一起得出的"解"。那片海滨主要养殖的是海鞘，捕捞上来的海鞘马上装上卡车，直接运往韩国，这种模式在地震前就已经确立起来了。因此，只要能确保渔业权并进行捕捞，从事渔业工作的人就不再奢望什么了。为了事业的复兴，人们在模型上编织灾后恢复的故事，却发现了隐藏着的意想不到的解。也就是说，房子、码头在哪里都可以，也不需要水产加工厂。"住宅""港口""渔业权"三件套，加上水产加工厂就是四件套，再加上防波堤和道路等城市基础建设就是五件套……如果用固有观念来组织讨论灾后海滨恢复的必要项目的话，就很难找到答案，结果就会变成相邻海滨之间的相互淘汰（"竞争"）、"说服"性交涉，但是在这里，由于找到了不积极要求再整备基础设施也能恢复生计（只要能确保渔业权）的解决方式，港口基础设施重新整备的机会被让给了隔壁的海滨，其重新开始自己事业的计划便与隔壁海滨形成了（"协助"）"理解"的模式。

既有在既定灾后恢复框架下高效、强有力地表决的"民主主义"，② 也出现了这种围绕振兴事业的对话（多主体、多利益相关者参与的灾后恢复

① 2011年，宫城县决定在全县142个受灾渔港中，选取60个渔港作为据点，在2013年之前优先复原，将其水产加工和流通功能集约化处理。将气仙沼、石卷、盐釜、女川、志津川5个拥有全国屈指可数的渔获量、聚集了海产品市场和水产加工厂的渔港定位为"水产业集聚据点渔港"。将55个渔港作为"沿岸据点港"，变成地区渔业和养殖业的中心，并将之前各渔港承担的水产加工等集中到据点渔港。县政府称其以渔船数、渔业人数、捕鱼量、腹地面积等为标准对据点渔港进行了筛选。据点以外的82个渔港也将停泊船舶，并推进防波堤和码头的整备，以便能进行一定程度的卸货，但当时预计需要等到2017年才能完成。知事表示："将明确要集中投资的渔港和保证最低限度修整渔港的名单。这将对市町村的城市建设计划起到参考作用。"到据点渔港以外的港口卸货的话，需要运输器材，也需要费用。"如果不能在这里卸货，就会有人放弃渔业。"对于渔业者的不安，知事表示，"虽然造成了我们要废弃渔港的误解，但绝对不会这样"，并强调重整渔港的态度不会改变。『朝日新闻』2011年12月9日付。

② 有人指出，在推进城市规划事业的过程中，虽然要求保障居民的参与机会，但无论是城市规划审议会的讨论，还是提交的意见书，最终都只不过是给持反对意见的居民一个发泄不满情绪的机会而已。也有批评说，连为了消除这种疑虑而设立的居民参与的工作坊，结果都成了居民参与的免罪符（岛田昭仁、小泉秀树：「ソーシャルワーク論を基礎としたワークショップ技法の発展可能性」，『都市計画報告書』第13号，日本都市計画学会，2014）。

讨论）。但是，这还不是现在灾后恢复的一般解，而是在各种条件的微妙作用下出现的幸运的特殊解。实际上，也有渔民们对 Archi Aid 主导的海滨灾后恢复方案提出了根本性的疑问：

> 他们这样搞，做个模型大家商量商量，不过，那边高地的土地，是我家所有吧，没和我们商量就说在那里搞建设，说什么迁移到高地，有点让人难以同意啊……①

另外，在半岛渔港附近的高地上，县里借了一块民地，并在那里建设了临时住宅，但土地所有者开始在这块土地内随意设置杂物间。"这里本来就是我家的地"，所有者辩解道。如果提出的灾后恢复计划不能建立在充分把握和探讨土地所有、利用历史和惯例，乃至以此为前提所包含的地区权力结构这些地区关系的基础上，计划在实施的时候就会遇到各种障碍，每次都会停滞不前，其弊端被灾民生活重建过程的延迟所掩盖。

建筑家（团队中的 Archi Aid）原本就是在充分听取业主意见的同时建造一种属于艺术作品的房子。然而，通常情况下，首先是平整作为房屋基盘的土地（土木工作），然后由中央政府批准土地利用计划（城市规划工作），经过漫长的缜密的各种权利关系调整之后，房子才会作为建筑师的作品建造出来（工匠工作）。本案例中不需要顾虑前二者，建筑师是在假定为一片纯白的画布上，汲取重建生活的希望，将梦（的构想）作为作品，模型化后展示给人们。因此，才会出现上述"这里本来就是我家的地"的反对声音。

石卷市将这一充满热忱的研究实践作为灾后恢复半岛地区的核心，同大学团队签署了全面合作协定，并正式将其定位为顾问，将其图纸、模型作为高地迁移计划的素材予以采用。原本就有很多以前的居住者反对迁往高地，但是这些人的意见在问卷调查等巧妙的操纵、诱导下，如前脚注所述，制作出了海滨大部分人都同意向高地迁移的统计数据，也就是说完成了所谓的事前斡旋的准备工作。

FTT 和 Archi Aid 都满怀热忱参与（介入）现场，推动了灾区重建基础的启动。但是，这种模式并没有让多方利益相关者参与型的灾后恢复工作作为通用方法得到认可。

---

① 出自笔者的采访，小渕滨 2012 年夏天。

二　海滨的潜力①："驾驭巨浪的韧性"的实际与其基底、创造过程

接下来我们将目光投向离岛、半岛地区的小渔村。先从小渕滨的 A 家如何应对受灾说起。小渕滨是散布在石卷市牡鹿半岛的 30 多个小海滨之一，地震前有 159 户，576 人居住，是以养殖（牡蛎、海带）、捕鱼（海鳗、海参）、设定置网（沙丁鱼等）为主的渔民町。海啸造成约八成居民受灾，海啸来袭后残存的住户仅有 29 户，死亡、失踪人数达 16 人。

1. 离岛、半岛地区海滨的状态

首先，让我们俯瞰一下石卷受灾情况与开展的灾后恢复工作，并将其类型化。石卷的海啸受灾与灾后恢复，可以分为以下地区类型：

（1）旧市区沿岸地区（旧石卷市中心市区）；
（2）离岛、半岛的渔村地区（①雄胜半岛、②牡鹿半岛、③北上地区）；
（3）新建成为灾后恢复住宅园区的市区外延的新兴住宅小区。

这些都是直接遭受海啸侵袭的受灾、重建情况多重的地区类型（见图 3）。

本文以离岛、半岛地区海滨之一小渕滨为例［类型（2）②］。受灾后不得不离开海滨的那些家庭，主要搬到了市外（例如仙台方面）或市内新市区［类型（3）］。石卷全境的人口动态如下。首先，宫城县整体趋势是仙台市及其周边市町村（岩沼市、名取市等）人口在增加（图 3 左中部区域）。沿岸地区中，南部亘理町、山元町，北部从七滨町以北到三陆锯齿式海岸市町村，人口在减少（图 3 左上部、下部深色区域）。

另外，石卷市各字②的人口动态情况是，沿岸地区人口减少，内陆地区人口增加。这是由于内陆地区的灾后恢复事业即防灾集团迁移促进事业

---

① 这个表达方式是从 NHK-TV（2003～2009 年度播出）的《解决难题！邻居的潜力》中获得灵感的。该节目是"与地区居民一起解决地区存在的各种问题的观众参与类节目。主题十分广泛，包括'住宅街区的犯罪预防''城镇的涂鸦''垃圾的分类'等町内会和自治会的课题和'梯田的复活''森林的保护'等环境问题"。https://www2. nhk. or. jp/archives/。
② 旧时町村下面一种部落的称呼。——译者注

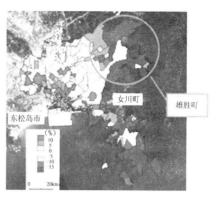

图 3　石卷各区人口动态

资料来源：笔者根据 2015 人口普查·小地区统计数据制作而成。大矢根淳、宫定章：「津波被災地石巻の復興（平野＋リアス部）」［科研費基盤（A）19H00613　2019 年度報告書 現地調査グループ］，http://www.waseda.jp/prj-sustain/Kaken2019－23/Kaken2019/2019_2－3％20oyane_miyasada.pdf，2020 年。笔者借鉴浅川的方法，使用 2015 年人口普查数据、小地域统计等，在地图上用彩色表示石卷市各区人口动态。蓝色代表人口减少，红色代表人口增加。浅川達人：「東日本大震災津波被災地の25 年後の姿 ―人口分析 & 予測プログラムによる考察―」，『明治学院大学社会学部付属研究所研究所年報』2017 年第 47 巻；浅川達人：「マクロ統計データによる東日本大震災被災地の動向［大規模災害からの復興の地域的最適解に関する総合的研究2021 理論編（4）］」，『第 94 回日本社会学会大会報告（災害3）』，2021。

（防集）和土地区划整理事业得以开展，公营住宅和自力重建的宅地也在整备之中，沿岸地区受灾者搬迁到此居住。

2. 小渕滨的渔业

那么小渕滨是怎样的地方呢？在海啸灾后恢复研究的经典著作《海啸与村庄》中，牡鹿半岛海啸受灾村落的巡检记录便是从小渕滨开始的。让我们回顾一下。

……1935 年 12 月接近岁尾时，三陆中部的一场海啸导致村庄荒废，第二年（1936 年）夏天，我从牡鹿半岛南端开始了移动调查之旅。从金华山越过山鸟渡，通往渡波的道路，在大正末期已经整修成汽车通行的道路，虽然要翻越石岭、小积岭、大越岭、凤越岭等几座山岭，但沿着石卷湾，依然可以眺望到百看不厌的景色。可能是因为大原村公所和学校都位于内湾，所以石卷湾岸被称为"表"，太平洋一侧被称为"里"，这和其他地方叫法不同。

先从路过的大原村小渕滨说起。这里以前是独立的岛屿，但与牡鹿半岛相连的低地似乎并不一定只有沙洲，因为水源充足，很早就开辟出了水田，古村落与其说是湾头，不如说是并排着两山麓间。似乎也未曾闻因为海啸等原因波浪越过这片低地之类的传说。1896 年前后据说此处有七十二户人家，大原村从那时起就靠近良港，形成了最完整的聚落。1896 年的海啸灾害，由于震源位置的关系，并没有淹没低地边缘的房屋。后来主要是分家增加，外来人入住了六七户，1925 年，有人在水田中央造了房屋后，住宅区如被开了闸一般，房屋填满了洼地和湾头，到 1933 年增加到近百户，其中三十九户虽然没有被冲走，但地板也浸了水。

公所所在的大原村虽然面朝海岸，但几乎不以捕鱼为主要产业，而小渕、给分滨却有很多渔业者。主要从事近海渔业，用筒捕鳕。在像捕鳗筒那样的筒形物体上绑好沉子和线沉入海底，傍晚五六点，乘一艘发动机船，将八百到一千只筒沉下去，明早八点到十点依次打捞上来，仅小渕就有十七艘左右只船出海，会使用到一万三四千只筒。①

此外，书中对 1933 年昭和三陆地震海啸中海滨的受灾和重建有如下记述。

……这些码头位于开口朝南、纵深较长的湾头里，1933 年，高二米九十厘的海浪袭来。

面向内湾，本次大海啸也只到了浸水程度的灾害，所以虽然筑了防波堤，但也只能简单装卸货物，并没有积极实施防灾大工程。偏僻小渔村没什么大资本家，所以都说"纯靠渔村里的劳力是根本没有余力去修建海啸防波堤的"。灾害刚发生时，政府就决定了十五户搬迁用地，但过了两三年也没有搬迁。只有 K、M、A 三氏（笔者注：原文姓氏是实名表记）立刻各自转移到了背后的山麓高地。这种程度的灾害似乎无法提高大家防灾、转移的热情。②

---

① 山口弥一郎：『津浪と村』，東京：三井弥書店，1943 = 2011（復刻），第 17~18 頁。
② 山口弥一郎：『津浪と村』，東京：三井弥書店，1943 = 2011（復刻），第 18~19 頁。

1896 年明治大海啸、1933 年昭和三陆地震海啸中此地都没有受到太大的破坏，之前的历史上也没有发生过大海啸的记录，明治、昭和海啸时居民向高处转移的积极性也没有提高，也没有建设大型防波堤工程。之后，历经战后灾后恢复、经济高速增长、石油危机、200 海里限制等几次风波，又遭遇了东日本大地震。二战后五六十年的历史留待后（本节第 4 小节）述，先来看震灾前后的情况。

3. 海滨的灾害应对情况

先介绍一下震灾半年后 2011 年 10 月，于小渕滨 A 家（见图 4、图 5）了解到的情况。①

图 4　石卷市小渕滨的位置

资料来源：笔者根据"technocco 白地图插图"主页制作而成。

A 家是因昭和三陆地震海啸（1933 年）而迁移到高地的村里 3 户（K、M、A 三姓人家）中的一家，是昭和战前以及战时山口弥一郎（当时是磐城

---

① 2011 年 10 月 13 日下午，笔者拜访了位于小渕滨表滨高地上的 A 家，过了门口玄关，来到右手边的起居室里开始采访。调查者是笔者和李东勋副教授（石卷专修大学）。笔者也参加了李教授参与的 FTT 的海滨支援活动，因此得到了访问 A 家的机会。幸子一边听我们说话，一边点起炭火，为我们做了白烤康吉鳗，我们边吃边采访。采访用 IC 记录器（ICR - PS185RM）录了音，日后转换成文字写成草稿。

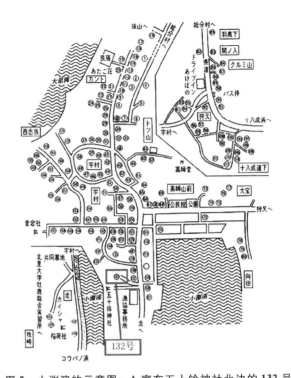

图 5　小渕滨的示意图：A 家在五十铃神社北边的 132 号

资料来源：牡鹿町誌编さん委員会編『牡鹿町誌』上巻，牡鹿町，1988，第 451 頁。

高等女子学校教师）巡游而著的《海啸与村庄》一书开头出现的一家。市太郎是海滨上的老大，也是 A 家的户主，他隐约记得战争期间有一位大学老师模样的人来访。笔者专攻灾害社会学，过去的二十几年经常把这本书放在身边并翻阅多遍，东日本大地震发生前，笔者也参考其巡游之旅，多次从北到南、从南到北实地考察三陆锯齿式海岸的村庄，反复调查了刻有防海啸灾害的教训——告诫莫居住于低地的石碑。[1] 这次拜访 A 家，偶然遇到了经典之作中出现的那家的本人，让笔者既惊讶又感动，一时语塞。在高台上 A 家的客厅里，笔者一边回想书中的每一句话，一边与这次海啸造成的灾难进行着比照。

　　……海边的公民馆最先被冲走了，没有其他可以用作避难所的地方。居民们只得聚集在高台上的私人住宅里。在 I 居民的提议下，收容

---

① 　大矢根淳：「津波の民俗」，『宮古市史 民俗編』下巻，宮古市教育委員会，1994。

灾民的住宅变成了各个"班"，最初有 20 班。大部分居民都是把大海当成工作场所的人，与巨大的灾害损失相比，离开村子的人很少。现在也是 18 个班一起生活。①

笔者访问的小渊滨 A 家位于高地上，躲过了海啸灾害，他家被称为 11 班，到 8 月盂兰盆节为止的半年多时间里，接收附近的灾民居住。以下记录是对受灾半年后 11 班终于解散、盂兰盆节后重新开始捕鱼生活的 A 家进行的采访。幸子和笔者同岁，是 A 家的内当家，正美是其丈夫。

【地震—出海避难，生还】

海滨上的渔民感受到非同寻常的巨大摇晃后，想起以往的经验和传说，迅速而冷静地付诸行动，马上把船开到海上。剩下的亲眷立刻前往高地避难，眺望着海面的剧变，接下来的几天，一直惦念着出海未归的船员家人的安危。

　　幸子：发生了地震，听到有人喊"海啸危险"，就往小皮卡上装了很多东西。那时候大家都养裙带菜，那个蓝色的四方形水箱一下子浮了上来，然后从堤坝那边砰、啪的掉下来。听到这个声音，我一看，黑色的大浪一下子涌了过来。连那里的海底都看到了。然后我们看到了两次大浪，之后天黑了。我爬到后面的杉树山上去看了。又下雪了。孩子他爸早早地就开船去了，② 然后手机也打不通。这边乱得一团糟，船也回不来。到了第三天晚上，堂兄弟开着船外机③小船回来，说"大家都没事！"才知道彼此平安无事了。于是我们尽全力做了很多饭团和喝的，让他带给孩子爸爸他们。我们也有赈灾施饭，但大家都说我们这边不吃也行，得先拿给孩子爸爸他们吃。

　　笔者：那么大的浪，还好船能平安无事。

　　幸子：以前的船造得很坚固。现在是塑料的吧，所以从海啸那样

---

① 『朝日新闻』2011 年 4 月 18 日付。

② 渔师如果感觉到地震、剧烈摇晃，就会尽快把船开到海上以防海啸来袭（称为出海、出船），这是海滨上自古以来就有的习俗。但水产厅和海上保安厅认为这是非常危险的行为，下达通知应严格避免，原则上禁止出海。但在小渊滨，海滨长老一声令下，大家一齐开船出海。他们说，对于掌舵的渔民来说，与 10 多米高的海浪对峙是家常便饭，要是地震时按照通告在陆地上避难，眼睁睁地看着价值数千万日元的船被毁，是无法接受的。

③ 小船的后部装有兼作舵和螺杆的引擎，这种引擎或带有引擎的小船被称为船外机。

的大浪中摔下来马上就会被摔碎了。我家的船（是）40年前造的，很坚固。叫第五幸渔丸号（见图6）。"幸"是我的名字中的"幸"，但不是从我的名字里取的，因为以前就有第一到第三的"幸渔丸号"代代相传，四这个数字不吉利所以跳过去，而我的名字是根据船名取的。

图 6　第五幸渔丸出航捕鳢前，亲属齐上阵

资料来源：笔者拍摄。

【捕鳢与季节性捕捞】

第五幸渔丸号"捕鳢"。"鳢"是什么鱼呢？其实就是石卷地区捕捞的康吉鳗，其在筑地市场被称为"表滨产"，能卖出高价。笔者询问了捕捞康吉鳗的情况。

笔者：现在正逢2011年的秋天，请您介绍一下这里"捕鳢"的情况吧。

正美：这里自古以来就把康吉鳗叫作鳢。京都是叫"真鳢"吧。以前是用竹编的"筒"，现在是塑料的了。这里有个倒须，鱼进去就不能再出来了（见图7）。饲料是把冷冻的金乌贼用刀切成一圈一圈的放进筒里。地震前有切冻饵的机器，但是被冲走了，所以现在就像以前一样用刀切了（见图8）。砧板这次也是用废弃的边角料木材做的。饵是收康吉鳗的人准备的。你来我家的路上不是有冰柜吗？那是（笔者

注：地震后）志愿者们建的。康吉鳗渔民协会拉来了 3 相 200 伏的冰箱，饲料就被送到那里。鱿鱼是圆的，排着塞满冰箱冷冻，一块有 15 公斤左右，就像棒球的一垒一样，我们捕鱼的时候要用 7 块左右。一个筒里大概放两片切好的鱿鱼，然后在筒上绑上绳子，这个绳子是钓鱼的那种延绳，我家系了 1300 个筒，在 800 米长的绳子上，每根绑 50 个筒，有 26 组，50×26＝1300。

图 7　捕鳗的筒

资料来源：笔者拍摄。

图 8　用刀切鱿鱼

资料来源：笔者拍摄。

幸子：下午一点半左右开始装饵料。8 月左右的话下午三点左右装，9 月左右的话就是两点半左右。到了 10 月就是一点半左右。要把 1300 个全部装好，由于有来帮忙的人，装饵的时间大概需要 30 分钟。因为筒是这样竖着摆放的，所以在上面边走边装。船上有 5 个渔民和他们的家人，还有亲戚之类的大概有 10 个人。因为是在船的筒上边走边塞，所以要是不会走就干不来。一到暑假，孩子们就会跑来帮忙塞饵料。

正美：两点半开始塞饵料要 30 分钟左右，所以这个时节的话，三点左右会出海吧。从这里出发三四十分钟就到了网地岛海域。一边观察其他船的锚一边折返，把 800 米 26 组桶绳放下去，这叫"放绳子"，这大概要弄一个小时，一直到四点多。全部放下去之后就休息。吃便当喝茶，这就算晚饭了。五点半左右开始用起吊机（笔者注：卷延绳用的轻便机器）卷绳。一边卷绳，一边将沉子锤石和筒分开。要花三个半小时到四个小时。大概是晚上十点前结束吧。十一点左右回到筏上，用捞网捞了起来装进叫"棒受"的活鱼笼子里，到去年为止一晚上也就 350 公斤左右，今年能收 700 公斤。几乎所有的筒里都有。两三年前曾一次捕过 850 公斤的，但那时有 100 多公斤是死的。今年前些日子抓了 802 公斤。不知道收成为什么这么好呢。

李：我问了万石浦的牡蛎业者，他们说是因为地震海啸，海底的淤泥被冲走，流入了干净的泥土和水，营养变得丰富了。

正美：晚上要把鱼养起来。早上五点左右，把死的去掉，摘掉饲料，向渔协申报大概多少公斤，收鱼的九点左右来投标。因为已经知道捕的是什么品质的鱼了，就不用看笼子，就按申报的公斤数来处理。招标的时候，我们渔民就商量调整产量之类各种捕鱼的事情。从九点到九点半左右，我们再帮着把投标完的康吉鳗装上卡车，这大约是从十点多到十一点多。卡车直接开向筑地。夜里到达筑地，准备第二天早上的拍卖。

正美：哪天出海不出海，要看天气，像我们这种有 1000 个或 1300 个筒的大船，像我家是 11 吨，我们在中午十二点半之前商量后决定。所以，在十二点半决定出海之前，会吩咐不要从冰箱里拿出饲料。那些叫船外机的小船把康吉鳗捞回来后，没有像我们这样的大船来取，货就收不上来，这样就不能卖掉，康吉鳗要放两三天。康吉鳗来回摩擦会受伤，会死的，这样会掉价。所以，出海还是不出海，必须好好决定，这主要由三重丸号和我家幸渔丸号来决定。气象不好，日本海低气压，马上就会影响到我们。听广播听天气，马上就知道了。

初夏到晚秋是捕鳢的季节。春天捕玉筋鱼、小玉筋鱼，过了康吉鳗的季节，到冬天就是海参和鲍鱼。一年四季不停，捕鱼的种类也多种多样。接着，笔者向回来的市太郎先生（幸子的父亲：被称为海滨长老的"大老"）询问了一年捕鱼的情况。

笔者：地震之后，现在出海捕鱼的有几艘呢？

市太郎：大的 8~10 吨左右的 6 艘，带外机小船 2~3 吨（32~38尺）的 5 艘。往年的话，从 6 月末开始到 11 月末为止，有 60 多次吧。因为还要调整生产量，所以出不了那么多次。平均 3 天出海一次，也有每天出海的情况，今年连续出了 8 天，因为市价也好，只要说是"表滨产"的。以前曾叫松岛康吉鳗。

笔者：那么，捕鳢结束后，从冬天到初夏这段时间呢？

正美：2 月起是玉筋鱼，每天凌晨四点左右出发，下午三点之前回来。如果下午五点之前不处理完交给收鱼的人，就要交加班费之类的额外款项，因为他们是上班族嘛。所以我们早上很早出门。5 月左右的小玉筋鱼，前一天下午四五点左右出海，要赶在早上六点左右市场拍卖开始前回来。根据捕鱼的种类，每个季节的生活节奏都会发生很大的变化。从 11 月开始穿着潜水服，下潜 10 米左右捕海参，一直到 2 月左右。也捕鲍鱼。鲍鱼呢，要跟烟盒一样大，9 厘米以上才可以抓。嗯——所以一年大概捕 5 种鱼。

【解散 11 班 渔业再开张】

地震的时候（3 月），是玉筋鱼（2~5 月）最盛时期，之后逐渐是小玉筋鱼、海胆（5~6 月），再到康吉鳗（6~11 月），不过，A 家开放自己家和附属房屋，同房屋被冲走的邻居们组成 11 班，过着共同避难生活，一直到 8 月中旬盂兰盆节结束。笔者询问了关于解散班后恢复捕鱼的情况。

笔者：地震之后，今年是什么时候出海捕鱼的呢？

幸子：我们家今年是 8 月盂兰盆节之后的 20 号开始的吧。通常从

6 月左右开始采海胆，然后一边采一边捕些康吉鳗。我家今年到 8 月 10 号为止，邻居们都在我家避难，大家从我家出来之后就开始准备，20 号是第一次。邻居家两艘船是从 7 月末开始出航的。刚才帮我装饲料的那个大娘看见了吗？系着粉色围裙的，她家就在我家下面，但是被冲走了，来我家避难了。现在去了鲇川她女儿那里，还每天都来帮我装鱼饵。海啸发生之前，捕捞小玉筋鱼的那段时间，船触礁没法开了，后来就来我们这里帮忙了。

笔者：您的邻居有多少户来这里避难了呢？

幸子：我想想啊。我家呢，除了自家人，还有 3 户人家 13 口人。大约有 20 户人家的房子没被冲走，成了避难所，收留了家被冲走的邻居。这样的人家叫 1 班、2 班，一共 20 个班，我们是 11 班。

还有很多志愿者也来了，早中晚饭都做好了。虽然说两顿就可以了，但是我们家还有孩子，所以就做了三餐。

我家来了 3 户 13 口人。对面偏屋的二楼，是年轻父母带孩子 4 人住的，剩下的住在这边。我们住在那间 12 张榻榻米大小的房间里，让他们住在前面那间和另一间 6 张榻榻米大小的房间，还有佛堂的那间 8 张榻榻米大小的房间和旁边那间 6 张榻榻米大小的房间。但是，也有人带暖炉来，可赈灾得到的物资已经堆满了，两个房间都装满了，所以大家都放在对面的房间里。我想让 3 个家庭搬进来，就把这些东西都搬出去了。于是，就没人收拾了。

A 家市太郎先生每年都会在捕鱼淡季去邻近的山形县进行温泉疗养，并持续与山区进行交流，每个季节都互相赠送物品（时鲜的鱼和田产山货）。例如，受灾后的情况如下：

幸子：5 公斤袋装的大米，6 袋一箱，送了 4 箱……2～3 个月内送了我家 4 次。

如此，他们把保存的大米和储存在大型冷冻室里的自备生鲜产品都拿出来，半年来，用这些东西自己维持着"班"的生活，此间 FTT 送来了支援物资。接受 NPO 和县外熟人援助的体制在事前就有了很好的铺垫。随着时间的推移，根据"班"的情况，FTT 送来的物资也有所不同。与学校避难所里三餐一律配给便利店便当不同，可以在厨房烹饪（学校避难所禁止烹饪）的"班"收到了在海滨很难调配来的鲜蔬。其历史性构成的整体能力，是形成"海滨的潜力"的一个方面，值得关注。

【捕鳗休渔和老母挣的零花钱】

地震发生当年，小渕滨的 A 家是在约半年后的盂兰盆节后才解散 11 班，重新开始捕鱼的。据说这一年渔业罕见大丰收，人们不知疲倦地连续出海捕鱼。筑地的鱼商也在等着小渕滨的康吉鳗，不断高价买入。但是第二年，正美决定休渔。说是休养生息、保护资源，其实还有另一层意思。"第五幸渔丸号"在大地震时，多亏海滨大老市太郎的机敏带头，船成功出海避难，跟在后面的几艘船也都平安无事。但是，海滨上也有失去船只的同伴。正美和他们在港口附近撒网清理瓦砾。大型混凝土片、车辆、住房的残骸挂了在渔网上。上船干活的人可以得到清理瓦砾的劳务费，对于失去船只的人来说，这是无可替代的现金收入。比起自家独享丰硕的渔获，正美选择了为伙伴提供固定收入之路。

另一边，这段时期，幸子 80 多岁的母亲仍精神矍铄地加工手采的鹿尾菜。她乘渔船下到礁石上，摘海草装进麻袋里拿回去。将一袋重达 20 公斤的鹿尾菜仔细挑选出几袋（见图 9）后，将其放入用铁桶改造而成的锅中煮到变黑为止（见图 10），然后烘干装袋制成产品。虽然她谦虚地说"老人挣

图 9 挑选采来的鹿尾菜

资料来源：笔者拍摄。

图 10　将挑选好的鹿尾菜放在自家做的炉子里煮

资料来源：笔者拍摄。

个零花钱"，但干鹿尾菜十分畅销，这零花钱可不是一笔小数目。一个人干了六次产业，连销路都很完备。此外，她还向笔者展示了晒裙带菜的自制工具：

> 你看，这个。用铁棒做个框，然后把渔网贴在上面（见图 11），就可以用这个晒裙带菜了。

她这么说着，笔者从起居室窗户往屋檐下看，下面全是可以摆放这些工具的空间。笔者之前也来拜访过好几次，却没有注意到院子里整个都是那样纵横重叠施工的。偏置的仓库里放着无数的渔具，每个季节都会被拿出来用。

每个季节，当地各个家庭，大家都互相通融，忙于工作。竞争当然是严酷的，但也正因为如此，才激发出了人们各式各样的生存智慧，越是受灾之时越不惜一切地互助。这就是海滨的综合力、潜力：即使选择了休渔，也能机敏地设法挺过去。这些才是所谓恢复力的实质，也正因为有了这些做保障，所以小渊滨这次才能巧妙地吸纳外部支援，使上述"班"体制得以启动和维持。

图 11　自己做的晒裙带菜的网

资料来源：笔者拍摄。

4. 海滨的潜力——形成恢复力的经过

那么，这样的恢复力是如何形成的呢？笔者询问了当地各家庭工作生活的相关情况。①

【家庭、地区，一起协作】

　　幸子：每个季节，全家人一起去捕各种鱼。总要有人工作才能赚到钱，所以我们干了不少活。我家以前也做海苔。后来不搞海苔、裙带菜了，老公考取了潜水资格证就可以抓鲍鱼海参了，我就拿去市场上卖。在那之前，父亲（第五幸渔丸号的船主）只是戴着潜水箱就可以下水抓了（不需要潜水资格）。时代在发展，每代人的捕鱼方法也有所变化（比如鲍鱼的捕捞方法），我家从很久以前就一直延续着多种捕鱼（方式）组合的模式。大家都差不多。

　　海滩上的女性大都从事自己力所能及的渔业工作。我是（加工）裙带菜，我妈是（加工）鹿尾菜。单独干不来的人呢，就去别人家帮

---

① 由于家里住着 80 多岁的老人，大家商量着笔者这个海滨的外人就尽量减少访问与接触。采访是在海边的家庭旅馆"爱宕庄"吃完早餐后在玄关前休息室进行的（2020 年 11 月 28 日，10：00~11：00）。用 IC 记录器（OLYMPUS－V－822）录音后，转换成文字制成原稿。

忙剥牡蛎壳。

【互相帮助的日常、年度活动】

幸子：5 年前报废的那艘大船，第五幸渔丸号的"幸"就是我（1962 年生）的名字幸子。我 10 岁的时候盖了新房子，那时候，在那艘新船上，我们一起去捕大玉筋鱼、磷虾和康吉鳗。这些是老早就有的，从我父亲（市太郎）还是船主的时候就有，亲戚（兄弟、妻弟等）们也都跟船出海。地震的时候，也让侄子等人上了船（笔者注：船受损了）。

1988 年是我结婚 10 周年，丈夫当时担任大型船只的轮机长，我们住在石卷市内。1997 年，我俩搬到小渕，之后就坐这边的那艘大船。春天捕大玉筋鱼、磷虾；从夏天到秋天捕康吉鳗；到了 11 月康吉鳗结束，开始捕鳕鱼，也捕捕鲍鱼、海参。一年都是这样。

每年康吉鳗捕结束后，父亲都会去温泉疗养。他的那个朋友，在地震的时候，送了我们很多大米和水果。

【克服 200 海里的限制】

幸子：有人说 200 海里的限制让渔业受到毁灭性的打击，但这一带的渔业没有受到影响。

虽然远洋捕捞的不能出远海，但那些人本来就和贸易公司或大公司签了合同，所以即使有 200 海里的限制，他们也能上船从事其他形式的捕捞。而中小渔民到远洋去的人就不行了，这样的人会自己开小船从海滨出海捕鱼，所以我记得从海滨出海的船多少增加了一些。原来海边有牡蛎养殖，所以也有人去做养殖了。

养殖以前以牡蛎为主，但最近 15～20 年养裙带菜的增加了。最近搞海鞘的也多了。（20 世纪）70 年代以后，在海滨从事渔业的人数整体有所增加，这是因为，小儿子们分家后，不再去外面市区工作，而是在海滩上白手起家，开始搞养殖，开个小船在附近打鱼……一般是先上家里的船，然后再逐渐自立，所以感觉整个海滨干渔业的人数也多了。

在严酷的竞争中，海滨的营生就这样维持了下来。家人、亲属一起工作（季节性雇佣或被雇佣）。也有人按人生阶段，在海滨内外工作的。像这样巡回出入海滨逐渐成长起来的临近海滨的年轻人（例如 FTT 的布施），与县外的农家也不断保持着交流，结果就形成了支援和受援的体制。另外，扩大到亲戚的范围来看，也培养了或正在培养着下一代的接班人。一方面自己开拓销路来确保更大利益，另一方面也一定会参与当地渔协（为了组内互助）。营生的机制不止两层、三层。因此，震灾后，当知事在小渔村鼓动特区构想时，他们并没有顺从或者动摇。

【关于水产特区】

地震发生后，宫城县知事村井在国家灾后恢复构想会议上强调水产业的创造性灾后恢复，将水产特区议题化。主要想法是将 140 多个渔港集约为 60 个，并向外部资本开放渔业权，实现第六产业化，设想遭到了宫城县渔协的强烈反对。回应该计划的只有牡鹿半岛的桃浦一个港口。① 小渊并没有回应这个计划。

> 幸子：桃浦的特区构想，渔业权对外开放，虽说也向我们海滨这边打过招呼，但我们这里不希望这样的组织化。我们有接班人，没想要被外面的组织雇用领工资过日子。即使自己家里没有接班人，也可以单独雇人，每年各个季节都像这样雇佣日工过来的。因为大家都是个体户，所以一直都是这样做的。而且，已经有人成立了有限公司来搞裙带菜的。这里海边的季节工日薪很好，所以来这里工作的人很多，（搞）裙带菜、牡蛎，等等。在说搞特区之前，无论是有限公司还是个体户，在渔业经营上都下足了功夫。
>
> 说大家在海滨上共同生活啊，说海滨的协同啊，通常海滨上是互相竞争的，非常激烈。但是，说道船破损、出现事故、"船翻了"之类的，也有人没了，一旦有这样的消息，由船主组成的协会，就是渔协中的互助组，就会派船去"拉"。在海滨的日常生活中，有一种农村的"契约"，就是在婚丧嫁娶时要帮忙，大家都去。

① 然而，社会学实证研究已经证明，桃浦也并没有被大型资本吸纳下的渔村经营体制强韧化方案牵着鼻子走，而是以自己扎实的实践经历为基础，坚持自己的理论，只是从表面上看，采取了符合上述计划的形式而已。金菱清编『千年惨禍の海辺学—なぜそれでも人は海で暮らすのか』，東京：生活書院，2013。

所以呢，我家让邻居（在海啸中家里失去船只的渔民）搭我们的船去赚日薪。我们的船在保养维修时，他们就乘其他船去清理瓦砾，让他们挣钱。

　　他们利用跨越世代的地缘和血缘关系，构筑了在海边养家糊口的态势（地区产业结构），克服了日常的苦难（事故和不幸）和社会的激荡（石油冲击、200 海里限制），维持了生活。因此，即使遭遇东日本大地震，也会在海滨长老的招呼下一起开船出海，开设运营被称为"班"的私设避难所，招募船员，撒网清理瓦砾。这些在地区内部构筑起来的态势才是恢复力（的基底），我们称为"海滨的潜力"。

　　用"在地区内自发构筑起来的灾后恢复体制"这一术语和逻辑来审视石卷的受灾地灾后恢复现场的话，就会发现有很多可行的措施。下面，笔者再介绍一下海滨和市区中的部分情况。

三　灾后恢复自适应治理的实际

1. 海滨的实际情况

（1）通勤式渔业

　　要从事渔业工作，必须拥有渔业权。渔业权认可即"在一定期限内，排他性地经营特定渔业的权利"，和山林的共同使用权一样，是"物权"化的权利，因此，其地位和土地（不动产）一样，是可以继承的财产权。房子在东日本大地震中被冲走了的渔民，住在了远离海边的临时住宅里。海滨被指定为灾害危险区域，禁止居住，所以不能在那里重建房子。因为临时住宅属于官方定义的"临时"性居住场所，所以允许住在离原来海滨较远的地方，但如果是入住离海滨较远的公营住宅（从海滨迁居），或者是想自己建设正式住宅，户籍就要迁走（为了孩子上学迁走户籍：由于海滨的学校关闭了，所以要去市区的学校上学）。这就意味着不再是原来那片海滨的居民，也就不能保持那片海滨的渔业权。因此，渔民在海滨的临近地区设法以灾后恢复事业的名义建设高地迁移地，匆忙盖了房子，先让父母一代住进去，年轻夫妇从市区的临时住宅通勤到海滨，去整备渔场环境，等一切准备就绪后出海捕鱼。在保证渔协所属家庭成员在海滨实住的前提下，暂时的 5～10 年，年轻夫妇开着小皮卡从市区到海边出海打鱼。这是家庭分离下的"通勤式渔业"方式。地震已经过去了 10 年，孩子的就学也有了着落，最近，年轻夫妇开始搬回到年迈的父母亲身边，在海滨高地的房子里住。

为了保住生存所必需的渔业权，只能忍受着家人分离的"通勤式渔业"，这变成了海滨上常见的生活结构。海滨上的渔业形式多种多样，根据船只进出港口的时间，海滨上的各种作业在各处 24 小时不停地进行着，不同工作时间段，有各种各样的人在海滨上进进出出。因此，海滨上似乎能看到"总是有年轻的渔民"，但渔民家庭的实际生活却如上所述。

前文所述的海滨重建营生的探索（三个渔港围绕公共事业等的互相让步）中，也只有"渔业权"是不能让步的一条红线。

（2）单家独户风格的"番屋"

下面考察一下作为海滨捕鱼生命线的"番屋"。

小渕滨在因海啸受灾几个月后，海边陆续建起了一些番屋（渔具收纳库）。周围的房屋瓦砾终于开始清扫了，但海边的防波堤还没有建成，地震造成地基下沉，感到海面就在眼前，大潮或涨潮时，周围浸水一片。牡鹿半岛与市区连接的县道到处都是山崖崩塌而无法通行，所以公家清理瓦砾用的重型机械也无法进入。在上述 A 家户主、海滨大老市太郎的呼吁下，小渕滨的渔船成功在地震发生后出海，得以平安无事。为了重新开始捕鱼，渔民自己开始了土木作业。首先和志愿者一起清理瓦砾（同时下网清理海底瓦砾），为出海做准备。房屋被海啸卷走的区域被自动指定为灾害危险区域，禁止建设住宅，但并没有禁止重建非住宅，所以渔民们自己把地面垫高 1 米（放置 1 米见方的水泥块，在上面搭建拼装房），建设番屋（见图12）。当时地区的灾后恢复规划图还没有发表，但渔民们等不及这些文件（城市规划、建筑的官方"文书"）的生效。于是，他们自己动手清理瓦砾、平整土地、垫高地基，建起了番屋。还有志愿者把铁路货车的集装箱搬到海滨上，建了仓库，通了 3 相 200 伏的电。因为船平安无事，所以做好出海准备后就开始了捕鱼。

图 13 是另一个个人加高建筑地基的事例。据说是小渕滨经营裙带菜的事务所（FS 商店）。因为没有禁止建设非住宅（事务所），所以他在自己加高了 1 米的土地上，先重建了简易的裙带菜加工厂（照片的右端），之后在路旁新建了自称事务所的独栋房子。因为这种"独栋住宅"不允许建在灾害危险区域，所以国内房屋制造企业不敢承建，但有一些海外企业前来商谈。因此，小渕滨新立起了一栋漂亮的欧式独栋住宅。FS 商店雇用了很多

图 12　靠自己的力量垫高地面建设番屋

资料来源：笔者拍摄。

图 13　裙带菜企业的事务所的修建

资料来源：笔者拍摄。

越南技能实习生（见图 14），从事裙带菜的生产。FS 商店从很早就努力重新开始裙带菜加工，从而重新确保了生计。并且在 2020 年，为了参与康吉鳗捕捞，新造了一艘"第七 F 号"，① 开始进一步扩大经营（捕鱼种类扩大：

---

① 石卷地区的报纸对此也有广泛报道。《大渔旗迎风飘扬　FS 商店展示新船入港并举行撒年糕仪式》，《石卷日日报纸》2020 年 9 月 29 日付，https://note.com/hibishinbun/n/nf29c532df162。

从裙带菜到康吉鳗）。

图 14　在 FS 公司大楼采访社长和越南技能实习生（2017 年 7 月 28 日）

资料来源：笔者拍摄。

2020 年秋天，小渊滨被冲失房屋的混凝土基石还是这一块那一块到处都是，还有很多未平整的空地、荒地，那些被临时用来堆放材料的地方旁边，被海啸冲开的道路的修复工程正在逐步推进。正在进行的防波堤的建设（见图 15），令当地的人又惊又悲。①

在与邻居激烈竞争的同时，各渔家建立起了自己一年中捕获多种鱼类的产业结构，并根据家庭成员的情况（年龄结构、健康状况……），根据捕捞量和行情，以数年为单位不断学习新鱼种和捕法（这些则依靠近邻的协助和援助）。面对海啸，渔民们是"巧妙应对"② 过来的。他们当然很熟练

---

① "爱宕庄"是以眺望海滨为卖点的民宿，在 2020 年秋天其露台前开始修建巨大的防波堤，这激怒了老板娘。其理由是震灾发生 10 多年后，海滨上的人们都认为不需要建设巨大的防波堤，大家都认为那个计划已经告吹而放下心来的，为什么事到如今却有必要开建呢？大矢根淳：「災害社会学から見た東日本大震災からの復興」，『三田評論』2021 年第 1253 号。在灾后恢复事业的说明会上，面对反对意见的呼声，县土木部港湾课的职员对记者说："我们获取了居民对于计划实施的总体意见，之后会向上司报告按计划进行建设。"《县政府宣告：表滨港的防波堤建设工程进入程序》，出自『朝日新聞』2018 年 2 月 12 日付，https://sakura3411.at.webry.info/201802/article_1.html。

② 不是从海啸中"逃跑"（"躲避"海啸），而是从正面与之对峙，用尽全力去战胜对方的强大，笔者将其比喻成相扑比赛的场面（正如相扑力士舞之海面对小锦一样），便使用了这个词。这个词传达了渔夫的心情，渔夫并不是背对着对方逃跑，而是想用掌舵技术从正面来"巧妙应对"。

图 15　从小渊滨海边的民宿 2 楼窗户看出去，因为防波堤刚刚动工，
遮挡住了引以为豪的眺望景色（2020 年 11 月 27 日）

资料来源：笔者拍摄。

地获得了对抗 10 多米大浪的掌舵技术，每个季节海况恶劣时，海浪都会超越这个高度。响应海啸警报出海避难也是一样，地震发生的前一年（2010年 2 月：大海啸警报，智利地震海啸），海滨的船也响应警报出海了，可以说演习是非常到位的。即使是东日本大地震时，那场海啸也按照预定计划被"巧妙应对"过去了。而现在，有了船，有了同伴，只要整备好海滨的捕鱼环境，渔民马上就能重启生计。大海啸并不是靠巨大的防波堤来阻挡的，而是靠海滨的生存与生活构造来"坚韧地""巧妙应对"的。化解生活危机的"海滨的潜力"的脉络结构是坚韧的。政府提出了以混凝土加固整备渔港（硬件重建以建设集约型渔港）为基础推进水产特区的构想（新六次产业化构想：大规模资本主导下的灾后恢复），并将其称为国土强韧化（恢复力），以作为 resilience 的翻译用语。灾害社会学中这一概念的本意，则是拥有上述"坚韧地""巧妙应对"问题技巧的一种生计、生活构造。浦野对 resilience 有如下说明：

　　　复原＝恢复力（Resilience）概念的提出，是为了关注事情的总体状况，关注在观察客观环境和条件的过程中容易忽视的、在地区或集团内部积累的凝聚力、沟通能力、解决问题的能力等。因此也要将地域复原的原动力嵌入地域中、成长于地域中的文化中去理解。①

---

　　①　浦野正樹：「脆弱性概念から復元・回復力概念へ──災害社会学における展開」，浦野正樹、大矢根淳、吉川忠寛編『復興コミュニティ論入門』，東京：弘文堂，2007。

了解了当地现场的实际情况，就会明白讨论"以构筑生命线为基轴来重建海滨"的时候，并不是在讨论防波堤建设。

2. 潜在的、结果性的灾难案例管理

为了提供这种海滨营生再兴的过程才是"灾后恢复"的视角（扬弃将灾后恢复视为"既定灾后恢复"，亦即将公共土木事业竣工等作为灾后恢复标志的灾害家父长制的观点），本文就相关事例进行了探讨。在此，我们再将目光从海滨转移到市区。

受灾地的既定灾后恢复以市当局发布的例如"灾后恢复公营住宅整备状况（2019 年整备完成）"的公告为准，公告发布后就被认为是"完成"了，不过，受灾者的生活重建当然是方兴未艾，这种状态被称为"灾后恢复的歇脚台"。[①]

事实上，放眼实际现场，防止灾后恢复公营住宅入住者孤独死的活动正在不断开展。"（社团法人）石卷自治连"的活动就是其中之一，这是临时住宅小区时期负责照料灾民的小组继续在那里开展的自主活动，负责支援入住者出行的"日本汽车共享协会"和 NPO"出行支援 RERA"承担了"双脚"功能。[②]市立医院开办的临时诊疗所的医生们也参与其中，与医疗大篷车联动，提供灵活性医疗。此外，《石卷灾后恢复纽带报》记者也对这些现场的声音和实情进行了实地采访和记录，并坚持亲手送递报纸，实际上起到了每日开展巡视活动[③]的作用。而且在"自治连"活动现场，年轻母亲的团体（NPO"Baby Smile 石卷"）和支援儿童游戏的团体（NPO"虹色蜡笔"）也加入进来，给现场带来几代人同欢乐的新气息和希望。[④]

---

① 出自室崎益辉的发言。《NHK 周日讨论震灾 9 年灾后恢复的当下》，2020 年 3 月 8 日 NHK – TV 播出。

② 例如，受灾的海滨几乎整个区域都被设定为灾害危险区域，因此无法居住，居民们都被调动到市区等的临时住宅小区，由于乘客数量剧减，海滨的路线巴士班次减少，乃至被废止。回到海滨居住也是一点一点地进行的，所以恢复巴士路线（增加班次）目前不能实现。因为出行不便，海滨新居中的高龄者闭门不出，成为社会问题，于是出现了把他们从家里拉出来的各种活动。这不仅是对出行的支援，还有改善居家不出情况的巡视功能。

③ 所澤新一郎、大矢根淳：「減災サイクルのステークホルダーと事前復興への取り組みの実相（Ⅰ）—被災地石巻での聞き取り調査から：『仮設住宅』生活を射程に」，『専修大学社会科学研究所月報』2019 年第 672 号。

④ 所澤新一郎、大矢根淳：「減災サイクルのステークホルダーと事前復興への取り組みの実相（Ⅲ）—被災地石巻での聞き取り調査から：そして、コロナ禍下の『新しい日常』へ」，『専修大学社会科学研究所月報』2022 年第 708 号。

像这样积极地去发掘被忽视的不同人群的隐性受灾情况，由相关领域的专业人士组成团队，分别进行对应的新型支援的形式受到了关注。这就是灾害案例管理。① 然而，如上所述，即使各个受灾现场没有被赋予这样的名称，但在包括受灾者自身在内的周围人的关注和帮助下，很多自主活动仍在持续进行。

另外，还出现了一些受灾者与返乡者和外来定居者一起，为受灾地再兴果敢行动的趋势。其中之一是，以既定灾后恢复完成的公告发布为起点，对城市生活进行内发性的重构（全面升级现有的地区生活），以双向（地区内外任何人都可以成为发起者）互动为基调，借用信息通信业用语 version 2.0，组织以"ishinomaki 2.0"（石卷 2.0）的名义开展的活动。

像这样，在石卷的灾后恢复现场（市区 + 离岛、半岛地区的海滨），可以看到类似在发挥恢复力的同时，强韧地克服眼前困难，妥善地接受支援，一边产生、吸纳新的利益相关者，在超越既定灾后恢复的基础上，实现灾后恢复主导权②更迭的趋势。③

3. 恢复力与灾后恢复自适应管理

类似这种灾后恢复的动态以及参与其中的多方利益相关者的实践，本文将其理解为在扬弃既定灾后恢复基础上的新的主导权更迭。灾害社会学

---

① 津久井進：『災害ケースマネジメント ◎ガイドブック』，東京：合同出版，2020。

② 佐藤尚美女士是一名主妇，在海啸摧毁的小渔村里，她以町内会妇女部的名义，负责接受外部支援窗口工作。她在海啸中失去了丈夫，但她依然为了幸存的孩子、亲属，为生活重建而奔走，她接受前来支援的 NGO 的建议，成立了"NPO We Are One"组织，开始参与地区的各种恢复重建事业和相关年度活动（从准备海水浴场重新开放到制定重建计划）。据说，她是第一位"外来（到渔村的）媳妇带头在村里发言"的，不过，她坦率的人品、礼貌的沟通风格以及活动的实绩得到特别认可，同时她也参与到灾后恢复公共事业共识达成的工作中（不是作为事业方，而是作为居民方的系统学习的中介者和翻译者），担任了"石卷市民公益活动联络会议"（前称"石卷 NPO 联络会议"）设立总会委员。石卷市因地震聚集了来自世界各国的各种 NGO，移植来各种各样的经验技术。在当地的受灾现场，会发现一些披着这些外套、铠甲（理论性、实践性话语）的新主体，逐渐改变着灾后恢复态势的主导权。像佐藤女士这样的海滨媳妇，以其地方灾后恢复的经历为背景，逐渐成为灾后恢复当局利益相关者中不可或缺的一员。在小小海滨之上，可以看到灾后恢复的赋能得以延续。大矢根淳：「東日本大震災・現地調査の軌跡・X－生活再建・コミュニティ再興の災害社会学の研究実践に向けて（覚書）」，『専修人間科学論集社会学篇』2021 年第 11 巻第 2 号。

③ 大矢根淳、宮定章：「津波被災地石巻の復興（平野 +リアス部）」［科研費基盤（A）19H00613 2019 年度報告書 現地調査グループ］，http://www.waseda.jp/prj-sustain/Kaken2019–23/Kaken2019/2019_2–3％20oyane_miyasada.pdf，2020 年。

界目前正使用自适应治理①概念来重新对这种形态进行解读。在此，笔者将从评价重建的五个视角，试着解读当地现场的情况。主要以本文中列举的诸多事例为凭据，以相同视角和概念进行解释。②

（1）恢复力

关于恢复力，本文探索了致力于参与当下灾后恢复的各主体的行为基础，基于此所呈现出来的意识和行为对这一概念做了定位和思考。并且，在当地居民独自开展的与灾害事故的斗争过程中，在其取得成果的过程中形成的新的关系里，可以看到受灾地区具备了面对下一场灾害的灵活应对力，这是一个递归性的过程。

（2）可持续性

将"巧妙化解"日常困难的方法内化于地方社会系统后所产生的"强韧性"（恢复力），与用混凝土加固的国土强韧化（恢复力）不同，适当定位与熟用本地资源（包括不可替代的本地人力资源），有助于该地区形成社会稳定（跨世代、可持续）的再生产体系。

（3）包容性

对参与灾后恢复（不是既定灾后恢复的权利相关者，而是生活重建现场）的各主体进行积极的再评价，必然会广泛吸引当地社会独有的灾后恢复故事中的角色人物进入这个竞技场。在此，可能成为（潜在的）灾民的所谓少数派，在讨论灾后恢复的大计中将变成无可替代的主角，③ 就会在其原本的社会沟通结构中占有一席之地。

（4）赋能

例如，在北上地区，"海滨的媳妇们"（如脚注提及的佐藤尚美女士）获得了发言的机会，独自创造出了探索、讨论生活重建的新路子，并在市行政中成为无可替代的新利益相关者。她们坚持采用前来支援的 NGO 的经验技术（应对现场战斗的铠甲＝理论武装：例如创造女性发言机会的安

---

① 这是"使环境保护和自然资源管理的社会结构、制度、价值随着地域、时代的变化而变化，并不断进行试错的协同治理方法"。宫内泰介：「社会のレジリエンスはどこから生まれるか」，『応用生態工学』2017 年第 20 巻第 1 号。

② 大矢根淳：「津波被災地石巻の復興（平野 +リアス部）・Ⅱ」［科研費基盤（Ａ）19H00613 2020 年度報告書 現地調査グループ］，2021。

③ 盲人的听、味、嗅、触四感非常敏锐，在凌晨突发性受灾应对行动中，笔者见识到了其厉害之处。提供一个将障碍视为无可替代的个性（才能）的场所，是共生的第一步。可以把残疾人、少数群体定位为地区防灾构想中不可替代的利益相关者。

排），在与灾后恢复公共土木事业竣工的不同维度上，成为实现生活重建诸事项的主人公，并成为那个地区不可或缺的人，其行动广为流传。

（5）幸福感

日常的幸福感（通过保持自身健康和社会参与而获得的自我意识）是在应对生活重建过程中的各种问题时，在活动中言说化的同时，在地方政治过程的实践中酝酿出来的。正如上述北上的赋能事例以及在小渊滨灾后恢复案例中所见到的那样，幸福是在学习新捕鱼技术、参与捕捞竞争、在当地渔协中占据一席之地而得到承认的过程中发生的。灾后生活重建过程中编织出来的语言（经验智的表象）的存在，是整理、接受自己体验过程的结果（原来如此啊！），也是理解自己是如何克服了当前困难、人生是怎么回事的基石。虽然失去的生命无法挽回，但只要能接受与之对抗的过程，疼痛的记忆就能转化为日后的自信。

结　语

本文主要关注石卷之滨的"灾后恢复"，解读恢复力的基础，并扬弃既定灾后恢复的传统，对本地"灾后恢复"做出一些新的思考。从灾后恢复自适应治理的视角来看，可以发现各种主体的参与情况（今后将把它们作为灾后恢复治理 2.0 版本来合理定位）。由于新冠疫情，现场调查有些困难，但希望能够恰当地把握海滨的实际情况，继续记录之、解释之。

Reconstruction Dominance Renewal The Road to Reconstruction Governance ver. 2. 0
—The "Resilience of the Beach" in Kobuchihama, Ishinomaki City

Abstract：Tsunami to Mura（Tsunami and Villages），by Yamaguchi Yaichi-ro（1902 – 2000），a classic of tsunami reconstruction research，begins with a description of Kobuchi Beach on the Oshika Peninsula in Ishinomaki. Ten years after the Great East Japan Earthquake，a walk along the beach reveals that the rubble and debris are still visible，and the restoration of the roads for daily life is still in progress, but the small fishing port and fish processing plant are full of life. On the Oshika Peninsula, many beaches are in danger of disappearing as they have been stripped of their habitable areas due to the designation as disaster risk zones. How is the management of Kobuchi Beach being restored? How has the distinctive "reproduction of fishing households" style the Beach evolved over 50 years and three generations helped it overcome the oil crises of the 1970s and the 200 nautical mile regulation launched in 1977 and allowed it to cope with the disaster of the Great East Japan Earthquake and Tsunami? The study draws on interview data from the Beach to decipher its "process of ingenuity and resilience".

Keywords: resilience; default reconstruction; beach resilience; Kobuchi beach; adaptive governance

被忽略的灾害脆弱性，再现社会灾害强韧性范式

〔韩〕全成坤 著　方瑞晴 译[*]

【摘　要】本文分析了日本灾害认知的社会特征，并考察了日本社会层面对危险与风险理论中脆弱性问题的忽略现象。本文认为，在灾害反衬下，安全与和平得以凸显。基于此，本文分析了灾害对于社会脆弱性的隐蔽作用。虽然脆弱性由社会造成，但人们在遇到灾害之前无法察觉脆弱性。日本社会将脆弱性概念置于风险概念范畴之下，因此其中的阶层问题和民众问题很难被察觉。本文提出，灾害理论应发展为灾害文化概念，通过脆弱性这一关键概念更新人们的认知，使人们重新认识灾害。

【关键词】脆弱性　风险　社会　灾害

绪论："社会脆弱性"范式

在日本经历大地震后，出现了将天灾与人祸相关联的观点。之前的观点普遍指出，灾害是自然发生的，是人类凭借自身力量无法避免的不可抗现象。而如今的观点指出，自然灾害也与人类自身的举动有关。因此，我们有必要重新思考一些固有观念：安全与和平是人类社会的常态，灾害破坏了人类社会的常态。但事实上，安全与和平并不是人类社会的常态，在灾害的反衬下，安全与和平才得以凸显。社会学家皮特里姆·索罗金认为，

---

[*] 全成坤，韩国翰林大学教授，主要研究方向为日本思想史。

方瑞晴，北京外国语大学亚洲学院博士研究生，研究方向为中韩翻译。

安全社会是灾害历史的映射，人类在灾害社会中需要解决的课题是"安全的历史"。

当我们谈论灾害对内心、对情绪的影响的同时，我们需要知道，任何社会的历史都在安宁和灾害两者间不断变动。在某个时期，若没有灾害侵袭，社会便和平有序、繁荣自由，但当灾害来袭时，社会便会笼罩在黑暗之中。灾害会一次或多次来袭，直到破坏社会的安宁。但随着时间流逝，灾害局面会再次被安宁局面取代，其后，会有更加严重的灾害破坏安宁局面。这种转换贯穿于社会的所有阶段。[①] 索罗金的以上观点并不限于一国内的社会，也适用于全球，人类生活的本身便是与"危险社会"相关联的"世界范式"。

在这种问题意识的指引下，我们将现在或即将到来的社会命名为"危险社会"或"灾害社会"，恢复力（resilience）则是此背景下被提出的新对策。[②] 但是学界对于恢复力也存在一定批判。如，有学者批判其为一种有局限的重建，只强调产业基础设施，而不考虑人性。在此背景下，学界提出了"事前重建论"。"事前重建论"认为，在灾害发生前，应该将灾害列入议程，从而提前应对。但"事前重建论"和"事后恢复力"都有同样的局限，即两者都不能将"社会脆弱性"和人类复兴相关联。

在资本主义利益社会和产业基础设施塑造出的便利高效的当代社会，灾害重建主要关注产业、科学、竞争主义等社会层面的重建，而不太关注弥补社会的脆弱性本质缺陷，忽略了"人性重建"。当然，这并不是说社会层面的重建不重要，而是我们需要注意，如此强调社会层面的重建实则反映了对于社会与文化脆弱性的忽视。2011 年 3 月 11 日在日本发生的东日本大地震即为典型例子。在日本传播开来的安全神话论由当权者灌输给全体国民，向遭受核电和海啸灾害的受害者强调"自我责任论"，将问题转嫁到受害者身上。由此可见，受害者责任论与权威主义政府的无责任论的生产机制具备隐蔽性。在这一隐蔽的机制中，社会的脆弱性进一步强化，并暴露出结构性问题：社会主体无法从受害者责任论中脱身。因此，为了概观上文提及的社会结构性问题，重新思考全新形态的危险社会，我们有必要对"脆弱性"（vulnerability）和"危险"的固定观念（idola）进行批判性

---

① 〔美〕P. A. ソローキン：『災害における人と社会』，大矢根淳訳，東京：文化書房博文社，1998，第 15 頁。

② 浦野正樹他：『復興コミュニティ論入門』，東京：弘文堂，2007，第 4~5 頁。

讨论。

通过此种讨论，我们不仅可以理解社会的变迁过程，还可以了解脆弱性概念如何在社会变迁过程中被构建，在脆弱性中寻找灾害的原因。同时，我们也可以期待"安全构建学"在未来登场。在社会的变迁过程中，脆弱性与社会排斥（exclusion）、社会结构性差异有密切关联。为了考察灾害的新范式，我们有必要将脆弱性概念和危险社会的来临相联系。在下文中，笔者将考察脆弱性概念的变迁，用认识论的世界观分析社会存在的危险。为此，笔者将社会视为一个生态系统的变迁，危险在变迁过程中得以生产。为了讨论危险社会的到来和利他主义的复兴，笔者将探究灾害与危险社会论的发展历史，并由此与利他主义的再生进行联系，并展开讨论。

一 日本的社会概念与脆弱性的连接

在日本，政府使用"社会"一词始于 1919 年，在名为"社会科"的内务省内部组织中首次出现了"社会"这一名称。随着 1918 年抢米暴动、劳工运动及农民运动的兴起，应对这些现象的社会政策的必要性日益凸显。日本使用「世間」（世间）一词，将社会与行政联系起来。内务省成立社会科，于 1920 年更名为社会局，1938 年设立社会省。在这个过程中，社会保健省成立，在陆军省提议下，社会保健省更名为保健社会省。1937 年，保健社会省纲要出台。此时，出现了认为"社会"一词不够恰当的意见。由此，《诗经》和《左传》中出现的"厚生"一词登场，其含义为丰富国民生活。[1] 当时日本政局对"社会"抱有抵触情绪。从明治末期到大正初期，因为"社会"一词容易让人联想到"社会主义"，日本社会出现了极端回避"社会"一词的现象。在 1925 年《治安维持法》出台后，此种现象更加严重，在社会上造成了负面影响。从"世间"一词到"社会"一词，最终再到"厚生"一词，"厚生"成为消解前两者矛盾的词语。

在日本，"世间体"（即体面感）与社会相连。犬饲裕一认为，世间体作为一种约束力主宰着日本社会。世间体将近代视为控制，打造自立市民或自立公民，创造同一空气蔓延的社会，这便是民粹主义和大众的形成。社会被世间体所束缚，同时，世间体在该社会的精神基础上不断得以积累。

---

① 大霞会编『内務省史』第 1 卷，東京：地方財務協会，1971，第 569 頁。

世间体与社会以互助身份登场，但也存在负面影响。因此，我们有必要探究世间体的发展历史，考察其文化背景。随着传统基础的崩溃，世间体形成了复杂的构造，向社会与个人抛出了问题，而解决这个问题的办法便是接受他者。①

从这个角度来看，就像马克斯·韦伯提出的社会学根本概念一样，社会从以下定义开始被人们所接受："单个或多个行为者认为社会行为的意义与他人的行动有关系，社会是取决于该过程的获得行为。"② 换句话说，如果有两个以上的人意识到彼此的存在并行动，那么他们就开始在社会层面具有意义。马克斯·韦伯重视具有强烈社会性的物品。这里所言的社会性只是单纯地指政治和教义层面的共同体组织内部的活动，并不具有现代意义。③ 因此，其与社会化具有一定距离，意味着如何从属于"共同体组织"的社会化的自我中分离。

因此，日本在翻译和定义"社会性"一词的过程中，完全没有涉及现代意义，这本身便具有非常重大的意义。在日本，"社会性"一词采纳了马克斯·韦伯的定义，指向社会科学的内部。虽然它带来了客观的科学框架，但如此确立的"社会性"一词却对日常生活产生了强烈影响。即，当两个以上的人意识到彼此的存在并行动，那么社会和社会性便已出现，在此过程中，压迫和遗忘在历史上以正当的方式被接受。在"社会（society）=社会性"中，差距和不平等问题被视作理所当然的，令人们无法意识到这其实是由社会创造的。日本在阪神大地震后开始重新讨论该问题，在这场地震中，自助、公助、共助登场，防灾研究也重新讨论了公共性概念，提出了具体的日常性为何的问题，同时也认识到社会风险和脆弱性的问题。

首先，我们有必要梳理灾害的概念和其用语是如何解释现象的。因此，我们需分析人们对灾害的理解是如何与时代潮流和时代变迁背景相吻合的。在日本，"灾害"一词于 20 世纪 30 年代登场并被定义，当时主要集中于社

① 犬飼裕一：『世間体国家·日本：その構造と呪縛』，東京：光文社，2021，第 230 ~ 232 頁。
② 〔德〕マックス·ヴェーバー：『社会学の根本概念』，清水幾太郎訳，東京：岩波書店，1972，第 8 頁。
③ 〔德〕マックス·ヴェーバー：『プロテスタンティズムの倫理と資本主義の精神』，大塚寿雄訳，東京：岩波書店，1976；吉田和夫：「ゴットルの生活思想」，『關西大學商學論集』2000 年第 45 卷第 2 号，第 245 ~ 258 頁。与弗里德里希·冯·高特尔 - 奥特利连菲尔德（Friedrich von Gottl-Ottlilienfeld）的 "语言的支配" 论或格奥尔格·齐美尔（Georg Simmel）的社会学解释方法与见解不同，该理论集中体现了社会化思想。

会科学领域的灾害研究。当时学界的重点是将灾害与战争这一巨大的社会变动相联系，比如第二次世界大战。也许正因如此，日本在二战结束十余年后迎来了灾害研究的黎明期。在这一时期，灾害研究的主要目的是查明战争等人为因素造成损失的过程和因果关系。[①] 但在那时，日本还未关注到脆弱性这一概念。20 世纪 50 年代，"脆弱性"一词被用于政治学领域时为"fragility"；[②] 用于身体层面时为"frailty"；而在医学领域，特别是听觉神经领域为"vulnerability"；在环境、机械领域也被用作"vulnerability"。[③]

与灾害领域相关的脆弱性研究始于 1993 年。当时，学界开始关注发展中国家城市存在的地震脆弱性问题和洛杉矶等大城市的地震脆弱性问题。此后，在阪神大地震后，学界开始关注老龄化社会这一社会脆弱性的问题、[④] 技术脆弱性问题、[⑤] 城市研究新方法论的框架问题。面对城市灾害、东日本大地震、核电站事故等大型灾害，人们不得不考虑综合减灾政策系统。换句话说，这是人类社会造成的社会结构问题，也是近年来社会进一步高度化的情况下暴露出的严重问题。[⑥] 这包括近代以前的发展中出现的问题，现在也包括社会进一步发展的问题。因此，灾害研究除了涉及人口、经济、环境问题，还作为社会基础问题、脆弱性问题、人性问题的三重奏（trilemma），超越了自然科学，延续至社会科学，目前的研究趋势正在向人文科学转变。

从具体的研究动向来看，灾害研究已经超越了地区间问题的界限，演变成整个社会生活的问题。具体而言，饮食管理领域也被涉及，[⑦] 随着隐藏

---

① 海上智昭他：「行動科学・社会科学的な災害の概念定義の整理—1920 年以来の軌跡と現在の課題」，『日本リスク研究学会誌』2012 年第 22 巻第 4 号，第 201 頁。

② 例如，「アジアにおける 政権の性格と 脆弱性の 問題」（"Character of Asian Political Powers and Their Fragility"）、「Sportsmanshipにおける 脆弱性の基因について」（"A Study on Sportsmanship：Especially on the Factors of Its Frailty"），等等。

③ 例如，"Chat Bot System for Vulnerability Detecting Using Environmental Metrics" "Research Trends on Vulnerability and Countermeasures in Machine Learning Systems"，等等。

④ 小坂俊吉：「高齢化社会における 地震防災課題の抽出：阪神・淡路大震災の実態と 東京近郊都市の防災対策調査から」，『地域安全学会論文報告集』1995 年第 5 号，第 275～282 頁。

⑤ 星野芳郎：「阪神大震災—震度 7 が問いかける日本高度技術の脆弱性」，『エコノミスト 』1995 年第 73 巻第 19 号，第 100～105 頁。

⑥ 河田惠昭：「都市災害研究の新しい枠組み：巨大災害研究センターの発足」，『地域安全学会論文報告集』1996 年第 6 号，第 337～344 頁。該研究将灾害的脆弱性与城市问题、城市结构的灾害脆弱性问题结合进行了探讨。

⑦ 樋口貞三：「フードシステムの脆弱性について－食品安全性問題の "文化構造" 的视点から」，『農林統計調査』2000 年第 50 巻第 9 号，第 4～10 頁。

在日常中的脆弱性问题浮出水面，人们认识到现代社会的基础中存在的盲点问题。[①]

与此同时，社会弱势群体的问题日益凸显，灾害弱势群体需要得到关注。脆弱性变化为"vulnerable people"，即"脆弱的人群"。[②] 并且，出现了作为灾害弱势群体，需要得到他人帮助的人，被称为"援护者"，即"people with special needs to disaster"。这在一定程度上与福利问题有关，但在更大程度上意味着灾害弱势群体的成立。灾害弱势群体包括凭自身力量无法避难的人、对灾害认识不足的人、经济条件较差的人这三种类型。结构性脆弱问题正在过渡为潜在的脆弱性问题。这表明，未来的灾害学需要对日常的脆弱性（vulnerability）问题做好准备。尽管如此，"脆弱性和危险社会＝灾害"这一用语本身在内在意义上存在变化，其在何种意义上与防灾或恢复力相联系的问题仍然存在，这反过来又为脆弱性作为新的灾害验证用语或开发用语可以得到认可的"假设"找到了合理依据。

到目前为止，灾害现象表明了以下几点：第一，地区脆弱性暴露出社会脆弱性的形态；第二，由于多种环境条件的差异，受灾经验的多样性和差距更为明显；第三，受灾经验经过长期累积而产生问题；第四，暴露出反复的（接连发生的）灾害与如何共生等问题。不应仅仅局限于初期应对灾难的系统性措施，而应通过用语来构建未来灾害学。这可以通过"可伤性"一词和"脆弱性"一词来实现。

二 脆弱性的概念变化和人类内心的连接

当用于灾害领域时，脆弱性经常被视为社会基本结构的问题。但是，目前人们并未对其意义和内容达成共识。当然，这并不是要求人们对其持有完全相同的意见，而是，我们需要思考，脆弱性是否有可能成为考察灾害并重构社会的模式。事实上，脆弱性与灾害应对方针的成熟度和社会耐

---

① 小长井一男：「Blind Spots of Modern Society Emerging in Earthquakes」，『生産研究』2002 年第 54 卷第 6 号，第 359～360 页。

② 李永子：「Reconsideration of the Concept of the People with Special Needs to Disaster: An Approach to "People with Special Needs to Disaster" from "Vulnerable People to Disaster"」，『福祉のまちづくり研究』2006 年第 8 卷第 1 号，第 38～48 页。论文的摘要中有以下句子："The purpose of this study is clarifying the most vulnerable people to disaster and attempts to classify people with special needs to disaster." 其中可以看到"vulnerable people"一词。

性息息相关。我们不应仅仅通过探究灾害发生原因来了解灾害，而应以灾害原因为契机，考虑灾害所暴露的脆弱性，认识到社会结构性因素错综复杂地交织在一起。具体来说，我们应将关注扩大至损害、损失、受害、打击这一连贯机制，并探究失败原因。

浦野正树围绕 20 世纪 90 年代以后日本的灾害情况，在分析了灾害特征及其影响后，将目光转向地区社会所具有的脆弱性、地区社会结构潜在的差距、居民所具有的脆弱性。浦野正树着眼脆弱性，探究了以何种过程、何种基础恢复日常生活。① 从这个层面来看，人们在关注脆弱性的同时，也考察了危险的意义。从字面来看，"危险"的"危"字中的"厂"意味着险峻的悬崖。当向脆弱的部分施予影响，脆弱性的暴露便引发灾害。

那么，如何定义脆弱性呢？我们有必要考察脆弱性（vulnerability）的定义及其意义变化。在韩国国语大辞典中，"脆弱"一词被定义为易碎、稚弱、弱小。"脆弱"也是表达对危险（hazard）的对抗性程度的词语。脆弱性低意味着危险造成的损失预测值高。② 如此看来，英语中被用作"脆弱性"一词的"vulnerability"的含义比较模棱两可，表现出对危险的对抗性程度，隐藏了脆弱性本身的意义。表 1 整理了西方学界用英语撰写的对于脆弱性的论述。

表 1　西方学界用英语撰写的对于脆弱性的论述

定义者	对于脆弱性的定义
Suman, P., P. O' Keefe, and B. Winster, (1983)	脆弱性指不同社会阶层在以下两方面面临的危险程度。1. 极端事件发生的概率；2. 共同体承担物理极端事件的影响并帮助各社会阶层重建的能力程度
Mileti (1999)	脆弱性从属于事件，但与自然的某一具体事件的某一具体规模无关
UNDRD (1991)	脆弱性可以用危险强度表现，以预期损害程度（修复费用÷更换费用）为值，数值范围为从 0 到 1
Blackie et al. (1994)	脆弱性有以下特征：预测自然灾害的影响，应对自然灾害，个人和集体从中重建

---

① 浦野正樹：「被災者の生活再建への道程 – 高齢者を取り巻く課題」，『季刊自治体学研究』1995 年第 65 号；浦野正樹：「阪神·淡路大震災の災害体験から学ぶ」，『関東都市学会論集』1996 年第 2 号；浦野正樹、大矢根淳、吉川忠寛編『復興コミュニティ論入門』，東京：弘文堂，2007。

② 海上智昭他：「概念としての『リスク』に関する小考察」，『日本リスク研究学会誌』2012 年第 22 号，第 88 頁。

续表

定义者	对于脆弱性的定义
Bolin & Stanford（1998）	从脆弱性层面考虑复杂的社会、经济、政治状况，此种状况将处于危险环境中的人们的选择结构化
Handmer & Wisner（1999）	社会部分群体在面临极端事件时，可能面临不平衡的死亡、受伤、损失或生计困难，或者与常人相比，在生活重建方面面临更大困难
IFRC（1999）	脆弱性有以下特征：预测自然灾害或人为灾害的影响，应对自然灾害，个人和集体重建
Alexander（2000）	脆弱性与特定要素相关：死者、破坏、损失、混乱、其他类型损失发生的可能性
IPOC（2001）	脆弱性是指自然或社会系统持续遭受气候变化灾害时的脆弱程度
Geratwa & Bollin（2002）	脆弱性指保护自身免受自然灾害的不利影响且从中迅速恢复的能力不足
Rashed & Weeks（2003）	脆弱性指人类健康在物理层面受到威胁与共同体对其的应对能力之间的交叉点
Turmer et al.（2003）	脆弱性是指系统、子系统或系统组件因危险、波动或压力而受到危害的程度
Schneiderbauer & Ehrlich（2004）	在事故前一阶段，敏感性与脆弱性相呼应；在事故后一阶段，恢复弹性与脆弱性相呼应。敏感性主要由物理特性决定，而恢复弹性主要由社会经济特性决定
UNISDR（2004）	脆弱性指提高共同体对危险因素的敏感性的物理、社会、经济、环境因素的决定条件。对于促进人们提高应对危险因素能力的积极因素，可参照关于"力量"的定义
UNDP（2004）	物理、社会、经济、环境因素决定损失的发生可能和损失规模，脆弱性指起因于这些因素的人为条件或过程

资料来源：海上智昭他：「概念としての『リスク』に関する小考察」，『日本リスク研究学会誌』2012 年第 22 号，第 89 頁。

　　从表 1 来看，"脆弱性"的概念体现了时代变迁，展现出内在意义。事象层面表现出脆弱性，但并未涉及表达其意义的背景、因素和上下文等。通过解读"脆弱性"定义的变化，我们可以确认其中涉及的灾害和诱因的关系，并将脆弱性的逻辑结构与社会意识联系起来进行讨论。

　　与脆弱性相关的用语中，需要学术定义的是"hazard"一词。"hazard"被解释为"source of danger"，意为"danger"的根源。"hazard"也指带来损失或危害，引起负面影响的可能性，承认"risk"。且"hazard"也多用于使功能停止、引发损失的"风险因素"。① 冈田认为，"hazard"指引发灾害发生的自然现象或社会现象。在防灾领域，多将"hazard"称为灾害诱因。在灾害研究中，"hazard"多用于自然层面的原因。我认为，"hazard"可以定义为对人或物品产生威胁（threat）的可能性（potential）。

但是，脆弱性和风险在使用中渐渐单一化。当然，韩语中的"风险"一词原封不动地借用了英语"risk"的发音，但该词由"危险"，即日语中的"危险"一词决定脉络。因为存在"社会上已经普遍如此使用"这种观点，所以我们不能对此产生怀疑。换句话说，风险已经与国民生活相关联。在此基础上，"灾害风险""风险交流"等表述出现并被滥用。这也凸显出，我们有必要再次确认社会化的逻辑。②

所谓灾害，是灾害诱因和社会碰撞的产物。我们需注意，当灾害诱因与社会碰撞时，该社会的脆弱性（vulnerability）就会暴露出来，强烈的外部压力和脆弱性相遇便会产生灾害。③ 这意味着社会脆弱性和个人脆弱性均在灾害中显现。

灾害也被定义为超出社会从危机中重建的能力时出现的危机状况。社会所表现的脆弱性为理解灾害提供了重要的切入点。特别是，针对自然灾害，与探究灾害的诱因相比，在社会特征、政治、经济方面有更多值得分析的原因。此种定义强调的是社会遭受的损失，并不是特定个人受到损失的情况。因此，根据该定义，我们很难认为只有特定个人在灾害的巨大的外部压力下遭受损失。脆弱性程度较高的人们在和环境的相互作用中失败时，就将这一相互作用定义为"灾害"。④ 并且，作为提及脆弱性与人类社

① 海上智昭他：「概念としての『リスク』に関する小考察」，『日本リスク研究学会誌』2012 年第 22 号，第 77～79 页。日本语国语大辞典（2002）上是指危险。"hazard"是从阿拉伯语引用的外来语，由骰子一词"azzahr"转变为意大利语"azzardo"，最终成为英语中的"hazard"。该词最初指事件，指神的思考方式或人力难以抵抗的事情。"danger"也蕴含着王和当权者的力量，如此看来，"hazard"与"danger"存在相通之处。

② Suman，P.，P. O' Keefe，and B. Winster，"Global Disasters：A Radical Interpretation," in K. Hewitt ed.，*Interpretations of Calamity for the Viewpoint of Human Ecology*，Boston，MA：Allen & Unwin，1983.

③ Quarantelli，E. L.，"A Social Science Research Agenda for the Disasters of the 21st Century：Theoretical，Methodological，and Empirical Issues and Their Professional Implementation," in Ronald W. Perry，and E. L. Quarantelli eds.，*What Is a Disaster? New Answers to Old Questions Philadelphia*，Pennsylvania：Xlibris，2005，pp. 325–396.

④ Wijkman，A.，and L. Timberlake，*Natural Disasters：Acts of God or Acts of Man?*，Philadelphia：New Society Publishers，1988.

会的直接关系的定义，灾害与其说是一种事物或现象，不如说是社会根据经济系统或物理结构对发生的事件予以应对的能力。[①]

安东尼·奥利弗·史密斯（Anthony Oliver Smith）认为："灾害由两个因素共同作用而成。这两个因素为人类和可能引起破坏的灾害原因。"他指出："这两个因素深埋在具有脆弱性模式的社会文脉中，脆弱性模式在场所、社会基础、社会政治结构、生产分配体制、意识形态中逐渐明晰。"这一视角点明，在受害扩大机制中，社会、经济、文化构造中深藏着"脆弱性"。[②] 本·威斯纳（Ben Wisner）等人曾对"脆弱性"做出系统梳理，他们指出："脆弱性需要根本原因、动态压力的影响、危险的环境条件，当脆弱性与导火索（地震、飓风、洪水、火山喷发、泥石流、饥荒、化学灾害等）相碰撞时，灾害便发生了。"[③]（见表2）

表 2　脆弱性的形成过程

根本因素	流动性因素	危险状况
对社会的政治、经济、思想、权力、社会构造参与程度低　➡	高速人口增长、森林砍伐等宏观因素，报道自由、经济状况、市民生活特征等微观因素　➡	所处位置等物理环境因素、收入等经济因素、集团间矛盾等社会问题
受灾	风险 = 危险 + 脆弱性	地震、低气压、飓风、台风、水灾、火山喷发、塌陷、饥荒、病毒……　⬅

资料来源：海上智昭他：「概念としての『リスク』に関する小考察」，『日本リスク研究学会誌』2012 年第 22 号，第 90 頁。

基于以上研究，灾害研究最终将焦点置于社会脆弱性的积累及其趋势，着眼于超越时空的连锁反应和扩大。由此，灾害与文化相结合，诞生了灾害文化。文化多指习惯或先例，而这些与灾害紧密相连，灾害文化这一称呼也符合逻辑。因此，将社会传统与社会如何应对灾害相联系，从而提前为以后可能出现的灾害做好准备，促进共同体相互扶持成为一项课题。在

---

① Cuny, F., *Disasters and Development*, Oxford: Oxford University Press, 1983.

② Oliver-Smith, A., "Global Challenges and the Definition of Disaster," in E. L. Quarantelli ed., *What Is a Disaster: Perspectives on the Question*, London: Routledge, 1998, pp. 177 – 194.

③ Wisner, B., et al., *At Risk: Natural Hazards, People's Vulnerability and Disasters*, 2nd edition, London: Routledge, 2004 (first published in 1994).

"灾害"后加上"文化"一词,称为"灾害文化",可以视作逐渐构建实用且现实的对策框架的一种举动。

但是,这是社会系统本身具有的脆弱性的体现,与解释灾害的视角有所不同。社会系统从人工领域出发,将灾害解释为系统的复原,强调灾害社会化理论的意义,认为灾害具有危险性。灾害研究迄今为止涉及地理学、健康科学、地球物理学、社会学、人类学和开发学,我们需要关注这些学科与哪些系统相连,是否隶属于逻辑系统,以及如何将行为科学或社会心理学纳入研究。①

上文所述的"恢复力"理论很好地体现了这一点。② 它使人们重新思考灾害和脆弱性,展示了脆弱性与恢复力的相关性。同时,它也给人们提供了分析状况③和制定框架(framing)的新视角,即知识组织化的方式、讨论问题的方式、对于状况的定义。④ 框架和基础是设定人与团体的立场及其相互关系(footing)的前提。人与人之间利害关系的产生,虽与本来就存在的问题有关,但也与叙述问题的方式息息相关,与对于同一情况的不同定义方式有关。这指的是因表达方式的差异而无法解决争议的情况。反过来,对同一问题的不同的回答也可能与同一问题的提问方式不同有关。⑤

因此,正如上文所述,与其说灾害问题是老旧问题或系统性问题,不如说其目前已经成为人类内心的意识层面的问题。天灾与人祸,两者之间共同存在的脆弱性问题既是社会条件的问题,也是展现人类社会日常生活的内心层面的问题。

如此一来,我们不由要问,脆弱的反义词是什么?对此,纳西姆·尼古拉斯·塔勒布(Nassim Nicholas Taleb)创造了"反脆弱"(antifragile)

---

① Alexander, D. , "An Interpretation of Disaster in Terms of Changes in Culture, Society and International Relations," in R. E. Perry, and E. L. Quarantelli eds. , *What Is a Disaster? New Answers to Old Questions*, Philadelphia: Xlibris, 2005, pp. 25 – 38.

② Aguirre, Benigno E. , "On the Concept of Resilience," Preliminary Papers 356, Disaster Research Center, 2006.

③ 難波功士:『状況の定義』,北川・須藤・西垣・浜田・吉見・米本編集委員,2002,第431 頁;南保輔:『状況の定義』,大澤・吉見・鷲田編集委員,見田編集顧問,2012,第653~654 頁。

④ Goffman, E. , *Frame Analysis: An Essay on the Organization of Experience*, Cambridge, MA: Harvard University Press, 1974.

⑤ 藤垣裕子:「フレーミング」,『科学技術社会論の技法』,東京:東京大学出版会,2005,第 272 頁。

一词。他认为，"反脆弱"应该成为超越耐力和顽强的概念。正如上文所述，"反脆弱"不是指承受灾害或克服灾害的力量，而是指人类在"活动根源"中使内心觉醒。这适用于进化、文化、思想、革命、政治体制、技术、生存、城市发展、社会、法律、森林等与时代一同变化的任何东西。因此，脆弱性与反脆弱性并存。① 透过人类的内心考察脆弱性，重新认识灾害，思考灾害的应对策略，既是一国的社会问题对策，也是全球联合的基础与出发点。

结论：重新考虑灾害和脆弱性范式的必要性

本文重新考察了社会脆弱性概念的形成过程，分析了社会对于安全认识的局限性。本文认为，灾害应对是比社会结构的再构成和系统复原更为复杂的问题，应关注新的社会诞生论。特别是在日本，随着危险和风险同一化，人们对危险和风险感到理所当然。这与日本人对"世间"没有提出批判的声音，认为附属于共同体的社会性是理所当然的态度相似。在这种情况下，忍耐和谦虚成为社会的一种美德，危险和风险的同一性掩盖了对其内在脆弱性的批判性见解。这两者的社会脉络构成了一枚硬币的两面，让人无法生疑。在此种观点指引下，在评判危险社会时，脆弱性成为一种危险因素，而非风险的副产物。

因此，本文认为，脆弱性作为可以分析危险和风险社会的新概念，需要得到更多关注。脆弱性已成为危险社会论和危险世界的社会结构分析中不可或缺的核心要素。正如本文所示，随着社会变迁，脆弱性的概念也一直在变化，随着社会暴露出的脆弱性的程度和强度的变化，造成灾害的逻辑也成为可能。因此，随着脆弱性概念的明晰和社会脆弱性的形成，我们认识到社会已对不平等现象持麻木态度，这里涉及的不平等和脆弱性，不仅在一国内部，而且从属于重组社会空间的危险社会论和风险论。

---

① 〔美〕ナシム・ニコラス・タレブ（Nassim Nicholas Taleb）：『反脆弱性（上）—不確実な世界を生き延びる唯一の考え方』，望月衛監修，千葉敏生訳，ダイヤモンド社，2017，第22～23頁。

Neglected Vulnerability of Disasters and Reconstruction of the Social Disaster Resilience Paradigm

Abstract：This article analyzes the social characteristics of disaster cognition and examines the neglect of vulnerability of disasters and risks in Japan. This article believes that security and peace are not the normal state of human society, and security and peace can only be highlighted in the context of disasters. Based on this, this article analyzes the hidden effect of disasters on social vulnerability. Although vulnerability is created by society, people cannot detect it until they encounter a disaster. Japanese society places the concept of vulnerability under the category of risk, so class issues and public issues are difficult to detect. This article proposes that disaster theory should be developed into the concept of disaster culture, updating people's cognition through the key concept of vulnerability, and enabling people to re-understand disasters.

Keywords：vulnerability；hazard/risk；society；disaster

东传日本的炽盛光信仰研究*

姚　琼**

【摘　要】在日本平安时期的各类密教修法中，炽盛光修法以其应对天变地异、疾疫流行等除灾消灾的功能受到天台宗的重视，被视为"镇护国家第一秘法"。本文以唐代从中国传入日本的炽盛光法及其信仰为对象，通过对日本平安朝炽盛光修法记录的梳理以及与同一时期中国的信仰状况的对比，考察从中国唐代传入的炽盛光信仰对日本古代宗教社会的影响，并提出以下观点：日本的炽盛光信仰是由入唐求法僧带入的，相对于较早译出的炽盛光经典，求法僧选择了先将修法仪轨带回，后由唐商将炽盛光经典带入日本，这与中国更重视对炽盛光经典以及咒文的念诵不同；传入日本的炽盛光信仰在不同时期呈现的特点具有差异性；平安后期，炽盛光修法逐渐成为天台宗僧人寻求与朝廷建立联系、获得国家的支持以及获得僧纲地位的手段之一。

【关键词】炽盛光信仰　密教修法　佛教信仰　古代社会

平安时期随着日本"入唐八大家"相继入唐求法，并将密宗、天台宗等佛教文化带回日本，因"武宗灭佛"的影响宗派发展日渐式微的密教文化在日本逐渐大放异彩。进入日本平安时期，无论在国家的除灾祈福、镇国护国，还是贵族个人的安神治病、玉体安稳方面，密教的修法和祈祷都

＊　本文系浙江省哲学社会科学重点研究基地课题"东亚视域下的古代日本禳疫仪礼研究（8~12世纪）"（编号：20JDZD019）、国家社会科学基金青年项目"中日文化对比视野下的古代日本禳疫仪礼及疫神信仰研究"（编号：20CZJ020）的阶段性研究成果。

＊＊　姚琼，浙江工商大学东亚研究院、日本研究中心副教授，硕士生导师，主要研究方向为中日古代宗教文化、中日文化交流史。

占据重要地位。在各类密教修法中，炽盛光修法以"炽盛光佛顶如来"为本尊的秘密修法，因其应对天变地异、疾疫流行、异国侵略等功能受到日本天台宗的重视，被视为"镇护国家第一秘法"。由天台宗僧承澄所撰《阿娑缚抄》描述了炽盛光法的作用及其在天台宗的地位，"若有国界日月薄蚀，或五星失度，形色变异，妖星彗孛，王者贵人命宿，或日月亏损于本命宫中，此时应用此教息灾护摩，或遭大疫疾病流行、鬼神暴乱、异国兵贼侵掠国人，帝王日日发虔敬新，祈祷加护必获胜利"，①"（炽盛光法）此法山门之秘键，国家之珍重也"。②

目前关于日本炽盛光信仰的研究主要有两个方面，一是将其作为圆仁入唐求法成果之一，对炽盛光修法记录的总结，如小南妙觉、松本公一和袁也的研究；③ 二是对日本炽盛光图像的研究，如苏佳莹的研究。尽管学界对炽盛光修法的目的也有大致的掌握，但对不同时期炽盛光修法目的的转变与特点仍未明确，除此之外缺乏结合平安至镰仓时期日本社会的宗教信仰背景，以及通过与中国古代炽盛光信仰的对比对日本炽盛光信仰的考察。针对以上中日学界关于日本炽盛光信仰研究的不足，本文将以从中国唐朝传入日本的炽盛光法为对象，通过对日本 9 ~ 15 世纪炽盛光修法相关记录的梳理，结合平安至镰仓时期日本社会的宗教社会的发展以及同一时期炽盛光信仰在中国社会的信仰状况，考察炽盛光信仰在古代日本社会的发展史、信仰状况及其特点。

一　9 ~ 10 世纪初期的日本炽盛光信仰：炽盛光信仰的传入

炽盛光信仰是指对炽盛光佛的信仰，炽盛光佛又称金轮炽盛光佛、炽盛光如来、炽盛光佛顶、摄一切佛顶轮王等。炽盛光修法是炽盛光信仰最主要的表现，具体指以炽盛光佛为主尊、设曼荼罗坛场、持诵炽盛光陀罗

---

① 仏書刊行会編『大日本佛教全書』第 37 巻，東京：名著普及会，1913，第 888 頁。
② 仏書刊行会編『大日本佛教全書』第 37 巻，東京：名著普及会，1913，第 889 頁。
③ 小南妙覚：「慈覚大師円仁入唐求法の成果－比叡山仏教の確立を期して」，『史窓』2018 年第 75 号，第 1 ~ 22 頁；松本公一：「『阿娑縛抄』所収修法記録小考－熾盛光法を例として－」，『文化学年報』2016 年第 65 号，第 345 ~ 370 頁；袁也：「摂関・院政期における天台宗山門派の熾盛光法」，『東京大学日本史学研究室紀要』2021 年第 25 号，第 29 ~ 46 頁；蘇佳瑩：「日本における 熾盛光仏図像の考察」，『美術史論集』2011 年第 11 号，第 109 ~ 136 頁。

尼经佛典的修法。一般认为炽盛光修法所依据的佛典为唐不空所译《佛说炽盛光大威德消灾吉祥陀罗尼经》，简称《炽盛光经》（下文使用此简称）。此经译出之前，由唐僧一行所撰《宿曜仪轨》已指出在本命宫受到威胁时可通过设置炽盛光佛顶道场，念诵炽盛光经来消除灾难。一行所撰《北斗七星护摩法》中也附有"炽盛光要法"的内容，应该与《炽盛光经》是同经之异译。

炽盛光信仰与星命推算密不可分，在中晚唐时期，主要用于消除灾星恶曜所带来的厄运，晚唐五代以后此信仰趋于世俗化，被用于消灾与荐亡。[①] 在不空译出《炽盛光经》后，又有尸罗跋陀罗所译《大圣妙吉祥菩萨说除灾教令法轮》又名《炽盛光佛顶仪轨》，以及失译人的《佛说大威德金轮佛顶炽盛光如来消除一切灾难陀罗尼经》。近年来有中国学者廖旸指出，未入藏的《佛说大威德炽盛光如来吉祥陀罗尼经》可能是所有炽盛光经典中最早译出的经典，[②] 但此经未被带入日本，因此本文仍围绕不空译本探讨日本的炽盛光信仰。

日本举行炽盛光修法的历史要上溯至平安时代，日本学界一般认为炽盛光修法为圆仁入唐求法后带回日本。[③] 唐宣宗大中元年（847）圆仁携带佛教经疏、仪轨、法器等回日本，《日本国承和五年入唐求法目录》《慈觉大师在唐送进录》《入唐新求圣教目录》为记录圆仁带回日本的佛教经论目录。然而根据请经目录，圆仁从唐朝带回的经典中并没有不空所译《炽盛光经》，和炽盛光佛有关的仅有"炽盛坛样"一卷。进一步查找平安时期其他入唐求法僧的请经目录可知，在"入唐八家"的请来目录中有关"炽盛光经"的有《惠运律师请来书目录》中《炽盛佛顶威德光明真言仪轨》一卷、宗叡撰于865年的《新书写请来法门等目录》中的《大圣妙吉祥菩萨说除灾教令法轮》一卷即《炽盛光佛顶仪轨》，安然的《八家秘录》中也可以看到此经典。也就是说入唐求法僧带回日本的都只是炽盛光仪轨，而没有炽盛光经典。

---

① 秦光永：《中西交融与华夷互动——唐宋时代炽盛光信仰的传播与演变》，《学术月刊》2021年第4期，第181～194页。

② 廖旸：《〈大威德炽盛光如来吉祥陀罗尼经〉文本研究》，《敦煌研究》2015年第4期，第64～72页。

③ 小南妙覚：「慈覚大師円仁入唐求法の成果—比睿山仏教の確立を期して」，『史窓』2018年第75号，第1～22頁；蘇佳瑩：「日本における熾盛光仏図像の考察」，『美術史論集』2011年第11号，第109～136頁。

除了请来目录，圆仁殁后弟子们根据其遗言将圆仁请来经典中的真言法门收藏至总持院，称为"真言藏"，然而总持院分别于天庆四年（941）以及天禄元年（970）、正历五年（994）遭遇了火灾，因而所藏经典被悉数转移至前唐院。嘉保二年（1095）天台宗第三十七座主仁觉将前唐院所藏经典进行了勘定，并撰写了《勘定前唐院见在目录》。目前，根据小野胜年、武觉超列举的《天台书籍综合目录》南溪藏本《勘定前唐院见在书目录》可知，前唐院收藏了部分圆仁入唐求法经目录没有记录的请来经典，其中关于炽盛光法的经典有《大圣妙吉祥菩萨说除灾教令法轮》一卷，以及《炽盛光威德佛顶念诵仪轨》一卷。[①] 《大圣妙吉祥菩萨说除灾教令法轮》又名《炽盛光佛顶仪轨》，与《炽盛光威德佛顶念诵仪轨》是异本同经，都是炽盛光修法的仪轨类典籍。由此可见，由圆仁请来的这两部"法轮"和"仪轨"同样是炽盛光修法的仪轨，而非《炽盛光经》。因此，可以明确的是，炽盛光信仰是以仪轨为载体传入日本的，无论是圆仁、惠运还是宗叡都选择了把炽盛光仪轨带入日本，而不是较早译出的《炽盛光经》。

那么一般认为的炽盛光修法所依据的《炽盛光经》是什么时候才传入日本的呢？

《大日本史料》所引《政事要略》载，延喜七年（907），「唐商某、熾盛光経ヲ、献ズ」（某唐商献上《炽盛光经》）。除此之外，还有《大日本史料》所引《吉永藏目录》（三）所载，延喜七年，"炽盛光经，件经，是延喜七年，从大唐来商人随身将来，进上公家之本也，从左大殿（时平）而赐之写得也，同八年十月十二日写。（别笔）或本批云：开平二年（后梁，908）岁次戊辰，四月五日，泉州开元寺僧惟慎上，件经者，延喜十三年，岁次癸酉，入唐飯朝僧智镜将来，进上公家本也。从左大臣殿赐之，日本天台写取之，是初传写本也"。[②]

由以上两条记录可知，在延喜七年《炽盛光经》即不空所译《炽盛光经》才由某唐商带入日本，并进献给日本朝廷。因此，可以说日本对炽盛光信仰的接受顺序是先仪轨而后经典，尽管《炽盛光经》要比仪轨更早译

① 小野勝年：「『前唐院見在書目録』とその解説」，『大和文化研究』1965 年第 84 号，第 20～54 頁；武覚超：「慈覚大師将来典籍の保存について：『前唐院見在書目録』と『前唐院法文新目録』」，『叡山学院研究紀要』1994 年第 17 号，第 31～74 頁。

② 東京大学日本史料編纂所編『大日本史料』第 1 編第 3 冊，東京：東京大学出版会，1965，第 900 頁。

出，但无论是圆仁、惠运还是宗叡，都不约而同地选择了先将炽盛光仪轨带回日本，而不是《炽盛光经》。这一点不仅反映出日本炽盛光信仰的特点，同样体现了日本平安中后期密教信仰的特点，即相对于讲读经典更加重视仪轨修法，这与律令时期注重讲读经典的护国法会有明显的区别。

目前有据可查的最早的"炽盛光法修法"是嘉祥三年（850）在比睿山所修"炽盛光法大法"，此后每 4 年举行一次修法。据《慈觉大师传》的记载，嘉祥三年三月仁明天皇驾崩，四月文德天皇即位，此后不久，圆仁向天皇上奏。"大师奏曰：'除灾致福，炽盛光佛顶，是为最胜。是故唐朝道场之中，恒修此法，镇护国基。街西街东诸内供奉，持念僧等，互相为番，奉祈宝祚，又街东青龙寺里，建立皇帝本命道场，勤修真言秘法。今须建立持念道场护摩坛，奉为陛下，修此法。唯建立之处，先师昔点定矣。'书奏降诏曰：'朕特发心愿，于彼峰建立总持院，兴隆佛法。'"[1]《元亨释书》对圆仁上书文德天皇一事也有类似的记载。根据此条记载，在向文德天皇的上书中，圆仁谈到了自己在入唐求法期间看到唐朝皇帝十分重视炽盛光修法，唐朝廷不仅在长安的街西街东设置内供奉，更是在青龙寺建立皇帝本命道场，还通过勤修炽盛光法为皇帝祈愿，因此圆仁希望在日本朝也能够建立道场，常修炽盛光法。

圆仁的这一想法得到了文德天皇的支持，同年九月十四日的太政官牒记录了由右大臣宣命的对圆仁上书内容的回复，"事须每月两番，昼夜不绝，如法祗行"，[2] 于是按照唐朝在青龙寺为皇帝建立本命道场的做法，该年在比睿山建立总持院作为"公家御本命院"，每 4 年修一次炽盛光法。《文德实录》则记录了同月十日参与炽盛光法首修的禅师的情况："十日，内供奉大法师圆仁奏置天台总持院十四禅师，简练行者以充之，永不绝。"[3]关于首次在比睿山总持院进行的炽盛光修法，《炽盛光法日记集》也有记载："嘉祥二年九月二十四日，于总持院慈觉大师撰，二七与口助修被修此法。总持院被置十四禅师，始于此时。山门云，镇护国家道场此谓也云云。"[4] 这里的"嘉祥二年"当是"嘉祥三年"的误载，而关于在总持院参与这次修法的 14 位禅师的供料，《慈觉大师传》有详细的记载："一准定心

① 塙保己一等编『続群書類従・慈覚大師伝』，東京：続群書類従完成会，1940，第 740 頁。
② 塙保己一等编『続群書類従・慈覚大師伝』，東京：続群書類従完成会，1940，第 740 頁。
③ 黒板勝美编『新訂増訂国史大系・文德天皇実録』，東京：国史大系刊行会，1943，第 19 頁。
④ 仏書刊行会编『大日本佛教全書』第 37 卷，東京：名著普及会，1913，第 889 頁。

院十禅师法，杂使五人料，每日白米七升四合，沙弥二人，人别二升，堂童子一人，驱使二人，人别一升二合。"①

由上述炽盛光法会的首次修法记录可以看出，日本的炽盛光法在修法初期，其目的主要集中在护国修法、维护天皇的王权，作为公家御本命院，这种做法建立在对唐朝为皇帝建本命道场的模仿上。然而 10 世纪以后，炽盛光修法的目的开始向应对天象异常、疾疫流行，以及祈祷天皇身体安康、维护摄关制度的稳定方面转变。

二 10 世纪中后期至 15 世纪的日本炽盛光信仰：除灾祈福作用的确立

关于日本古代社会举行炽盛光修法的记录，主要集中在天台宗方面的文献《阿娑缚抄》、《炽盛光法日记集》和《门叶记》，② 除此之外，《大日本古记录》和《大日本史料》有对部分修法记录的补充。日本学者松本公一曾对《阿娑缚抄》和《炽盛光法日记集》中所载 9 ~ 15 世纪日本炽盛光修法的记录进行过总结，根据松本公一的统计可以看出，日本朝廷修炽盛光法最主要的目的即应对天变。③ 仅仅天德四年（960）一年，朝廷就举行了 6 次炽盛光修法，其中 5 次都是因为出现天变，而关于这 6 次修法的举行地点，一月、二月的修法是在延历寺，其余 4 次修法分别在仁寿殿和丽景殿。④

炽盛光法作为应对天变而进行的修法，主要根据的是唐不空所译《炽盛光经》。

> 尔时释迦牟尼佛在净居天宫，告诸宿曜游空天众九执大天及二十

① 塙保己一等編『続群書類従・慈覚大師伝』，東京：続群書類従完成会，1940，第 740 頁。
② 《阿娑缚抄》的记录可参考大正新修大蔵経刊行会編『大正新修大蔵経』図像第 8、9 卷，東京：大正新修大蔵経刊行会，1977；《门叶记》的记录可参考大正新修大蔵経刊行会編『大正新修大蔵経』図像第 11 卷，東京：大正新修大蔵経刊行会，1977；《炽盛光法日記》可参考塙保己一等編『続群書類従』第 26 卷（上），東京：続群書類従完成会，1939。
③ 松本公一：「『阿娑縛抄』所収修法記録小考─熾盛光法を例として」，『文化学年報』2016年第 65 号，第 345 ~ 370 頁。
④ 这 6 次的修法记录分别在東京大学日本史料編纂所編『大日本史料』第 1 編第 10 冊，東京：東京大学出版会，1989，第 607、617、673、746、762、811 頁。

八宿、十二宫神一切圣众：我今说过去娑罗王如来所说炽盛光大威德陀罗尼除灾难法，若有国王及诸大臣所居之处及诸国界，或被五星陵逼，罗睺、彗孛、妖星照临所属本命宫宿及诸星位，或临帝座于国于家及分野处，陵逼之时，或退或进，作诸障难者，但于清净处置立道场，念此陀罗尼一百八遍或一千遍，若一日、二日、三日，乃至七日，依法修饰坛场，至心受持读诵，一切灾难，皆悉消灭，不能为害。若太白、火星入于南斗，于国于家及分野处作诸障难者，于一念怒像前，画彼设都噜形，厉声念此陀罗尼加持，其灾即除，移于不顺王命悖逆人身上。①

根据此经文，若五星、罗睺、彗孛、妖星陵逼本命星，作障难时，可设道场，念诵此经，供养本命星，则得以消灭一切灾难。因此，当天象异常时通过修炽盛光法消除异象是古代中日两国常见的做法。已有研究指出，中唐以后的炽盛光信仰是伴随西方传来的星命术而兴起的密教禳星信仰，可禳除灾星恶曜、慧孛、妖星临逼本命星宫和国家分野所带来的种种灾祸。②

再从炽盛光修法举行的地点来看，自850年的首修至10世纪初的炽盛光修法均在比睿山举行。直至911年，宫中大极殿突然发生了"鹭怪"事件，于是醍醐天皇命天台宗僧人玄昭于宫中丰乐院举行炽盛光修法，这是有记录可寻的于宫中首次举行炽盛光修法的事例。玄昭因此次修法有功，在结愿时被赏赐"法桥上人"的称号，并赐御衣。③ 911年因鹭怪而举行炽盛光修法的地点丰乐院一般是平安宫举行宴会的宫殿，平安时期初期至中期是朝廷举行新尝祭、大尝祭、正月庆贺、节会、射礼等节日的宫殿，然而平安中期随着朝廷的机能开始向内里转移，朝廷的宴会也逐渐改为在紫宸殿举行，至10世纪之后几乎很少看到在丰乐院举行仪式的事例，而随着1063年宫内的一场大火，丰乐院被付之一炬，此后也没有再被重建。此后

---

① 大正新修大藏经刊行会编『大正新修大藏经』第19卷，东京：大正新修大藏经刊行会，1978，第337页。

② 秦光永：《中西交融与华夷互动——唐宋时代炽盛光信仰的传播与演变》，《学术月刊》2021年第4期，第181~194页。

③ 東京大学史料編纂所编『大日本史料』第1编第4册，東京：東京大学出版会，1926，第339頁。

宫中修炽盛光的场所就改为以仁寿殿为主，然而天皇御迁修法则是在丽景殿。平安宫的仁寿殿自平安初期开始就是天皇日常生活的居所，从平安中期宇多天皇开始，天皇的生活居所由仁寿殿迁往清凉殿，而仁寿殿因此也成为平安中期之后宫中举行各类仪式的主要宫殿。

总体上看来，10 世纪以后炽盛光修法的地点主要是宫中和比睿山延历寺，这也反映出 10 世纪之后朝廷不再直接参与培养僧侣，而是由权门寺院培养供朝廷祈祷、修法所需要的僧侣这一情况。从炽盛光修法这一具体事例来看，如果发生天象异常等全国范围内的事件时，朝廷往往令比睿山进行修法，而当宫中出现怪异、御迁、天皇御恼等事件时，则会请比睿山派遣僧人到宫中修法。因此，无论是在宫中修法还是在比睿山修法，都反映出平安中期以后炽盛光修法在除灾祈福方面的作用受到朝廷的认可。

三　炽盛光修法：祛病消灾作用的延伸

除了应对天变，炽盛光修法还被频繁用于公家的祛病祈祷。日本建保五年（1217）八月二日，后鸟羽上皇遣山陵使至安乐寿院和后白河院法华堂宣告御恼一事，当日，源实朝为后鸟羽上皇御恼修"十坛不动法"、"尊星王法"以及"大炽盛光法"。[1] 平安中期以后，佛教信仰在形式史上的特点之一是举行的设坛修法逐渐偏向多坛修法，[2] 其中举行较多的是"五坛修法"，而建保五年源实朝为后鸟羽上皇御恼修法竟达到"十坛"，可谓多坛密教修法的顶峰。

13 世纪公家社会的记录中通过修炽盛光法进行祛病消灾、除灾祈福的记录十分多见，尤其在比睿山的吉水炽盛光堂建立之后，炽盛光修法活动愈加频繁。如建历元年（1211）至建保三年，延历寺座主慈圆每年都于炽盛光堂为后鸟羽上皇举行炽盛光修法。此外，延应元年（1239）六月十三日，因公卿九条道家患疾，源赖经请法性寺座主慈贤修大炽盛光法；[3] 仁治三年（1242）一月二十四日，因四条天皇驾崩，摄政藤原道家请天台座主

---

① 東京大学史料編纂所編『大日本史料』第 4 編第 14 冊，東京：東京大学出版会，1981，第 176 頁。

② 三橋正：『平安時代の信仰と宗教儀礼』，東京：続群書類従完成会，2000，第 394 頁。

③ 『大日本史料』第 5 編第 12 冊，東京：東京大学出版会，1982，第 464 頁。

慈源于大成就院修炽盛光法。①

　　进一步查阅炽盛光修法的记录会发现，这一时期炽盛光修法的内容愈加丰富，程序也十分烦琐。以建仁二年（1202）二月八日于平等院本堂为御祈愿所修的炽盛光法记录为例，这次修法由大僧正慈圆主持，助修的僧侣包括法印公圆、少僧都成圆、律师良云等20位，在法会开始前需做好布置道场的准备，之后法会按照表白、次神分、次祈愿、次唱礼、次九方便、次金一打、次发愿、次五大愿、次又一打、次伴僧出念诵、初铃之后令读御斋文、次五供、次传供、次护摩坛·日月五星坛增益修法等顺序进行，直至最后进行结愿、礼毕，整个修法过程长达8天之久。② 由此可见，进入中世以后日本上层社会通过炽盛光修法以求祛病消灾、禳灾祈福的做法十分常见。

　　然而，中国方面，自晚唐五代以后受"会昌灭佛"的影响，密教传承日益弱化，逐渐与世俗信仰融合，在这样的背景下，炽盛光修法也逐渐从密闭的坛场走向普通民众。尤其到了南宋时期，念诵炽盛光咒用以祛病消灾的做法在民间已经相当普遍。南宋时期洪迈所撰志怪集《夷坚志》就记载了平民用念诵炽盛光咒祛病消灾的事例：

　　　　庐山李商老，因修造犯土，举家无问男女长少皆病肿。求医不效，乃扫室宇，令家人各斋心焚香，诵炽盛光咒以禳所忤。未满七日，商老夜梦白衣老翁骑牛在其家，地忽陷，旋旋没入。明日病者尽愈，始知此翁盖作祟者，疑为土宿中小神云。③

　　根据此条记载，南宋时期一位李姓商人因犯土而全家皆病，在念诵炽盛光咒之后，家人皆愈，在病好之前的那个夜里，该商人还梦到了作祟者土宿小神，证实了病因确为得罪土地神。同书还有"炽盛光咒"一节，同样讲述的是一位年少的出家人久病不愈，念诵炽盛光咒多日后疾病痊愈的故事。这里从侧面说明炽盛光信仰在南宋时期已延伸至民众阶层，当出现

---

① 東京大学史料編纂所編『大日本史料』第5編第12冊，東京：東京大学出版会，1982，第881頁。

② 此次修法的详细记录可参见大正新修大藏経刊行会編『大正新修大藏経』図像第11卷，東京：大正新修大藏経刊行会，1977，第423～424頁。

③ （宋）洪迈：《夷坚志》，中华书局，2006，第827頁。

医学无法解决的病症时，通过念诵炽盛光咒以祛病消灾的做法在民众之中已十分普遍。

另外，从修法仪轨上我们也可以看到晚唐以后炽盛光修法开始出现世俗化、简略化的倾向。根据早期记录炽盛光修法的仪轨尸罗跋陀罗译《大圣妙吉祥菩萨说除灾教令法轮》，整个修法过程复杂烦琐，且有诸多禁忌，到了宋代遵式撰《炽盛光道场念诵仪》时，修法被分为坛场供养、方法、拣众清净、咒法、三业供养、释疑、诫劝檀越七门，在形式上与唐时期的炽盛光仪轨相比已经大大简化，相对于修法则更注重念诵炽盛光咒。这一点在唐之后有关炽盛光信仰的记载中可以明显地看到。《炽盛光道场念诵仪》对这种念诵炽盛光咒的现象进行了解释，"炽盛光大威德真言者，大圣垂愍，别示神方，虽言小异，持盖功深难测，专心暂诵，立见有功"，[①] 意为念诵炽盛光咒即可马上见到功效。

通过对比同一时期中日炽盛光修法记录，我们可以看到两国在炽盛光信仰上出现了较大的不同。日本在进入中世之后，对炽盛光的信仰进一步扩大至幕府和贵族阶层，对炽盛光修法的崇尚也达到顶峰，同时修法的过程十分完整，甚至是烦琐的；而中国方面对炽盛光的信仰则转入民间社会，形式上开始出现简略化的特点，直至出现只念咒而不修法的做法。

四　炽盛光修法：走向僧纲道路之一

如上节所述，日本方面进入中世之后，上层社会试图通过炽盛光修法实现祛病消灾、禳灾祈福的目的，而天台宗僧人则希望通过为朝廷修炽盛光法加深与朝廷之间的联系，甚至将修法作为走向僧纲道路的重要手段。

自日本奈良时代以来，主持朝廷御修的法会与僧侣个人的僧位晋级一直被认为是密切相关的。日本朝廷从桓武朝开始重视对讲解经论的僧侣的培养，进入 9 世纪，朝廷进一步对于讲读经典、论义、竖义的法会进行整备，其中尤其重视对经典问答的论义、竖义。根据日本平安时代的法令集《类聚三代格》"诸国讲读师事"所载，齐衡二年（855）八月二十三日由太政官宣命能够胜任"试业""复业""维摩会竖义""夏讲""供讲"这

---

① 大正新修大藏経刊行会編『大正新修大藏経』第 46 冊，東京：大正新修大藏経刊行会，1978，第 978 頁。

"五阶"法会的讲师为"诸国读讲师",而胜任"试业""复业""维摩会竖义"这"三阶"法会的讲师为"诸国读师";在此之后的9世纪后半期,在此基础上,朝廷将胜任"维摩会""宫中御斋会""药师寺最胜会"这三法会的讲师任命为"僧纲",由此担任"五阶""三会讲师"的"诸国讲读师"和"僧纲"的制度得到完善①。

然而,进入10世纪后半期,以维摩会为主的讲师逐渐被兴福寺和东大寺的僧人独占,到了11世纪中期,维摩会的竖者就只有兴福寺僧和东大寺僧了。因此,通过"五阶"成为"诸国讲读师"以及通过"三会"成为"僧纲"的制度被取代,"南都七大寺"的统治地位被彻底瓦解。②与此同时,主张显密兼修的天台宗从座主良源时期开始大力发展密教,天台宗僧人往往可以通过为朝廷修密法而得到劝赏,从而最终获得僧纲的职位。

进入10世纪以后,担任修法的讲师一般为座主,这源于天台宗的"座主勤修制度"。在这一时期,正是炽盛光法的修法活动的确立,促使主持修法的座主门流势力的扩大,在修法中一般请自己门流的弟子作为伴僧,这不仅提高了弟子的地位,也可以扩大座主的势力。同样容易受到皇室或摄关家的劝赏。对于院政时期成立的修法勤修,在结愿日给予劝赏是进入10世纪以后的普遍做法。此外,院政时期以后,修法中护持僧往往由座主或东寺长者这样上等身份的僧侣担任,因此这也是通过密教修法来实现"座主勤修制度"的表现之一。

主持"炽盛光修法"的僧人以及参与法会的朝臣,往往可以得到朝廷的奖赏,以及僧位、官位的晋级。正如《炽盛光法日记集》所载,炽盛光修法自传入日本以来就成为天台宗独修的秘法,"炽盛光法,东寺不修之",尤其多慈觉大师圆仁门下僧人可修此法,"静观僧正座之时,蒙可修此法之宣旨。僧正申云:智证大师门徒不修此法,可令慈觉大师门之修之"。③

例如延喜十一年九月二十一日,"禁中频有鹭怪,圣心不悦,爰有敕律师玄照于丰乐院令修炽盛光不断法,三日间,鹭怪已上,结愿之后,召于御前,赐权律师法桥上人,权中纳言从三位藤原道明朝臣宣命,更有御宣

---

① 末木文美士:『新アジア仏教史11 日本仏教の礎』,東京:佼成出版社,2010,第215頁。
② 末木文美士:『新アジア仏教史11 日本仏教の礎』,東京:佼成出版社,2010,第216頁。
③ 仏書刊行会編『大日本佛教全書』第37巻,東京:名著普及会,1913,第889頁。

敕谈良久，即内侍所例禄之上，重赐御衣一袭，兼赐度者廿一人云云"。①
根据此条记录，天台宗僧人玄照因主持了这场炽盛光法会受到醍醐天皇的
奖赏，受赐法桥上人的僧位，而朝臣藤原道明在此法会举行的前一年的官
位为从四位上左大辩，因参与此法会直接跨越了 5 个官职，升任从三位权中
纳言，赏赐方面在例行俸禄的基础上还被赏赐了御衣，足可见醍醐天皇朝
对炽盛光法会的重视程度。

850 年主持初修炽盛光法的玄昭因精通密教仪轨，被称为"护摩王"，
917 年玄昭去世后，其徒弟尊意成为天台宗第十三世座主，并开始主持比睿
山的炽盛光法。根据《贞信公记》所载，延长二年、天庆元年（938）、天
庆八年的炽盛光修法都是由尊意主持的。② 由此可知，主持炽盛光修法可以
实现僧职的晋升、僧官地位的稳固，这也是天台宗将炽盛光修法视为"镇
护国家第一秘法"的重要原因。

五　总结：日本古代炽盛光信仰的状况与特点

通过以上对日本 9～15 世纪炽盛光修法的记录分析，以及与同一时期中
国方面炽盛光信仰状况的考察，对于本文的考察对象日本古代社会的炽盛
光信仰可以得出以下三点结论。

第一，日本古代的炽盛光信仰是由入唐求法僧带回的，但相对于译出
较早的《炽盛光经》，入唐僧都选择了将炽盛光的修法仪轨先带回日本。可
见，日本进入平安时期之后，朝廷对密教修法的重视，这有别于此前注重
念诵经文的做法。

第二，从平安时期至中世时期修炽盛光法记录的总结来看，首次于比
睿山举行的炽盛光修法是模仿唐朝内道场修法的做法，目的是镇护国家，
在此之后进入 10 世纪，炽盛光修法被更多地用于应对天象异常。随着炽盛
光信仰的深入发展，进入中世以后，无论是天皇家还是幕府和贵族社会，
都愈加重视通过频修炽盛光法实现祛病消灾、除灾祈福，这一点在参与修
法僧侣的地位之高、修法过程之长、修法步骤之烦琐方面都可以体现出来。
由此可见，炽盛光信仰从传入之初至中世时期在信仰状况上发生了变化，

---

① 東京大学史料編纂所編『大日本史料』第 1 編第 4 冊，東京：東京大学出版会，1926，第
339 頁。
② 東京大学史料編纂所編『大日本古記録・貞信公記抄』，東京：岩波書店，1956，第 92 頁。

这与平安后期皇族、贵族等上层社会更加重视通过佛教信仰实现个人祈愿的特点有关。

第三，中世之后，日本天台宗的僧人通过为朝廷修炽盛光法加深了与朝廷之间的联系，而炽盛光修法也成为天台宗僧人走向僧纲道路的重要手段。10世纪中期之后，日本朝廷不再直接参与培养僧人，转而由各个寺院自主培养，因此，在经济上寺院失去国家的支持，从而不得不寻求通过密教修法建立与朝廷的联系，炽盛光修法因功效显著而受到日本朝廷的重视，这一点也成为天台宗僧人勤修炽盛光法的重要原因。

以上是本文对日本古代炽盛光信仰状况和特点的总结，通过本文的论述我们了解到，日本炽盛光修法及其信仰从9世纪由入唐求法僧传入，直至中世时期逐渐发展成为天台宗一门最重要的修法之一，同时也因其在除灾消灾、镇护国家方面的功效受到日本朝廷的重视。中国的密教文化自传入日本之后，对平安时期及其之后的公家社会、宗教社会产生了重要的影响，本文考察了从中国传入的密教信仰炽盛光信仰在日本朝廷应对除灾消灾、镇护国家等方面的作用，但日本古代社会在应对灾异事件时使用的宗教手段是多样的，因此，笔者日后将继续对日本古代社会应对灾异事件时举行的各类宗教仪式进行梳理和深入考察。

A Study on the Chishōkō Belief from China to Japan

Abstract: During the Heian period in Japan, the practice of Chishōkō was highly esteemed by the Tendai school for its ability to respond to natural disasters and was considered to be the "first secret defense of the nation". This paper focuses on the Chishōkō practice and its beliefs that were transmitted from China to Japan during the Tang dynasty. By examining the records of Chishōkō practice during the Heian period in Japan and comparing it with the religious situation in China at the same time, this paper explores the impact of the Chishōkō belief that was transmitted from China on Japan's ancient religious society. The following points are proposed: The Chishōkō belief in Japan was brought in by the Japanese monks who had gone to China seeking the Buddhist teachings. Compared to the earlier translated Chishōkō scriptures, the monks brought back the ritual practices first and then brought the Chishōkō scriptures to Japan via Chinese merchants, which was different from China's emphasis on the recitation of Chishōkō scriptures and mantras. The Chishōkō belief that was transmitted to Japan showed different characteristics during different periods. In the later Heian period, the practice of Chishōkō gradually became one of the means for Tendai monks to establish contact with the court, obtain national support, and acquire the status of a Buddhist sect.

Keywords：Chishōkō belief；Esoteric Buddhism practice；Buddhist belief；ancient society

关于"'思考何为复兴'系列研讨会"的开展与探究*
——所谓"复兴"究竟是什么？

〔日〕小林秀行 著　张　晋译**

【摘　要】开展"'思考何为复兴'系列研讨会"是日本灾害复兴学会创立 10 周年纪念活动之一。本文整理了研讨会内容，并进一步阐析研讨会的课题与成果。本文以灾后重建现场如何将公助、共助、自救三者结合以及今后如何思考灾害复兴两个方面为主线，整理、研究得出结论：在灾后的生活重建中，法律保护当事人按照自由意志进行选择灾后重建方式的权利，并且各主体对当事人的选择进行了多方面支援，对当事人的理想意志与现实复兴政策的制约条件之间的矛盾，要全力调整。这就需要行政部门、市民、支援者等所有人员在推进灾害复兴或可能发生灾害时，改变自身的状态。

【关键词】灾害　灾害复兴　灾后重建

引　言

"'思考何为复兴'系列研讨会"① 是 2018 年日本灾害复兴学

---

*　本译文系北京外国语大学"双一流"项目"关于日本文化现代化进程的测量"（编号：2023SYLA005）的阶段性研究成果。

**　小林秀行，日本明治大学信息交流学部专任副教授，主要研究方向为灾害社会学。
　　张晋，北京外国语大学北京日本学研究中心在站博士后，北华大学东亚历史与文化研究中心硕士生导师，主要研究方向为日本社会学、日本学等。

①　日语原文为「復興とは何かを考える連続ワークショップ」，直译为"思考何为复兴系列研讨会"，为方便读者理解，文中单引号为笔者自加。——译者注

会①纪念创立 10 周年的活动之一。本文将对该研讨会的成果和课题进行整理说明。

该研讨会计划举办 7 次，由 15 个事例报告和综合讨论会组成，讨论总时长超过 24 小时，内容过多，难以全部罗列。因此，笔者拟先论述研讨会的讨论主线，再进一步展开论述。

在"灾害复兴"讨论中，学者们指出"灾害复兴"这一概念本身具有多义性。在把握研讨会目标方向等的基础上，笔者对该概念理解如下。灾害复兴是对自然灾害的破坏进行社会修复或适应的过程。其最小单位虽然是受害者个人，但个人如何经历灾害复兴，会因为受灾社会的结构、逻辑、制度而有很大差异，而且在灾害复兴的旋涡中还会因为当事人之间的调整而产生事态变动。因此，以个人为单位阐析灾害复兴的过程也就变成一项困难的工作。鉴于此，本文将灾害复兴作为包含所谓生活重建内容的上位概念进行论述。

那么，在论述上述观点时，我们需要思考"设定什么为论述的主线"。虽然这样将会预设研究的成果，但本文仍需拟设定主线为：灾后重建现场如何将公助、共助、自救三者结合以及今后如何思考灾害复兴。

一 先行研究对"何为复兴"的重新考察

如上文所述，本文将首先通过整理先行研究，对"复兴"的定义进行重新考察。

近年，日本的灾害复兴研究，特别是在人文社会科学领域，一般都对灾后严酷的环境中当事人的行为受限表示充分的理解，但是同时又批判政策上的"灾害家长主义"，② 即通过批判"制定政策是为了规避灾后风险，由此所引发的社会排斥生活弱势群体现象是无奈之举"③ 这一灾害复兴方式而展开研究。

---

① 日语原文为「日本災害復興学会」，此处是译者为方便读者理解而采取的直译。灾害复兴，日语原文「災害復興」，常被翻译为"灾后重建""灾害复兴"等。本文为方便读者理解，全文统一采用直译"灾害复兴"。——译者注
② 植田今日子：「なぜ被災者が津波常習地へと帰るのか—気仙沼市唐桑町の海難史のなかの津波」，『環境社会学研究』2012 年第 18 巻，第 60～81 頁。
③ 金菱清、植田今日子：「災害リスクの"包括的制御"災害パターナリズムに抗するために」，『社会学評論』2013 年第 64 巻第 3 号，第 386～401 頁。

例如，可以将"创造性复兴"① 理解为人类中心主义理念，它是对现存灾害复兴政策结构②的批判。正如盐崎贤明指出：现存结构本身就是扩大受灾影响范围的主要原因。③ 此类批判也是灾害复兴研究的典型例证。

上述研究与国际研究同步，吸收了国外"build（ing）back better"（更好的复兴）④ 概念。2004 年印度洋大海啸后，在东南亚和南亚各国的灾害复兴中，社会 vulnerability（脆弱性）引发了许多灾害。学者们认为，减少这些灾害的影响，将有助于降低下一次灾害中社会的受灾程度。因此，在此基础上，学者们以提升 resilience（恢复力）⑤ 为目的，倡导使用 build（ing）back better 这一概念。

当然，这个探讨本身就很重要，但并不意味着在日本的灾害研究讨论中原样引入"build（ing）back better"这一概念。如上所述，我们不得不思考"更好"这一概念，是在了解到"build（ing）back better"有着明显且严重的脆弱性这一前提下进行的。另外，日本学界讨论的焦点问题是，历史发展中，减轻国家责任的脆弱性削弱了人们生活领域中的 resilience。那么，如今再次强化这样的社会体系，人类的存在岂不是成了边缘问题？

在上述问题中，存在两个制约条件，对抗"不过问谁在何种程度上控制谁这种类似根本问题所带来的压力"，⑥ 以及需要在社会、经济、环境、技术条件限制下，在受灾社会中建立再分配机制。在这两个制约条件的夹缝中，究竟要构建怎样的社会和制度呢？这成为一个尖锐的问题。

国外对于"build（ing）back better"的概念研究，着眼于 resilience 的形成，这与日本国内的讨论趋势存在偏差。

---

① 貝原俊民：「震災復興の課題」，関西学院大学 COE 災害復興制度研究会編『災害復興阪神・淡路大震災から 10 年』，西宮：関西学院大学出版会，2005，第 21～38 頁。

② 根据原文直译为"现有结构"，"现存灾害复兴政策结构"为译者根据上下文自己的翻译。

③ 塩崎賢明：『復興〈災害〉—阪神・淡路大震災と東日本大震災』，東京：岩波新書，2014。

④ UNDRR，"Build Back Better，" https://www.undrr.org/terminology/build-back-better，2020 - 01 - 30。原文为"build back better"，"（更好的复兴）"为译者自加，为了方便读者理解，下文将只用"build back better"的形式进行叙述。——译者注

⑤ 原文为 resilience，本文译成恢复力，下文仍写成 resilience 形式，以方便读者理解。——译者注

⑥ 渥美公秀：『災害ボランティア 新しい社会へのグループダイナミックス』，東京：弘文堂，2014。

更进一步说，以东日本大地震①中海啸灾区自治会被解散，以及福岛核电站事故的大范围避难中灾民选择不返回原地区的情况为例。如果将"build（ing）back better"视为复兴，那么在上述两种情况中，复兴则是无法实现的。换言之，如果说"build（ing）back better"意味着社会的进步，是更符合期待的选择。那么"为实现更符合期待的适应而后退"则是一种苦涩的选择，如迁移、缩减、撤迁等，不能将这种选择视为与复兴等同并进行价值判断。

但在现实中，为实现灾害复兴而解散、重组、废弃城区，或从城区迁出的情况，在全世界都有发生。如下文所述，这种移动迁移中存在制度支持。重要的是，灾民无论是在制度上还是在实际中，都具有选择权，且他们的自由选择是不能受到侵害的。在此基础上，受到受灾情况的种种制约，形成了这一灾害的固有选项。应由当事人探讨如何选择，直至做出最终选择，而不应该对复兴概念的具体内容预先做出价值判断。

这样思考的话，从研讨灾害复兴的逻辑来看，在以"build（ing）back better"为代表的国际性讨论中，有必要对现代日本的复兴特征进行研讨。"'思考何为复兴'系列研讨会"正是就此进行探讨的举措。

二　"'思考何为复兴'系列研讨会"的主旨和概况

如上文所述，"'思考何为复兴'系列研讨会"是日本灾害复兴学会 10 周年纪念活动计划实施的内容之一，这一主题可以说是日本灾害复兴学会的根基。在学会创立 10 周年之际，学会全体成员再次进行研讨。2017 年 6 月该计划立项。此后，学会成员历经约半年时间探讨项目构想和推进方式。本次研讨的焦点，是上文提出的"复兴"这一概念在日本国内外的定义与其表现方式的差异。

一方面，灾害复兴直接关系到灾民以后的生活，所以必须尽可能考察灾民的特殊情况，反复探讨，谨慎推进；另一方面，在社会中发生的灾害，必然会因受灾社会的环境限制受到一定制约。迄今为止的灾害复兴体现了这种相互斗争的过程。

因此，我们的社会能否正确解读、延续、修正这种复兴的表现形式背

---

①　日语原文为「東日本大震災」，指 2011 年 3 月 11 日，日本本州岛东北部宫城县以东海域发生的 Mw9 级地震，多被学者翻译成"东日本大地震""'3·11'大地震"等，本文采用"东日本大地震"译法。——译者注

· 122 ·

后的条件和过程呢？进而，在社会展现的灾害复兴的过程中，我们的社会注意到了什么，又忽视了什么？从结构内部，很难发现这一问题的答案。

笔者认为"思考何为复兴"这一研讨计划的目的是，通过对上述问题进行综合性探讨，整理论点，为今后相关研究奠定学术理论基础。为使讨论范围不局限于部分参加者，活动以"研讨会"命名，试图创造一个能够广泛自由地探讨"灾害复兴"的场所，从 2018 年 4 月开始共举办了 7 次活动，由 6 次研讨会和 1 次最终研讨会组成。

6 次研讨会共有 15 名演讲者参加，每位演讲者进行 40 分钟的演讲和 20 分钟的答疑。每次研讨会的最后，包含演讲者在内的所有参加人员进行 40 分钟至 1 小时的综合讨论（见表 1）。

表 1 "'思考何为复兴'系列研讨会"活动一览

	日程	时间	会场	主题（讲师）	参加人数
第一次	2018 年 4 月 21 日（星期六）	14：00～17：00	关西大学东京中心	"5·12"汶川地震（加藤孝明，东京大学城市工学） 马尔马拉地震（木村周平，筑波大学文化人类学）	16 人
第二次	2018 年 5 月 19 日（星期六）	14：00～17：00	关西大学高槻缪斯校区西馆 M801	巴布亚新几内亚海啸灾害（林勋男，国立民族学博物馆人类学） 皮纳图博火山喷发（清水展，京都大学文化人类学）	12 人
第三次	2018 年 6 月 9 日（星期六）	14：00～17：00	东北大学灾害科学国际研究所	平成 25 年（2013）台风"海燕"（杉安和也，东北大学城市工学） 飓风"桑迪"（Liz Mary，东北大学城市计划）	7 人
第四次	2018 年 7 月 21 日（星期六）	13：30～18：00	关西大学高槻缪斯校区西馆 M801	"5·12"汶川地震（矢守克也，京都大学心理学） 飓风"卡特里娜"（近藤民代，神户大学，城市计划） 广岛长崎原子弹爆炸灾害（桐谷多惠子，长崎大学政治学）	14 人
第五次	2018 年 9 月 29 日（星期六）	13：30～18：00	明治大学骏河台校区自由塔 6 楼 1064 教室	印度洋海啸（田中重好，尚絅学院大学社会学） 印度洋海啸（西芳实，京都大学地域研究） 切尔诺贝利核事故（尾松亮，关西学院大学俄罗斯研究）	11 人

续表

	日程	时间	会场	主题（讲师）	参加人数
第六次	2018 年 12 月 1 日（星期六）	13：30～18：00	明治大学骏河台校区大学会馆 3 楼第 2 会议室	拉奎拉大地震（益子智之，早稻田大学城市计划） 三陆复兴史（冈村健太郎，东京大学建筑史） 飓风"卡特里娜"（原口弥生，茨城大学，环境社会学）	12 人
最终研讨会	2019 年 3 月 2 日（星期六）	13：30～17：00	关西大学东京中心	现代日本的"灾害复兴"存在什么问题	30 人

资料来源：笔者自制。

每次的讲座，主办方只要求讲师以"思考何为复兴"① 为主题，并不指定报告题目。考虑到讨论议题的一致性，讲座对演讲者的搭配进行了一定程度的调整，但因为同时也要兼顾举办地的距离和活动日程，所以也有不同类型的灾害讲座组合举办的情况。

另外，超乎预期，由于上述的安排，在研讨会的综合讨论中，研究者们在不同灾害事例、不同学术领域之间，彼此的见解相互碰撞，而有了新的发现。

三　全局视角下的复兴

下文，笔者将对研讨会的议题进行整理、讨论。基于"'思考何为复兴'系列研讨会"召开的目的，本文从全局视角出发，首先论述复兴究竟研究哪些议题。

关于这一点，以田中重好为例，他关注东日本大地震和印度洋海啸，提出在日本灾害复兴研究的重大课题中，未能将"讨论理念和目标的复兴论"与"讨论现实政策的复兴论"二者进行区分，一直止步于讨论"走近灾民，了解灾民的需求"等观念性问题。

田中重好指出，在复兴的每个阶段必须改变方针政策，这具有一定的难度。另外，复兴这一社会过程，也因灾害发生的社会背景、结构、逻辑

---

① 引号为译者自加。

而发生变化，即因为"路径依赖性"而发生演变。预先整理和制定应对政策也具有一定的难度。以日本为例，一方面存在着"运用中央集权式行政主导的思考方法，制定科学主义的防灾计划，中央掌握预算权限，根据这三方面对地方进行强有力的管控"的思想倾向；另一方面，虽然这种倾向是日本社会的基本结构，是在反复遭遇灾害破坏经历中形成的日本式产物，但是在各个灾害造成破坏的事例中，更微观的社会结构也影响着复兴。

讨论复兴就是要明确，政策论的"有意的创造机制"和时间论、社会变动论的"无意的创造机制"，两者如何推动"复兴"这一社会过程，因此需要从整体上思考多个社会主体之间的关系及其体系。

在此基础上，田中重好指出，从现实政策角度讨论复兴，"将公共性视为可以达成某种全民一致的标准，从而产生全民性的讨论问题。而现状是行政机关意义上的公共，与全体国民认可并决定的某种标准意义上的公共，二者被混为一谈"，这是必须从日本社会本身的重塑出发进行思考的重大问题。

对于田中重好提出的观点，清水展从全局视角出发，以1991年菲律宾皮纳图博火山喷发时，原住民族阿埃塔族的经验为例，做出了如下论述。

清水展结合菲律宾的国家经验和阿埃塔部落的经验，论述、解读了菲律宾皮纳图博火山喷发的灾后重建事例。他认为前者的经验是，美军受火山喷发影响撤离驻菲基地，以此为契机，在美国撤军影响下的菲律宾必须确定自己在亚洲的地位。后者的经验是，阿埃塔族在菲律宾被长期认为是"最落后人群"，火山喷发造成1000多名阿埃塔人受灾，但是由于来自菲律宾本国乃至全世界给予的关注和援助，阿埃塔人从移动烧田农耕①务农转变为出国务工，货币经济快速发展，实现了生活的巨大变化。

清水展强调，阿埃塔族以火山喷发为契机，得到世界的特别关注和援助。他们意识到了世界对自己的看法，塑造了被外界期待的阿埃塔形象，逐渐摆脱了落后形象。这是他们通过"生之痛苦"而"创造"阿埃塔族形象的过程。

清水展指出，在这个过程中，人们设想的近代社会的前提界限是"自

---

① 日语原文为「移動焼畑耕作」，意为一种古老的比较原始的农业生产方式，即农民在林中焚烧枯死或风干的树木后，清出土地进行耕种，依靠自然肥力获得粮食，当这片土地肥力减弱的时候，再去开发新的耕种土地，是类似于迁移农业的一种耕作方式。常被译为"游耕迁移农业""移动烧田农耕"等，本文采用"移动烧田农耕"的译法。——译者注

己决定并承担责任的自立行为主体。但实际上，人或许并不能单独做出完全独立的合理判断。灾民并不能言表'正确的'希望，他们的根本欲望之外的期待，来自周围的宣传和观察周围所得到的启发。（中略）一边说想从远方回到山上，一边说冰激凌美味"。"期望'狡猾地兼得二者'，既享有作为菲律宾人的权利，又拥有作为阿埃塔族的传统。"如上文所述，在灾害复兴的过程中，公共性或诸如"更好的复兴"之类的问题是极易变化的。因此，与社会内外建立起来的所有关系也就具有动态性。

清水展表示，"如果行政部门必须限制在一定时间内，以可以对外部社会进行说明的形式，整理关于灾害复兴的探讨，并做好计划，这并不是追求最优解，而是不得不选择'lesser evil'（两害相较取其轻）①，做出避免最坏结果的判断"。但同时，为了实现理想现代化的行政计划，清水展提出依据现实状况对抗主流的意识形态，指出了找到谈判余地的重要性。

关于这一讨论，林勋男介绍了 1998 年巴布亚新几内亚发生的艾塔佩海啸灾害，并指出"build（ing）back better"是理念先行，引导实践。

林勋男指出，巴布亚新几内亚国家几乎没有政治经济实力，灾害复兴"只能由 NGO② 开展，在当地自行推进"。当时，灾区的艾塔佩人被传统力量强大的天主教会所主导。教会为提升影响力，"一边紧盯学校、医院等公共设施在哪里重建，一边描绘着自己的重建场所"，当然也围绕着如何靠近医院、学校等公共设施采取政策。林勋男表示，艾塔佩海啸灾害复兴的真实情况，是在策略谈判的过程中，village council（村议会）③、长老、村落中的富裕阶层，一直利用各自的人际关系进行着交涉。

林勋男指出，"build（ing）back better"有时只是"人们生活的实态，或是人们根据生活的真实情况中各自具有的烦恼，挣扎着如何决断。在不知情时说的一句漂亮的场面话"，有必要从生活经历的积累中阐述真实的情况。

西芳实列举了近年来讨论的事例，介绍了印度洋大海啸中印度尼西亚亚齐的灾害复兴过程。

---

① 括号内容为译者自加。
② NGO 是 non-governmental organization 的缩写，指在特定法律系统下，被视为非政府部门的基金会、慈善信托、非营利机构或其他不以营利为目的的社会组织的统称，如红十字国际会、世界自然基金会等。——译者注
③ 括号内容为译者自加。

西芳实表示,"灾害复兴是与受灾前其他课题的准备过程同时进行的研究",如果没有看到灾前的状态,就无法在真正意义上理解人们在灾害发生时遭遇了什么。

西芳实首先将目光转向亚齐所处的历史环境。从根本上说,海啸前,亚齐主张从印尼中独立。根据印尼政府的禁止入境规定,亚齐是与外界隔绝的地区。但是,如同"印度尼西亚在哭泣"这一标语象征的那样,海啸灾害创造了将亚齐与全体"印尼同胞"[①]团结在一起的契机。其中,作为村落信息联络据点的灾害对策本地办公室,以及在专业志愿者支援下的印尼的自古以来就有的雷拉旺文化,被定位为灾后的下位文化而固定下来。

西芳实从"吊唁"视角,按照时间顺序整理了这一动向:灾后第3年人们开始重新埋葬曾集体埋葬的遗体;第5年开始以城区为单位,建造纪念碑和博物馆纪念遇难者;第7年开始制作正面刻画海啸遇难者的影剧作品。西芳实指出:"受灾国印度尼西亚,不只是受灾地区,还包括其他地区在内,在与海啸中的遇难者保持一定程度的距离的同时,能共享他们的故事,在这个意义上,可以说迈出了一大步。"随着时间的推移,从受灾地区到受灾国家,从亚齐到印尼,灾害共有的社会范围在不断扩大。可以说,这也正是清水展和林勋男所提及的观点表现出来的内容。

四　复兴的权力性

在"'思考何为复兴'系列研讨会"中,大家通过上述事例的研究报告指出,权力作为社会复兴指向标,它的理想状态非常重要。

当然,此处所言及的权力问题,并非随意地批判权力,而是指考察在灾害复兴过程中的各种权力有哪些可行性,实施过程中面临哪些困难,厘清这些问题,是理解复兴的必要工作。

比如,加藤孝明以2008年中国"5·12"汶川地震为例,主张处于发展阶段的社会,因为城市发展中融入了复兴动向,所以很容易对开发框架发挥作用。他指出,"5·12"汶川地震发生时,中国正处于这样的发展阶段。在市场发达的地方,积极推进迁移和再开发;在市场开发程度较低的地方,优先施行加固和修复工程。通过这两个方针,中国将城市的影响力

---

① 引号为译者自加。

扩展引申入农村，同时实现城市中心地区再开发和新农村的建设。

加藤孝明认为，中国政府的权力具备很强的社会效应，机制上是"政府设定计划，让民众建筑房屋，然后进行拆分出售"，同时还具有"尊重居民意见（中略），非常积极地向市民公开信息"的特征。这不仅体现在灾害复兴上，还表现于日常生活中。另外，他还指出，在公开信息的同时，"还应该听取居民意愿"，制定面向未来或是可预见发展的住宅重建计划，而不是单方面强迫大家接受中央的规划。

但是，还应该从社会连续性的视角出发，记述"居民为了追求更丰富的生活而迁移，因此在重建结束后的灾区，迁入了大量住户"① 这一事实。

在"'思考何为复兴'系列研讨会"上，杉安和也介绍了 2013 年菲律宾的台风"海燕"② 事例，同样将其作为处于发展阶段的社会灾害复兴事例进行探讨。台风"海燕"以莱特岛塔克洛班市为中心，造成约 37000 人死伤，菲律宾政府将其作为改变城镇自身结构、促进经济发展的契机。杉安和也认为菲律宾政府在体制中明确表现出了这一态度，同时也指出政府的这一态度给当地秩序带来了混乱。

菲律宾政府对于台风"海燕"带来的灾害，制定了 2 次 Reconstruction Assistance on Yolanda（简称 RAY）复兴计划。菲律宾政府现有法令（PD1067）规定，为了安全，在 40 米以内海岸线实施建筑管制。RAY 复兴计划严格遵守这一规定，并在海岸线上设立有关规定的标识。

但是，现实中，许多非法居住者（squatter）生活在限制区域内，其迁移目的地以及向迁移者补偿土地所有权的预算费用至今未确定。在此种状态下，即使设置标识，也无法妥善安置非法居住者。一段时期内只有法令信息而没有解决办法。

台风"海燕"的事例中，灾后住宅重建，产生了大量的住宅需求。国际 NPO（非营利组织）代替财政有限的政府，广泛地开展了住宅援助活动。但是，在各种 NPO 开展活动的过程中，究竟要接受来自哪个团体的援助，NPO 之间没有充分的协调。灾民也没有选择的权利，只是偶然接受 NPO 对该地区进行的援助。此时，由于 NPO 之间的援助标准不同，灾民无法进行选择。援助团体的这种行为造成了灾民之间的差距。由此可以看出，NPO

① 引号为译者自加。
② 日语原文为「ヨランダ台風」，在菲律宾译名为尤兰达。本文采用"台风'海燕'"的译法。——译者注

援助出现了权力化动向。

五　社会和人们的坚韧意志力

从社会视角考察，可以发现上述权力性制度中，存在可灵活应对的坚韧力，以及某种 resilience。下面，本文将对这种"社会和人们的坚韧意志力"[①] 进行阐析。

木村周平阐述了土耳其的马尔马拉地震事例。他指出，一方面，在土耳其由于社会流动性较高，公共复兴与个人的经验相脱节。人们以邻里间的地缘、血缘关系为基础，尝试着单独进行复兴工作。他们通过家族网、伊斯兰教节日、婚礼，可以感受到自己与出生地以及出生地人们的联系，所以对于离开故乡没有那么强烈地感受到联系的断绝，这是一个对迁移抱有宽容态度的社会。另一方面，他指出，在日常生活中人们为维持联系付出了巨大成本，而社会正是由这些成本而建立起来的，如互相频繁地打电话等。

从上述社会背景可知，在土耳其，人们原本就具有流动性，因而复兴并不是在某个自治体或是行政范围内恢复到原本的形态，而是在地缘、血缘关系网中形成应对各种各样状况的形态。因此，木村周平认为，与其说马尔马拉是在复兴重建，不如说是该城市"变成了完全不认识的城市"。

在土耳其，公共行政单位的灾害复兴与人们分散流动的灾害复兴，二者被混在一起。与其说是因职责，不如说是因人际关系而将大家连接在了一起。木村周平指出，灾害复兴中，在社会内外、功过混杂的情况下，对于难以应付的部分，便援引文化语境进行解释，如借用伊斯兰教的真主安拉等。

土耳其在探讨公共复兴政策的同时，也并存着私人领域进行的复兴举措。在日本的事例中，有时也存在尝试将两者合在一起的做法。例如，冈村健太郎介绍了昭和三陆海啸中大槌町吉里吉里地区的事例。

冈村健太郎指出，官员明确地表示了自己的意愿，他们希望在昭和三陆海啸后的复兴中，将吉里吉里村落建设成为新渔村、新理想村。在当地，各县和地区的代表接受了国家的补助和低息贷款，推进了重建任务。为了

---

① 引号为译者自加。

申请贷款，在制订复兴计划时，要对经营的可行性进行分析，包括要建立多大规模的产业才能偿还贷款等。在地方，产业组合是该事业主体。关于该地区，冈村健太郎论述道：虽然是从国家处领到的钱，但地方并非要单纯地服从政策，而是要充分利用政策，并具备使用钱款的意愿。实际上，关键点并不只是自上而下地制定计划，而是在当地一起完成产业振兴。该地区组织坚韧地活跃在灾害复兴中。冈村健太郎认为，日本在此方面，存在着与现代稍有不同的复兴姿态。

六　美国对灾害复兴的看法

迄今为止，我们讨论了复兴的权力性以及与此相对的社会坚韧性。如果将它们称为 resilience 的话，那么从早期开始就对这一概念展开讨论的美国是如何理解复兴的呢？本章节拟通过研讨会中有关美国飓风灾害的 3 份报告来论述这一问题。

2005 年，新奥尔良市遭遇了飓风"卡特里娜"的袭击，近藤民代和原口弥生以该飓风灾害为例，对该灾害复兴计划做了如下说明。

新奥尔良市最初提出的复兴方针，以受灾较轻的地方为中心，而在洪水灾害严重的地区，只在 4 个月内有相当数量居民返回的地区实施复兴重建政策。但是，现实中，洪水中受灾严重的地区，由于对水灾抵抗力弱、地价便宜，是非裔美国人集中居住的地区。因此，上述计划方案被认为存在严重的种族歧视问题，遭到了人们的强烈批判，并最终被撤回。此后，以第三方专家为中心的代表团，听取了包含避难者在内的居民意见，举办了研讨会，重新制定了复兴计划。

近藤民代指出，美国灾害复兴理论"与其说是援助，不如说是补偿"。在复兴计划的相关文件中，使用"compensation"（补偿）而不是"assistance"（援助），这明确地表现出灾害复兴是以补偿损失和防止灾害再次发生为主要目标。

原口弥生指出，美国将防止这种灾害再次发生作为整个地区的 resilience，与此同时，也存在以更小规模的城区和个别公民为单位的 resilience，而且还经常存在"即使是在同一事例中，resilience 所属能力的对象（中略），实际上也是相抗衡的、相矛盾的"的情况。原口弥生以新奥尔良市为事例，对上述内容进行了研究讨论。他指出，该地是最初被置于复兴计划之外的越南裔城区，该城区位于新奥尔良市周边，由越南战争难民建立，因为其来历和地位，新奥尔良市一直将其视为"被遗忘的地方"。

即便如此，当地人却强烈依恋以其来历为基础的这片土地，城区闭塞，城区内人们难以用母语以外的语言交流，一直维系着亚裔①的生活方式，作为能够进行灾后生活重建的场所，即使城区有遭受水灾的危险性，也具有"这里是唯一选择"的特殊性。这种特殊性是该城区 2005 年末从新奥尔良市成功归返受灾地的原因之一。以此为契机，在新奥尔良市近郊接收灾害废弃物设施计划中，该城区居民成为唯一一个成功归返受灾地，并在当地获得很高声望的集团。

原口弥生指出，新奥尔良市中越南裔城区的人们，在上述经历后称"we became American"（我们成为美国人）②。他们通过"卡特里娜"飓风灾害，经历了一个不同于整个新奥尔良市的独特的 resilience 过程。

相对于这种作为集团的 resilience，个别的支援市民 resilience 的形式，也应该引起重视。

2012 年，即"卡特里娜"飓风灾害 7 年后，Elizabeth Maly 报告了飓风"桑迪"给纽约市造成的灾害破坏程度，介绍了该市在政府支援下，开展的住宅重建支援"build it back"（重建）③事业。

美国与日本不同，根据《斯塔福德法案》（The Robert T. Stafford Disaster Relief），在灾害中遭受损失的私有财产可获得补偿。"议会明确规定依据《对灾害中公私双方遭受的诸多损失制定联邦支援计划》，国家不仅对生命和身心造成的伤害予以补偿，还对个人财产和收入的损失予以补偿。（中略）对于在灾害中丧失自助基础的灾民，实施恢复其基本生活'公共援助'④。"⑤

"build it back"复兴工作完善了受飓风"卡特里娜"袭击后实施的项目，它采用自治体直接向建筑承包商订购等方法，为灾民提供在灾害中全部受损或部分受损的同规模住宅。Elizabeth Maly 指出，虽然该活动对灾民

---

① 日文原文为"亚裔"，从上下文的内容推断可知是"越南裔"。——译者注

② 括号为译者自加。

③ 原文为"build it back"，"（重建）"为译者自加，为了方便读者理解，后文将只用"build it back"的形式进行叙述。——译者注

④ "公共援助"，日语原文为「公の援助」，意为来自政府、国家等的援助。——译者注

⑤ 宫入兴一：「震災復興と公的支援─『災害保障』の提起にむけて」，『経営と経済』1997 年第 77 巻第 2 号，第 245～307 頁。

的援助是有效的，但由于自治体行动较缓，不断出现住宅重建工程迟迟不能推进的事例。与此相对，Unmet Needs Roundtable（简称 UNR）组织的援助活动则发挥了有效作用。

灾后，存在着未解决的灾民生活重建问题。UNR 是以寻求合理途径解决此类问题为目的而成立的合作组织。UNR 已经在纽约市各个宗教团体、服务组织之间建立合作网络。加盟该网络的各个组织管理着 UNR，这使 UNR 具有各组织间财源独立、网络中配有支援的介绍说明、可以在不同组织间调整预算等运营特征。Elizabeth Maly 指出，这些复兴事业管理者，综合灾民的状况、灾民的诉求等，从而为灾民提供很多专业工作人员，这是在美国灾害援助工作中的一个优势。

如上所述，从研讨会的报告中可以看出，美国的灾害复兴方针，是对丧失基本自我救助能力的人们进行灾害补偿，凭借 resilience 的形成，防止灾害再次发生。有人对各主体之间的 resilience 竞争和基于权力的灾害资本主义进行批判，但从整体来看，能够反映各主体自己意志的结构进一步得到了完善。

在关于美国灾害复兴的讨论中，近藤民代提出了有趣的观点。飓风"卡特里娜"来袭时，在民间智库对新奥尔良市的统计资料中，灾后第一年通过"卡特里娜指数"的人口和经济指标，分析了复兴进行的情况。但是，次年同指数名称被改为"新奥尔良市指数"。

近藤民代表示："恐怕这并不只是复兴指标或者复兴指数二者名称的变化，灾害只不过是这座城市漫长历史中的一个事件而已。我们要平淡地看待受此影响的城市发生了怎样的变化。"此中，包含了对 recovery（复兴）①的观点和类似词语。近藤民代指出，虽然这只不过是一个事例，但与日本的相关研究相比，日本的复兴计划很明显是从事件出现后才开始订立的，以灾害发生的时间为复兴计划的起点，即日本的研究特征是以发生灾害的时间为时间轴上的原点来进行讨论的。

上述类似的"复兴时间论"，在矢守克也的论文中也有相关的论述内容，是灾害复兴研究中非常重要的观点。②

---

① 括号内容为译者自加。
② 矢守克也：「災害復興における『立て直し』志向と『世直し』志向」，『日本災害復興学会論文集』2010 年第 1 号，第 6～11 頁。

七 复兴/恢复之困境

如何把握复兴的时间和空间，是贯穿"'思考何为复兴'系列研讨会"的重要问题点。前述的各个报告中也体现了这种观点。

例如，益子智之在其报告中介绍了意大利灾害复兴的发展史，意大利保留了许多罗马帝国时期的建筑，其复兴的特点是：从保护文化遗产、旅游资源和地区身份等各种背景出发，重视重建历史建筑构成的历史名城。在复兴中，地区的整体意识比城镇更强。不仅是历史性街道，还包括分散在郊外的小村落，整个地区都在尝试保护历史遗存环境。

益子智之指出，以1968年的贝利切地震和2009年的拉奎拉地震为例，人们在郊外大规模建设新城区，而将旧城区的重建工作放在其后，这是意大利灾害复兴中的重大失败。根据这一经验，益子智之进一步提出，在2016年的意大利中部地震中，人们提及的以1972年的弗里乌利地震为一个典型事例，而对历史中地域结构进行灾害复兴的观点，与其说是提高住宅重建的自由度，不如说是在项目范围内采取力所能及的行动而已，其中还穿插着居民参与的机制。

在灾害复兴中，城市基础建设一方面在灾后建设中起着重要作用，其状态对灾区社会产生了巨大影响。这一点从目前的讨论看，也毋庸置疑。但另一方面，其方向性也需要得到当事人和社会的承认。在此意义上，从意大利的这些灾害复兴政策的展开可以看出，意大利社会中，从罗马帝国以来建立的历史街区，是受灾地区需要恢复的地方。

桐谷多惠子和矢守克也提出了"原居住地无法返回"[①]的事例。

桐谷多惠子指出，以第二次世界大战期间遭受原子弹轰炸的广岛和长崎为例，日本因战败迎来巨大转变，政府提出塑造两座城市和平都市的形象的政策，对于生活在当地的人们来说，该政策是与战后重建（家园）意愿相违背的。桐谷多惠子表示，如果将侵入日常生活的非常规意志行为视为复兴的话，那么物质指标可以衡量的行政日常生活，则会与民众个人更综合的日常生活相背离。如果不能很好地恢复行政的日常生活，民众个人就会一直怀有被遗弃的心情。

---

① 引号为译者自加。

　　针对这一观点，矢守克也以自己提倡的"社会改革、重建论"（矢守克也，见前述）为背景，提出在战争时期的非常规生活结束之后，理应回归日常的生活，这种情况就是"恢复"。不管如何思考，都不能将"恢复"称为"复兴"。① 这种说法不仅是行政和市民角色的错位，还存在是否有其他对立论点的问题。越以和平城市的都市形象进行复兴，民众越会肯定和平与繁荣，同时也会否定军国主义和战前价值观。生活在原居住地附近的人们，如今也许他们旧的价值观被否定，但是他们的生活却是幸福的。如上所述，这些被否定的现实，包括了以建设和平城市为目标的复兴事业。

　　矢守克也提出，在无法回到原居住地、与历史断绝、否定历史等情况下，复兴的方式才是最重要的。

　　桐谷多惠子进一步认为，一方面，因为人们有想在某地生活的意愿，而形成了"复兴"这个词语；另一方面，在人们巧妙的推动下，复兴因为这种意愿被纳入行政计划中。行政中使用"复兴"这个词，会让大家因为公共福祉的目的而产生共鸣，其有必然要实现的部分。但即便如此，人们对于回到"无法返回的居住地"② 的憧憬，仍然延续至今。

　　对于桐谷多惠子的观点，尾松亮认为有必要在法律上保障人们自由选择的权利。他指出，针对切尔诺贝利核电站爆炸事件③出台的《切尔诺贝利灾难受害者救济法》（以下简称《切尔诺贝利法》）原本是对核电站紧急行动中的国家英雄进行补偿的法案，但在切尔诺贝核电站爆炸后规定了补偿灾民的事宜，后来作为苏联内的独立运动的一个侧面。《切尔诺贝利法》的出台，将作为使用核电站的主体者苏联与责任补偿关联到了一起。在这样的背景下，《切尔诺贝利法》提出了"居住风险补偿"，它是对被强加了原本不存在风险的人们的补偿，该法案并没有讨论"因为未受伤或生病，所以不认定为灾民"或者"虽然有迁移的权利，但因为意志自由而留下来，所以是自己的责任"等内容。

　　这些人要继续住在家乡是理所应当的想法，他们的居住权利应得到尊重。因此，该法案承认在 30 公里禁区以外居住的权利，该法成为降低居住风险的法律。尾松亮表示："至少在法律层面，不是'要忍耐着住下去'的

---

① 引号为译者自加。
② 引号为译者自加。
③ 尾松亮主张，对于存在责任主体的核电站，应该将其视为事件而不是事故。因此，这里表述为切尔诺贝利核电站爆炸事件。

观点，而是'国家有责任予以支持'的态度。"虽然现实中不断缩减《切尔诺贝利法》的相关预算，但至少在切尔诺贝利核电站周边，这一理念被明确规定为法律。

如前所述，仅仅封锁切尔诺贝利核电站本来就没有解决问题，而制定补偿的切尔诺贝利法，既没有目标也没有终点。但是，只要当地有人受到影响，就存在保障其权利的规定。

反观日本，尾松亮指出，对于福岛核电站爆炸事件不加以批评，是暗示追究责任无意义，会使人们感受到激发社会朝着复兴这一"更好"方向转变的压力。尾松亮扩大灾害复兴的概念范畴，并将该词用于福岛核电站的事例，这也就是上文桐谷多惠子的讨论中，所提及的运用权力回收土地机制的作用。

八 设立让当事人"重生"的复兴机制

如前文所述，"'思考何为复兴'系列研讨会"中，各报告都是针对不同的灾害，在不同的专业领域进行的研究。通览本文，对报告中共同讨论的"何为复兴"这一问题的回答，似乎已经渐渐浮出了水面。最后，笔者根据"'思考何为复兴'系列研讨会"以及至今为止本文中所涉及的内容，将日本灾害复兴的特征整理为六点，并进行若干探讨。

日本灾害复兴的特征如下。

（1）在一个处于发展阶段的社会中，灾害复兴将被社会发展所包容。现在的日本面临社会低速增长，灾害复兴不直接意味着发展。但是，日本继承了战后复兴等成功经验，灾害复兴与发展相关联，或者说必定与发展相关联。由此，对复兴这一词语的憧憬，创造出了一种共同幻想。

（2）政府、自治体承担大部分责任，而且在一定程度上具有承担责任的能力。人们认为政府、自治体会理所应当承担责任。"人们在抱怨的同时，仍然相信行政部门会给予他们帮助。"因此，市民实施举措的力量薄弱，这类举措大部分是提供短时期的物资支援，无法达到像灾害复兴一样，建立长期性支援框架。

（3）通过限制私权的方法进行大规模的空间转型（公共事业），即公共福利优先于当事人私权，这种理论建立于复兴政策的基础之上。虽然最终起到了救助灾民的效果，但实际情况是，根据行政计划重建"城镇"，并不以支援灾民为主要目的。

（4）承担大部分责任的行政机关，在一定时期内，制定政策只能以多数同意的方式进行，并在需要预算的地方设置预算，这种"lesser evil"（两害相较取其轻）① 行为也是现实的无奈之举。至于围绕这一问题进行政策的调整，很难说在制度、实践两方面都已经做好了充分准备。

（5）不承认以补偿私有财产为原则，日本政府对"如何维持生计"的支援，与对社会基础建设的支援相比很弱。

（6）政策中混同使用"以生活重建为中心的灾民的复兴"② 和"以都市基础重建为中心的灾害复兴"③，因此，支援偏离政策目标的灾民复兴意愿的机制薄弱。虽然不明确这种现象会导致怎样的结果，但其有展开讨论的必要性和可能性。同时因为是新尝试（something new, something unknown），所以也存在实施自由度低的情况。

以上便是笔者从该研讨会和本稿讨论内容中所整理的日本灾害复兴研究特点。

如果用笔者的观点解释其含义的话，灾害复兴包含恢复到原有的状态、避免灾害再次发生、走向新未来等方面的内容，灾害复兴就是"灾后社会"的重组，是适应这种"灾后社会"的艰苦斗争的过程。

灾害复兴政策，虽然存在文化和制度上的差异，但从国际上各种理论观点所要求的内容来看，关于生活重建，法律至少应保证当事人拥有能够按照自己的意愿进行选择的权利。政府应为了各主体能够自由选择而进行广泛援助，在此基础上，协调理想状态下当事人的意志和现实中复兴政策的制约条件，从而大力推动政策的变更。在灾害复兴社会或预测可能发生灾害的社会中，改变行政部门、市民、协力者等所有当事人的状态。

而且，笔者以当事人处于能够接受自我选择的状态为前提，提出了"设立让当事人（灾民）'生'"的概念，本文也以此为目标进行了论述。

当然，在本文的以上讨论中，已经提出了"多轨制复兴"的观点。例如，针对住宅重建中当事人的多样状况采取灵活的支援政策。那么，本文所述"'思考何为复兴'系列研讨会"中提及的主张，也只不过是对现有研究的探讨、整理。

---

① 括号内容为译者自加。

② 引号为译者自加。

③ 引号为译者自加。

但是，即便如上所述，在日本灾害复兴学会创办 10 周年之际，对灾害复兴研究进行整理，对于回顾学会活动乃至今后学会活动的展开，都具有重要的意义。

谢 辞

文中观点，皆从系列研讨会讨论内容中整理得出。借此机会，再次向在百忙之中登台参加本次系列研讨会的各位表示感谢。

The Experience of "What Is Disaster Recovery" Workshop
—A Consideration on the Meaning of "Disaster Recovery"

Abstract："Thinking about the Definition of Recovery" seminar series is one of the activities to commemorate the 10th anniversary of the establishment of the Japan Society for Disaster Recovery. This paper attempts to further expound on the results and topics of these seminars by focusing on "How to integrate public assistance, mutual assistance, and self-rescue at post-disaster reconstruction sites" and "How to think about disaster recovery in the future". The conclusions of this paper are drawn as follows：The law protects the rights of the parties to choose how post-disaster reconstruction is carried out according to their free will in post-disaster reconstruction. Based on widespread social recognition, each participant is supported to select different assisting activities. The relationship between the "will of the parties" and the "restrictive conditions of the realistic recovery policy" are adjusted under the ideal state to vigorously change the policy. If disasters are expected to occur in the future, it is necessary to change the status of all parties involved, including the administration, citizens, and supporters while social disaster recovery is advanced in a society.

Keywords：disaster；disaster recovery；post disaster reconstruction

日本的"灾害弱者"对策及其对我国的启示

吴沁哲*

【摘　要】"灾害弱者"指的是"老、幼、病、残"等在灾害中较普通人更具脆弱性的群体。日本是自然灾害频发国,灾害给受灾者的生活和心理造成很大影响,对"灾害弱者"的影响尤甚。日本1986年开始关注"灾害弱者"这一群体,针对"灾害弱者"群体的脆弱性生成环节,逐步引入综合防灾、韧性减灾等先进理念,出台了一系列政策,对"灾害弱者"进行了多方支援。时至今日,日本已构建起了较为完善的"灾害弱者"对策体系。本文从"脆弱性—韧性"视角对日本"灾害弱者"对策进行分析,以期为我国的灾害治理特别是对灾害弱势群体的支援提供有益借鉴。

【关键词】日本　灾害治理　"灾害弱者"　脆弱性　群体韧性

引　言

纵观人类历史,自然灾害所造成的危害触目惊心,是人类过去、现在和将来所面对的严峻挑战之一。人类很难从根源上阻止灾害的发生,但能够做到的是,在灾害的全过程中,运用科学的治理手段把损失降到最低。在这样的价值取向下,如何从"脆弱性"①（vulnerability）出发构建"韧

＊　吴沁哲,中国社会科学院大学博士,研究方向为战后日本社会。

①　脆弱性,指一个社会群体、组织或国家暴露在灾害冲击下潜在的受灾因素、受伤害程度及应对能力的大小。它包含灾前潜在的社会因素构成的脆弱性、受害者的受伤害程度导致的脆弱性以及应对灾害能力的大小所反映的脆弱性。

性"[1]（resilience），作为一个新的研究视角日益受到重视。相比于传统灾害管理注重强化系统抵御瞬间冲击的"刚性"，"脆弱性—韧性"视角下的灾害治理更多地关注到减少、缓解冲击以及快速恢复的能力，在应对灾害的具体实践上更具操作性。

个体、群体脆弱性是韧性研究关注的重点。因为人是社会最小的单元，个体韧性构成了组织韧性、文化韧性乃至全体社会韧性的基础。正如美国城市学家 T. J. 坎帕内拉（T. J. Campanella）所指出的那样，无论是城市还是企业，韧性建设的关键都要归结于人。[2]《中共中央　国务院关于推进防灾减灾救灾体制机制改革的意见》中也明确提出，要"坚持以人为本，切实保障人民群众生命财产安全"。[3] 此外，个人在灾害面前十分渺小，无论是身体素质、年龄、性别，还是财富、知识，任何社会属性的差异都有可能造成灾害后果的千差万别。个体差异始终存在，灾害又放大了这些不平等因素，使一些群体更容易受到灾害风险的冲击，也就导致了"灾害弱者"的产生。"灾害弱者"（「災害弱者」）为日本新创词，泛指"老、幼、病、残"等在灾害中较普通人更具脆弱性的群体。"灾害弱者"的问题属于"社会排斥"[4] 的范畴，是既存于灾害发生之前的社会的不公平导致的结果，在灾害过程的每个阶段又一次次地得到强化。基于"木桶效应"[5]，有针对性地制定"灾害弱者"对策，能够有效弥补社会防灾方面的短板，提升整个社会的灾害韧性。围绕"灾害弱者"问题，日本的研究起步较早，且涌现出了许多成果。本文聚焦于日本的"灾害弱者"对策，以期为我国创新灾害治理、提升社会韧性起到一定的借鉴作用。

---

① 韧性，原本为力学术语，用来指物体在受到外部力量冲击后回弹至原本状态的性质，也被翻译为"复原力"或"抗逆力"。在灾害学中，韧性指一个遭受到危害的社区或社会以及时有效的方式抵御、吸收、调节、适应、改变灾害的影响，并从中恢复的能力，包括用风险管理来保护和恢复其必要的基本结构和功能。

② T. J. Campanella, "Urban Resilience and the Recovery of New Orleans," *Journal of the American Planning Association* 72（2），2006.

③ 中华人民共和国中央人民政府：《中共中央　国务院关于推进防灾减灾救灾体制机制改革的意见》，https://www.gov.cn/zhengce/2017 – 01/10/content_5158595.htm，2017 年 1 月 10 日。

④ 社会排斥，指的是在正常的社会交往过程中由于某种缺陷而导致个体的社会地位下降和丧失。社会排斥的对象可以是社会上的各种人，也可以是被排斥者本身，还可以是周围群体和整个社会。

⑤ 木桶效应，也称为"短板效应"，为管理学概念，其核心内容为"一只木桶能盛多少水取决于最短的那块木板"，用来比喻劣势部分对系统整体水平的决定性影响。

一 日本制定"灾害弱者"对策的背景及历史沿革

1985 年，日本长野县地附山发生山体滑坡，落下的土方压垮了当地养老院"松寿庄"（「松寿荘」）的房屋，造成 26 人死亡。[①] 1986 年，兵库县神户市的精神卫生福利院"阳气寮"（「陽気寮」）发生火灾，造成 8 人死亡。[②]这两次灾害的遇难者无一例外都是老年人，这让日本人开始意识到老年人群体在灾害中所处的弱势地位。1987 年公布的《防灾白皮书》中，日本内阁府以"灾害与弱者"（「災害と弱者」）为题特设了专栏，指出"许多案例表明，老年人、婴幼儿、伤病患者、残疾人等社会弱势人群在灾害中的死亡风险更高"，并首次提出了"灾害弱者"的概念。[③]

按照 1987 年版《防灾白皮书》对"灾害弱者"所下的定义，"灾害弱者"具有以下四类特征：一是无法或难以察觉到即将到来的危险；二是察觉到危险，但无法或难以与救助者取得联系；三是无法或难以接收到危险预警信息；四是接收到危险预警信息，但无法或难以有效应对。由此看来，老年人、婴幼儿，创伤病人、残障人士、精神疾病患者等在体力或理解能力、判断力上有所欠缺的人群，以及对日本的地理、灾害情况缺乏认识或日语能力不足的外国人等，均属于"灾害弱者"的范畴。此外，《防灾白皮书》还根据 1985 年"国势调查"（「国勢調査」）的结果，估算出当时日本共有"灾害弱者" 2700 万人，占总人口的 22%，并且警告"随着国际化与人口老龄化的发展，外籍居民和老年人口将不断增长，'灾害弱者'也势必不断增加"，因此，"地方自治体和町内会有必要制定适合本地区且非常周密的防灾对策"。[④]

1995 年阪神大地震爆发，进一步暴露出日本"灾害弱者"的问题。在此次地震的 6434 名遇难者中，有一半以上都是超过 60 岁的老年人。从死亡率来看，老年人的死亡率高于年轻人，80 岁以上高龄老年人的死亡

---

① 内閣府：『災害対応資料集・198501：1985 年（昭和 60 年）地附山地すべり災害』，https://www.bousai.go.jp/kaigirep/houkokusho/hukkousesaku/saigaitaiou/output_html_1/case198501.html，1985 年 7 月 21 日。

② 消防防災博物館：『特異火災事例（昭和 7 年～平成 3 年）』，https://www.bousaihaku.com/wp/wp-content/uploads/2017/03/c009.pdf，2017 年 3 月。

③ 国土庁：『昭和 62 年版 防災白書』，東京：国土庁，1987，第 28 頁。

④ 国土庁：『昭和 62 年版 防災白書』，東京：国土庁，1987，第 29、31 頁。

率最高。① 不仅如此，在灾后的避难生活以及重建复兴的过程中，老年人的情况也较其他群体更为糟糕。由于避难所环境恶劣，部分人在获救后仍然失去了生命（日语为「災害関連死」）。此次避难过程中共有 919 人丧生，其中老年人占到九成。② 该现象经媒体曝光后，引发了日本社会的普遍关注。值得一提的是，有很多当事人和志愿者留下了记录，他们对援助活动的真实记录一定程度上触及了"灾害弱者"问题的本质。例如，日本残疾人团体"青芝会"（「青芝会」）的干事福永年久作为阪神大地震的亲历者，自身因患脑麻痹无法下地行走，乘坐轮椅奔走在灾害救助前线，为在避难所生活的弱势群体持续发声。从某种意义上来讲，正是有了他们的参与和推动，对"灾害弱者"问题的讨论才得以在日本广泛展开。

由此，"灾害弱者"作为一个重要的社会问题，被提上了日本的行政议程。早期"灾害弱者"问题的应对以宣传教育为主。1995 年，在汲取阪神大地震的教训后，日本文部省新设"关于强化学校防灾体制的调查研究合作者会议"（「学校等の防災体制の充実に関する調査研究協力者会議」），负责完善幼儿园至初中阶段的防灾课程，以确保青少年能够在了解自然灾害的发生机理、认清灾害的危险性、做好日常准备的同时，对他人、团体乃至地区的安全有所帮助。1997 年起，针对其他"灾害弱者"群体的防灾宣传也逐步展开，包括为残疾人提供带盲文、音频、手语的指南，为外国人翻译多语种防灾手册，为学龄前儿童制作防灾主题的动画片等。在日本每年 9 月 1 日的"防灾日"以及 8 月 30 日至 9 月 5 日的"防灾周"期间，由政府策划的防灾讲座、创意海报设计大赛等活动中也加入了"灾害弱者"的相关内容，以强化民众的防灾知识储备和对"灾害弱者"的理解。宣传教育之余，日本还着手置备应急物品并建设应急避难设施，例如为老年人储备易于消化的应急食物，为残障人士提前规划安全避难路径等。这些措施在 2004 年的新潟中越地震以及新潟、福岛暴雨中得到了检验，但依旧存在灾时避难引导不到位、灾后缺少必要援助等问题。2006 年，日本内阁府、总务省消防厅和厚生劳动省组建有识之士会议，共同制作了《灾时需要援

---

① 内閣府：『阪神·淡路大震災教訓情報資料集【02】人的被害』，https://www.bousai.go.jp/kyoiku/kyokun/hanshin_awaji/data/detail/1-1-2.html，2023 年 2 月 28 日。

② NHK：『平成の災害史を振り返って—「災害弱者」の発見』，https://www.nhk.or.jp/heart-net/article/222/，2019 年 5 月 17 日。

助者①的避难支援指南》(『災害時要援護者の避難支援ガイドライン』)。该文件首次就如何回应"灾害弱者"需求,如何正确、安全地开展灾害救助等问题做了较详细的规定,指南的制定标志着政府层面应对"灾害弱者"制度的诞生。之后,日本政府汲取 2011 年东日本大地震的教训,于 2013 年对《灾时需要援助者的避难支援指南》进行了全面修订,新颁布《关于避难行动需要支援者的避难行动支援的对策准则》(『避難行動要支援者の避難行動支援に関する取組指針』),在相关对策中加入了制作"灾害弱者"名簿、为"灾害弱者"制作精确到个人的避难计划等。近年来,受全球气候变化的影响,日本频繁遭遇洪水、泥石流等自然灾害,"灾害弱者"的身心再度遭受威胁和创伤。2018 年 7 月,特大暴雨袭击日本西部;2019 年 10月,超强台风"海贝思"(Hagibis)登陆日本,均出现失能者独自在家遇难的情况。对此,日本在 2021 年对《灾害对策基本法》(『災害対策基本法』)的修订中把为"灾害弱者"制定避难计划明确作为市町村的职责义务。经过上述历史沿革,日本的"灾害弱者"对策体系最终形成。

二 日本"灾害弱者"对策的基本框架

基于《防灾白皮书》所给出的"灾害弱者"定义,日本"灾害弱者"研究主要集中在"灾害弱者"的灾时避难困难与灾后生活重建困难、保护"灾害弱者"的社会责任、解决"灾害弱者"问题的具体举措等方面,其研究成果直接促成了日本"防灾基本计划"(「防災基本計画」)的完善与《灾时需要援助者的避难支援指南》的出台,二者共同构成日本"灾害弱者"对策的基本框架。

(一)防灾基本计划

防灾基本计划是根据《灾害对策基本法》第 34 条第 1 项规定,由日本中央防灾会议②制定的关于灾害治理的基本计划。计划分为总则、灾害的共同对策、分类灾害的对策三部分,涵盖地震灾害、暴风雨灾害、火山灾害、

---

① 自 2006 年起,一些日本官方文件开始采用"灾时需要援助者"代替"灾害弱者"的提法,定义上与"灾害弱者"完全一致。

② 中央防灾会议,是日本根据《灾害对策基本法》所设置的决策性会议,由首相担任议长,内阁府事务局负责日常事务,主要承担制定、实施防灾计划,审议防灾重要事项等职能。

雪灾等自然灾害，以及海上灾害、航空灾害、铁路灾害、公路灾害、核灾害、危险物灾害、山火灾害等事故灾害。防灾基本计划以灾害预防、事前准备、灾害应急对策、灾后重建、灾后复兴的顺序记述，在明确国家、地方公共团体①、居民等各主体的责任和义务的同时，具体规定了各自应采取的措施。②

现行的防灾基本计划的设计主要基于阪神大地震及东日本大地震的经验教训。在 2013 年《灾害对策基本法》的部分修订中，加入了确保地方居民安全、顺利疏散的新规定。根据其内容，市町村长需要制作包含所在地区老年人、残疾人等在灾害避难中需要特别关注人员的名簿。在征求本人同意的前提下，政府事先收集必要的个人信息并提供给消防、民生委员等相关人员备案。以此为基础，防灾基本计划以及地区防灾计划均进行了更新。

（二）《灾时需要援助者的避难支援指南》

《灾时需要援助者的避难支援指南》是日本"灾害弱者"对策的纲领性文件。按照该文件规定，当灾害来临时，市町村等地方公共团体应基于地区防灾基本计划中有关避难安排的内容，实施有计划、有组织的避难支援行动，对于"灾害弱者"的避难支援应该"以自助或同一地区的互助"为主。③ 其中，"自助"指的是建设避难支援体制过程中"灾害弱者"自身的积极参与，"互助"指的是由社区、社会组织等民间主体开展的救援行动。地方公共团体发布避难准备信息与实施"灾害弱者"对策的前提条件是构建高效、准确的灾害信息传递机制。除此之外，还需在灾害来临前制作好本地的"灾害弱者"名簿，预先收集每一位需要援助者的个体情况、住所、不便之处等必要信息，制定因人而异的避难支援计划，以电子数据的方式供各实施主体共享。

避难行动支援依照以下指导原则：一是根据"灾害弱者"的具体情况

---

① 地方公共团体，系日语「地方公共団体」的中文转译，也称为"地方自治体"，是日本行政主体之一，指依据日本宪法享有自治权、独立于国家的市、町、村等地区性统治团体。

② e-Gov：『昭和三十六年法律第二百二十三号 災害対策基本法』，https://elaws.e-gov.go.jp/document? lawid=336AC0000000223，2023 年 6 月 16 日。

③ 内閣府：『災害時要援護者の避難支援ガイドライン』，https://www.bousai.go.jp/taisaku/youengo/060328/pdf/hinanguide.pdf，2006 年 3 月。

提供适当的避难支援；二是向"灾害弱者"提供有关避难的信息，使他们能够安全和轻松地避难；三是与"灾害弱者"充分沟通，引导其克服避难过程中的不安与困惑，积极努力地解决问题；四是调查了解本地"灾害弱者"的情况；五是为需要支持者选择适当的避难设施并做好准备；六是在避难行动中提供必要的帮助。

三 日本"灾害弱者"对策的主要内容

日本"灾害弱者"对策涵盖了从灾前到灾时再到灾后的全过程，具体体现在建立灾害信息传递机制，制定避难援助计划，收集、共享灾时"灾害弱者"信息，完善避难所援助，推进多主体协作五个方面。

（一）建立灾害信息传递机制

"告知式救灾"是日本灾害应急的一大特征，日本中央政府和地方公共团体制定了一套灾害预警措施，以备灾害来临时及时向民众预警并提供灾情信息。按照《灾时需要援助者的避难支援指南》规定，为切实做好"灾害弱者"的避难援助工作，地方公共团体负有统筹、传递防灾信息的职能。在日常生活中，应以各种社会福祉协议会①为中介，与包括民生委员、护理人员等在内的福利服务提供者展开广泛合作，搭建多主体的信息传递网络。另外，为避免民众对消防队、自救组织的过度依赖，地方公共团体也要预设它们无法发挥作用的极端情形，以此为基础制定多样互补的信息传递方案。

尽管出台了各种应对措施，但具体实践过程中还是暴露出防灾体系的一些问题。以 2007 年新潟中越地震为例，地震发生时，日本政府启动了全国瞬时警报系统②（J-Alert），通过卫星向全国广播地震预警。但当地扬声器系统受到干扰，导致很多人没能及时逃生，最终造成 11 人死亡、1000 多人受伤的惨剧。③ 为强化灾害信息的传递能力，《灾时需要援助者的避难支

---

① 协议会，系日语「協議会」的中文转译，可译为"理事会"，指为协商、征求意见或讨论问题而设立的，经由选举或任命构成的咨询机构或拥有一定权力的组织。

② 全国瞬时警报系统，是由日本内阁府消防厅于 2007 年 3 月开始运行的一个人造卫星系统，它允许当局通过全国范围内的扬声器、电视、广播、电子邮件和小区广播直接向当地媒体和公民快速广播各类紧急信息。

③ 内閣府：『平成 20 年版 防災白書』，https：//www. bousai. go. jp/kaigirep/hakusho/h20/bou-sai2008/html/honbun/1b_1s_3_04. htm，2008 年 7 月 1 日。

援指南》要求市町村设立"灾时需要援助者支援班"(「災害時要援護者支援班」,以下简称"支援班")制度。"支援班"是由市町村的防灾、社会福利相关部门主导成立的横向支援组织。平时,"支援班"负责统计、传递辖区内每一位申请支援个体的相关信息,以此为基础,制定个性化的避难支援计划,组织"灾害弱者"群体参与防灾训练;灾害发生时,负责实地开展灾害信息广播、避难场所引导、避难情况确认等相关工作。

以集中强降雨的应急应对为例,市町村政府参考内阁府所提供的《避难劝告等判断、传达手册的制作指南》(『避難勧告等の判断・伝達マニュアル作成ガイドライン』)提前制定避难准备信息的发布标准,当判断即将到来的暴雨构成灾害后,向所在地区发布避难准备信息。之后,由"支援班"统筹消防队、地区自救组织、社会福利有关人员等共同建造避难所,并分别向"灾害弱者"们传递灾害信息(见图1)。为确保灾害信息的传播途径顺畅,政府事先向特殊群体提供无障碍的通信设备,如为有视觉障碍和肢体残障者提供带有自动播报功能和免提功能的手机。援助者与被援助

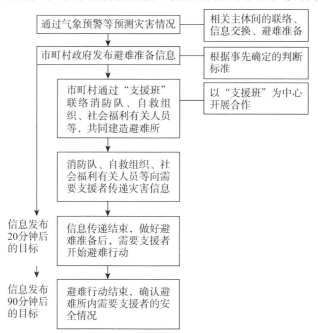

图1 集中强降雨情境下的避难信息发布示意

资料来源:内阁府:「災害時要援護者の避難支援ガイドライン」,https://www.bousai.go.jp/taisaku/youengo/060328/pdf/hinanguide.pdf,2006 年 3 月。

者可使用手机短信、手机留言服务、电子邮件、"171"网络灾害留言板、卫星电话线路等多种手段进行联络。

（二）制定避难援助计划

"告知式救灾"要求地区居民在收到预警后，结合自身和社区的具体情况，采取迅速、合理的避难措施。这种强调主动自救的做法对地区居民的灾害意识和纪律性有较高的要求。从实际情况来看，通常是政府发布了预警通知，有些民众却并没有及时避难，而是选择留在家中或工作岗位，导致不必要的人员伤亡和财产损失。2013 年 9 月 16 日，18 号台风"万宜"（MAN-YI）登陆日本，造成 6 人死亡，1 人失踪，143 人受伤。[①] 尽管日本气象厅及时发布了暴风雨和洪水警报，还是有不少居民因没有足够重视或担心财产安全没能及时疏散，最后被倒塌的房屋或泥石流砸中。该案例说明，在某些情况下，单靠政府预警通知和居民积极自救并不能有效减少灾害带来的损失。产生这一现象的原因有以下几点：一是部分居民对于灾害预警缺乏信任或者重视；二是部分居民对于自身所处环境或社会感到担忧或者无奈；三是部分居民对于如何正确避难缺乏足够的知识或者经验。

对此，日本政府开展了名为"避难援助计划"（「避難支援計画」）的帮扶措施，旨在强化政府防灾救灾预案的执行力。避难援助计划分为市町村对所有地区居民开展的总体性援助计划与针对每一位"灾害弱者"的个别计划（「個別避難計画」）两部分。其中，总体计划的制定基于不同地区的实际情况，涵盖地方居民在自助、互助、公助活动中所承担的角色，不同的"灾害弱者"类型，以及负责援助的主体部门等内容。个别计划的制定则基于"灾害弱者"个体的个人信息，由防灾有关机构与"灾害弱者"自身及其家庭成员充分协商后完成，内容包括居住地址、需要提供的援助类型、到达避难所的方式、步行还是使用轮椅、紧急联系方式等。此外，针对孕妇或使用人工呼吸器、氧气供给装置等的重病患者，因为涉及护送就医和在此过程中维持生命体征等具体问题，援助计划的制定也相应进一步细化。

对于制定好的计划，市町村需重复确认并开展相应的演练工作。在

---

① 国土交通省気象庁：『台風第 18 号による大雨 平成 25（2013）年 9 月 15 日~9 月 16 日（速報）』，https://www.data.jma.go.jp/obd/stats/data/bosai/report/2013/20130915/20130915.html，2013 年 9 月 16 日。

"支援班"的主导下，社会福祉协议会、民生委员、福利服务提供者、残疾人团体等有关福利工作者协同参与，不断开展防灾计划的宣传活动，让更多人了解"灾害弱者"的需求。各实施主体需充分利用防灾有关机构提供的信息共享渠道，及时更新已登记的"灾害弱者"信息。为了保护"灾害弱者"的个人信息隐私，市町村和相关人员采取密码管理和加锁保管等措施，确保电子数据和纸质媒介的安全性。

（三）收集、共享灾时"灾害弱者"信息

灾害发生后，日本政府采取多种方式来收集和传递"灾害弱者"的信息，以制定有效的避难援助计划。一方面，政府利用各种信息通信技术（ICT），如卫星、无人机、人工智能（AI）、物联网（IoT）等，实时监测和预测灾害情况。例如，在 2020 年 7 月的九州暴雨中，日本政府使用了卫星图像、无人机影像和人工智能分析等手段来快速评估受灾地区的道路状况、建筑物损坏程度和居民避难需求，及时发布了灾害救援的相关信息和指示。另一方面，政府也通过传统的广播电视、手机短信、社交媒体等渠道，向"灾害弱者"发送预警信息、避难指南并进行人身安全确认，鼓励他们主动上报自己的情况和需求。例如，在 2018 年北海道地震中，政府利用手机短信服务（SMS）向受灾地区发送了紧急通知，并通过 Twitter 等数字社交媒体平台（SNS）发布了停电情况、避难所位置、救援物资分配等信息。

此外，日本内阁府于 2014 年建立了"灾害治理共享信息平台"（Shared Information Platform for Disaster Management，以下简称 SIP4D），将政府、地方公共团体、灾害对应机构等所掌握的各种灾害信息整合到一起，方便各方沟通协调，制定复兴计划。SIP4D 是由内阁府主导的"战略创新创造计划"（Strategic Innovation Creation Program，简称 SIP）的一部分，由国立研究开发法人防灾科学技术研究所和株式会社日立制作所共同研究开发的基础性防灾信息流通网络系统，于 2014 年开始运行。该平台可以将各方提供的结构化数据，如灾害信息、受灾状况、避难所、物资供应等，进行整合、转换、分析、可视化，并提供给需要的机构和个人。SIP4D 还可以利用无人机、卫星、人工智能等信息通信技术，收集实时画像、语音、文本等非结构化数据并进行处理、分析、可视化，提供指导救援，制定重建计划，对灾害对策总部进行支持。在 2018 年 6 月 18 日发生的大阪府北部地震中，SIP4D 将道路通行情报和避难所的情况、天然气和自来水的供应情况、淋浴设施位置等信息标注在电子地图上，广泛发布，实施共享，为当局快速应对灾害做出了贡献。

（四）完善避难所援助

由于避难所设施简陋，大部分"灾害弱者"在避难所内的生活困难重重。对此，《灾时需要援助者的避难支援指南》规定，当避难工作结束后，在避难所设置面向"灾害弱者"的综合服务窗口，提供灾害实时信息咨询及各种必要物资。为准确了解妇女和婴幼儿的需求，在每个窗口配备女性工作人员。当有民众需求无法得到满足时，由"支援班"迅速向市町村申请人力、物力。若市町村及有关合作机构无法有效应对，则应迅速向所在都道府县、中央政府提出要求。市町村工作人员在平时进行训练、研修，以强化资源安排、调度的能力。避难过程中，为避免受灾市町村和避难所陷入管理混乱的失能状态，由都道府派遣专员负责巡查。

为提高受灾者在避难所的生活质量，由"支援班"对避难所空间进行有效规划，包括整改陡坡台阶、设置扶手等。平均每 10 位"灾害弱者"配备 1 名生活管理员，负责提供生活技能上的援助。例如，为避免类似新潟中越地震后很多受灾老年人生理机能下降情况的发生，对那些不得不在避难所长期生活的老年人开展康复训练。2013 年 8 月，内阁府制定了《确保避难所中良好生活环境的指导方针》（『避難所における良好な生活環境の確保に向けた取組指針』），明确了避难所的基本要求、管理、卫生、安全、支援等方面的内容。该文件根据受灾者的不同需求，提出了多项具体措施，其中针对老年人、女性、外国人、残疾人等"灾害弱者"群体的规定十分具体。例如，考虑到外国人可能存在语言不通、文化差异、法律不熟悉等困难，为其提供多语种的信息和指示牌，安排志愿者翻译或使用电话翻译服务，对其宗教信仰和食物习惯予以尊重和支持；考虑到女性可能存在生理期、怀孕分娩、哺乳等特殊情况，以及可能面临的性骚扰或暴力等风险，为其专设或提供分时段使用的卫生间和洗浴设施，提供卫生巾等必需品，安排医护人员进行妇产科检查，建立报警机制和保护措施；考虑到老年人智能设备普及率低的情况，在避难所内教老年人使用智能手机、平板电脑等。避难阶段使用的便携式厕所、扶手、临时斜坡、信息传递设备等所产生的费用，以及纸尿裤、肛肠造口袋等一次性消耗品由国库全额负担。

除了尽可能地满足受灾者的物质需求，"支援班"还承担着灾后心理疏导、建设的职能。受灾者尤其是"灾害弱者"是创伤后应激障碍（PTSD）的易发人群。灾害发生时，受灾者目睹熟悉的环境在眼前化为一片废墟，亲人遇难或受伤，心灵遭受重创；灾后又被迫脱离原有生活轨迹，居住在简易的避难所，生活环境恶化，贫困程度上升，心理上受到强烈刺激。一旦出现这类症状，往往导致受灾者抗灾能力弱化，甚至发生猝死。对此，《确保避难所中良好生活环境的指导方针》规定由生活管理员对"灾害弱者"进行陪同看护，观察其心理情况并给予心理健康咨询。针对罹患精神疾病者，由避难所安排在单独房间避难；针对容易孤独的老年人，帮助其与家人、朋友保持联系，了解灾情和社会动态；针对儿童，预留活动空间，提供玩具、儿童食品；等等。

（五）推进多主体协作

长期以来，日本中央政府作为公共安全服务的主要生产者和提供者，一直被视为防灾救灾的全权负责主体。然而，伴随世界灾害风险的叠加和深化，加之居民对于灾害公共服务需求的不断提升，政府单一主体主导的防灾减灾易出现效率低下、方向偏失的问题。为摆脱这种困境，日本开始将多元协作①纳入灾害治理框架中，通过鼓励民间参与来弥补"政府失灵"。在应对"灾害弱者"问题时也是如此。如前所述，由地方公共团体制定的避难援助计划会在社会福祉协议会、民生委员、福利服务提供者、残疾人团体等志愿者组织、NPO 的通力合作下共同完成。又如在避难所，除了政府提供的灾害医疗队之外，日本红十字会医疗中心等组织也发挥了积极作用。

值得一提的是，近年来的灾害救助中，以"护理经理"②等福利服务提供者为中心开展的各项活动起着十分重要的作用，各种活动包括但不限于确认受灾服务对象的生命安全、居住环境，修改护理计划，临时加入避难所工作等。对此，《灾时需要援助者的避难支援指南》要求市町村的防灾及福利有关部门与福利服务提供者间做到密切联合。在日常生活中，市町村

———————————

① 多元协作，源自英语"co-production"，指中央、地方政府、志愿者组织、NPO、企业等不同主体为达成某一共同目标而进行合作的行为。

② 护理经理，指一群在倡导病人权益和护理上具备丰富经验的注册医疗专才。这些专业人才与病人及其家人紧密合作，关注他们的需要和喜好；协助他们完整地了解医疗报告，并确保他们的问题得到厘清，解决他们的顾虑。护理经理的工作重点是支援病人，并确保他们得到最好而可用的照顾和关注。

应积极邀请福利服务提供者参加防灾活动的研修与实战演练，以便当灾害发生时，其能够协助"支援班"开展工作，查漏补缺。在残障人士的援助方面，市町村应与残疾人地区医疗协调员、地区生活援助中心的精神保健福利工作者等援助人员进行广泛合作。在 2016 年的熊本地震中，熊本县护理协会设立了"护理经理"制度，由县护理协会的干部和灾害支援护士担任护理经理，负责指导和支援灾害医疗队的护理工作，以及与当地的保健所、福利机构、自卫队等的协调和合作。2018 年的西日本暴雨中，NPO"国际协力机构"（「国際協力機構」）曾向受灾地派遣医疗队，其中也包括护理经理，负责管理和评估灾害医疗队的护理服务，以及与当地的保健所、医疗机构、社区等的协调和合作。

此外，面对灾后生活环境的急剧变化，受灾市町村的防灾、福利有关部门应迅速与福利服务提供者进行联络，确认需要援助人员的安全和生活环境，并采取相应措施。如有必要，需由市町村开设紧急收容需要援助人员的福利设施。在接收人员数超过设施容纳范围的情况下，市町村应积极寻求福利服务提供方的协助。另外，当大规模灾害发生时，为确保福利服务提供者的人员充足，号召政府和民间机构推广业务连续性计划（BCP）①。受灾市町村应做到灾后尽快召开"护理认定审查会"（「介護認定審査会」），对病人护理服务需求及时评估与更新，保证护理保险制度相关业务的可持续。

四　日本"灾害弱者"对策的启示

综上所述，日本自 1986 年起关注"灾害弱者"这一群体，逐步引入综合防护、韧性减灾等先进理念指导对策制定。时至今日，日本"灾害弱者"对策覆盖了灾前、灾时、灾后的全过程，切中"灾害弱者"群体的脆弱性生成环节，对"灾害弱者"形成了多方支援。日本的"灾害弱者"对策针对性较强，已形成较为完善的体系。

中国也是灾害频发国，在国家发展处于重要战略机遇期的当下，安全的重要性前所未有地凸显。如何制定行之有效的灾害治理方案，以统筹发

---

① 业务连续性计划，是一套基于业务运行规律的管理要求和规章流程，使一个组织在突发事件面前能够迅速做出反应，以确保关键业务功能可以持续，而不造成业务中断或业务流程本质的改变。

展和安全两件大事，是时代赋予我们的重要课题。2022 年 2 月，中共中央、国务院印发《“十四五”国家应急体系规划》，对全面提高公共安全保障能力、提高安全生产水平等做出全面部署，各地也在不断创新灾害治理体系，持续深化中国特色应急管理体制机制改革。克服弱势群体在灾害中的不利条件，既是创新灾害治理能力、提升社会韧性的客观需要，更是切实保障民众生命财产安全的必然要求。然而目前，中国在“灾害弱者”方面的对策尚不够完善，有必要借鉴日本应对“灾害弱者”问题的一些经验。

归纳起来，日本的“灾害弱者”对策对中国有以下几点启示。

（一）在防灾宣传教育中加入弱势群体的视角

防灾宣传教育是一项根本性的灾害治理措施，不仅能提升民众防灾避险意识和能力，还能强化民众对于灾害弱势群体的理解。目前，防灾宣传教育在中国逐渐受到重视，但仍存在一些缺陷，缺乏对“老、幼、病、残”等弱势群体的关注。对此，政府应针对弱势群体的身心情况，制定有针对性的教学模式和训练方法。

首先，应重视学校在防灾宣传教育中的基础作用。其次，应积极开展防灾演练。对于主要负责灾害救助的公安、消防、医护人员等，防灾演练是对灾害情境的具体模拟，有助于检验、熟悉自身应急程序。而对于普通民众尤其是弱势群体而言，参与防灾演练是获取防灾知识、强化灾害意识、锻炼求生能力的重要机会。

中国自 2009 年起将每年的 5 月 12 日定为“全国防灾减灾日”，以纪念汶川大地震，增强全民忧患意识，提高社会防灾减灾能力。在全国防灾减灾日前后应加强对弱势群体的防灾宣传教育。各地应组织、策划关爱弱势群体的防灾教育活动，印制、发放防灾减灾自救、互救知识手册，借助电视、广播等媒体扩大宣传，推动防灾宣传教育更好地进校园、进社区。

（二）建立健全针对弱势群体的防灾救灾体系

政府要高度重视个体差异所带来的防灾弱势，切实做好灾害中弱势群体的保护工作。目前，中国已出台《中华人民共和国妇女权益保障法》《中华人民共和国未成年人保护法》《中华人民共和国老年人权益保障法》《中华人民共和国残疾人保障法》等法律，但在《中华人民共和国突发事件应对法》《中华人民共和国防震减灾法》等防灾减灾法律中尚缺乏关于弱势群体的防灾设计。对此，应在现有灾害治理体系中加入对弱势群体友好的条目，以法律、法规、政府文件为抓手，完善弱势群体的防灾救灾体系建构。

具体而言，为解决灾害弱势群体在防灾避险过程中广泛存在的信息不对称问题，政府应进一步完善灾害信息发布机制，提高信息传递效率，扩大信息传播覆盖面，确保灾害预警能够第一时间到户到人。针对病患、残障人士应提供盲文、音频、手语等多样化的信息服务；针对语言不通或对环境不熟悉的外国人群体应提供多语种的翻译播报，完善引导机制。此外，应充分利用警报、电视、手机短信、电话专线等多媒体手段，扩大信息的传播渠道。

在日常生活中，政府应做好针对弱势群体的防灾救灾准备。一是环境上的准备。应指导幼儿园、养老机构、福利机构等完成防灾救灾环境整备，消除日常生活中的安全隐患，提前规划逃生路径，降低灾害避难过程中的意外风险。二是物资上的准备。为应对可能到来的灾害，应提前划定公园、绿地、体育场等为指定避难场所，为避难所常设水电设施，做好日常检修工作，预先储备应急食物等避难所生活物资。三是人才上的准备。应重视培训防灾专业人才和防灾志愿者，建立与医院、福利机构之间的人员借调机制。四是在制定应急预案、救援救助、安置避难等过程中，充分考虑弱势群体的特殊需求。社区工作者应提前走访辖区内每一位老年人、残障人士，了解具体情况，制作信息表格，留下联系方式，并安排专人进行负责，以确保每一位弱势者在灾害来临之际都能得到及时的援助。

（三）构建多元协作的灾害弱势群体救助机制

社会治理是提高城市韧性、最大化公共利益的基础，其实现离不开"官""民"多元主体的平等对话与协作。为避免灾害治理过程中出现"行政失灵"的现象，应促进社会组织、志愿者、企业等民间主体的广泛参与，构建多元协作机制，实现政府治理和社会自我调节、居民自治间的良性互动。

在防灾救灾的实践中，除了由政府组织的救援力量之外，民间组织、企业、社区基层组织、志愿者等应作为应对灾害的主体参与进来，构建起社会防灾网络。政府应鼓励研究机构、大学、企业等参与到防灾技术的开发与应用中；政府、企业、有关机构等可建立灾害治理平台，共享灾害信息；政府应与其他主体进行合作，为弱势群体制作个性化避难计划。此外，灾后重建是一个长期化的过程，为预防弱势群体在避难所以及后续生活中可能会出现的生活困难和健康问题，各参与主体应共同进行健康调查和心理疏导，尽可能地满足弱势群体的多样化需求。

Japan's Countermeasures to the Problem of "Disaster Vulnerable Population" and Its Enlightenment for China

Abstract：The term "disaster vulnerable population" refers to groups such as the elderly, children, patients, and disabled people who are more vulnerable to the impacts of disasters than the general population. Japan is a country prone to natural disasters, which have a significant impact on the lives and mental well-being of affected individuals, particularly those in the "disaster vulnerable population". Since 1986, Japan has been paying attention to the "disaster vulnerable population" by introducing advanced concepts such as disaster reduction and resilience, and by implementing a series of policies to provide multiple supports, to reduce their vulnerability. To date, Japan has developed a relatively complete set of countermeasures for the "disaster vulnerable population". This article analyzes Japan's countermeasures from the perspective of "vulnerability-resilience", aiming to provide useful references for disaster management in China, especially for supporting vulnerable groups during disasters.

Keywords：Japan；disaster management；"disaster vulnerable population"；vulnerability；group resilience

日本语言

清末中日两国近代法律用语交流的研究*

——以《法国刑法典》的翻译为例

郑　艳**

【摘　要】清末中日两国近代法律用语形成过程中始终伴随着语言接触现象，且出现了双向交流。为调查其具体过程，本文以清末两国五种《法国刑法典》译书为研究材料，结合法制史，运用翻译学和语言学的方法对该法典翻译策略、方法及译词展开对比研究。日译本一贯采用异化策略，翻译方法方面较多使用字义对等新词，尽量用术语翻译术语。汉译本翻译策略经历从归化到异化的改变，主要翻译方法则从将固有词赋予近代法新义、描述性释义短句、非专业术语等改为大量借用日本所创制的译词。幕末及明治初期，两国近代法律用语交流以中国向日本输出为主，词数较少，但稳定性强。甲午中日战争后，以日本向中国大规模输出为主，日语借词几乎全面替代直接译自欧美语言的译词，其中大量沿用至今。

【关键词】日语借词　语言接触　法律翻译　《法国刑法典》

引　言

中日两国是一衣带水的邻邦，自古以来政治、经济和文化交流频繁。

---

*　本文属于2018年度教育部人文社会科学基金青年项目"清末中国近代法律用语辞典中的日语借词研究"（编号：18YJC740149）及2017年度天津市教育委员会科研项目"清末近代刑法文献中所见日语借词及其演变"（编号：2017SK166）的阶段成果。

**　郑艳，天津外国语大学求索荣誉学院讲师，主要从事中日近代法律用语交流方面研究。

因为同属汉字文化圈，语言接触也相当深入。两国近代法律用语交流以甲午中日战争为界，之前是中国向日本传播为主，其后的主要传播方向则发生逆转。本文所使用的《法国刑法典》译本是研究清末中日两国近代法律用语交流的最佳研究资料之一。该法典是法国 1810 年颁布施行的近代刑法典，是资本主义国家第一部较完备的刑法典，也是中日两国最早译出的西方近代法典，在近代法律用语创制方面发挥了奠基作用。在清末中日两国完整的西方近代法典译书中，出现双向近代法词汇交流的仅有《法国刑法典》这一文献。关于该法典译词在中日近代法律用语形成中所发挥的作用，两国学者各自研究了本国语言译本，如松井利彦、藁科胜之、川口二三世、李贵连、王健、崔军民等。① 中日两国前人研究均未进行全面抽词，也未涉及翻译策略和方法，仅日方个别研究论及中日对比，且中方研究未进行详细词源调查和日语借词判定。

本文以清末中日两国《法国刑法典》的五种译本为材料，结合法制史，主要运用翻译学和词汇学的方法对中日两国近代法律用语的交流状况进行深入研究。首先，考察文本翻译与出版过程。其次，进行译词比较，根据译词所发生的变化，结合翻译理论调查译词发生变化的原因，明确两国译本在翻译法律用语时所采用的策略和方法。最后，通过详细词源调查，解决两国各自创制了哪些译词、通过何种途径进行交流、为什么要进行交流以及这些借词最终面临何种命运等问题。

一　中日两国《法国刑法典》的翻译与出版

清末中日两国共出现了五种《法国刑法典》译本，包括三种日译本（1870、1875、1883），两种汉译本（1880、1907）。该法典的前期汉译本曾

① 松井利彦：「明治初期の法令用語と造語法」，『広島女子大学文学部紀要』1984 年第 19 号，第 27～47 頁；藁科勝之：「明治前期刑法用語の成立とその背景—総則部分の語彙を中心として」，『文経論叢』1987 年第 22 巻第 3 号，第 1～27 頁；藁科勝之：「箕作麟祥訳『仏蘭西法律書・刑法』の訳語：新しい概念とその翻訳」，『弘前大学国語国文学』1988 年第 10 号，第 1～11 頁；川口二三世：「明治初期の西洋法律書の翻訳：箕作麟祥訳『仏蘭西法律書』の訳語について」，『国語国文』1994 年第 12 号，第 16～41 頁；李贵连：《近代中国法律的变革与日本影响》，《比较法研究》1997 年第 1 期，第 24～34 页；王健：《沟通两个世界的法律意义：晚清西方法的输入与法律新词初探》，中国政法大学出版社，2001；崔军民：《萌芽期的现代法律新词研究》，中国社会科学出版社，2011。

被日译者所参考，而日译本的译词又明显影响了后期汉译本。

1.《法国刑法典》日译本的翻译与出版

清末中国向西方学习主要是基于"师夷长技以制夷"和"中学为体，西学为用"这两种主张，侧重军事、工业、科技等器物层面的内容，而日本在明治维新后最先向西方学习的就是政法制度。1869年，掌握汉、荷、英、法四门外语的优秀外语人才箕作麟祥（1846～1897）在参议副岛种臣（1828～1905）的命令下开始翻译《法国刑法典》。采用的方式是箕作麟祥口译，汉学家辻士革笔录。出版之前，箕作麟祥曾就翻译过程中的疑难问题向美国传教士弗贝克（Guido Herman Fridolin Verbeck，1830～1898）请教，但二人均未接受过系统的法学教育，缺乏法专业知识。译者称当时"既不存在注解类书籍，也缺乏法语词典可供参考"，整个翻译过程"如堕五里雾中，虽理解尚有谬误，姑且按照一知半解进行记录"。① 他在凡例中自评：译文之中谬误甚多且内容艰深，行文欠缺流畅性。

1870年，《法国刑法典》翻译完成，同年在文部省下属的大学南校出版发行，题名为《法兰西法律书 刑法》，共5册。此后，箕作麟祥又耗时四年以同样的方式相继翻译出法国民法、商法、刑事诉讼法、宪法和民事诉讼法，均冠以《法兰西法律书》之名。这五部法典共44册，除民法的出版部门仍标注为大学南校外，其他四种译著的出版部门均改为文部省，于1874年刊行完毕。箕作麟祥与辻士革在法国六法翻译完毕后立即着手校正，他在校正版绪言中自称因为初译本刊行过程过于仓促，未等全部译完即分别出版，卷中词不达意和漏译误译之处较多。《法兰西法律书》校正版于1875年由印书局出版，分上下两卷，此外另有文部省出版的五卷本等，版权页上所标注的译者均为翻译局。校正版出版后，日本法学研究方面取得较大进步，法律用语也渐成体系。在此背景下，箕作麟祥参考1880年汉译本并在法国法学博士博瓦索纳德（Gustave Boissonade，1825～1910）的帮助下对《法兰西法律书》进行增订，于1883年通过博闻本社出版《增订法兰西法律书》。

2.《法国刑法典》汉译本的翻译与出版

中国了解和引进西方近代法始于清末对国际法相关文献的汉译，与鸦

---

① 大槻文彦：『箕作麟祥君伝』，東京：丸善株式会社，1907，第100頁。

片战争等一系列战争及涉外条约的签订息息相关。在清末新政推行之前，清末近代法翻译的重心一直是国际法。然而，在同文馆中担任化学教习的法国人毕利干（Anatole Adrien Billeauin，1837~1894）商同总教习丁韪良（William Alexander Parsons Martin，1827~1916），率领化学馆诸生如时雨化等人通过口译加笔述的方式，翻译出中国历史上第一部官方组织翻译的西方近代国内法法典——《法国律例》（1880）。毕利干是否受过专门的法学教育尚不明确，但总管大臣王文韶（1830~1908）在序言中称，译者在法学方面有家学渊源。全书包括刑律 4 册、刑名定范（即刑事诉讼法）、民律、民律指掌（即民事诉讼法）、贸易定律（即商法）和园林则律（即森林法）共 42 册，由同文馆出版，以聚珍版刊印。该书"曾被作为法学教育的教学用书"，并成为"清代翻译引进外国法律中印量最大的书籍之一"。①

1902 年，清廷根据国情变化决定增改律例，派刑部侍郎沈家本（1840~1913）与中国首位法学博士伍廷芳（1842~1922）担任修律大臣负责变法修律。因为修律大臣认为"各法之中，尤以刑法为切要"，为改革法律和司法制度，修订法律馆正式成立后，最先翻译的是法国、德国、俄罗斯、荷兰、意大利、日本等国刑法及司法相关的刑事诉讼法、监狱法、法院组织法等法典。截至 1907 年，共完成译书 26 种，已经开始翻译但尚未完成者共 10 种。② 1907 年修订法律馆出版铅印本《校正法兰西刑法》，版权页中所记录的译者为修订法律馆，未见具体译者信息。修订法律馆曾出版法国民法节译本《法兰西民法正文》（1909），注明译者为陈箓。陈箓于 1903 年赴巴黎大学学习法律，1908 年回国后在法部等处任职，③ 参与《法国刑法典》翻译的可能性很小。根据译书中大量出现日语借词的现象，结合当时缺乏精通法语和法学知识分子的社会背景，译者可能是修订法律馆成员中有赴日留学研习政法经历的人员，如章宗祥、曹汝霖、陆宗舆、江庸、汪有龄、汪荣宝等人之一。④

---

① 田涛、李祝环：《清末翻译外国法学书籍评述》，《中外法学》2000 年第 3 期。
② 高汉成主编《〈大清新刑律〉立法资料汇编》，社会科学文献出版社，2013，第 13~18 页。
③ 夏征农、陈至立主编，熊月之等编著《大辞海·中国近现代史卷》，上海辞书出版社，2013，第 251 页。
④ 陈煜：《清末新政中的修订法律馆——中国法律近代化的一段往事近代》，中国政法大学出版社，2009，第 234~235 页。

二 中日两国《法国刑法典》的翻译策略与方法对比

清末时期的中日两国与法国在法律体系、法律文化与社会制度等方面均存在极大差异。在《法国刑法典》的翻译过程中，日译本一贯坚持以"异化"为主的翻译策略，且程度渐深；汉译本所采用的主要翻译策略则从"归化"变为"异化"。在翻译方法方面，中日双方都经历了从意译向直译的转变，所不同的是日译本较多使用字义对等词创制新词，而中国则从词义扩张、描述性释义短句等改为大量借用日本所创制的译词。

1. 中日两国《法国刑法典》的翻译策略对比

根据译者在翻译活动中对"原文作者"和"译文接受者"取向的不同，翻译策略可分为异化和归化两类。[1] 前者主张译文尽量向原文作者靠拢，在翻译中尽量保留原文的语言、文学、文化特质，保留异国风味。这种翻译策略有助于丰富目的语的表达，促进目的语的发展，使目的语读者能够充分领略异国文化等。后者则认为译文应以译文接受者为归宿，表达方式应是完全自然的，在翻译中尽量用目的语读者所熟悉的语言、文学、文化要素来替换源语中的相关内容。这种翻译策略最大的优势表现为译文流畅，通俗易懂，容易被目的语读者所接受。异化和归化在翻译中并不相互排斥，在同一译作中可以交织使用这两种策略。

中日两国《法国刑法典》译本中，三种日译本和1907年汉译本都主要采用"异化"策略，而1880年汉译本则以"归化"策略为主。翻译目的、文本类型、作者意图及读者对象是译者选择翻译策略时的重要因素，导致1880年汉译本与中日两国其他译本翻译策略相异的主要因素为翻译目的和读者对象。日译本和1907年汉译本的翻译都为变法修律提供参考借鉴而进行，读者主要为立法机构专业工作人员等，对译文忠实性和专业性要求较高。但1880年汉译本的翻译目的在于通过"翻译西书，介绍西洋文化和启迪民智"从而"促进中国改革"，最终有助于传教，[2] 其读者群则为洋务派

① 熊兵：《翻译研究中的概念混淆——以"翻译策略"、"翻译方法"和"翻译技巧"为例》，《中国翻译》2014年第3期。

② 王立新：《美国传教士与晚清中国现代化——近代基督新教传教士在华社会文化和教育活动研究》，天津人民出版社，1997，第36页。

等处于统治阶层的士大夫及相关知识分子。为方便读者初步了解和接受西方近代法制度，译者在翻译时并不讲究与原文保持高度一致和规范法律用语译词，如使用"追缴入官、义父、荐保、物件、房产、衙门"等当时汉语中的常见词句来翻译"没收、监护人、选举、动产、不动产、法院"这一系列西方近代法概念。更有甚者，因为洋务派并不主张改革政治制度，《法国律例》中并未出现与清朝政体不合的宪法，取而代之的是森林法，以迎合清廷统治者醉心于园林的偏好。

2. 中日两国《法国刑法典》的翻译方法对比

法律翻译不仅要求译者精通源语与本国语言，还要求译者了解两国法律及文化与制度的差异，采用合适的翻译方法，尽量使译词与原词的术语在功能上达到对等。在法律用语翻译过程中，如果源语和目的语所在国家或地区存在表示完全相同概念的法律用语，翻译通过替换即可完成。但是，由于法律体系、法律文化、经济发展阶段、社会制度等方面的差别，在法律翻译过程中会出现法律用语的不对等及空缺问题。这时，译者需要根据源语和目的语在语言和法律功能上的对等程度来决定翻译方法。部分对等时使用功能对等词，通过词义扩充、描述性释义和定义的方式来补偿术语的不一致；完全不对等时使用等效对等词，如非专业术语、借词、字义对等词等。[①] 此外，在中日两国《法国刑法典》的早期译本中还使用了音译这种翻译方法。其中词义扩充、描述性释义和定义、非专业术语这三种译法可视为归化策略，借词、字义对等词、音译可视为异化策略。

汉日译本最大的变化均为意译向直译的转变，将描述性释义词组改译为字义对等词是最有代表性的改译。这样的修改使译文忠实度提高，表达更加准确且精练。所不同的是日译本较多使用字义对等词创制新词，在很难找到合适译词时先用音译，尽量用术语翻译术语，译词较为规范；而中国则从赋予固有词近代法新义，使用描述性释义短句、非专业术语等改为大量借用日本所创制的译词，从一词多译到基本达到译词统一。例如，日译本1870年初译本中用「キュラトール」并加注释"即代替无法支配自己财产者进行财产支配之人"来对译"curateur"，1875年校正本中改译为"管财人"并沿用至1883年增订本；而1880年同文馆汉译本则采取意译的

---

① 〔美〕苏珊·沙切维奇：《法律翻译新探》，赵军峰等译，高等教育出版社，2017，第 217 ~ 229 页。

方法将该名词译为动词性短语"经理恤孤保产等事",1907 年修订法律馆汉译本参考日本译词将其直译为"管财人"。又如,1870 年、1875 年日译本用「後見人、後見人ノ監察者」来翻译"tuteur, subrogé-tuteur"这一对表示"监护人、监督监护人"的概念,1883 年日译本则将单词加词组的译法统一为单词译法,修改为「後見人、代後見人」;1880 年同文馆汉译本为便于大众理解,用日常用语"正副义父"或"义父义母"来对译这组概念,1907 年修订法律馆参考日译本译为"后见人、后见人之监察者",使译词与原词达成一一对应,翻译更加规范。

关于修改原因,箕作麟祥在增订版绪言中称,在前两版翻译时,日本人并不知外国法典为何物,法律用语亦不存在只字片语,为了便于读者理解,遂尽量在忠于原文的同时用意译的方法来进行翻译。历经十余年后日本法学日益进步,法律用语亦约略完备,故改用直译的方法。[1] 而中国之所以大量借用日本造近代法律用语,是因为短期内很难新造成体系的近代法律用语,而同处汉字文化圈的日本已经先于中国创制出一套较为完备的术语,不妨暂且借用,日后再通过修改、淘汰或沿用等方式逐渐消化和吸收,实现法律用语的本土化。

三　中日两国《法国刑法典》译本中近代法律用语的交流

《法国刑法典》日译本中有哪些中国造近代法律用语?其汉译本中又有哪些日本造近代法律用语?这些词各具备哪些性质?首见于何处?通过何种途径传播?是否被保留至现代日语或汉语中?两国各自创制法律用语的相互影响除直接借用外,还有哪些其他的形式?为解决上述问题,本文将五种译本进行对比抽词,从中抽取 195 组法律用语,经过词源等方面调查,选定其中 151 组为研究对象。其中 146 组法律用语表示 78 条近代法律概念,说明当时在某些译本中法律概念与法律用语尚未实现一一对应,术语规范性有待提高。另外 5 组法律用语虽然表示传统法律概念,但属于受中文译词影响的日语译词。151 组法律用语中包括相异词组 47 条,单词 171 个。在对单词进行全面词源调查后,重点考察日译本中的中国造近代法律用语和汉译本中的日本造近代法律用语,并结合词组调查译词所发生的变化,以

---

① 箕作麟祥:『増訂仏蘭西法律書』,東京:博聞本社,1883,第 1 頁。

明确中日两国译词的相互影响。

1. 中国造近代法律用语对《法国刑法典》日译本的影响

中国古代法自唐朝开始直到 1882 年日本首部近代刑法正式开始施行之前都持续对日本产生极大影响。日本曾仿照唐律等建成律令制，并从中国大量借用传统法律用语。而中国创造的近代法律用语对日本产生影响则始于幕府末期，当时日本尚未开始翻译西方近代法文献，中国起步略早。中国造近代法律用语通过从来华传教士所创办的报纸杂志，编纂的英华、华英双语词典以及译出的地理和国际法等近代文献传入日本。明治维新以后，日本开始大规模翻译西方近代法文献，出现了大量原创译词，因此从中国借用的近代法律用语词数较少。其中部分被原样借用并保留至今，部分被修改保留或成为具有较强造词能力的重要词缀。

《法国刑法典》日译本中共有"法律、选举、陪审、权、权利、议院、自由"这 7 个中国造近代法律用语，但这些译词均非来自《法国刑法典》汉译本，而是来自传教士文献。如"法律、选举、陪审"来自非法律类的传教士汉译西书，其最初用例分别见于《地理便童略传》（1819）、《美理哥合省国志略》（1838）、《智环启蒙塾课初步》（1856）；"议院"最早见于传教士创办的鸦片战争后中国境内首部中文期刊《遐迩贯珍》（1854）；"权、权利"来自给日本明治维新巨大影响的国际法译著《万国公法》（1864）；"自由"最早见于麦都思编《英华字典》（1848）。此外，以上 7 词并非通过《法国刑法典》日译本首次传入日语，而是箕作麟祥对英和对译词典及同期日本启蒙思想家译著等中所采用中国造近代法律用语的继承。如"自由"通过受英华字典影响的《英和对译袖珍辞书》（1862）、"权、权利、选举"则通过津田真道（1829～1903）译著《泰西国法论》（1868）、"法律"通过福泽谕吉（1835～1901）著作《西洋事情》（1866）、"陪审、议院"通过中村正直（1832～1891）译《自由之理》（1870）首次进入日语体系中。最后，日译本中所见中国造近代法律用语均在日语中沿用至今，除"议院、陪审" 2 词为古代汉籍中无典的新造词外，其他 5 词皆为古代汉籍中有出处，但被赋予近代法新义的新义词。这说明传入日本的清末来华传教士造词大多讲究理据，即在古代汉籍中有出处，且固定性强。

箕作麟祥在《法国刑法典》增订版绪言中称"不存在合适译词时创造译词极为困难。最近舶来清国出版之《法国律例》，可斟酌选取其中颇多译词，对翻译不当之处进行修改"。① 根据箕作麟祥自述可知，他在对增订版译词进行修改时，参考的是前文中所谓"最近舶来清国出版之《法国律例》"，即中方的 1880 年汉译本。虽然该译本曾被旧长崎唐通事郑永宁（1829~1897）训点后于 1882 年由日本司法省出版，但训点本并未对箕作麟祥译词修改产生影响。虽然译者明确指出 1880 年汉译本中存在"颇多"对 1883 年日译本具有参考价值的译词，但对中日两国五种译本进行对比抽词后发现，这是一种非常谦虚的说法。增订本与校正本相比译词修改率约为 48%，共涉及 72 组译词（包括单词和短语），其中绝大多数改译在日语内部发生，主要是为了使表达更加精练、专业或易懂。具体做法为，将短语修改为单词，如「附加ノ刑→附加刑」「無期ノ徒刑→無期徒刑」；将日常用语改为当时日益普及的法律用语，如「定則→義務」「詿誤→違警罪」；将新造或赋予近代法新义的词改为被当时读者所熟知的日常用语，如「禁錮状→令状」「憲法→国憲」等。

1883 年日译本中参照 1880 年汉译本译词修改的法律用语共有 5 组，且均不表示近代法律概念。这 5 组词初译本和校正本译法相同，分别为"加功、名簿、看守人、谍人、告知"，在 1880 年汉译本译词"帮同、册簿、监守之人、侦探、示谕"的影响下分别修改为"帮助、簿册、监守人、探侦、谕示"。对比中日译词可以看出，汉译本中的译词并非被原词借用，而是经过词序调整、连词增减或个别词素替换等修改后对日译词产生影响。1880 汉译本主要采用归化翻译策略，大多用释义性短句以及日常用语来译专业术语的方法翻译近代法律概念，对日译本译词的修改影响极为有限。

2. 日本造近代法律用语对《法国刑法典》汉译本的影响

日本在翻译西方近代法方面虽然略晚于中国，但明治政府成立后致力于法律近代化，先于中国完成西方主要近代法著作的庞大翻译工程，并在法律和司法制度改革方面取得了显著成效。不仅于 1890 年参照外国法律初步完成国内六法的制定，且在 1899 年成功废除领事裁判权，并在不断结合本国国情将外国法本土化后，于 1904 年完成近代法制体系建设。② 甲午中日战争失败后，中国希望取道日本学习西方，涌现大批留日学生，其中又

① 箕作麟祥：『増訂仏蘭西法律書』，東京：博聞本社，1883，第 4 頁。
② 川口由彦：『日本近代法制史』，東京：新世社，1997，第 132~307 頁。

以研习法政的留学生最多。清政府救亡图存的危机意识日益高涨，为维护统治及废除领事裁判权，1904 年正式成立修订法律馆，正式开始着手变法修律。法律改革的前提是西方近代法的翻译，而当时中国精通西方近代法和外语的人才极度缺乏，很难在短时间内自创一套完整的近代法律用语。恰在此时，日本已经率先完成法律近代化，且通过创造汉语新词、将固有词赋予近代法新义等方法创制了较为规范且成体系的法律用语，其中绝大多数为汉字词。于是，无论是民间还是官方都开始大规模通过日语来转译西方近代法文献，且大量借用日本创制的近代法律用语。

《法国刑法典》汉译本中共有 53 个日本造近代法律用语，均见于 1907 年修订法律馆译本。保留至现代汉语的日语借词有 31 个，用下划线标示。中日两国译本同时使用的共 43 词，属于直接从日译本借用而来的词语。其中，新义词 9 个，即"裁判、倒产、检事、公权、民事、商法、宪法、主刑、检察官"；新造词 34 个，分别为"动产、渎职、没收、民法、民权、刑期、义务、族权、不动产、裁判官、裁判所、惩治场、附加刑、公证人、管财人、后见人、检事长、鉴定人、决定书、立法权、留置场、命令书、收监状、所有权、所有物、徒刑场、有期刑、元老院、公权剥夺、亲族会议、无期徒刑、有期徒刑、轻罪裁判所、重罪裁判所"。此外，另有 10 词均为新造词，仅见于 1907 年汉译本，分别为"领土、发言权、投票权、违警犯、宣告书、选举权、被选举权、剥夺公权、国债证书、裁判宣告书"。这些词是将日译本中用语进行部分修改而成，或者来自其他日本近代法译书等文献。例如，去掉日文中连词，将「国債ノ証書」修改为"国债证书"，或者将日译本中「裁判書、裁判ノ言渡書」按照 1890 年及 1905 年《日本刑法》译词改为"宣告书"。

汉译本中有 34 个日本造近代法律用语最早用例较为集中。其中"公权、民法、民权、民事、商法、义务"6 词作为近代法律用语的最早用例出现在日本第一本近代法译著《泰西国法论》（1868）中，由津田真道新造或赋予近代法新义。箕作麟祥译著《法兰西法律书》（1870～1883）中创制译词最多，共有 20 个，分别为"动产、渎职、后见人、决定书、立法权、命令书、所有物、不动产、检察官、倒产、检事长、鉴定人、禁锢状、收监状、公权剥夺、亲族会议、轻罪裁判所、重罪裁判所、族权、有期刑"。此外，"刑期、主刑、惩治场、附加刑、管财人、剥夺公权、无期徒刑、有期徒刑"8 词作为近代法律用语的最早用例出现在 1877 年日本首部近代刑法草案中。另外 19 词最早用例散见于其他近代法文献，如"没收""所有权""选举权、被选举权"最早分别见于《新令字解》（1868）、《佛国法律提要》（1876）及《英国国会沿革志》（1879）等。

关于清末中国所使用近代法律用语的形成，清末修律大臣沈家本认为，"今日法律之名词，其学说之最新者，大抵出于西方而译自东国"。[①] 也就是说，近代中国法律用语最早出自欧美语言，大多数从日语借用或翻译而来。在修订法律馆 1907 年译本出版之前，日本造近代法律用语早已陆续通过《使东述略》（1878）、《日本杂事诗》（1879）、《日本国志》（1890）等赴日外交官著作，《游历日本图经余纪》（1889）、《东游日记》（1894）等日本游记，近代影响力最大的报纸《申报》（1872～1949）及《时务报》（1896～1898）、在日本创刊的《清议报》（1898～1901）等近代报纸，留日学生在东京创办的中国首部法学杂志《译书汇编》（1900～1903），包括大量法政新词的《新尔雅》（1903）以及译自日语的《汉译新法律词典》（1905）等陆续传入中国。清末近代法翻译的主力为留日研习法政的学生。此外，清廷从日本延聘的冈田朝太郎（1868～1936）、松冈义正（1870～1939）等法学家直接参与中国的近代法立法和教育事业，加速了日本造近代法律用语在中国的传播，为修订法律馆译出西方近代法文献提供了重要保障。

小　结

为调查中日两国近代法律用语双向交流实况，本文以清末中日两国《法国刑法典》译书为研究材料，包括三种日译本（1870、1875、1883）及两种汉译本（1880、1907），结合法制史，运用翻译学和语言学的方法对该法典翻译策略、方法及译词展开对比研究。日译本中共有 7 个中国造近代法律用语，其中 5 词为新义词，2 词为新造词。皆为来华传教士所创制，在被津田真道、福泽谕吉、中村正直等日本启蒙思想家借用至日语后沿用至今。说明日译本中借用的中国造近代法律用语在造词时大多讲究理据，即在古代汉籍中已有用例，且稳定性强。1880 汉译本对 1883 年日译本译词产生影响较小，主要体现在对传统法律概念译词的改造方面。汉译本中共有 53 个

---

① 沈家本：《历代刑法考：附寄簃文存》，中华书局，1985，第 2153 页。

日本造近代法律用语，其中新义词 9 词，新造词 44 词，均见于 1907 年修订法律馆译本。多为箕作麟祥、津田真道所创制，通过近代报纸、杂志、新词词典及译自日语的近代法著作传入汉语后保留至今的日语借词为 31 词。汉译本中借用的日本造近代法律用语数量以新造词为主，且具有较强稳定性。日译本译词对 1907 年汉译本产生极大影响，1880 年汉译本中除"权"这一译词外，其他均被日语借词所取代。

通过对清末唯一出现中日两国近代法律用语双向交流的近代法译书进行对比考察，可以看出中日两国近代法律用语交流的缩影。中国早期近代法律用语由清末来华传教士创制，出现在英华字典和介绍西方近代化成就的报纸、杂志、教材、国际法译书等近代文献中。幕府末年至明治初期，日本刚着手翻译西方近代法，苦于缺乏译词，于是借用了这些文献中传教士所创制的近代法律用语。为传教而问世的科普性近代文献中与法律相关内容有限，且近代法译著大多仅与国际法相关；此外，为方便读者理解与当时中国现行法律制度迥异的西方近代法，传教士在表述或翻译过程中多采用归化策略，常通过给固有词赋予近代法新义、使用描述性释义短句及非专业术语来表达西方近代法概念，导致其创制的近代法律用语数量较少，对表示同一近代法概念的已有日语译词影响较弱。

明治时期，日本为制定近代法典而翻译西方近代法文献，主要采取异化的翻译策略，尽量用术语翻译术语，创制较多字义对等新词翻译西方近代法概念。大规模翻译完成后，明治政府仿照法国和德国等大陆法系成文法完成近代法制建设，整套完整的日本造近代法律用语得以正式形成。此时，清廷推行新政，正式开始变法修律。取道同属汉字文化圈的近邻日本，系统性借用日本造近代法律用语来学习西方近代法成为捷径。清廷延聘日本法学家参与近代法立法及法学教育工作，在此背景下，以赴日研习法政归国的留学生为翻译主力，从日语中大量借用而来的近代法律用语大规模取代了传教士等直接译自欧美语言的短句或单词，仅曾经传至日语并被吸收的传教士译词得以保留。

A Study on the Exchange of Modern Legal Terms Between China and Japan in the Late Qing Dynasty —Taking the Translation of *The French Penal Code* as an Example

Abstract: At the end of the Qing Dynasty, the formation of modern Chinese and Japanese legal terms was always accompanied by the phenomenon of language contact, and two-way communication appeared. In order to investigate the specific process, this article uses five translations of the French Penal Code in the late Qing Dynasty between China and Japan as research materials, combining the legal history, using the methods of translation and linguistics to conduct a comparative study on the translation strategies, methods and legal terms of this code. Japanese translators adopted the strategy of foreignization, made some semantically equivalent new words, and tried his best to use terminology in the translation. The translation strategy of Chinese translation has experienced the change from domestication to foreignization, while the main translation methods have changed from giving the inherent words to the new meaning of modern law, descriptive interpretation with short sentences and daily languages to borrowing many translation words created in Japan. At the end of the Shogunate and the early Meiji period, the modern legal terms exchanges between China and Japan were mainly exported from China to Japan, with a small number of words, but strong stability. After the Sino-Japanese War, Japan mainly exported modern legal terms to China on a large scale. Japanese loan words almost completely replaced the translated words directly translated from European and American languages, and a large number of words are still used in modern Chinese.

Keywords: Japanese loanwords; language contact; legal translation; *The French Penal Code*

话语末的第二人称代词与日语交际中的
非合作话语*
——通过话语模式的描写和讨论

揣迪之　罗　希**

【摘　要】本文把交际中反对的、不友好的态度或不满、不愉快乃至愤怒的情绪称为非合作态度，把常与非合作态度有联系的话语称为非合作话语。然而以往的交际研究多以"合作"作为讨论的前提或研究的目标，非合作话语缺少直接的关注。本文发现当日语的第二人称代词出现在末尾时，话语常常与非合作态度有联系。通过对其的描写和整理，本文从语法方面挖掘了该话语模式中独自的规则，在意义方面认为该非合作话语的模式具有类似于构式语法观点"整体超越部分之和"的性质。

【关键词】第二人称代词　呼唤词　非合作话语　交际话语描写

---

* 本文系教育部人文社会科学研究规划基金项目"基于语料库的跨语言幽默话语多模态比较研究"（编号：20YJC740038，主持人：罗希）、市级项目"广州多语言景观的城乡对比研究：以广东省 A 级旅游景区为例"（编号：2023GZGJ248，主持人：揣迪之）、校级项目"日语交际中非合作话语的描写研究"（编号：KA210319250，主持人：揣迪之）、校级项目"基于语料库的幽默话语汉日比较"（编号：2021SDKYB090，主持人：罗希）的阶段性研究成果。

** 揣迪之，仲恺农业工程学院外国语学院讲师，主要研究方向为言语交际、描写语言研究、语言对比研究；罗希，广东技术师范大学外国语学院讲师，主要研究方向为言语和非言语交际。

引　言

从轻微的焦躁到严重的憎恶，人们会把这些负面的情绪或态度带入日常的交际活动中。这些负面的心理因素会对人们的活动和行为产生影响，而这样的影响也会体现在行为范畴的语言使用中。[①] 我们把这些负面的心理因素，更具体来说，把"反对的、不友好的态度或不满、不愉快乃至愤怒的情绪"称为"非合作态度"。[②] 同时我们发现，在特定的语言社区中，常常与"非合作态度"有联系的语言形式也具有一定的特征，呈现出一定的模式。我们把具有这些模式特征的话语称为"非合作话语"。因此我们也可以这样理解："非合作话语"是常常与"非合作态度"有联系的话语。

在世界范围内，日语被认为是"坏话"较少、咒骂语较为不发达的语言，但人都会有负面的情绪，也会在交际中不可避免地受到这些情绪的影响，日语的母语者也不例外。在观察日语的语言交际时，我们发现在末尾出现第二人称代词的话语在说话人表达非合作态度的场面中十分多见。本文将以该类话语为焦点展开非合作话语的描写分析。

在关注实际存在于交际中的非合作话语时，我们发现一些难以用以往的语法知识说明的现象。这反映了我们对于非合作话语的认识和理解是片面的、不足的，也说明了目前我们的语言研究对于非合作话语的关心和描写、整理是存在欠缺的。而实际上，非合作话语广泛存在于实际的交际中，且其表达的非合作态度往往也会成为交际中人们关注的焦点。在此问题意识的背景下，本文首先通过描写语言形式整理日语中某类非合作话语的模式特征，旨在增进认识；其后在语法和意义方面展开讨论分析，旨在促进理解，进而以此描写和讨论为基础，揭示非合作话语这一类在目前研究中容易被忽略的语言现象蕴含的实践和理论的启示。

---

① 藤原健、大坊郁夫：「感情が言語行動に与える影響：二者間会話場面における定量的検討」，『社会言語科学』2012 年第 15 巻第 1 号，第 29～37 頁。
② 揣迪之：《日本語コミュニケーションの非協調性に関して―記述的なアプローチの試み》，《日语语言学研究》编委会编《日语语言学研究——徐一平教授 60 华诞纪念》，浙江工商大学出版社，2016，第 256～268 页。

一 先行研究及本文的定位

概观过往的交际相关研究，虽然研究领域和问题意识各不相同，但大多数研究或以“合作”作为讨论的前提，或以“合作”作为研究的目的，如 Grice 的论文、① Sperber 和 Wilson 的著作、② Brown 和 Levinson 的研究、③ Schiffrin 的文章④等。在这种几乎只关注“合作”的研究视角下，“合作”以外的交际话语就只能被定位为“规则之外”的、零散的特例而缺少对其直接的关注。

在语言交际中，非合作态度最明显的表达方式之一是使用带有负面语义的词，如“贬义词”这一概念下的词以及咒骂语、脏话等典型的带有负面语义的词。在理解包含这类词的非合作话语时，我们或多或少可以将其表达的非合作态度归于词的语义。此外，在观察交际时我们发现，在各个语言社区中都有相当一部分的话语，虽然不包含负面语义的词，但在该社区的语言习惯中往往表达着反对的、不友好的态度或不满、不愉快乃至愤怒的情绪，即我们所说的非合作态度，因此我们认为非合作态度也可归于存在于语言形式中的话语模式。在“坏话”较少、咒骂语较为不发达的日语中，同样也存在许多这样的非合作话语的模式，⑤ 本文将通过聚焦其中的一种——第二人称代词出现在话语末尾的话语模式，描写整理其特征，挖掘其与非合作态度的关系。

---

① Grice, H. P.,“Logic and Conversation,” in P. Cole and J. L. Morgan eds., *Syntax and Semantics*, 3, Speech Acts, New York: Academic Press, 1975, pp. 41 – 58. 该论文为了解决话语外的含义问题，提出了著名的“合作原则”。文中虽承认“可以从合作原则中退出”，但同时指出“只有认为合作原则是被遵守的，话语才会有含义”，因此以含义为中心问题的该论文对于“合作”范围之外的交际言及甚少。

② 〔法〕D. スペルベル、〔英〕D. ウイルソン：『関連性理論—伝達と認知』第2版，内田聖二等訳，東京：研究社出版，1993，1999²；Sperber, D., and D. Wilson, *Relevance: Communication and Cognition*, Cambridge: Harvard University Press, 1986, 1995²。

③ 〔美〕ペネロピ・ブラウン、〔英〕スティーヴン・C. レヴィンソン：『ポライトネス—言語使用における、ある普遍現象』，田中典子监訳，東京：研究社出版，2011；Brown, P. B., and S. C. Levinson. *Politeness: Some Universals in Language Usage*, Cambridge: Cambridge University Press, 1987。

④ Schiffrin, D.,“Jewish Argument as Sociability,” *Language in Society* 13, 1984, pp. 311 – 335.

⑤ 揣迪之：《非協調性からみた日本語の命令表現—従来でいう「反語命令」への記述的な試み》，北京日本学研究中心编《日本学研究》第26期，学苑出版社，2016，第282～294页。

在关注带有负面语义和语气的语言的研究中，有多种不同的角度和切入点。例如主要聚焦在词和俗语层面上的奥山益朗、川崎洋、真田信治和友定贤治的研究，[①] 整理了日语中表达不快的咒骂语。此外，和非合作话语比较相关的研究领域还有比较注重话语篇章结构特点的"冲突性话语"研究，[②] 以及以 Culpeper 为代表的关注交际话语策略的"不礼貌"课题的研究。[③] 在此背景下，我们认为非合作态度可算在广义的意义范畴内〔接近利奇提出的七种意义分类中"联想意义"（associated meaning）中的"情感意义"（affective meaning）〕[④]，和语言形式之间存在一定程度的关系，并认为部分非合作态度无法还原到组成话语的各个词的语义中，因此本研究暂不考虑存在于交际中但过于复杂的意图和人际关系等因素，以话语为单位开展描写和分析，力求把该类非合作话语的特征梳理呈现出来，并通过语法和意义方面的讨论挖掘其在语言交际研究中的价值，作为基础研究工作的一部分，为非合作话语的系统性研究打下基础。

由于非合作话语往往是带有情绪的话语行为，所以本文在对话语的语言形式进行描写工作时把文字和语音特征都考虑在内，既包括音段（segmental）成分，即音拍、音素等可以切分的部分，也包括超音段（suprasegmental）成分，即语音的音高、音强、音长、调音、音质等不可切分的部分。此外，为了更准确地理解话语表达的非合作态度，本文也会在一定程度上考虑话语出现的环境因素，其中包括上下文（co-text）和场景（context）的因素。

非合作话语的研究旨在为语言交际提供更全面、更接近实际的启示，因此我们需要能够反映出交际中语言使用实际情况的语料数据。本文的语料数据出自笔者收集整理的小型数据库，其中的话语数据出自电视剧、电影、动漫、综艺节目等。这是出于以下几点考虑：第一，在征求对方同意

① 奥山益朗编『罵詈雑言辞典』，東京：東京堂出版，1996；川崎洋：『かがやく日本語の悪態』，東京：草思社，1997；真田信治、友定賢治編『県別罵詈雑言辞典』，東京：東京堂出版，2011。

② Leung, S., "Conflict Talk: A Discourse Analytical Perspective," 2002。https://academiccommons.columbia.edu/download/fedora_content/download/ac: 195705/CONTENT/5.-Leung-2002. pdf。冲突性话语的研究成果较多，此为综述类论文。

③ Culpeper, J., *Impoliteness: Using Language to Cause Offence*, Cambridge: Cambridge University Press, 2011。

④ 〔英〕杰弗里·N.利奇：《语义学》，李瑞华等译，上海外语教育出版社，1987；Leech, G. N., *Semantics: The Study of Meaning*, London: Penguin Books, 1974, 1981[2]。

后再录音的做法无法避免观察者效应,① 要收录本研究所关心的表达负面情绪和态度的非合作话语十分困难;② 第二，更真实、更多样化的话语数据往往在实验室环境之外更容易得到，这在定延利之的论文中有所讨论;③第三，我们不认为电视剧、电影、动漫、综艺节目中的话语是区别于日常生活交际中的话语的另一个体系。

二　话语模式的描写和整理

在观察日语交际中的非合作话语时，我们留意到符合某种模式的话语十分多见，该模式的特征也很明显，即第二人称代词出现在话语的末尾。我们把观察到的例子中的一部分列举如下。

（1）（对方一直说着莫名其妙的话时）

「なー④に言ってんだお前。」

（頭文字 D　第 22 話）

（2）（喜剧艺人 A 在讲述"艺人工作中经历过的失败"这一话题时）

A：「（俺は）結構緊張しいなんで。」

B：「バイト中に?」

A：「バイト中関係ねぇだろお前! お笑いの話してんだよお前。バイトしたことねぇしなお前。」

（しゃべくり 007　2012 年 2 月 13 日）

（3）（与迎面走来的人肩膀相撞后）

「痛ってぇなお前!」

（しゃべくり 007　2013 年 10 月 28 日）

---

① 指"观察"这种行为本身必然对被观察的对象产生一定的影响，当我们想观察处于平时不被观察状态下的对象时，尤其在语言研究的语料收录时，该效应构成了一个无法回避的悖论。

② Culpeper 曾指出在进行"不礼貌"相关研究的数据收集时也存在这样的问题。

③ 定延利之:「日本語のアクセントとイントネーションの競合的関係」，日本語音声コミュニケーション教育研究会編『日本語音声コミュニケーション』2013 年第 1 号，第 1～37 頁。

④ 话语中有较明显的拉长音拍时，用「一」表示。

（4）（对方把说话人的秘密公之于众时）

「何の話だお前！」

　　　　　　　　　　　　（しゃべくり007　2012年2月13日）

（5）[在节目上，大家谈到嘉宾B（巨泉さん）在业界资历很老，在很多方面都给人以先驱者的印象时]

A：「巨人って名づけたのは巨泉さんですよね?」…

B：「俺は化石かお前！」

　　　　　　　　　　　　（しゃべくり007　2012年11月19日）

（6）（说话人质问对方时）

「お前この日何やってたんだお前。」

　　　　　　　　　　　　（しゃべくり007　2013年6月17日）

（7）（与几个伙伴一起陪对方去应聘兼职，本来自己就不乐意，结果对方还突然提议大家一起应聘时）

「ふざけんなよテメェ！」

　　　　　　　　　　　　（BanG Dream!　第5話）

（8）（取笑对方使用熨斗的动作很笨拙时）

「ハンコじゃないんだからさーあんた。」

　　　　　　　　　　　　（しゃべくり007　2012年8月20日）

（9）（在教室里埋头专心创作音乐时却有人来一直搭话打扰，终于不堪其扰地抬起头时）

「だー！もう！何なんだよ！誰君！」

　　　　　　　　　　　　（覆面系ノイズ　第1話）

（10）[一位老奶奶（B）在接受记者（A）的采访时谈到现在年轻人的贞节观念和以前很不一样]

A：「お母さんの時代ってそういうことなかったんですか?」

B：「あるわけないじゃないあなた！」

　　　　　　　　　　　　（水曜日のダウンタウン　2019年6月27日）

（11）[自己热情地与对方打招呼，对方（宫田）却不予理睬时]

「待てこら宫田貴様ー！」

　　　　　　　　　　　　（はじめの一步 Rising　第10話）

例（1）到（11）中粗体字部分的话语都表达了说话人的非合作态度，

是非合作话语。首先在音段成分方面，这些例子具有两个明显的共通之处。第一是话语末尾有第二人称代词；第二是即使把话语末第二人称代词去掉，这些话语也能够在语法和交际层面上成立。从这两点看来，这些话语可以被看作"在完整的话语后附加上第二人称代词"的一类话语。此外，从以上的例子中我们可以看到，出现在话语末尾的第二人称代词有「お前」（御前）、「あんた」、「テメェ」（手前）、「君」、「あなた」、「貴様」这些形式，由此我们可以看出此类话语的特征并不局限于某一个词，而是广泛对应于各种形式的第二人称代词。再者，以上例子中粗体字部分的话语基本都符合两种结构模式，即（1）到（5）和（7）到（11）的"中心部分①＋第二人称代词"和（6）的"第二人称代词＋中心部分＋第二人称代词"。显然，这两者共通的特征为"第二人称代词出现于话语末尾"，因此我们把具有该语言形式特征的话语看作"话语末第二人称代词"的话语模式。从例子中也可以看出，此话语模式中末尾的第二人称代词之前的内容较多为疑问或祈使命令。

而在超音段成分方面，这些话语有以下的特征。话语末的第二人称代词的语速较快，而且与之前的内容之间几乎没有语音的空白时间，第二人称代词最后的音拍发音较轻较短，其中「お前」最后的音拍「え」的发音似乎伴有元音央化②现象而接近［ə］的发音。这些特征还有待进一步调查考证。

再看出现此话语模式的环境方面。出现该话语模式的典型场景是，说话人把自身的不满等情绪直接地、明白地向听话人表达时。另外，该话语模式往往出现在交际中某事态发生时的现场，具有较明显的现场属性。

三 语法分析——"非合作"并非"无规则"

从语法角度看，首先，当我们把（1）话语末尾的第二人称代词移动到话语的开头位置，即把话语变成通常语序的「お前（は）何を言ってるんだ」时，话语也是成立的，因此似乎可以把此话语解释为简单的主语后置现象。的确，我们在观察数据时也发现许多如「うるさいなお前」和「何

---

① 如（6）的结构中，位于前后两个第二人称代词之间的部分本文称为"中心部分"。
② 元音央化指在元音发音时，舌头的位置更靠近中央而发音更接近央元音［ə］的现象。

様だよお前」这样，可以把话语末的第二人称代词理解为句子主语的话语。然而，我们也发现在（2）到（5）和（8）（10）中，话语末的第二人称代词不能解释为句子的主语，而且也不能解释为其他句子成分，在语法上似乎独立于句子之外。林博司等人在论文中也举了类似的话语实例「日本帰ったら、<u>あんた</u>、三宮の地べたに売ってるやんか」，指出话语中有时会出现超出谓语所需论元数量的内容，这多出来的内容表达了说话人的内心态度。① 此外，在（6）的话语中，第二人称代词「お前」于话语的开头和结尾各出现了一次，这也说明了把话语末的第二人称代词解释为主语后置是行不通的。

其次，在日语语法中，终助词「よ」「ね」「な」「さ」「か」等被认为是出现在句子最末尾的词，然而在我们的例子（2）（3）（5）（7）（8）的话语中，话语末的第二人称代词出现在这些终助词的后面，这并不符合以往我们熟悉的语法规则。定延利之在分析"角色助词"（キャラ助詞）时发现也有"角色助词"出现在终助词之后的现象。他将其特殊性叙述为"出现在原被我们认为应该出现在句子最末尾的终助词之后的一群词语"，并清晰地指出了该现象所具有的学术启示价值，称这"将引导我们重新审视以往关于句子结构的见解，重新审视'归根到底句子是什么'这个问题"。②

综上两点，此类话语难以用过往的语法规则进行各部分的说明，我们更应该将其看作一个独立的话语模式而去直接观察其特征，提炼其规则。

过往的交际研究大多以"合作"为前提展开，在这样的研究范式中，即使"合作"以外的内容进入视野，也只能经由"合作"的交际模式和"合作"的观点去做出解释，因此"合作"以外的非合作的内容则自然被定位为边缘化的、零散的、二次派生的、规则之外的现象，而缺乏直接与其相关的理论，也缺乏对其的关注兴趣。然而，如上节所述，非合作话语在直接的关注之下，在充分的描写和整理之后，也同样呈现出较明显、稳定的模式特征，以及与所表达的内容——非合作态度之间的一定程度的联系。因此非合作话语并不由于其在某个层面上脱离了"合作"而无章可循，而

① 林博司、水口志乃扶、小川暁夫：「項の『文的』解釈と『発話的』解釈—呼びかけ詞の対照言語学的考察」，『シリーズ文と発話 1—活動としての文と発話』，東京：ひつじ書房，2005，第 253～288 頁。
② 定延利之：『コミュニケーションへの言語的接近』，東京：ひつじ書房，2016。

与其他话语一样，是具有其自身的规则①的。

四　意义分析——话语模式与非合作态度的关系

　　我们应该如何理解这个"话语末第二人称代词"的话语模式与其表达的非合作态度的关系呢？在笔者看来，把该话语模式理解为"使用末尾的第二人称代词呼唤对方"似乎比较妥当。但是，交际中的呼唤是一种引起对方注意的行为，通常应该位于话语的开头，而这些话语位于话语的末尾似乎并不合理；而且在（6）的话语中，在话语中心内容的前后出现了两次第二人称代词，即对对方先后进行了两次呼唤，似乎也并不合理。关于日语中后置的呼唤，福岛重一曾经指出其发挥着仅仅附加微妙的情绪色彩的作用，从中产生出某种心理效果，② 这与本文的观点一致，只是该文献并没有说明其会附加怎样的情绪色彩，产生怎样的心理效果。此外，林博司等人也表达了类似观点，称这样的第二人称代词表达了说话人的内心态度。③

　　在笔者看来，如（6）的话语那样，进行不必要的呼唤行为使话语容易与非合作态度产生联系。在日常生活中由于被呼唤而吃惊甚至吓一跳的经历我们应该都可以理解。为了引起注意的呼唤是一种进入对方"领域"的行为，几乎必然地会消耗对方的"注意力"资源。类似的观点在金田纯平的论文中也可看到。金田纯平指出，当日语的呼唤词出现在句末时，此时的话语与其说是为了引起注意，不如说是一种说话人催促听话人响应自己的要求，或逼迫听话人的行动。④ 像在路上搭话陌生人时说的「あの、すみません」那样的为了开始会话而进行的呼唤，是在人们可理解的范围内的，但故意地反复进行呼唤，尤其是进行过剩的、不必要的呼唤则会给对方带来交际上、心理上的负担。这样一来，对方也就容易把说话人的行为理解为正在对自己表达某些不满的情绪。这样的结果则是，该话语模式常常与

①　此处所说的"规则"仅指客观规律，并无具有指导意义的"规范"之意。
②　福岛重一：「呼びかけ語の位置と効果—日英比較による試論と解説」，『大阪工業大学紀要　人文社会篇』1976 年第 22 巻第 2 号，第 45 ~ 58 頁。
③　林博司、水口志乃扶、小川暁夫：「項の『文的』解釈と『発話的』解釈—呼びかけ詞の対照言語学的考察」，『シリーズ文と発話 1—活動としての文と発話』，東京：ひつじ書房，2005，第 253 ~ 288 頁。
④　金田純平：「文末の感動詞・間投詞—感動詞・間投詞対照を視野に入れて」，友定賢治編『感動詞の言語学』，東京：ひつじ書房，2015，第 15 ~ 37 頁。

非合作态度有联系。

从词的层面看（1）到（11）的话语内容，除了「お前」（御前）、「テメェ」（手前）、「貴様」带有较低的待遇属性、（7）和（11）是容易被理解为不客气的命令的内容之外，并没有语义恶劣的词或咒骂语。而且，（9）和（10）既没有侵犯性的内容，话语末的第二人称代词又是没有低待遇属性的「君」和「あなた」。[①] 这些都让我们认为该类非合作话语与非合作态度的联系至少并不完全来自组成该话语的词的语义。这样的意义结构有着整体大于部分之和的特点，与 Goldberg 等人提倡的构式语法的观点[②]有相通之处，这也是我们认为仅分析词的语义无法完全解释交际中的非合作话语与非合作态度的关系，而以话语整体作为考察单位的理由。

需要我们注意的是，非合作话语的模式虽然常常与非合作态度有联系，但并非在交际中的一切情况下都必定出于与非合作态度有联系的交际意图，也并非在交际中的一切情况下都必定造成与非合作态度有联系的交际理解"效果"或者"结果"。换句话说，即说话人在使用非合作话语时也有可能并不是在表达自己的非合作态度，听话人在接受非合作话语时也有可能不会产生"对方在表达非合作态度"的理解。这似乎难以理解，但在根本上与"语言形式和意义之间的关系无绝对"这一道理相通，语言形式和说话人的态度、情绪之间的关系也不绝对。我们的交际中有许多意义机制与其类似的语言现象。例如在任何语言社区都存在的咒骂语是一种典型的用来表达或发泄负面情绪的语言，但正如韦津利所指出的那样，使用同一套词汇的咒骂语有时也"有助增进同一团体的人随口谈天的轻松写意气氛"，充当"团体中的润滑剂"，"尽管可能针对别人，但并无贬义；它的形式常跟恶言咒骂一样，但功能相反，意图在于说笑而非冒犯"。[③] 韦津利将其原理说明为"礼貌之为社交距离的标签，正是咒骂之为社交融洽的标签的反

① Yonezawa Yoko，"二人称代名詞「あなた」に関する一考察：国会議事録の分析を通して，" 18th Biennial Conference of the Japanese Studies Association of Australia, 2013, http://japaninstitute. anu. edu. au/sites/default/files/u6/26_ Yoko_ Yonezawa-JSAA2013. pdf. 该论文认为「あなた」是"仅作用于指示对话中的对方即第二人称、不表明与对方的社会关系的'纯粹无色的人称代词'"。

② 〔美〕アディール・ゴールドバーグ：『構文文法論—英語構文への認知的アプローチ』，河上誓作等訳，東京：研究社出版，2001；Goldberg, A. E., Constructions：A Construction Grammar Approach to Argument Structure，Chicago：The University of Chicago Press，1995。

③ 〔澳〕露丝・韦津利：《脏话文化史》，严韵译，文汇出版社，2019；Wajnryb, R., Language Most Foul，Sydney：Allen & Unwin Pty Ltd.，2004。

面"，更把这类咒骂称作"社交咒骂"。日语的第二人称也是典型的例子之一，如在现代日语中多少带有负面语气的「お前」（御前）、「貴様」、「テメェ」（手前）在过去都表示说话人敬畏、谦逊的态度。由此我们看到，某一语言形式可能表达的意义或语气态度在正负两端互不排斥，甚至有相通的可能。这是在多种语言中存在的现象。与该类现象类似，即使语言形式上是常常与非合作态度有联系的话语模式，也并不是每句这样的话语都表达非合作态度，甚至有时从结果看来还会产生"合作的""愉快的"交际效果。这类意义倾向性的机制在交际的语言使用中并不稀奇。

我们认为，无论用带有负面意义的字眼能够进行多么融洽的交际，这些字眼"与负面意义有联系"的属性也不会改变。实际产生于交际中的"效果"是语言形式的意义、上下文、场景情况、人际关系等一系列变量有机结合而产生的，由我们事后思考并判断而得到的"结果"。在这个整体中，语言形式的意义的影响力也许不是决定性的，有时甚至也不是最主要的，但是，在交际的问题中，当我们尝试把握其中的复杂结构时，研究语言形式所表达的意义无疑是处于根本性地位，且具有高度建设性的。

结　语

过往的交际研究多以"合作"为前提或目的，在这样的背景下，本文直接关注了日语交际中在某种意义上脱离了"合作"的非合作话语中的一种——"话语末第二人称代词"的话语模式。在描写并整理该话语模式的特征的基础上，本文从语法方面挖掘了该话语模式中独自的规则，并在意义方面讨论了该非合作话语的模式整体超越部分之和的类似于构式语法观点的性质。这一方面展示了直接关注非合作话语在交际研究、语言研究上的价值；另一方面也展示了我们目前对于这类广泛、真实地存在于交际中，且具有自身规则的一系列话语的关注不足。在话语模式的描写和讨论之外，我们认为该话语模式在跨语言对比研究以及有关语法方面的进一步深入探讨等方向上都有着值得期待的前景，但由于篇幅有限，这些且作为今后的课题。此外，在话语的描写工作中呈现的关于交际效果中"非合作"与"合作"的关系等理论框架的问题也值得持续关注和探讨。本文考察的话语模式只是非合作话语中的冰山一角，今后的对于各类话语模式的整理和分析工作将为我们关心的交际、语言、人类的情绪等多个问题提供更全面、更立体、更接近事实的认识和启示。

Second-Person Pronouns at the End of Utterances and Non-Cooperative Utterances in Japanese Communication
—An Exploration Through the Description and Discussion of the Utterance Pattern

Abstract：This paper refers to attitudes of confrontation, unfriendliness or emotions of discontent, unpleasantness, and even anger in communication as non-cooperative attitudes, and utterances that are often associated with non-cooperative attitudes as non-cooperative utterances. However, most communication studies in the past have made "cooperation" the premise of discussion or the purpose of research, and non-cooperative utterances thereby lacked direct attention. We found that when Japanese second-person pronouns appear at the end, the utterances are often associated with non-cooperative attitudes. Sorting out these utterances using descriptive methods, we also elucidated the unique rules in the utterance pattern from the grammatical aspect, and in terms of meaning, we argued that this non-cooperative utterance pattern has a nature similar to the view of construction grammar that the whole means more than the sum of the parts.

Keywords：second-person pronoun; calling word; non-cooperative utterance; communication; descriptive approach

现代日语同源宾语句特征与构式网络分析

【摘　要】同源宾语句是语言中的普遍现象。本文依托"BCC-WJ 中纳言"语料库的实例，以现代日语典型同源宾语句为切入点，指出同源宾语具有标示过程的结果功能，不内含终结点的动词更易组合原型同源宾语句。另外，同源宾语句的句间扩展与句内扩展相互融合，形成现代日语同源宾语句由原型到边缘的构式网络。

【关键词】同源宾语　结果　及物性　终结体/无终体

引　言

同源宾语句（cognate-object construction，以下简称 COC）存在于诸多语言之中。动宾同源常常会造成表面上的重复或冗余。从经济性和语用原则的角度来看，应当尽可能地避免使用。但实际上，尤其是在书面表达中，同源宾语句作为特殊的句式，具有一定的使用频率和表达效果。如英语中的"smile a smile""dream a dream"，汉语中的"锁锁""画画"，日语中的「歌を歌う」「踊りを踊る」等。

对于「歌を歌う」「踊りを踊る」，日语学习者或已习以为常，但「眠りを眠る」「戦いを戦う」等不及物动词与同源宾语的结合则更能体现这一表达的特殊性。因此，如何系统地理解日语同源宾语与相应动词的功能用法是值得深入讨论的课题。

---

* 刘仝乐，北京外国语大学北京日本学研究中心博士研究生，主要研究方向为日语语言学。

一 文献概述与研究对象

1. 前人研究现状

日语同源宾语句有的是原本固有的，如小柳智一、佐佐木隆对古语同源宾语句进行了较为系统的梳理，从中可以看出一些表达的继承与发展；[①]同时有的同源宾语句则受到英语等的影响，如乾亮一指出「飜譯句調によるものであると断じ去ることは許されないが、西洋的表現の強い影響もまた見逃すわけには行かない」。[②]

相较于英语等的研究，现代日语同源宾语句研究多是零散的，并且基本上是以英语等西方语言视角展开的，如堀田优子、林高宣等的研究重点在于英语表达，对日语表达只是略有提及。[③] 堀田秀吾从句式层面对日英同源宾语句进行了对比，该文虽指出了日语同源宾语句的部分独有特征，但仍缺乏一定的系统性。[④] 另外，古牧久典、山梨正明、中岛平三、程莉等尽管在讨论重复表达形式时，直接或间接地涉及日语同源宾语句，却未展开更深入的分析。[⑤]

总体上，对现代日语同源宾语句的讨论尚存有两方面的不足：其一，在用例的收集上，既往研究多以个别表达为对象，难以对同源宾语句的用法特征进行更加全面的把握；其二，在研究的侧重上，既往研究较多地关注宾语结构，对动词结构的分析有待完善。鉴于此，本文以语料库实例为依托，对现代日语同源宾语句式进行梳理，分析同源宾语的语义功能与动词的用法特点，以及同源宾语句内、句间的扩展与关联。

---

① 小柳智一：「『眼を寝』（いをぬ）など—同族目的語構文について」，『日本語学』1999 年第 18 卷第 1 号；佐佐木隆：「上代語の同族目的語構文を再考する」，『学習院大学文学部研究年報』2017 年第 64 号。

② 乾亮一：「いわゆる Cognate Object について—その機能と國語への影響」，『英文学研究』1949 年第 26 卷第 2 号，第 275 頁。

③ 堀田優子：「同族目的語構文のカテゴリーに関する一考察」，『金沢大学文学部編集‧言語‧文学篇』2005 年第 25 号；林高宣：「同族目的語構文における動詞—動詞アスペクトの再解釈について—」，『島根大学教育学部紀要（人文‧社会科学）』2012 年第 46 卷。

④ 堀田秀吾：「日英語の同族目的語構文の機能構文論的比較」，『明治大学教養論集』2009 年第 439 号。

⑤ 古牧久典：「使用依拠モデルからみた〈重複〉表現」，『日本語用論学会大会発表論文集』2008 年第 4 号；山梨正明：『認知構文論—文法のゲシュタルト性』，東京：大修館書店，2009；中島平三：「『例外』を見る目」，『Human Linguistics Review』2018 年第 3 号；程莉：『「重複」の文法的研究』，東京：ひつじ書房，2020。

2. 研究对象的范围与分类

虽然现代日语相关研究难成体系，但前人对日语古语同源宾语句的分类值得借鉴。小柳智一将古语同源宾语句分为两类：一是宾语与不及物动词语义重叠的情况，如「眠（い）を寝（ぬ）」；二是宾语与及物动词同源的情况，如「枕（まくら）を枕（ま）く」。佐佐木隆采用三分法：宾语与动词同源的情况，如「使ひを遣はす」；宾语是与动词形成的复合词的情况，如「印（おして）を押す」；宾语与动词不同源，但近义的情况，如「言を云ふ」。以此为参考，下文也分别关注同源宾语的形式、动词的及物性，以及动宾的语义关联。

在寻求使用同源宾语句进行表达时，通常有两种方法。"一种方法是，将他动词①「云ふ」「さ寝」「思ふ」的连用形名词「云ひ」「さ寝」「思ひ」原封不动地作为宾语使用。另一种方法是，如果还有其他原本的名词，就将其作为宾语使用，有尽量贴近这些连用形名词含义的意思。"② 并且佐佐木隆认为相较于后一种方法，前者更加单纯、容易、具有实操性。

在此观点的基础上，本文认为动词与其连用形名词无疑处于同源关系之中，在形与义上具有较高程度的一致性，故将二者所组合的同源宾语句看作典型同源宾语句。笔者以动词的连用形名词③为关键成分，对「現代日本語書き言葉均衡コーパス中納言版」（下文简称"BCCWJ 中纳言"）进行检索，④ 所得结果汇总为表 1。

---

① 佐佐木隆文中所说的"他动词"（及物动词）并非严格意义上的及物动词，如其所举证的「さ寝」实际上为"自动词"（不及物动词）。本文认为这里的"他动词"是出于动词统一带有「を」格宾语的便利而言的。

② 佐佐木隆：「上代語の同族目的語構文を再考する」，『学習院大学文学部研究年報』2017年第 64 号，第 107 頁。

③ "BCCWJ 中纳言"在认定动词连用形名词的词性时，存在"动词连用形"和"名词"两种可能，本文的数据抽取也涵盖了这两种可能。

④ 表 1 中的数据是在"BCCWJ 中纳言"的"短单位检索"模式下抽取的。本文只考察同源宾语与动词以"CO を V"的形式出现的情况，不包括动词前插入副词性修饰成分的情况。比如，虽然在「私にとって縄跳びは 1 分くらい跳んでいると息が上がってしまうので」（『糖尿病のマネージメント 』）中，宾语语素「跳び」与动词「跳ぶ」同源，但在语料库中没有「跳びを跳ぶ」的紧凑形式。本文认为相对于前者，后者更能体现同源宾语句的特性。另外，在"BCCWJ 中纳言"中，也有类似「歩みを歩ませる」「働きを働かせる」的表达形式，其中的不及物动词采用了致使形态，但没有相应不及物动词原形搭配同源宾语的实例。这与表 1 所列实例的形态特征不合，本文不将其归入典型同源宾语句。

表1 "BCCWJ 中纳言" 中的典型同源宾语句

	单纯同源宾语*	复合同源宾语
不及物动词**（VI）	遊びを遊ぶ	
		心当たりを当たる
	踊りを踊る	盆踊りを踊る 等
	驚きを驚く	
	答えを答える	
	戦いを戦う／闘いを闘う	
	通りを通る	大通りを通る 等
	嘆きを嘆く	
	悩みを悩む	
	眠りを眠る	
		遠吠えを吠える
	舞（い）を舞う	獅子舞を舞う 等
	回りを回る／廻りを廻る	
	喜びを喜ぶ	
	笑いを笑う	
及物动词（VT）		値上げをあげる 等
		から揚げを揚げる 等
	網をあむ	すじ編みを編む 等
	営みを営む	
		水入れを入れる
	歌を歌う／唄を唄う／謡を謡う	子守歌を歌う／小唄を唄う 等
		前置きを置く
		機織を織る
		筋書きを書く 等
		お絵かきを描く
		前掛けをかける 等
	数を数える	
		物語を語る
	悲しみを悲しむ	
	かぶせをかぶせる	
	感じを感じる	
		上着を着る 等

续表

	单纯同源宾语	复合同源宾语
及物动词 （VT）		仕組みを組む
		下支えを支える
		中敷を敷く　等
	絞りを絞る	
		石版刷りを刷る
		見出しを出す
	使いを遣わす	
		田作りを作る　等
		わさび漬けを漬ける　等
		日付けを付ける　等
		子連れを連れる
		お手伝いを手伝う
	問いを問う	
		婚姻届を届ける
		段取りを取る　等
		承認取消しを取り消す
		おにぎりを握る
		お雑煮を煮る
		上履きを履く　等
	話を話す	昔話を話す
	抽斗を引きだす	
		字引きを引く
	堀/濠/壕を掘る	空堀を掘る
	巻きを巻く	腹巻きを巻く　等
		銀座結びを結ぶ　等
		日めくりをめくる
		気持ちを持つ　等
		玉子焼きを焼く　等
		紙縒を縒る

注：＊表 1 中的同源宾语不仅有动词连用形名词，也包括与动词同源的名词，如与「歌う」相对的「歌」、与「数える」相对的「数」，以及与「編む」相对的「網」、与「遣わす」相对的「使い」。其中，后两个同源名词与动词在惯用汉字上存在不同。

＊＊表 1 中的及物性区分参照了《学研国语大辞典》（第二版）。虽然表中对及物性做了两极分

类，但其中一些动词的及物性界限模糊，如针对自动词「踊る」，注有如下解释：「『踊り』または踊りの種類を表す語（ワルツ・タンゴなど）を目的語にとって、広く他動詞としても用いる」［金田一春彦、池田弥三郎编『学研国語大辞典』（第二版），東京：学習研究社，1988，第248頁］。

资料来源：笔者绘制。

    表1中，不及物动词的相异词数为15词，其中的13个动词能搭配单纯同源宾语，比例为86.7%；及物动词的相异词数为46词，其中的14个动词能搭配单纯同源宾语，比例为30.4%。由于单纯同源名词在形（字形与读音）与义上和相应动词最接近，其组合可以说是典型同源宾语句中的典型，本文将其看作原型同源宾语句（the prototypical COC）。虽然能搭配单纯同源宾语的不及物动词与及物动词词数接近，但从上述比例来看，不及物动词更易组成原型同源宾语句。

    除了以上27个能搭配单纯同源宾语的动词，其余动词只能搭配由同源宾语语素与某些语素结合成的实义词，本文称之为复合同源宾语。复合同源宾语可以说是日语同源宾语在构词上的一大特征。相较单纯同源宾语，复合同源宾语的数量更多，表1只列出了这些动词的部分复合同源宾语实例。

二　现代日语同源宾语句的基本特征

1. 同源宾语句中的宾语

（1）同源宾语的表现形式

    既往研究大多指出，同源宾语通常伴有修饰短语。例1、例2中虚线所示部分是对单纯同源宾语的修饰。

    例1　その匂いとぬくもりに包まれて、この夜啄木は浅い眠りを眠った。（『石川節子』）

    例2　そしてナンバリングはついにここで、にやりと例の笑いを笑ったのだった。（『虚航船団』）

    例3　仰向いて高く長々と孤独なオオカミの遠吠えを吠えた。（『梯の立つ都市；冥府と永遠の花』）

    例4　自分で標題の筋書きを書いている。（『ピアニスト ための音楽史』）

    复合同源宾语有时也需要搭配修饰短语，如例3、例4中的情况。

同时，本文认为复合同源宾语虽然作为一个整体的、具有实质意义的词，但由于同源宾语语素与其他语素的结合，二者之间存在一种广义的修饰关系，例 3、例 4 中的「遠」「筋」分别是对「吠え」「書き」的某种限定。

无论哪种修饰方式，相较于单独的名词，具有修饰关系的名词结构是更加有界和具体的。因此，整个同源宾语结构的语义范畴要小于相应动词的语义范畴，以避免动宾完全重叠而造成冗余。其实，这种语义区别的操作不仅仅局限于同源宾语句，比如，「馬から落馬する」是明显的重复表达，但在例 5 中则不成问题。

例 5 マティルダは傾けた馬から落馬するような形で、…（『灼眼のシャナ』）

（2）同源宾语的语义功能

Langacker 认为，动词标示事件过程，其成分状态形成互联实体的集合，界定出一个抽象区域。[①] 这一区域通常是潜在的，但也可以被识别，甚至被凸显，成为事件名词化。上述单纯同源宾语在一定程度上就是对动词的名物化。

在认知语法中，名词对其所标示的事物进行总体扫描（summary scanning）。那么，作为名词结构的同源宾语，把过程视为一个整体而进行总体扫描，并以完形（gestalt）呈现出一个稳定的区域。

对于沿时间轴序列展开的事件过程而言，其内部成分并非同质的。其中相对稳定的环节既不是开始或终了节点，也不是中间的展开阶段，而是完成的状态。因此，对过程进行的总体扫描所获得的稳定区域可以理解为这一状态所界定的范围。也就是说，同源宾语的语义功能就是标示与这一状态相对应的结果。

以单纯同源宾语为例，它具有双重性格。一是作为名词结构而具有的事物性，二是因与动词同源而具有的事件性，二者具有不同程度的侧重。前者凸显空间内的一个特定区域，即该过程的具体结果物；后者凸显过程的一个特定实例，即该过程的抽象结果。

例 6 足羽七城といっても、堀を掘り、その土をもって城壁を搔き上

① Langacker, Ronald W., *Foundations of Cognitive Grammar Volume Ⅱ: Descriptive Application*, Stanford: Stanford University Press, 1991.

げたいわゆる掻上城と呼ばれる粗末な城ばかりで、(『太平記』)

例 7　くるくる駅の回りを回っていたら、実は道一本入ったらすぐ近くにあったとか。(『Yahoo! ブログ』)

例 6 中的「堀」是「掘る」这一行为所形成的具体结果物,它凸显为空间内的一个特定区域。相比之下,例 7 中的「回り」则不够具体,但仍可认为这里的「回り」是在「回る」之后形成的虚拟轨迹,是较为抽象的结果。

复合同源宾语受内部修饰语素的制约,其语义或多或少地偏离了动词的语义。虽有程度上的差异,但复合同源宾语依然是动词所标示的事件过程的结果。例如,在「遠吠えを吠える」「から揚げを揚げる」中,可相对轻易地判断出「遠吠え」是「吠える」行为发生后形成的特定吠叫声,「から揚げ」是「揚げる」行为之后出现的一种食物。而在「水入れを入れる」「字引きを引く」中,「水入れ」与「字引き」分别意为置水和查字的工具,似乎难以理解为「入れる」与「引く」的行为结果。但从例 8 和例 9 的语境中可以看出,「水入れを入れる」「字引きを引く」的目的与结果是获得需要的「水」和「字」。「入れる」这一行为使「水」从"无"到"有"地出现在「水入れ」中,「引く」这一行为使「字」在「字引き」中从"有"变得"突出"。也就是说,表面上的工具名词早已蕴含结果的产生,它作为结果的承接者,是较为隐晦的结果表达。

例 8　乾燥した土地に棲むリクガメは、飼育ケージに水入れを入れず、野菜から水分を補給すれば十分という説もあります。(『リクガメが100％喜ぶ飼い方遊ばせ方』)

例 9　字を忘れちゃって、字引きを引いたはいいけれど、細かすぎて読めなかったりする。(『たたずまいの研究』)

结果形成或出现在动作之后,不能独立于动词所标示的事件。有一些同源宾语看似先于动作就已存在,如「盆踊りを踊る」「子守歌を歌う」中的宾语是固有的舞种和歌曲。但是,动作过程存在于时间中,与之搭配的名词宾语即便是通常已知的信息,在具体的时间内,它仍占据着特定的空间。与一般化的舞种或歌曲相比,此时宾语表达的是一般化信息中的某个特定信息,二者间存在类型与实例的区别。所以,这些句中的同源宾语仍是后于具体动作出现的"事件依存型"结果。

2. 同源宾语句中的动词

（1）动词的及物性

在既往研究和本文所考察的日语同源宾语句中，既有不及物动词，也有及物动词。那么，既然动词的及物性不一，却为何都用「を」来标记同源宾语？

上文已述同源名词结构标示过程的结果。结果对于动词而言，并不是必须的论元或要求共现的成分。即使部分动词的语义中已含有变化之义，也不能从中完全预测变化结果。因此，可以说结果对于事件过程而言是新信息。

关于语篇中的新信息，Ono Tsuyoshi 等认为新信息一般出现在及物动词句中「を」标记的宾语位置上，或不及物动词句中「が」标记的主语位置上。[①]

及物动词的同源宾语是其原本受事出现的结果，它虽不同于原受事，但与原受事有着时间顺序上的转化或过渡关系，与结果宾语类似，如「堀」与「穴」都是「堀る」的直接宾语「土」变化后的结果。可以说及物动词的同源宾语是其非典型直接宾语，也因此这一新信息可置于「を」标记的宾格位上。

若在不及物动词句中引入新信息，理应用「が」来标记。「が」虽然可以标记主语新信息，但提示结果的功能略显不足。例如，在「×眠りが眠る」中，新信息「眠り」不仅难以充当主语，更表达不出事件的结果语义，所以只得仿照上述及物动词同源宾语句，将同源名词结构放在原本并不存在的"宾语"位上，用「を」标记新信息的同时，提示过程的结果。

（2）动词的用法特征

工藤真由美将日语动词分为外在运动动词、内在情状动词和静态动词三类。[②] 外在运动动词拥有三个子类：主体动作·客体变化动词、主体变化动词、主体动作动词。变化动词具有明显的终结点，当客体或主体变化达成时，过程必然结束。相反，动作动词、内在情状动词无内在界限。按照上述分类，将表 1 中的动词进行整理，可得表 2。

---

① Ono Tsuyoshi, Sandra A. Thompson, and Ryoko Suzuki, "The Pragmatic Nature of the So-Called Subject Marker Ga in Japanese: Evidence from Conversation," *Discourse Studie* 2（1），2000.

② 工藤真由美：『アスペクト・テンス体系とテクスト —現代日本語の時間の表現』，東京：ひつじ書房，1995，第 69 ~ 96 頁。

表 2　现代日语典型同源宾语句中的动词示例

外在运动动词（A）	主体动作·客体变化动词（A-1）	VT	上げる、揚げる、編む、入れる、置く、織る、かける、かぶせる、組む、敷く、絞る、刷る、出す、作る、付ける、漬ける、届ける、取り消す、取る、握る、煮る、引き出す、掘る、巻く、結ぶ、焼く、縒る
	主体变化动词（A-2）	VT	着る、履く
		VI	当たる、眠る、回る（廻る）
	主体动作动词（A-3）	VT	営む、歌う（謡う、唄う）、書く、描く、数える、語る、支える、遣わす、連れる、手伝う、問う、話す、引く、めくる、持つ
		VI	遊ぶ、踊る、答える、戦う（闘う）、通る、嘆く、吠える、舞う、笑う
内在情状动词（B）		VT	悲しむ、感じる
		VI	驚く、悩む、喜ぶ

资料来源：笔者绘制。

主体动作·客体变化动词均为及物动词。及物动词句的原型语义是施事将能量传递给受事，致使后者发生变化。主体动作·客体变化动词短语最贴合这一语义，如「土を掘る」表达主体动作「掘る」作用在客体「土」上使之变化。这类动词本身虽已蕴含变化之义，但在「土を掘る」中，并不能直接预测其变化结果。当宾语是与该类动词同源的名词时，同源宾语将动词中蕴含的变化语义进一步前景化，凸显为客体发生变化后的结果，如「堀を掘る」中，「堀」是「土」在受到影响后形成的具体结果物。

主体变化动词基本上为不及物动词，表 2 中的「着る」与「履く」两个及物动词具体为主体变化·主体动作动词。该类及物动词句中的主客合一，其中的同源宾语使与客体合二为一的主体的变化结果得以凸显。如「上着を着る」中，复合同源宾语「上着」虽是具体的服饰名词，但也表达了在动作「着る」后主体出现的变化，即主体伴随「上着」的结果。

表达主体变化的不及物动词语义直指其唯一参与者即主语发生的变化。该类动词与相应主语形成的小句已经是语义完备的结构。标示变化结果的同源宾语插入其中后，确实会引起语义的重复。但考虑到上文提到的受修饰的同源宾语，该同源宾语结构的功能在于具象主体的变化结果。

与变化动词不同，主体动作动词只注重动作的侧面。相比及物动词句的原型语义，该类及物动词句的语义是不完整的。当标示结果的同源名词结构出现在宾语位置时，便补充和凸显该及物动词句缺少的语义内容，即主体动作给客体带来的变化。例如，主体动作「歌う」的语义是将文字内容按一定的音律发声。经过规律地发声，这些内容形成了「歌」。在「歌を歌う」中，「歌」补充了动作给客体带来的变化。类似地，该类不及物动词，如动作「戦う」只突出主体诉诸武力的行为，在「戦いを戦う」中，「戦い」将这一行为整体化、具体化，补充了动作之后形成的结果。总之，主体动作动词在搭配同源宾语后，该动词句由非内在界限范畴转变为具有终结点的表达。

同样地，内在情状动词的同源宾语结构标示内在心理活动产生的结果，并且其语义比原动词的语义更为具体丰富。

上文已经提到，在本文所调查的语料中，共有 27 个动词可以搭配单纯同源宾语。结合表 2 中的动词分类，可见原型同源宾语句中的动词分布，如表 3 所示。

表 3　现代日语原型同源宾语句中动词分布

单位：个

	A			B	合计
	A－1	A－2	A－3		
VI		2	8	3	13
VT	6	0	6	2	14

资料来源：笔者绘制。

从表 3 来看，无论是在总体上，还是分别在不及物动词和及物动词中，无内在界限的动词（A－3 类和 B 类动词）的占比都最大：在所有动词中占比 70.4%，在不及物动词中占比 84.6%，在及物动词中占比 57.1%。这是因为同源宾语常常体现为对应过程的结果，表明了过程的终结体特征。它与不具有内在界限的动词搭配时，在语义上不构成重复，可接受度也更高。

具有内在界限的主体动作·客体变化动词有 6 个，在所有动词中占比为 22.2%。正如上文所述，虽然该类动词蕴含了客体变化之义，但变化的结果并不显现，对应的同源宾语凸显了变化的结果。这在语义层面也不能算作严格意义上的冗余。

据高见健一、久野暲的研究，若英语不及物动词的语义中含有到达某一目标状态，即行为终结点，为避免造成"结果的结果"的冗余，该动词无法搭配同源宾语，如"break a break"。① 表 3 也说明，内含终结点的日语主体变化不及物动词「眠る」、「回る」（廻る）虽可形成原型同源宾语句，但在总体倾向上该类动词较少构成同源宾语句，只占总体的 7.4%。

三　现代日语同源宾语句范畴

1. 同源宾语句范畴的非典型成员

表 1 中的部分动词也可组合出如例 10 的实例。

例 10　経営を営む、国歌を歌う、舞踊を踊る、回数を数える、違和感を感じる、選挙戦を戦う

从例 10 来看，其中宾语的部分语素与动词字形相同、读音相异。如果认同由此类语素构成的宾语也为同源宾语，那么鉴于日语词有不同的训读读音和音读读音，可以推测该类同源宾语句数量庞大。这也意味着有更多的动词可以进入同源宾语句范畴。另外，此类同源宾语也存在单纯与复合的差别，如例 11 至例 13 所示。

例 11　男というのは、女の計り知れない厳しい生を生きているのではないかと思った。（『行路 100』）

例 12　…悲惨きわまりない死を死んでゆかねばならないだろうということである。（『ノストラダムスの大予言』）

例 13　紛争を争う、寝言を言う、忠誓を誓う、存続を続ける、持久走を走る、心臓病を病む、疾患を患う

此外，既往研究也讨论过宾语与动词不同源，但意义相近的句式，如日语古语中的「眠を寝」「音を泣く」，英语中的"laugh a cackle"等。现代日语的例子如例 14 中的「命を生きる」，这类"同源"宾语句在同源宾语句范畴中处于更边缘的位置。

---

① 高見健一、久野暲：『日英語の自動詞構文—生成文法分析の批判と機能的解析』，東京：研究社，2002，第 154 ～ 163 頁。

例 14　…生き血を啜り 永遠の命を生きる 吸血鬼…（『ブルーロー
ズ・ブルース』）

　　总结而言，无论是形式完全同源的动宾，还是形式部分同源的动宾，
抑或形式完全不同源的动宾，在判断其是否具有同源宾语句特征时，语义
的近似关联都是重要的前提。随着宾语与动词间的限制不断递减，所得到
的不同类型的同源宾语句由原型向边缘扩展。可见，同源宾语句是一组典
型性不等的有标句式。

2. 同源宾语句与功能动词①句

　　李玉华曾指出，"从动词必须依赖宾语的意义存在才能获得该同源宾语
的意义特征来看，我们认定日语「機能動詞」的宾语为同源宾语是理所当
然的"。② 本文认为这一论述有失妥当。

　　表面上，功能动词句与同源宾语句确有相似之处，比如两种句式都允
许使用名词结构来标示一个事件，宾语成分都常常受修饰成分限定，句式
都具有不同程度的惯用性。即便如此，功能动词句与同源宾语句仍存在以
下差别。

　　首先，「機能動詞は、程度の差はあるとしても、意味論上の任務から
解放され、単語より大きな単位であるシンタグマを構成するための形式
的、文法的な役目をになっているといえる。（中略）多くの機能動詞は、本
来の実質的な意味をうしない、名詞に託された、行為・過程・状態・現
象ななどのなんらかの側面を特徴づけているにすぎない」。③ 也就是说，
功能动词句中的宾语与动词并没有语义上的联系，这与同源宾语与动词语
义近似的基本前提相违。其次，无论是在哪种程度上同源的动宾，同源宾
语和动词都共同占据句子的重心；而功能动词只用来组句，宾语名词才是
句式的核心。再次，在表达效果上，功能动词句与同源宾语句不完全相同。
试比较「笑いを笑う」与「笑いをする」：前者中的「笑い」提示了「笑
う」所表达的过程的结果，整个表达具有终结点；但后者组合的语义与

---

①　既往研究也称为"轻动词"。
②　李玉华：《汉日对译中动宾结构语义类型差异研究》，《长春理工大学学报》（社会科学版）
　　2013 年第 8 期，第 133 页。
③　村木新次郎：『日本語動詞の諸相』，東京：ひつじ書房，1991，第 204 頁。

「笑う」近似，更多的是动作语义。另外，同源宾语句基本上属于书面语表达形式；而功能动词句可以广泛地在书面语和口语中使用，特别是由最典型的功能动词「する」构成的小句。因此，本文不主张功能动词句是同源宾语句范畴的成员。

四　现代日语同源宾语句的一般化

上文指出，无论哪种形式的同源宾语都有单纯与复合之分。这种在构词上由单纯到复合的扩展不仅保证同源宾语句的表达效果，更满足能产需要。与宾语上的操作相对，也可在动词上进行调整。首先来看例 15。

　　例 15　色を彩る、名を名乗る

「彩る」为「色取る」之义，可见其宾语「色」与动词的一部分重叠。这与上文所考察的复合同源宾语正好相反，「名を名乗る」表现得更加直白。

由此，试联想 "V1 + V2" 型复合动词的情况。当宾语名词与复合动词的一部分重叠时，二者自然分别在形式和语义上有所关联，如例 16。

　　例 16　思いを思いだす、考えを考え直す、周りを回り続ける

作为现代日语的一大特征，复合动词具有广泛的应用，加之同源宾语具有扩展能力，故而若将这类表达也看作同源宾语句的一种变体，其较高的能产性不言而喻，如例 17。

　　例 17　小言を言いかける、持久走を走りきる

如果将上节中从原型同源宾语句到边缘同源宾语句的扩展看作是句间扩展，[1] 那么，与之相对，在各个类型同源宾语句中，其句内成分都可发生从单纯同源宾语到复合同源宾语、从单纯动词到复合动词的扩展，本文视

---

[1]　"句间扩展"并不暗示任何时间的先后顺序，原型句式不一定要早于边缘句式。如「命を生きる」虽然在同源宾语句范畴中属于边缘成员，但也不能否认其与古语实例「命を生く」之间可能的继承关系。

其为句内扩展。这两种扩展并非完全平行，而是常常融合在一起的。以「生きる」的同源宾语结构为例加以说明。

即使语料库没有「（～）生きを生きる」的实例，但在句间扩展层面，存在「生を生きる」的实例，如例 11。以「生」为基础，句内的宾语成分扩展得到「人生」「生命」等复合同源宾语。

例 18　「すべての個物は万物とぶっ続きの、たった一つの生命を生きている」ということです。（『四季の風』）

在例 18「生命を生きる」中，「生命」与「生きる」在语义上关联，那么，「生命」的同义词「命」自然也与「生きる」语义关联，实现句间的再次扩展，得到"同源"宾语句「命を生きる」，如例 14。同时，「命を生きる」的合理性也可从古语实例「命を生く」中得到印证。

例 19　盗人ニ仰テ云ク「汝ハ、其ノ童ヲ質ニ取タルハ、我ガ命ヲ生カムト思フ故カ、亦、只童ヲ殺サムト思フカ、慥ニ其ノ思フラム所ヲ申セ、彼奴」ト。（『今昔物語集』巻二五・十一）①

例 20　これが自分自身のものだという役柄を、つまりは宿命を生き抜くことができない。（『総理の資格』）

而从「命を生きる」到「宿命を生き抜く」，再次经历了句间和句内的扩展。诸如此类，同源宾语句的特殊性逐渐被稀释，更趋于一般性的表达。

小柳智一指出，「目的語と述語との意味関係が同族性から類縁性へ推移すると、構文も同族目的語構文から一般的な他動詞構文へ移る」，② 除了这种语义上的一般化，本节所提到的形式上从单纯同源宾语到复合同源宾语、从单纯动词到复合动词的扩展可以更全面地验证现代日语同源宾语句的一般化演变。

---

① 藤井俊博：「今昔物語集の生存表現：『命ヲ存ス』と『命ヲ生ク』」，『同志社国文学』1998 年第 47 巻，第 7 頁。
② 小柳智一：「『眼を寝』（いをぬ）など一同族目的語構文について」，『日本語学』1999 年第 18 巻第 1 号，第 23 頁。

结　语

本文在既往研究和认知语言学理论的基础上，以动词连用形名词为主要调查对象，分析了现代日语同源宾语句的使用情况和功能特征。

同源宾语兼具事物性和事件性，这种双重特性使其可以描述复杂信息。主要体现为同源宾语的修饰情况：一是修饰语对单纯同源宾语的限定；二是复合同源宾语中对同源语素的修饰。同源宾语标示过程的结果，这对动词来说是新信息。无论是及物动词，还是不及物动词，用「を」格标记同源名词结构都是基于信息流自然性的考量。当动词为不及物动词时，变化动词因内含终结点特征，较少搭配同源宾语。不内含终结点的动词更易组合原型同源宾语句。

为了避免冗余，提高同源宾语句的可接受度，除了通过对同源宾语加以修饰来缩小其语义范围，还可以调整谓语部分的语义范围，即由复合动词形成"准同源宾语句"。宾语和动词在语义上由同源到近似，以及分别在形式上由单纯到复合，不仅使同源宾语句呈现由原型到边缘的互联网络，也表明同源宾语句的特性和一般化趋势。

本文仍有许多未尽之处，如在复合动词方面，只涉及了与前项动词同源的宾语，宾语能否与后项动词同源，是否具有同样的表达效果等问题有待再论。

A Study on Characteristics and Constructional Network of Cognate-Object Constructure in Contemporary Japanese

Abstract：Cognate-Object Construction is a common phenomenon in languages. By focusing on the typical COC in contemporary Japanese, this paper points out that cognate-object has the function of profiling the result of the process, and atelic verb is more likely to form the prototypical COC based on the examples from "BCCWJ Chunagon". In addition, inter-phrasal extension and the intra-phrasal extension of COC are integrated with each other to construct a constructional network of COC in contemporary Japanese which includes prototypical members and peripheral ones.

Keywords：cognate-object；result；transitivity；telic/atelic

日本文学与文化

村上春树文学中的名字认识

关冰冰　杨炳菁[*]

【摘　要】前田爱在名字代表固有存在的前提下，以村上春树小说《且听风吟》中登场人物的无名化为例指出了20世纪70年代后日本社会的均质化现象。但考察村上春树其后的文学创作可以发现，村上不仅是在反映问题，而且试图对此加以改变。村上认为，由于在现实社会中人们丧失了自我，因此名字无法代表固有存在。而要想实现从"无名"到"有名"，寻找到真正的自我，其根本方式就是制作和讲述物语。村上春树文学有关名字的认识和思考是其物语观形成的重要条件，而寻找能够体现人固有存在的名字也体现出村上春树从事写作所要达到的终极目的。

【关键词】村上春树　前田爱　名字　固有名　固有存在

引　言

前田爱在《文学文本入门》中以村上春树的《且听风吟》为例，对20世纪70年代后日本文学作品中登场人物的"无名化"倾向进行了说明。

在70年代以后的小说中，登场人物的名字越来越多地被有意识地消去。（中略）最近的如村上春树的《且听风吟》。这部作品的叙述者是"我"。小说里虽然有个绰号叫"鼠"的朋友，但最后也没有交代

---

* 关冰冰，浙江外国语学院东方语言文化学院副教授，主要研究方向为日本文学；杨炳菁，北京外国语大学日语学院副教授，主要研究方向为日本文学。

"鼠"的本名。而且小说也没有给与"我"有过短暂关系的女性取名便结束了。也就是说主人公名字虚无化的现象表明，与有名字、命名等所显示出的固有存在相比，我们在接近一种无名的存在，或者说是与他人能够互换的存在。①

前田爱论述的基础应该是现代文学作品中，一个人的名字往往表征了其生存境遇、生存状态。因此，出现在作品中的名字不仅是一个符号，而且代表了一种固有存在。从这一角度讲，没有名字便意味着固有存在缺失，其表现便是现实社会中人的均质化现象。前田爱虽然是以村上春树的《且听风吟》为例说明 20 世纪 70 年代后日本小说中的无名化倾向，但却敏锐地捕捉到后现代社会中人们的生存状态。然而有趣的是村上春树虽然在创作之初没有给小说的登场人物命名，但其作品中不乏对名字的讨论和思考。特别是长篇小说《奇鸟行状录》，更可以用寻找妻子久美子名字的故事来概括。② 那么村上春树在其文学创作中表现出怎样一种对名字的认识？这与前田爱所提到的无名化又是怎样一种关系？为解答以上问题，本文将首先以柄谷行人的"固有名论"③ 探讨前田爱论述中有关名字的问题，以此厘清本名、固有名与固有存在之间的相互关系。其次，梳理、分析村上文学中有关名字的作品，探讨其对名字的认识并揭示村上写作的目的。

一 前田爱的"本名"与柄谷行人的"固有名"

在前述前田爱有关登场人物名字的论述中，一个重要的前提就是名字等同于人的固有存在。但前田爱在论述中并没有全部使用"名字"一词。他首先使用了"名字"，其后又讲到"小说里虽然有个绰号叫'鼠'的朋

---

① 前田爱：『文学テクスト入門』（増補版），東京：筑摩書房，1993，第 107～108 頁。
② 日本学者大川武司认为，《奇鸟行状录》"是寻找失踪妻子的故事。而且也可以说是寻找久美子这一名字的故事"。参见宇佐美毅、千田洋幸编『村上春樹と一九九〇年代』，東京：おうふう，2012，第 113 頁。
③ 柄谷行人的《固有名论》（「固有名をめぐって」）收录于其专著『探求Ⅱ』（東京：講談社，1989）第一部分。"固有名"是日语表达，一般来讲可以译为中文的"专有名"。但柄谷行人所探讨的"固有名"并非词类意义上代表指称的"专有名词"，而涉及与"特殊性"（particularity）有所区别的、意味着"单独性"（singularity）的"个体"存在。考虑到柄谷行人所论述的内涵，本文使用了日语表达"固有名"。

友，但最后也没有交代‘鼠’的本名。而且小说也没有给与‘我’有过短暂关系的女性取名便结束了"。前田爱在谈及"鼠"的时候用了"本名"这一说法，而在提到"没有小拇指的女孩"时则又用了"名字"。使用不同表达说明前田爱认为"本名"和"名字"存在一定差别，也就是如何看待绰号的问题。从前田爱的结论看，绰号不能代表登场人物的固有存在，所以就用"本名"这一说法对其加以排除。也就是说，前田爱所说的名字等同于人的固有存在，准确地讲应该是本名等同于固有存在。那么，是否如此呢？

从一般意义上讲，前田爱在这里所说的"本名"应该指的是户籍上的，或父母所起的那个名字。"鼠"这一绰号似乎暗示该登场人物应该有本名，但"本名"一词究竟指什么却是一个需要探讨的问题。在日语中，对"本名"的解释是"相对笔名、艺名、假名等而言的真正的名字"。① 这种解释虽然排除了"笔名、艺名、假名"，但"等"以及"真正的"这些表述依旧充满了暧昧，无法让人判定究竟什么样的名字才能被视为"本名"。而日语中有关"名字"的解释是"表示某人或事物区别于他人或其他事物的称呼方式"。② 从这一定义可以看出，"名字"最大的作用在于强调与其他人或事物的区别，也正是这种区别显示了名字拥有者的不同，就是所谓的固有存在。但这里需要强调的是，从表面上看，因为重点是区别，所以固有存在似乎代表着一种特殊性。但柄谷行人指出，名字所显示的并非是"特殊性"（particularity），而是"单独性"（singularity）。至于特殊性与单独性的区别，柄谷行人认为"特殊性是针对一般性而言的个体性，与此相对，单独性是已经无法从属于一般性的个体性"。③ 也就是说，单独性并不意味着特殊性，因为即便不具有任何特性，名字依旧显示的是一种个体性。单独性是一种无法纳入集合当中的个体性，因此绝对没有被替代的可能。

由于单独性是无法被代替的，所以前田爱所谓的固有存在应该指的就是柄谷行人所说的单独性。但这里的问题是本名能否完全代表单独性？柄谷行人的论述中并没有出现"本名"一词，而是使用了"固有名"。固有名和名字，尤其是与本名相比较，应该存在着相当大的差别。由于前田爱是在谈论文学作品中登场人物的时候提到无名化问题，因此这便很容易将名字的范围缩小到人的范畴。而且在现实社会中，一般情况下，人都会有一

---

① 松村明编『スーパー大辞林 3.0』（電子版），東京：三省堂，2010。
② 松村明编『スーパー大辞林 3.0』（電子版），東京：三省堂，2010。
③ 柄谷行人：『探求Ⅱ』，東京：講談社，1989，第 10 頁。

个由父母所起的名字，或许正是由于这一点，前田爱才使用"本名"对"鼠"这一绰号加以排除。但柄谷行人在论述固有名时，以保存在东大医院的夏目漱石的脑为例这样写道：

> 那不是什么特别的脑，而且与夏目漱石这个个体无关，与他的作品更是毫无关系。尽管如此，这个脑既是无法与别的脑替换的，而且也无法被纳入脑的一般性之中。因为这个脑拥有夏目漱石的脑这一固有名。并非因为是特殊的脑才用固有名来加以称呼，而是因为用固有名称呼才与众不同（单独）。更严密地说就是，这个脑的单独性与用固有名称呼是无法分开的。①

虽然柄谷行人认为"夏目漱石的脑"是一个固有名，但其实这很难被视为一个名字。因为首先"夏目漱石的脑"不是一个人，所以当然谈不上本名的问题。其次，"夏目漱石的脑"可以被视为"确定描述"，② 因此也与名字无关。但是通过柄谷行人的论述可以发现，"夏目漱石的脑"具备不可替代的单独性，因此可以看作固有名。如果"夏目漱石的脑"是固有名的话，那么"鼠""没有小拇指的女孩"也有可能被视为固有名。事实上固有名与本名或者说与名字，在单独性这一点上毫无关系。因为一个称呼是否能够被称为固有名，最重要的在于其是否指一个无法被代替的存在。如果"鼠"和"没有小拇指的女孩"指代的是一个无法被代替的存在的话，那么即便它们不是本名，或者不被看作名字，但也一定是固有名。

通过上面的内容可以明白，前田爱所说的本名等于固有存在，这一前提如果改为"固有名＝固有存在"似乎更为妥当。但即便如此，同样会出现问题。事实上，"固有名＝固有存在"在某些情况下或许仅仅是一个在理论上得以成立的命题。之所以这么说是因为它在现实操作方面会遇到诸多问题。柄谷行人在对固有名进行论述时讲："由固有名指称的单独性并不是所谓只有一个的那种单独性。因为即便只有一个，我们也未必会用固有名称呼它。某个事物的单独性，只有在我们用固有名去称呼它时才显现。固有名不是单纯对个体进行命名，它关乎如何看待'个体'的问题。"③

---

① 柄谷行人：『探求Ⅱ』，東京：講談社，1989，第 12 頁。
② 柄谷行人：『探求Ⅱ』，東京：講談社，1989，第 24 頁。
③ 柄谷行人：『探求Ⅱ』，東京：講談社，1989，第 25 頁。

上述内容清晰地表明，只有在对某一个体形成某种认知后才会以命名的方式体现其单独性。这里最难把握的就是我们的认知，因为如果我们对某个事物产生认知后才用固有名来称呼它的话，其前提就是我们对固有名所指称的那个事物的单独性了如指掌。而这也就是柄谷行人所说的"固有名所显示出来的单独性并不是固有的名称在起作用，而是使用这一名称的我们，在借助固有名而展示出来的对它的整体认知。也就是固有名不指示个体，而是我们以固有名为媒介来指示个体"。①

上面这段话进一步显示了认知的重要性。所以从单独性的角度来讲，如果我们对某一个体并未形成认知或者说是整体认知，那么即便知道它的名字也毫无意义。然而在现实层面却会遇到以下问题。例如，对某个人仅仅形成了阶段性认知而并非整体认知；再比如，虽然形成的是整体认知，但每个人的认知有可能是不一样的；更或者，即便形成了一致的整体认知，但在经过一段时间后发现这个认知是错的。那么以上情况是否有必要改成另外一个名字？另外从本名的角度来讲，本名应该是在人出生后父母所起的名字，从顺序的角度来看，是先有名字后有认知。虽然我们在人出生的那一刻，甚至在出生前对其认知便已开始，但很显然这种认知还没有完成，无法形成整体性。当然，不管某人如何变化，我们依旧可以把其一生视为他（她）所具有的单独性，并将本名作为固有名来代表这一单独性。但即便如此，这种想法依然违背了先有认知后有固有名的顺序。这最多可以辩解成为了方便才将固有名用本名代替。事实上如果一定要遵从先有整体认知后有固有名的顺序来讲，所有人的固有名应该是其一生结束后才出现的名字。

通过以上分析可以明白，前田爱有关名字的论述中本名代表固有存在这一点存在问题。因为一般情况下，本名并非是对一个人形成整体认知后所起的名字。真正代表固有存在的应该是固有名。但固有名代表固有存在却是一个在逻辑上可以成立，在实际操作过程中难以保证其确定性的命题。那么，在这种情况下，究竟应该如何把握人的固有存在？前田爱有关名字的论述固然有其合理性，因为一方面在现实生活中，我们的确是用名字来统合对一个人的认知；另一方面在现代文学作品中，名字也起到代表某一类人生存境遇的作用。但在指出20世纪70年代后日本小说中的无名化倾向

---

① 柄谷行人：『探求Ⅱ』，東京：講談社，1989，第27~28頁。

及其背后所呈现的人的均质化现象后，如何通过文学创作来解决这一问题？前田爱的论述并未对此有所涉及，而村上春树文学中那些有关名字的探讨和创作或许正是对以上问题所给出的答案。

二 《穷婶母的故事》与《寻羊冒险记》中有关名字的认识与问题

尽管村上春树并没有为《且听风吟》中的登场人物命名，但其却在之后的小说创作中多次对名字进行探讨和思考，甚至创作出以寻找名字为核心的长篇小说。村上春树文学究竟体现了怎样一种对名字的认识？其创作是否为处于均质化状态下的人提供了一条把握自身固有存在的途径？

村上春树文学中有关名字的探讨和思考首先体现在短篇小说《穷婶母的故事》和长篇小说《寻羊冒险记》中。《穷婶母的故事》塑造了典型的"无名化"形象，而《寻羊冒险记》里出现了有关命名的对话。

1. 《穷婶母的故事》中的无名化

《穷婶母的故事》并非如标题所示是在写一个经济上拮据的女性长辈。① 小说中的"穷婶母"意味着"人没死名字便已消失"② 的人，小说描写"我"想通过写作拯救"穷婶母"却失败的过程。对于"穷婶母"为何能够指代还没死名字就已消失的人，笔者曾在《"穷婶母"的生成与小说的二重结构》③ 一文中进行过探讨，在此不再赘述。但从名字的角度来看，该短篇有两个需要注意的地方。第一是小说塑造了典型的无名化形象，而这一形象并非个体而是群体。小说以"穷婶母"指代了"人没死名字便已消失"④ 的人，这一表达鲜明而形象地反映出现实社会中均质化、丧失自我的个体存在。然而这样的个体存在并非单数，小说中的"穷婶母"不仅有"我"、"我"的女友，还有那些"匍匐在暗道上"，"一如在黑暗中跑得晕

---

① 柿﨑隆宏：「断絶と連続性：村上春樹『貧乏な叔母さんの話』論」，『九大日文』2012 年第 19 号。
② 〔日〕村上春树：《去中国的小船》，林少华译，上海译文出版社，2008，第 40 页。
③ 参见关冰冰、杨炳菁《"穷婶母"的生成与小说的二重结构——论村上春树的短篇小说〈穷婶母的故事〉》，《福建江夏学院学报》2021 年第 1 期。
④ 〔日〕村上春树：《去中国的小船》，林少华译，上海译文出版社，2008，第 40 页。

头转向而不断被吸入夜幕下的森林深处"的人。① 用柿崎隆宏的话来讲就是
"'穷婶母'无处不在"。② 小说所描绘的群体性无名化，正是前田爱所捕捉
到的现实社会中人们的均质化状态。然而《穷婶母的故事》并没有仅仅停
留在塑造无名化群体上。在小说开头，"我"就对女友说"想就穷婶母写点
什么"，③ 之后也在努力"建立创作的基础"，并且"考察大家是否有兴趣
读"。④ 这体现出"我"试图让"穷婶母"从"无名"变为"有名"，寻找
一种能够让均质化的人把握其固有存在的方法。而这正是该小说值得关注
的第二点。

在《穷婶母的故事》中，尽管"我"做了种种努力，但最终"根本写
不出"，⑤ 改变无名化的努力似乎以失败告终。不过，小说最后出现了"我"
所想象的"全部由穷婶母组成的社会"，所刻画的情景毫无疑问是得到救赎
的"穷婶母"们。这意味着均质化的人们重新获得其固有存在。尽管"那
之前我必须度过无数个冬季"，⑥ 这一结尾仍清晰地表明，虽然"我"在现
阶段无法使"穷婶母"获得固有存在，但即便长路漫漫，"我"也决不放弃
希望。

《穷婶母的故事》可以说是村上春树文学中第一篇专门针对名字的小
说，也可视为村上文学试图通过写作找回人们固有存在的宣言。

2. 《寻羊冒险记》中的命名

在《寻羊冒险记》中出现了两处有关名字的描写。第一处是在小说的
第一章，当"我"得知"她"的死讯，参加其葬礼并回忆与之交往的往事
时，小说写道：

> 她的名字忘在了脑后。
>
> 抽出报道她的死亡的那条剪报自然可以记起，但时至今日，名字
> 之类已无可无不可了。我已忘掉她的名字，如此而已。

---

① 〔日〕村上春树：《去中国的小船》，林少华译，上海译文出版社，2008，第 55 页。
② 柿崎隆宏：「断絶と連続性：村上春樹『貧乏な叔母さんの話』論」，『九大日文』2012 年
　第 19 期。
③ 〔日〕村上春树：《去中国的小船》，林少华译，上海译文出版社，2008，第 36 页。
④ 关冰冰、杨炳菁：《"穷婶母"的生成与小说的二重结构——论村上春树的短篇小说〈穷婶
　母的故事〉》，《福建江夏学院学报》2021 年第 1 期。
⑤ 〔日〕村上春树：《去中国的小船》，林少华译，上海译文出版社，2008，第 50 页。
⑥ 〔日〕村上春树：《去中国的小船》，林少华译，上海译文出版社，2008，第 58 页。

（中略）

——从前，某个地方有个和谁都睡觉的女孩。

这便是她的名字。①

上述这段内容中清晰地写道"和谁都睡觉的女孩"是"她"的名字，这当然不是本名，本名恰恰是被"我"忘记了。事实上知道"她"的本名并不难，只要查找有关"她"死讯的报道即可，但"我"依然讲"她"的名字是"和谁都睡觉的女孩"。所以忘记是"我"故意选择的行为，这表明与本名相比，"和谁都睡觉的女孩"这一名字对"我"来讲更重要。而之所以如此恐怕是因为"她的身世，我知道得不太详细"。② 而且，虽然"我"与"她"仅仅交往了几个月的时间，但"和谁都睡觉的女孩"这个名字恰恰显示了这几个月里"她"的特征。从表面看，此处所要表达的是本名并不重要，但事实上这在一定程度上体现出现实社会中对于人进行认知的特点，即在当今现实社会中，对人的认知都是通过碎片化的局部特征来实现的，根本无法对其整个人生形成整体认知。从这一点上来讲，代表碎片化的绰号恐怕要比本名更能让人产生真实感。

《寻羊冒险记》中第二处有关名字的描写是"我"去北海道前将家里的猫交给司机时，和司机讨论什么东西需要起名字的对话。这一段又可以分为两个小部分。简单来讲，关于是否给动物起名字，小说中的结论是，"可以同人进行情感交流且有听辨能力的动物是具有被赋予名字的资格的"。③ 而在给非生命体起名字的问题上，"无互换性和非大批量生产"④ 是非生命体拥有名字的条件。"无互换性和非大批量生产"与柄谷行人所提及的单独性具有相似含义，而所谓的"同人进行情感交流"则可以理解为认知对方的根本途径。出现在此处有关名字的描写显示出村上春树文学中对名字的认识，而这种认识与柄谷行人有关固有名的论述相通。由于固有名代表了固有存在，其表现出的便是单独性。而对单独性加以把握则要通过认知这一根本途径。《寻羊冒险记》中这段有关名字的描写可以说是村上春树文学有关名字和固有存在之间关系的进一步思考。稍做概括就是：在当今的现

---

① 〔日〕村上春树：《寻羊冒险记》，林少华译，上海译文出版社，2001，第 5 页。

② 〔日〕村上春树：《寻羊冒险记》，林少华译，上海译文出版社，2001，第 7 页。

③ 〔日〕村上春树：《寻羊冒险记》，林少华译，上海译文出版社，2001，第 161 页。

④ 〔日〕村上春树：《寻羊冒险记》，林少华译，上海译文出版社，2001，第 163 页。

实社会中，由于对人的认知都是碎片化的，无法形成整体性，因此与以前不同，通常意义上的名字已经无法体现整体认知后所代表的人的固有存在。

《穷婶母的故事》和《寻羊冒险记》作为村上春树文学的早期作品体现了对名字的认识和思考。《穷婶母的故事》虽然表达出改变人们均质化状态的决心，但并没有明确方法。既然如此，村上文学当然会继续探求。也许正是因为这一点才出现了《寻羊冒险记》有关名字的描写。虽然《寻羊冒险记》依旧没有完全解决问题，但与《穷婶母的故事》相比显然前进了一步。那就是其指出均质化之所以出现是因为在当今社会已无法形成对人的整体认知，从这个意义上讲，名字已经无法代表固有存在。而要改变这一状态当然要形成整体认知。但在那之前，首先应该解决的是为何在当今社会中人的认知只能呈现碎片化状态，整体认知又该用何种方式得以形成。或许村上春树也清楚地意识到这些，因此便有了之后的《奇鸟行状录》。

三　《奇鸟行状录》中有关名字的认识与解答

某种意义上讲，《奇鸟行状录》可以说是一部村上春树文学中以名字为关键词的集大成之作。这部小说描写"我"如何寻找妻子久美子。但非常有意思的是，"我"寻找的并不是现实世界中的妻子，而是妻子久美子的名字。

> （前略）是久美子从那奇妙的房间里像发疯一样向我连续传送一条——仅仅一条——信息："请找出我的名字来。"
>
> 久美子被禁闭在黑洞洞的房间里，希求被人救出。（中略）那个时候只要我找出她的名字，是应该可以用里边隐蔽的通道把久美子救出那个黑暗世界的。①

找到名字才是把妻子久美子从黑暗世界中解救出来的唯一途径。但这里面似乎明显存在着一个矛盾，那就是，妻子的名字不是久美子吗？为何还要寻找名字？

《奇鸟行状录》中很多登场人物都有不止一个名字，例如叙述者"我"

---

① 〔日〕村上春树：《奇鸟行状录》，林少华译，上海译文出版社，2002，第380~381页。

既叫冈田亨，又被人称为"拧发条鸟"。而最具典型意义的就是加纳马耳他的妹妹加纳克里他。加纳克里他的本名叫加纳节子，在做娼妇的时候她用的是一个假名字，在其帮姐姐工作时叫加纳克里他，而当她意识到自己获得新生时又在寻找新的名字。非常有趣的是，在加纳克里他说要寻找新名字后，小说对她的称呼就变成了"直到昨夜还是加纳克里他的女子""加纳马耳他的妹妹"。①

虽然在现实生活中某些人也会在从事某种职业时使用假名，但一般情况下，假名仅仅在工作时使用，在与工作毫不相干的私生活领域还是会使用本名。而加纳克里他的情况则完全不同。加纳克里他在认为自己获得新生后曾讲：

> （前略）我环视四周，打量自己，得知自己已成为与原先不同的新人。也就是说这是第三个我自身。第一个我是在持续不断的剧痛中苦苦煎熬的我，第二个我是无疼无痛无感觉中生活的我。（中略）如今我成了新的我。至于是不是我本来应有的面目，自己还不清楚，但在感觉上我可以模糊然而确切地把握到自己正朝着正确方向前进。②

很明显，加纳克里他把她此前的人生分为三个阶段，并认为处于不同阶段的自己都是性质完全不同的人。从小说这一描写看，至少可以明白以下两点。第一，如果人在其人生过程中发生质变的话，那么不同阶段的人生都应该有不同的名字，而且先前的名字也会变得毫无意义。第二，加纳克里他的人生其实就是一个寻求自己本来应有面目的人生。因此，在明白自己应有面目前，名字仅仅代表了其中某个阶段，并且必定会发生变化。当然，在明白自己应有面目后，新的名字便会诞生，此后或许再也不会发生变化。

通过小说对加纳克里他的描写可以知道，她一直在寻找自己本来应有的面目，而找到后会给自己重新起一个名字。加纳克里他在获得新生后说："二十六年时间里我竟什么也不是。（中略）但今天我要争得我新的自身。我既非容器也不是通道，我要在地面上竖立我自身！"③ "容器""通道"这

---

① 〔日〕村上春树：《奇鸟行状录》，林少华译，上海译文出版社，2002，第 327、328 页。
② 〔日〕村上春树：《奇鸟行状录》，林少华译，上海译文出版社，2002，第 315 页。
③ 〔日〕村上春树：《奇鸟行状录》，林少华译，上海译文出版社，2002，第 323 页。本文根据原文对译文进行了修正。

些词明显体现出加纳克里他在此之前并没有任何属于她自己的东西。但如果找到本来面目后所取的名字却截然不同，它所显示的应该正是她所应拥有的单独性。通过小说对加纳克里他的描写就可以明白为何寻找久美子是在寻找其名字。"久美子"虽然是"我"妻子的名字，但这个名字绝非代表了妻子本来应有的面目，也就是人的固有存在。所以小说中要寻找的那个名字是代表久美子固有存在的名字。这样的名字无疑十分重要，因为找寻它就意味着找寻到个体的固有存在。

《奇鸟行状录》是"我"寻找妻子的名字，即寻找妻子固有存在的小说。但如何才能找到呢？从小说内容来看，久美子之所以代表不了妻子的固有存在，是因为妻子一直受到她的哥哥绵谷升的影响。也正因如此，"我"要想找到妻子的名字就必须打败绵谷升，因为绵谷升就是那个将妻子囚禁在黑暗世界的象征。① 那么具体该怎么做呢？

首先从形式上讲就是改名字。"我"与妻子养的那只猫便体现了这一过程。猫在该小说中的启示作用非常重要，而这只起到重要作用的猫开始是以妻子哥哥的名字"绵谷升"命名的。在小说中，猫的走失既是开始，也是事态开始变坏的征兆。因为猫走失后，作为久美子另一形态的无名女郎开始给"我"打电话；而当加纳马耳他告诉"我"猫不可能回来时，妻子久美子便离家出走了。与此同时，绵谷升的势力开始大增，这预示着事态已经朝着坏的方向发生了不可逆转的变化。然而当"我"意识到无名女郎就是妻子，并决心去解救时，猫自己回到家里，这预示着事情开始朝好的方向发展。猫回家后，"我"给猫起了新的名字，目的就是要"将和'绵谷·升'有关的记忆、回响、意义一扫而光"。② 猫以前的名字"绵谷·升"其实就相当于妻子久美子现在的名字。这个名字深受其哥哥绵谷升影响，并没有代表久美子的固有存在。而绵谷升的影响越大，妻子离她的固有存在就越远，最终将导致其作为个体（自我）消亡。这也就是妻子以无名女郎的状态给"我"打电话的原因。而如果想要把作为个体的自己（自

① 在《奇鸟行状录》第六章，小说借久美子父亲之口对日本社会进行了描述——"日本这个国家体制上固然是民主国家，但同时又是极度弱肉强食的等级社会。若不成为精英，在这个国家几乎就谈不上有什么生存意义"（〔日〕村上春树：《奇鸟行状录》，林少华译，上海译文出版社，2002，第79页）。绵谷升所代表的就是这种让人丧失自我的现实世界。

② 〔日〕村上春树：《奇鸟行状录》，林少华译，上海译文出版社，2002，第428页。本文根据原文对译文进行了修正。

我）找回，便可以像给猫取一个能"将和'绵谷·升'有关的记忆、回响、意义一扫而光"① 的新名字一样，改个名字。

改名字固然是非常重要的手段，但加纳克里他的经历显示，改的名字也未必能体现其固有存在，而且小说到最后也没有出现加纳克里他的新名字。那么，究竟应该如何才能找到体现固有存在的名字呢？

在《奇鸟行状录》里，"我"从小说的第三部开始才真正踏上寻妻的历程。第三部里出现了两个非常重要的人物——肉豆蔻和她的儿子肉桂。肉豆蔻是一个能够治愈他人人生创伤的人。而其治愈方法则非常简单，就是用手按摩对方太阳穴的同时，集中意识闭目回想新京②动物园的事情。新京动物园对肉豆蔻来讲是儿时的记忆，但又并非完全是儿时的真实经历。它是肉豆蔻根据儿时记忆讲给儿子肉桂，再由两人不断扩展而成的"物语"，是"仅由两人之手构筑的如神话体系的东西"。③ 虽然"物语"是由两个人制作的，但二人所起的作用还是存在性质上的区别。肉豆蔻负责提供素材，肉桂则负责讲述并将其输入电脑，并给这一"物语"起了一个《拧发条鸟年代记》的名字。当"我"看过《拧发条鸟年代记#8》后曾这样判断：

> 不妨认为，这〈拧发条鸟年代记#8〉乃是肉桂讲述的物语。
>
> （中略）
>
> 物语全部属实基本上不太可能，但若干细节基于史料性事实还是可以设想的。
>
> （中略）
>
> 肉桂大约是在认真求索自己这个人所以存在的理由，并且无疑上溯到了自己尚未出生的以前。
>
> （中略）
>
> 至于物语的哪一部分是事实哪一部分不是事实，对于肉桂大概无关紧要。对他来说重要的不是他外祖父在那里实际干了什么，而是应

---

① 〔日〕村上春树：《奇鸟行状录》，林少华译，上海译文出版社，2002，第 428 页。本文根据原文对译文进行了修正。

② 伪满洲国国都，现在的吉林省长春市。

③ 〔日〕村上春树：《奇鸟行状录》，林少华译，上海译文出版社，2002，第 489 页。本文根据原文对译文进行了修正。

该干什么。而在他有效讲述这个故事时，他便同时知道了这个故事。①

这段内容十分重要。日语中的"年代记"是编年史的意思，也就是对历史的记录，但《拧发条鸟年代记》却是"物语"。虽然这一"物语"是依据部分历史史实写成的，但也有诸多虚构的部分。肉桂是想通过制作这个"物语"来探究人的存在理由，因此是否史实其实并不重要。相反，正是虚构的部分才能够更好地表达应该如何去做的问题。这里很显然存在着历史与"物语"的对比框架，即，与历史相比，"物语"才能告诉世人应该如何去做，才能回答人的存在理由等类似终极的问题。"物语"能够实现这一目标，所以会像肉豆蔻那样治愈世人，让人们有可能找到自己的固有存在。这不仅是"物语"所应起到的作用，也应该是"物语"需要担负的责任。

事实上，《拧发条鸟年代记》在小说中就起到这一作用。从解救妻子的过程看，发挥关键性作用的其实是肉桂。因为肉桂是《拧发条鸟年代记》的总制作人，"我"与妻子仅仅担当其中的角色。"我"与妻子通过电脑交流以及"我"解救妻子的过程都应该是《拧发条鸟年代记》的一部分，而且《拧发条鸟年代记#17》就是久美子给"我"的信。这也就是说，小说中出现的《拧发条鸟年代记》描述了"我"把自己的妻子从绵谷升所代表的那个黑暗世界中解救出来的过程。

《奇鸟行状录》可以说回答了《穷婶母的故事》以及《寻羊冒险记》所遗留的问题。黑暗势力的存在是人们失去自己的本来面目、丧失固有存在的根本原因。人离自己本来应有的面目越远，无名化的特征就会越发明显。而要想改变此种状况，制作"物语"是一种非常重要的手段，因为"物语"可以告诉世人人的存在理由，并让人去寻找自己的固有存在，从而由"无名"变为"有名"。

结　语

村上春树在其作品中不仅以登场人物的无名化体现了前田爱所指出的

---

① 〔日〕村上春树：《奇鸟行状录》，林少华译，上海译文出版社，2002，第578～579页。本文根据原文对译文进行了修正。

现实社会中人们被均质化的特征，同时还用绰号的方式表现了现实社会中对人的认知只能是局部化、碎片化的，无法形成整体性认知的特点。然而村上并未仅仅停留在反映现实上，他要通过写作的方式对此加以改变。而其基本思路是，在现实社会中，名字已经无法代表固有存在。之所以如此，并非是名字的问题，而是固有存在的问题。因为当人们丧失了自己的本来面目，也就是丧失自我时，无论起什么名字，起多少名字，名字也无法等同于固有存在。因此，表面看来是找寻名字的行为，其实是一个寻找自己本来面目、寻找自我的行为。而找到自己的本来面目后所起的名字就是能够代表自己固有存在的名字。至于如何寻找自己的本来面目，制作与讲述"物语"便成为一个重要手段。当然这里的"物语"是以史实为基础，运用想象力，告诉世人应该如何去做的"物语"。

村上作品中有关名字的认识、思考在某种程度上是村上春树物语观形成的重要条件。而寻找能够体现人固有存在的名字，让处于无名状态中的人变为"有名"，也体现出村上春树从事写作所要达到的终极目的。

Recognition of Names in Haruki Murakami's Literature

Abstract：On the premise that the name represents the inherent existence, Maeda Ai pointed out the homogenization of Japanese society after the 1970s by using the anonymity of the characters in Haruki Murakami's novel *Hear the Wind Sing* as a typical case. However, by observing Haruki Murakami's subsequent literary creation, we can find that Murakami is not only reflecting the social problem, but also trying to make some changes. Murakami believed that people were losing themselves in the reality, so names cannot represent inherent existence. The fundamental way to achieve the transformation from "nameless" to "be named" and to find the true self is to make and tell stories. Haruki Murakami's literary understanding and thinking about names is an important condition for the formation of his monogatari view, and the search for names that can reflect the inherent existence of people also shows the ultimate goal of Haruki Murakami's writing.

Keywords：Haruki Murakami；Maeda Ai；name；inherent name；inherent existence

国木田独步的华兹华斯接受的路向考述

曲　莉*

【摘　要】本文综合考察国木田独步《何谓田舍文学》的论证脉络与该文中引用的华兹华斯诗句及相关评论的出处，认为在介入文学论争的批评实践中，独步进一步整合了从华氏诗集和阿诺德、奈特、德富苏峰等人的文学评论中获得的阅读经验，将其内化为对以华兹华斯为代表的、深蓄"人应该如何活"之"理想"的田舍文学范式的深刻认识，并明确将"教师"视为诗人、文学家的精神属性，认为文学家的全部意义就体现在解释"人应该如何活"之问。这样的接受路向及由此获得的审视和评价文学价值的判断框架，是理解独步后来批评宫崎湖处子对华氏文学理解暗昧，以及独步一生坚持以"教师"自认的归属意识的关节所在。此外，本文还探讨了独步对"田舍文学"和"人的教师"的关注与阐发中包孕的对应和处理多重时代课题的意义。

【关键词】德富苏峰　马修·阿诺德　威廉·奈特　宫崎湖处子
"教师"

一　问题缘起

国木田独步（1871～1908）是明治文学史上的重要作家。早年曾凭借报道甲午战况的新闻通讯声名鹊起，明治30年代初，他投身文学创作，与友人合著诗集，也推出过短篇小说集，均反响平平，但随着自然主义文学思潮的兴起，晚年的文集《命运》（『運命』，1906）获得好评，独步随即被奉为先驱，一举获得文豪的盛名。

* 曲莉，北京外国语大学日语学院讲师，主要研究方向为日本近代文学。

值得注意的是，荣誉加身的独步在刊载于《日本》的《我与自然主义》（「余と自然主義」，1907）一文中却坦言对所谓的自然主义不甚了了。次年，又在《早稻田文学》发表了《不可思议的大自然，华兹华斯的自然主义与我》（「不可思議なる大自然、ワーズワースの自然主義と余」）重申前述立场，并将激发其一生创作灵感的源泉归溯于英国诗人华兹华斯的"自然主义"。记者"村生"曾就《早稻田文学》刊载的前文与独步进行核实，独步表示该文出自他本人之手，并强调"我说的是华兹华斯的自然主义与我是相一致的"。当"村生"就自然主义的未来发展询其高见时，独步的语气明显不耐："我怎么会知道。我讨厌谈文艺上的主义。"①

独步一方面与方兴未艾的自然主义保持距离，另一方面又一再表示自家文学是接榫于"华兹华斯的自然主义"的。独步的说法有些迂回缠绕，这不应完全归属于认识的紧张感的问题，还牵扯到在自然主义话语下的作家形象自我建构意识，是同样值得深入探讨的课题。本文要关注的不是这些曲笔深心，而是字面上的"实在"，即独步对华兹华斯文学在其创作生命中的促生性作用及精神格局上的引导力量的直言不讳的宣告。

关于华兹华斯文学之于独步创作的深刻影响，学界早有论及，然多集中于作品间的具体影响关系的挖掘与辨析。至于独步是如何接触和怎样"发现"华兹华斯的，这一接受路向问题还一直没有从源头上得到深入探究。

二 《何谓田舍文学》中的诗句意蕴及来源

独步在《小春》（「小春」，1900）中回顾说，八年前的 9 月 21 日他购入了华兹华斯诗集，欢喜振奋之情，记忆犹新。② 从发表时间逆推，八年前即公元 1892 年。关于该诗集的版本，学界存在争议。③ 对此，笔者曾结合

---

① 「続病牀雑話」，『定本国木田独歩全集』第 1 卷，東京：学習研究社，1978，第 556 頁。本文引用日文资料，均系笔者自译，后文不再另注。

② 「小春」，『定本国木田独歩全集』第 2 卷，東京：学習研究社，1978。

③ 盐田良平、山田博光的莫莱本说（约翰·莫莱编《华兹华斯全诗集》）和芦谷信和的阿诺德本说（马修·阿诺德编《华兹华斯选集》）。见塩田良平「国木田独歩に及ぼしたワーヅワスの影響（二）」，『明治大正文学研究』1956 年第 18 号；山田博光「独歩が読んだワーヅワス詩集のテキストは何か」，『北村透谷と国木田独歩—比較文学的研究』，東京：近代文藝社，1990；芦谷信和「その詩集入手前後の独歩のワーヅワース観」，『国木田独歩の文学』，東京：双文社，2008。

德富苏峰手账中的借阅记录和宫崎湖处子的华兹华斯译诗所据底本做过考察，认为独步此际通过购买和借阅分别接触到了收录有《漫游》的全集本和阿诺德编的选集本这两种华兹华斯文本。①

这一时间点值得注意。同年 11 月独步发表了一篇题为《何谓田舍文学》（「田家文学とは何か」）的文艺短评，以华兹华斯为田舍文人的典范，有力地塑造了一位关注同胞的生存苦乐、传布"高远理想"和"人生真趣"的崇伟诗人形象。文中重新界定和确立了"田舍文学"的独特意涵与普遍价值，驳斥了宫崎湖处子所谓的田舍文学"小冠论"的门外之谈。独步对华兹华斯形象的刻画及田舍文学的认识与他此时对华氏诗集的阅读密不可分。

《何谓田舍文学》开篇即针对湖处子的《归去来》提出两点质疑。第一，田舍文人之称号果为怀大抱负之文学者所不屑之小冠乎？第二，田舍文学岂不可寓高尚、伟大、优美、豪宏之诗趣哉？随即，独步以华兹华斯为田舍诗人的代表，连引三段华氏诗句为例证材料，并配以约翰·莫莱（John Morley）、威廉·奈特（William Knight）和 F. 威廉·亨利·迈尔斯（F. William Henry Myers）的评语相印证。这一部分以密集引证为主，间有几个主题句提示论述方向。

独步首先引用了《鹿跳泉》（"Hart-Leap Well"）中的一节：

"The moving accident is not my trade；

To freeze the blood I have no ready arts：

'Tis my delight alone in summer shade，

To pipe a simple song for thinking hearts. "

末尾虽仅补以一句"由此足知其立脚点、凭赖处、自任所在"② 为简括，但若细加吟味，则不难从 "'Tis my delight alone in summer shade, To pipe a simple song for thinking hearts"（爱好的是独自在夏日树荫里，为思索的心把朴素的歌弹唱）③ 的文学意象里捕捉到华兹华斯对诗人角色的定位与思考——在安静的自然中唤起善感心灵对朴素平凡事物的想象。

简洁精妙的用例透显出独步于华氏诗句的娴熟。其后引用的《布劳姆城

---

① 曲莉：《国木田独步所购华兹华斯诗集版本考辨：兼论独步对马修·阿诺德〈华兹华斯论〉的接受》，苏莹莹主编《亚非研究》第 16 辑，外语教育与研究出版社，2021。

② 『定本国木田独步全集』第 1 卷，东京：学习研究社，1978，第 210 页。

③ 《华兹华斯抒情诗选》，黄杲炘译，陕西师范大学出版总社，2016，第 120 页。

堡盛宴之歌》（"Song at the Feast of Brougham Castle"）中的一节同样妥帖切近。"清贫的茅屋"、"爱"、"林木山泉"、"浩瀚星空" 和 "寂寂孤山"，[1] 意象具体而生动，恰到好处地传达出蕴含着人性之美的庄严朴素以及平静深切的自然和谐，由此来表征华氏文学的基本关注，眼光可谓敏锐。

沿着关切清贫卑微之人及其生态这一话题，独步随即又引山田美妙译《迈克尔》中的一节：「（前略）人ごゝろ、この浮世、人の運命／'On man, the heart of man, and human life'／さまざに考へて　料りそめけり。」[2] 意在提醒读者留意华兹华斯在平凡朴素的题材中寄寓的宏阔主题——对人、人生和生命的觉察。

接着，独步又引莫莱等人的评语展现华兹华斯文学所具有的指引生活、提升心智、抚慰心灵，使人保持 "感情或思想" 上的 "和平"、"静稳" 与 "希望"[3] 的强大精神力量。

如上，由精神信念到目标关注，再到超凡的影响力，三个维度由内而外，直取华氏文学的神韵精义。在例证材料的处理上，独步的做法是几乎不做发挥，尽可能让材料本身说话。此举非但未给人论证单薄之感，相反愈显材料精妙通达，引人思考。如此效果自然与材料本身的力度、清晰度与质感密不可分，问题是，此等的不凡识力由何而来？莫莱等人的评语或可提供些线索。

莫莱的评语出自他本人编辑的《华兹华斯全诗集》[4] 的序言。关于独步1892 年购入的诗集版本，盐田良平和山田博光坚持 "莫莱本" 说，一个关键性依据是《小春》中描述的阅读细节："'Man descends into the Vale of years.' 跌入岁月的山谷，这一句出自《逍遥游》第九章，我用蓝笔在其下划了一条粗线。"[5]《逍遥游》由于篇幅较长，选集本的 "阿诺德本"[6] 未予收录。独步在《何谓田舍文学》中引用 "莫莱本" 序言，这一事实也被视为 "莫莱本" 说的一个重要佐证。

此外，需要注意的是，苏峰《手账四》中可见「モルレー in literature

---

① 『定本国木田独歩全集』第 1 卷，東京：学習研究社，1978，第 210 頁。
② 『定本国木田独歩全集』第 1 卷，東京：学習研究社，1978，第 211 頁。
③ 『定本国木田独歩全集』第 1 卷，東京：学習研究社，1978，第 211 頁。
④ Morley, John, *The Complete Poetical Works of William Wordsworth*, London：Macmillan, 1888.
⑤ 『定本国木田独歩全集』第 2 卷，東京：学習研究社，1978，第 291 頁。
⑥ Arnold, Matthew, *Poems of Wordsworth*, London：Macmillan, 1879.

国木田哲夫」① 之记录。《文学研究》（*Studies in literature*）是莫莱的批评论集，前述序言亦收录在其中。换言之，《何谓田舍文学》中所引莫莱评语亦不排除参考批评论集的可能性。至于迈尔斯的评语，正如先行研究所示，应为莫莱所作序言的转引。

耐人寻味的是至今未获关注的两段奈特的评语。它们均出自奈特的《华兹华斯论》（"Wordsworth"）。该文原为奈特于 1878 年的演讲，后收录于论文集《哲学与文学研究》。② 独步是由何种渠道接触到奈特其文的？德富苏峰的藏书为包括独步在内的民友社成员了解西方文艺提供了便利条件，然不单苏峰手账中找不到相关的借阅信息，查今藏于石川武美纪念图书馆（旧称御茶水图书馆）的苏峰旧藏目录③也未见奈特的著录。

奈特也编辑过一套《华兹华斯全诗集》，④ 这是一部八卷本的巨制，相较于"莫莱本"，收录更全，且附有注解。由编辑说明可知，最末一卷原定简叙华氏生平并附一篇相关论文，但中途似发生方针调整，实际上第八卷仍是华兹华斯著作并另附全集作品索引。奈特后又撰写了一部三卷本华兹华斯评传，⑤ 装帧风格与全诗集相同，唯封面底色略做改动，盖为原定的生平简介之成果。查此三卷本华兹华斯评传，未见与《何谓田舍文学》引文一致的内容。

虽渠道不明，但独步参考了奈特的《华兹华斯论》是毋庸置疑的。事实上，除两段评语外，独步引用《鹿跳泉》亦是受该文的启发。在《华兹华斯论》中，奈特在与拜伦的对比中引《鹿跳泉》此节，认为华氏文学的真髓在于宁静的启示，刺激的、悲壮的情节非其所求。

《何谓田舍文学》在引用该诗节之前也设置了一组对照："他（指华兹华斯，笔者注）没有莎翁的哈姆雷特，没有弥尔顿的失乐园，没有但丁的神曲，故在他那里见不到悲壮、惨憺、痛烈的诗情。"⑥ 这明显是从奈特之说发挥而来。唯独步其后以一句"由此足知其立脚点、凭赖处、自任所在"

① 『徳富蘇峰記念館蔵民友社関係資料集』，東京：三一書房，1985，第 41 頁。
② Knight, William, *Studies in Philosophy and Literature*, London：C. Kegan Paul & CO., I Paternoster Square, 1879. 此处承北京外国语大学英语学院裴云副教授赐教，谨此致谢。
③ 『お茶の水図書館蔵成簣堂文庫洋書目録』，東京：お茶の水図書館，1986。
④ Knight, William, *The Poetical Works of William Wordsworth*, Edinburgh：William Paterson, 1882 – 1886.
⑤ Knight, William, *The Life of Wordsworth*, Edinburgh：William Paterson, 1889.
⑥ 『定本国木田独歩全集』第 1 卷，東京：学習研究社，1978，第 209 ~ 210 頁。

做诗句题解，既在与莎翁等人构成的张力关系中凸显华氏文学的"平静"特色，又放宽了释读空间，引人思考悟察。

既然《鹿跳泉》有所本，同样以英文引用的《布劳姆城堡盛宴之歌》是否也有渊源？日本学者秦行正曾指出，该诗节的首句"Love had he found in huts where poor men lie"见于德富苏峰《平民的诗人》一文。①

苏峰《手账四》中载有独步的一条借阅记录：「セルレル 文学　モルレーのウオルテル　国木田氏。」② 经查检，「セルレル 文学」对应的书目信息应为 Edmond, Scherer, *Essays on English Literature*, New York：Charles Scribner's Sons, 1891。该著亦收有题为"Wordsworth"的一章，且也引用了《布劳姆城堡盛宴之歌》中的此节，然从文义来看是在讲翻译的问题。另外，奈特的《华兹华斯诗歌中的英国湖区》③ 也提及该诗节，意在以诗句与实际风景相印证，亦与独步的引用旨趣相异。由此，基本可以推定，独步的引用应是受到《平民的诗人》的启发。《平民的诗人》是苏峰为悼念惠蒂埃而作，文至终段，他呼吁文学家要关注身边的"活题目"并自问自答："何为活题目？华兹华斯不是说，'Love had he found in huts where poor men live'，在低矮陋屋，他发现了爱。"④ 该文全篇旨在颂扬惠蒂埃，却以华兹华斯的一行诗收尾，透显出苏峰对华兹华斯诗歌题材的"平民"性的高度肯定。

独步引用了该诗句在内的整个诗节，目的同样是彰显华兹华斯对平凡的题材和对象的关切。在《何谓田舍文学》之前，他刚刚发表过一篇题为《民友记者德富猪一郎氏》（「民友记者德富猪一郎氏」，1892）的人物评论，于苏峰其人其言的点评颇有心得。《平民的诗人》发表在《何谓田舍文学》发表的一个月前，以独步对苏峰的关注程度，不会视而不见的。

独步对苏峰引文诗句的来源了然于心，且能举重若轻，在《何谓田舍文学》中仅以三个诗节就妥切、清楚地勾勒出华氏诗歌的奥妙，除了苏峰言论的启发，应亦得益于同年 9 月以来的《华兹华斯诗集》的阅读。由此

---

① 秦行正：「文学者独步の出発—ワーズワスの受容から〈小民〉文学の創造へ」，『福岡大学人文論叢』1994 年第 26 巻第 2 号。

② 『徳富蘇峰記念館所蔵民友社関係資料集』，東京：三一書房，1985，第 40 頁。

③ Knight, William, *The English Lake District as Interpreted in the Poems of Wordsworth*, Edinburgh：David Douglas, 1891.

④ 徳富蘇峰：「平民の詩人」，『文学断片』，東京：民友社，1894，第 196 頁。

贯穿起由接触他人观点和观念性意象到回到具体文本去确认、理解乃至重组与会通的接受链条，使"拿来"中依然深蓄富于洞察力的敏锐眼光。也正是以如此有质感的、生动的主体性为底色，才能做到不为材料所役，实现深入浅出、通达平正的议论与抒情。这种深具内在具体性的分析视野在其针对"莎翁"崇拜与"审美"、"迷信"及由此引发的"没理想论争"的批判中有更鲜明的呈现。

三 "田舍文学"的思想功能与价值旨归

众所周知，"没理想论争"是发生在坪内逍遥和森鸥外之间的一场关于文学标准的讨论。逍遥在《莎士比亚剧本评释》等文中以莎剧为例，提出写实即客观反映现实，忌加以个人"理想"，作者要"隐没理想"，把解释权交给读者。对此，鸥外基于审美论，认为文学的本质是审美，美就是文学的理想。论辩持续了半年多，触及多方面议题，作为日本近代文学史上的首次大论争，传播了近代文学观念，促进了知识更新。

在独步看来，"没理想论争"却不啻于一场"悲剧"，一场"滑稽剧"，鼓吹的是"迷信谬说"。① 他的矛头所指有两个：一是对剧本、悲剧、莎士比亚的推崇以及由此而生的对惨憺、悲壮、痛烈之诗情的迷信；二是空谈美、追求文饰的文学。结合"没理想论争"的整体话语来看，独步的解读不乏误解和片面之处，但作为同时代的文学青年，其反应也恰恰折射出论争双方的问题所在，值得瞩目。

独步径直将湖处子贬抑田舍文学的发言归咎于受上述"迷信谬说"之"感染"后，旋即回到认识层面，检讨文学家和文学的本质，指出文学家"未必作悲剧，未必追随莎翁足迹，未必知晓审美学。他只是凭着一副诗眼，将感获的'人应该如何活'（how to live）之问题，以诗情呈现于诗文，以引导同胞人类走向真理与善德之使命"。在独步看来，"人应该如何活"才是文学要处理的本真问题，而诗人、文学家首先就要有作为"人类之师、同胞之师、一代之师"的自觉，② 这就冲破了"没理想论争"所营造的思想氛围，提示了新的价值旨归。

---

① 『定本国木田独步全集』第 1 卷，東京：学習研究社，1978，第 213 頁。
② 『定本国木田独步全集』第 1 卷，東京：学習研究社，1978，第 213 頁。

从层层推进的三个"之师"的排比修辞看，显然，独步所说的"人应该如何活"绝非单纯的生活态度问题，它指涉的是思想、精神情感和时代课题。接着，独步又引华兹华斯之言——"大诗人皆为教师，余亦望被视为师，否则毋宁百无一是"，①强化作为"教师"的诗人形象的同时，将话题重新拉回田舍文学，指出"伟大""高尚""优美"本是"教师"的题中应有之义，无须另寻，关键在"理想信念的高低，诗眼的有无"，"倘理想远大，诗眼高妙，路旁的野花亦能引发几多的诗想，提供无限的教思"。文末，更以"一间茅屋足以容纳华兹华斯、莎翁、弥尔顿、但丁、戈德史密斯而有余，老牧者、小村女也比几多的哈姆雷特、几多的麦克白伟大"收束全文，②在强烈的对比中，鲜明地树立起以"茅屋""牧者""村女"为表征，承担和揭示"人应该如何活"之启示，具有严肃的、普遍性意义的田舍文学的价值框架。

需要注意的是，独步提示的文学家形象和文学标准并非其发明，无论是"人应该如何活"之文学理想，还是对"真理与善德"的价值追求，抑或体贴"同胞人类"的创作态度，甚至"诗眼高妙"的内在条件，均借鉴和铺陈了德富苏峰的言论。对此，笔者已另文做过考察。③然若据以认定《何谓田舍文学》为拾人牙慧，则有失公允。此文的重要意义在于，独步在汲取苏峰文学论要义的基础上，结合华兹华斯诗集和阿诺德、奈特等人评论的阅读，对田舍文学形成了深刻的范式认识，获得了审视和评价文学价值的判断框架，并能以此介入文学论争的批评实践，对文坛问题提出质疑。而进一步以苏峰言论为参照反观《何谓田舍文学》，文本微观层面另有若干值得关注的细节，可一窥寄寓其间的独步的批判眼光、思想偏向与问题意识。

在《何谓田舍文学》的前半部分，独步对华兹华斯有一段归纳性描述："他只是以从天感得的理想教导同胞人类并以之为任的田舍诗人。"到了后半部分，独步又以"关于'人应该如何活'（how to live）之问题"来具体界定"理想"，并指示了"教导"方向，即"引向真理与善德"。④

首先，从反复使用"理想"一词可知，这是独步特别关注的问题点。

① 在奈特《华兹华斯论》和莫莱《华兹华斯全诗集》序言中均有引录。
② 『定本国木田独步全集』第 1 卷，東京：学習研究社，1978，第 214 頁。
③ 曲莉：「独步『田家文学とは何ぞ』に対する一考察—蘇峰文学論の受容を視座に」，『東京大学国文学論集』2012 年第 7 号。
④ 『定本国木田独步全集』第 1 卷，東京：学習研究社，1978，第 212 頁。

在《新日本的诗人》中，苏峰援引马修·阿诺德的"诗即人生批评"的著名论断，称"马修·阿诺德氏曰：诗的奥义（不拘其表面的千态万状）在人生生活的批评，诗人的伟大就在于他将最有力的、最美妙的观念运用到人生生活中去，也就是应用到'如何生活'这个问题中去"，① 这里，苏峰将阿诺德的"ideas"译作"观念"。此外，还有译为"思想"（「思想」）②、"意想"（「意想」）③ 的，不尽相同。苏峰本人还曾化用该论断称宫崎湖处子的《归省》为"将理想应用于生活"的"诗"，继"观念"之后又使用了"理想"一词。④ 事实上，翻检明治 20 年代中期的主要文艺刊物，不难发现，"理想"一词被广泛论及，代表了文坛对新文学的进路的探索和扩展表现对象的强烈呼声。⑤

由独步在《何谓田舍文学》中把"没理想论争"描述为"在无理想的文坛引发了没理想论的大战争"来推察，独步对"理想"的执着应含有对逍遥所谓"隐没理想"之否定，回应当下的文坛状况，重新辟出一个论述空间的用意。另外，在独步构建的文学家形象里，诗人、文学家的精神属性是"教师"，这是具有根本性的，文学家的全部意义就体现在解释"人应该如何活"之问，是以晓示"理想"是很自然的逻辑，否则何以引导。

其次，以"'人应该如何活'（how to live）之问题"来界定"理想"的内涵，虽看似由苏峰文本袭用而来，然若将其置于"没理想论争"批判的脉络中做整体性观察，深潜于文本之中的另一层意义就会浮现出来。

在"没理想论争"中，针对逍遥的"隐没理想"论调，鸥外指出文学的本质在审美，美是先天的理想，是先天的感受力。⑥ 单从字面看，独步所描绘的"从天感得的理想"恐难与之彻底区分，是以后半部分的具体界定

---

① 「新日本の詩人」，『文学断片』，東京：民友社，1894，第 34 頁。
② 如"马修·阿诺德称：诗是生命的批评，其目的在将高尚的思想应用于人生"（植村正久：「詩人論」，『日本評論』1890 年第 5 号）；"诗说到底就是人生的批判，诗人之崇伟端在将其思想蓬勃而优美地应用于人生问题，即'该如何生存'之问题"（鄭隈生：「詩論雑纂」，『早稲田文学』1893 年第 36 号）。
③ 如"马修·阿诺德称：正如诗归根到底为人生之批评，诗之所以紧要，系于将高速高大的意想应用于现实，思考人类应如何生存之一事也"［「詩仙（上）詩人とは何如なるものぞ」，『女学雑誌』1890 年第 221 号］。
④ 「帰省を読む」，『文学断片』，東京：民友社，1894，第 136 頁。
⑤ 见『早稲田文学』1892 年第 26 号刊载的「文界彙報 小説界」。
⑥ 森鴎外：「早稲田文学の没理想」，『鴎外全集』第 23 巻，東京：岩波書店，1971，第 20～21 頁。

有显黜自家立场的用意。细加观察，文中对"理想"的前后两次赋义是有呼应、推进的。一是说其源头在天，是天启，是诗意的澄明；一是说其启示的是"人应该如何活"，是从生命、人生、人情来观照人、人类的本真生存状态。两者相互发明，交融成一个以诗人、文学家为津桥，沟通天与人、指向生命形态与存在意义的"理想"世界。

再次，苏峰在《新日本的诗人》中直指日本不出大诗人的根源在"缺少彼之所以为诗人的宗教观念、道义观念、真理观念以及涵括真理与善德与美妙的高尚观念"。① 次年，又在《文学家的目的在娱人乎》中提醒文学家"不应忘记自家为世间预言者、说教者、教师之责任。彼等的主观目的非在娱人，惟有涵括了真理与善德与美妙之高尚、博大、真挚的观念的观察者与说明者才是你们的真面目"。② 独步在《民友记者德富猪一郎氏》中也征引了前述文段。仅时隔一月，到《何谓田舍文学》时，独步的笔锋为何停留在"真理与善德"，而独缺省了"美妙"？结合文中对"空谈美"的批判来看，此举应是有意为之，是摒弃和否定姿态的展现。需要注意的是，此处的"省笔"或不单是论辩策略或文学修辞，事实上，结合日后的文学实践看，对独步而言，文学的本质从来不在美，或者说不只在美。比起"美"，由"教师"等语词及其背后的关联理路能清晰读出的是他对文学发挥思想和精神道德启蒙、增进人类福祉的教育作用的期待。

有别于劝善惩恶的江户文艺，"田舍文学"内置的教育功能是富有新时代气息和人文精神的。由独步在引述"路旁的野花亦能引发几多的诗想，提供无限的教思"后感喟"自由是秘密，人至大也"③ 不难察知，"自由"和"人"正是"田舍文学"要诉诸的，也是"教师"要探索和解释的终极问题。显然，这是能够在精神机制上与"文明开化"的话语形成同构的，在"人""自由""如何生活"层面回应启蒙的时代课题。

四　"真诗人"与"空诗人"

自 1893 年起，民友社相继出版十二文豪丛书，系统介绍 19 世纪有代表

---

① 「新日本の詩人」，『文学断片』，東京：民友社，1894，第 34 頁。
② 「文学者の目的は人を楽ましむるにある乎」，『文学断片』，東京：民友社，1894，第 84 ~ 85 頁。
③ 『定本国木田独歩全集』第 1 巻，東京：学習研究社，1978，第 214 頁。

性的西方文人的生平及其文业活动，其中《卡莱尔》《华兹华斯》《爱默生》为首次译介，有拓荒性意义，被读书界誉为"斯文之庆事"。①

《华兹华斯》卷的作者是宫崎湖处子，总共 200 余页，卷首附华兹华斯肖像并年谱，另插有《归省》广告一页，正文由"诗人前记"、"诗人正记"和"诗人后记"组成。"诗人前记"叙青少年期的成长经历；"诗人正记"以创作活动为线索，勾连相关人物、生活环境及诗坛风气；尤可注意的是"诗人后记"部分，湖处子将华兹华斯与陶渊明做了对比考察。

相较于《归省》的名噪一时，《华兹华斯》的声名要黯淡得多。《文学界》杂志称其无非就是照搬了迈尔斯的《华兹华斯评传》，态度贬抑。② 独步日记亦载有阅览记录，然仅寥寥数笔，泛泛录阅讫事，未及读书心得。独步是一个好发议论的人，读而无感较少见。与之形成鲜明对比的是《卡莱尔》读后感，用语辛辣尖刻，指责作者（民友社社员平田久——笔者注）于卡莱尔一无所知，怒意勃勃，直至"无语"。③

独步去世后，夫人治子托沼波琼音编辑而成《独步遗文》，所录多为独步生前未发表的断章零篇。其中，题为《信仰生命》的一篇杂感，以向友人告白的笔记体形式记述了阅读爱默生、卡莱尔、华兹华斯等先贤著作的感悟心得。文中称，"我最近读了湖处子的华兹华斯传，有感真诗人与空诗人之畛域。华兹华斯是真诗人。湖处子是空诗人。经此空人物之手来向我国介绍彼之真人物，洵为憾事"，④ 批评态度嘲谑严厉。

中岛健藏以《信仰生命》文中提示的地点为"在佐伯"及内容上有从日记转抄来的文段为依据，判断该文的写作时间在 1894 年 6 月到 7 月。⑤ 然如前所述，日记《不欺的记录》记独步在 1893 年 11 月已读完《华兹华斯》，从评语结构看，批评作者对传主的思想精髓理解暗昧并深以为憾，也与日记所载《卡莱尔》的读后感类似。倘非二次阅读的话，此文的撰写时

① 「批評 ウオルツウオルス 宮崎湖処子著 民友社出版」，『日本評論』1893 年第 57 号，第 30 頁。
② 详见『文学界』1893 年 10 月号。由湖处子文中多处引述和铺陈马修·阿诺德的《华兹华斯论》可知，《文学界》的评语并不详切。另外，时评中亦不乏温和的肯定，《日本评论》就称"湖处子笔下的华兹华斯得其人之形神"（「批評 ウオルツウオルス 宮崎湖処子著 民友社出版」，『日本評論』1893 年第 57 号，第 30 頁）。
③ 「欺かざるの記」，『定本国木田独步全集』第 6 卷，東京：学習研究社，1978，第 328、201 頁。
④ 「信仰生命」，『定本国木田独步全集』第 9 卷，東京：学習研究社，1978，第 222 頁。
⑤ 中岛健藏：「解題」，『定本国木田独步全集』第 9 卷，東京：学習研究社，1978，第 559 頁。

间，或还需要做更多的考辨。

与不满《卡莱尔》中"真挚"的阙如相同，在独步看来，理解华兹华斯的关节在"信仰"，他反问："人无明确的信仰能立于俗世吗？能进行人生的说明吗？不能呀。（中略）然湖处子却称：'读逍遥游，时常有感于自然描写之妙。然其哲理其人生观，却似欲飞入眼的飞鸟（虫），[1] 萦绕眉间。我愿丢弃其哲理，甚至抛下其人生的理想，直接以我的无意识与他的无意识相对。'"[2] 独步承认自己也和湖处子一样，随喜于华兹华斯吟诵自然的诗句，但若据此将其 80 年的诗业活动归于"清安"之属，则是对华氏文学之真谛的无知无识了。

接着，他进一步阐发道：

> 马修·阿诺德不是说吗？"人生是诗人最大的疑问，人生批评是诗人最大的事业，华兹华斯位列莎士比亚、莫里哀、弥尔顿、歌德等杰出诗人之班就在于其人生观的崇高。"我深以为然。（中略）
>
> 华兹华斯是如何说的。他说"在寂寞之境冥想人、自然、人生"。实则如此，（中略）。冥想人、冥想自然、冥想人生。忘却自然，能思考人生乎？忘却人生，能有感于自然乎？[3]

可见，独步所谓的"信仰"指涉的是"人生""人生批评"，华兹华斯关于"人、自然、人生"的"冥想"正是其核心内容。湖处子声称要将华兹华斯的"哲理"，甚至"人生的理想"统统抛却，是以招致独步的强烈不满。

参照阿诺德的《华兹华斯论》可知，湖处子以从华氏诗作中读取哲学性为歧途，称"他的诗是真实的，而哲学是幻想的"，[4] 这些论断皆来自阿诺德。在《华兹华斯论》中，阿诺德批评了社会科学大会总结和阐发华兹华斯哲学科学体系的做法，认为这于认识华氏的精神和诗作价值无益。在阿诺德看来，华兹华斯的"非凡力量与价值"在于"能够崇高而深刻地把

---

① 对照湖处子《华兹华斯》可知，此处原文为"虫"。

② 「信仰生命」，『定本国木田独步全集』第 9 卷，東京：学習研究社，1978，第 223 頁。

③ 「信仰生命」，『定本国木田独步全集』第 9 卷，東京：学習研究社，1978，第 224～225 頁。

④ 宮崎湖处子：『ヰリヤム、ワルヅワルス』，東京：民友社，1893，第 151 頁。

观念应用到生活上"，① 他之所以位列彭斯等人之上，正是因为"他所处理的生活要比他们多，总的说来，他把生活比他们处理得更为有力"，而不是别的。在阿诺德的描述中，华氏文学的精义在揭示"怎样生活"，展示和分享"自然给我们的愉快和简单的基本的感情与责任给我们的愉快"。②

湖处子在《华兹华斯》中，一面铺陈阿诺德的前述观点，一面又渴望"丢弃其哲理，甚至抛下其人生的理想，直接以我的无意识与他的无意识相对"，这是因为在湖处子看来，"诗首先是无意识即天才的产物，所谓的哲理，所谓的理想，仅为天才之辅助"。③ 既然是"无意识"，那就是超自然的，不是能够从经验出发并经由诉诸感性或理性来把握的，这就给华兹华斯文学想象力的发动机制、运作功能覆上了一层神秘主义的玄学意味。然正如"路旁的野花亦能给予几多的诗想，提供无限的教思"所示，华兹华斯的想象力的运作是不需要超自然媒介驱动的，卑微的、被轻视的事物也能唤起想象的功能。

湖处子在构制了一个以"无意识"为主体，"哲理""理想"为"辅助"的观察框架后，又引华氏名言"自古大诗人皆为教师，吾亦愿为一教师"④ 来颂扬其职司意识，这也是对华兹华斯的诗人身份特征和其自认的"教师"角色之间的精神结构缺乏内在理解的直接表现。华兹华斯的"教师"在功能和要求上是要沟通人的精神与世界的联系，启迪人生，使人们在平凡的日常生活中获得确立主体位置的能力。他要解释的从来不是无法理解的"无意识"或具有他律性的神秘力量。⑤

相较于湖处子描绘的神秘的"无意识"或隐逸的生活情趣，独步对华兹华斯的属意更在于其创作意图、关照对象及启迪人生的真挚态度。如前所述，在《何谓田舍文学》的前半部分，独步从信念、基本关注和心智力量三个方面提示华氏文学的特征，然于三者间及其与"教师"角色间的关联逻辑却未做直接交代，倒是文中引用的莫莱评语可提供一些有益的暗示。

---

① 《安诺德文学评论选集》，殷葆璱译，人民文学出版社，1958，第139页。
② 《安诺德文学评论选集》，殷葆璱译，人民文学出版社，1958，第143页。
③ 《安诺德文学评论选集》，殷葆璱译，人民文学出版社，1958，第152~153页。
④ 《安诺德文学评论选集》，殷葆璱译，人民文学出版社，1958，第118页。
⑤ 关于华兹华斯的文学想象与宗教信仰的关联，参见〔英〕斯蒂芬·吉尔《威廉·华兹华斯传》，朱玉译，广西师范大学出版社，2020。

约翰·莫莱氏曰，他（指华兹华斯）从普通的生活中撷取材料，以将无限带入普通的生活中之秘诀，使得我们在其势力影响之下时，引导我们保持切实的平和心绪，让我们（的世界）平稳、有力、健全与充满希望。他有这样的本领。①

"我们"这一接受对象值得重视。《何谓田舍文学》结尾处以"老牧者、小村女亦比几多的哈姆雷特、几多的麦克白伟大"的根本性颠覆完成了价值的逆转。价值逆转之所以成立，应与两个方面有关：一是"田舍文学"包孕"人应该如何活"的思想课题，微而不凡；二是华兹华斯观照被忽视的、平凡普通人的生活，接近和体贴他们的情感悲喜，并在他们和"我们"之间自然建立起一种以"人应该如何活"的"理想"为核心内涵的"平稳、有力、健全与充满希望的"联系，晓示和触发我们思考寓于普通的生活中的"无限"，使我们对各自的人生、生活、生命的意义多一重理解与体察，于"茫然的宇宙秘密"和"艰辛的人世"② 多一些思索与应对的力量。也就是说，"田舍文学"能够超越田舍的限度领域，带有从特殊性生成的普遍性的启示意义，是以具有肯定和激发个体生命价值的实践力量。

结　语

独步关注"田舍"和"田舍文学"由来已久。在1891年归乡期间写给友人的信札中，他就表达了愿扎根农村、贯彻平民主义的抱负。其将"平民主义"和"田舍"勾连的观察视角，源于德富苏峰的影响。在《国民之友》创刊号发刊词中，苏峰就态度明确地竖起"平民主义"大旗，将为"住在茅屋中"的"国民"谋取"幸福和利益"视为办刊宗旨和民友社的行动指针。在后来的描述中，苏峰又将"住在茅屋中"的"国民"形象化为"田舍汉"，给予肯定和赞美。历史学家鹿野政直指出，苏峰主导的田舍礼赞的出发点在"地方"的"非特惠资本"对"都市特惠资本的反感"，"将田舍视为理想乡的这样一种价值意识"代表的是与"都市特惠资本"针

---

① 『定本国木田独步全集』第 1 卷，東京：学習研究社，1978，第 211 頁。
② 『定本国木田独步全集』第 1 卷，東京：学習研究社，1978，第 211、212 頁。

锋相对的"地方优先主义"立场。① 也就是说，"都市"和"田舍"之间呈现一种张力关系，"田舍"成为一种立场和方法。湖处子的《归省》正是此间诞生的重要成果。

有别于"理想乡"的田舍礼赞，前后一年多"深入田舍社会"的青年独步捕捉到的是与"近代"疏离的"地方人民"的身姿，在他看来，在树立"自由权利、平等"观念问题上，包括"地方人民"的意识觉醒在内的具有近代性质的国民精神和思想机制的建设才是重点。② 以这一现实关切为出发点和凝聚点，绾合后来的对华兹华斯诗集和奈特、阿诺德等人的华兹华斯论及苏峰的文学评论的阅读与思考，最终沉淀、内化为从"人应该如何活"的角度切入和观照"山林海滨的小民"的生态，以引导和塑造"人"为价值指向的"人的教师"③ 的文学立场和问题视野。换言之，独步的"人的教师"要对应和处理的是多重复合的课题，既要承担和回应文学近代化路向问题，同时又具有与明治时期日本的国民精神建构有效共振的现实关怀向度，这是理解独步文学的精神底色的一个基本轴线。

在"没理想论争"中，鸥外指责逍遥为蒙面的左拉，认为隐匿作者的主观意识就是自然主义。④ 在独步《何谓田舍文学》构建的文学家形象中，文学家首先是"教师"，构成"教师"身份认同的意义核心的是"理想"，文学家的本质是要将"人应该如何活"之"理想"应用于作品中。这就在思想基础上与自然主义形成根本分歧。此外，"将无限带入普通的生活中之秘诀"使田舍题材能够剥离现实处境，运思于形上，从普遍性的"生""生命""生存"的脉络中进行捕捉，带动精神的攀升。但由于思想和情感出发点在对凡人平民的关怀同情，这使独步对人世苦难有深刻的观察和深切的体认，能够不单单陶醉于观念世界，而是相对忠实地去面对生存的现实局限。

于是，独步的文学就呈现出一种特殊的内在张力，一面寻求超越，沟通存在真理，一面又深入世界，凝视现实。现实的压力与精神的攀升之间

---

① 鹿野政直：「『田舎紳士』たちの論理—平民主義におけるあたらしい価値意識の展開」，『歴史学研究』1961 年第 249 号，第 11 頁。

② 「水谷真雄宛書簡」，『定本国木田独歩全集』第 5 卷，東京：学習研究社，1978，第 572～573 頁。

③ 「欺かざるの記」，『定本国木田独歩全集』第 6 卷，東京：学習研究社，1978，第 70 頁。

④ 森鴎外：「逍遥子と烏有先生と」，『鴎外全集』第 23 卷，東京：岩波書店，1971，第 55 頁。

的张力及由此而生的调和与疏离构成了独步文学丰富、多义的表现世界。贯穿这些文字始终、保持不变的则是他以华兹华斯为典范建立起的"教师"身份的自认，这也是他在晚年依然认定华兹华斯于其文学创作具有不可替代的引导作用，足以带来持续的滋养与影响的原因之一。

Inspection and Research about Kunikida Doppo regarding His Contemplation of the Way Accepted by Wordsworth in His Works

Abstract：Combining an examination of the vein of argumentation in Kunikida Doppo's works, *What is Farmhouse Literature*, with the source of Wordsworth's verses and the related commentary cited in the text, this paper discussed that Doppo, in his critical practice of intervening in literary debates, further integrated his reading experience gained from the poem collection of Wordsworth and the literary criticism of Arnold, Knight, and Tokutomi Soho, internalized it into a profound understanding of the farmhouse literature paradigm represented by Wordsworth, which is deeply embedded in the "ideal" of "how to live" and explicitly considered the "teacher" as the spiritual attribute of the poets and man of letters , and argued that all the significance of a man of letters was embodied in the explanation of the question of "how to live" . Such way of acceptance taken by Wordsworth and the judgmental framework for examining and evaluating literary values thus acquired are the key to understand why Doppo later criticized Miyazaki Koshoshi for his poor understanding of Wordsworth's literature and Doppo's lifelong adherence to the sense of belonging to the "teacher" identity. In addition, this paper also explored the significance of Doppo's attention to and explanation of "farmhouse literature" and "human teachers" in responding to and dealing with the multiple issues of the times.

Keywords：Tokutomi Sohō；Matthew Arnold；William Knight；Miyazaki Koshoshi；"Teachers"

对"名将论"与"愚将论"的超越[*]

——论井上厦《感慨日本·乃木大将》

张雅蒙[**]

【摘　要】一度销声匿迹的"军神"乃木希典随着20世纪70年代前后日本社会掀起的"明治热潮"重新回到公众视野，引发了"名将"与"愚将"的论争。井上厦在戏剧《感慨日本·乃木大将》中设置了"戏中戏"结构并运用戏仿手法，以回应时代状况：该剧超越了言论界乃木评价二元对立之图式，塑造了具有"丑角"和"情欲"两种特征的乃木形象，试图解构自明治时代起便广为流传的"军神"神话；面对战争记忆逐渐风化、大众肆意消费历史的状况，该剧"马腿的表演"结构揭露了"无论谁都能变身为乃木将军"这一根本问题，构成了审视"何为日本、何为日本人"的场域，旨在向大众指明藏匿于"明治热潮"中的意识形态暗流和无节制地消费历史所蕴含的危险。

【关键词】井上厦　乃木希典　戏中戏　戏仿　明治热潮

《感慨日本·乃木大将》[①] 于1979年5月首次公演，顾名思义，这是井上厦（井上ひさし，1934～2010）以日本陆军大将乃木希典（1849～1912）为对象创作的戏剧。为完成该剧，井上从1968年便开始筹备，对乃木希典

　＊　本文系国家社会科学基金重大项目"近代以来中日文学关系研究与文献整理（1870－2000）"（17ZDA277）的阶段性成果之一。

＊＊　张雅蒙，电子科技大学外国语学院讲师，主要研究方向为日本文学。

　①　以下简称《乃木大将》。如无特殊标注，本文所引《乃木大将》皆出自『しみじみ日本·乃木大将』，東京：新潮社，1979。后文仅在正文标注页码。

展开了周密的调查，足见其投入的精力。① 该剧创意独特，内置 "戏中戏" 结构，以 "军马" 的视角回顾乃木的人生，获得文艺界的广泛好评。时任 《朝日新闻》"文艺时评" 撰写人的大江健三郎发表剧评，指出该剧 "没有排除乃木的任何一个侧面"，"展现了乃木人格的多面性"，并认为井上在方法论的层面运用了多重结构，予以高度评价。② 大江之所以强调井上塑造的乃木具有人格的多面性，是因为当时日本言论界对于乃木的评价呈现 "名将论" 与 "愚将论" 二元对立的图式。在此语境下，井上塑造多面性的乃木形象，是为了改写既有的乃木叙事。更重要的是，井上使 "名将" 与 "愚将" 两种评价相对化，乃木得以从神话中解放，而抹杀乃木丰富的内面、建构 "乃木神话" 的绝对天皇制则成为批判对象。正如加藤周一所言，《乃木大将》"恐怕是迄今为止日本剧场中最为痛切的明治天皇制（绝对天皇制）批判"。③

井上在 "明治百年" 这一特殊时间开始筹备该剧，具有重要的意义。先行研究虽然指出该剧对天皇制的批判，但据笔者管见，没有发现将之与 1968 年以来 "明治热潮" 的延绵，以及背后日本社会、政治的右倾化趋势相结合的研究。20 世纪 70 年代，日本经历石油危机后经济出现负增长，社会的价值观产生动荡，民众陷入了不安之中，这导致了社会和政治的右倾化。保守势力的一系列措施，使天皇与军事力量似乎又逐渐结合了起来。在这样的社会背景下，井上批判绝对天皇制，显然具备对日本现实的观照。本文将回溯既往的乃木评论、研究，勾勒 "名将论" 与 "愚将论" 之对立的形成过程，④ 在此基础上考察井上塑造的乃木希典形象，分析其对于既有乃木叙事的解构作用。同时，将该作置于日本 "明治百年" 以来的历史语境中，探讨井上对同时代右倾化的日本政治和社会的批判。

---

① 井上厦曾在 1973 年与山口昌男的对谈中表示，"自己想要创作名为 '乃木大将' 的戏剧，已经花费了五年时间做准备"。可以推算出，井上从 1968 年便开始筹备该剧，至首次上演总共花费十一年。参见井上ひさし、山口昌男「対談 近代日本の道化群像」,『ユリイカ』1973 年第 7 号，第 183 页。

② 大江健三郎：「浮かび上がる道化性―井上ひさし『しみじみ日本・乃木大将』」,『朝日新聞』1979 年 5 月 25 日付。

③ 加藤周一：『日本文学史序説』（下），東京：筑摩書房，1999，第 528 页。

④ 本文梳理关于乃木希典的 "名将论"，仅为廓清日本乃木评价二元对立的图式，不代表笔者的立场。乃木希典生前是日本帝国主义扩张政策的推动者和实践者，曾出任 "台湾总督"，推行过诸多殖民政策。对此，笔者持全盘否定态度。

一 "名将论"与"愚将论"的对立

陆军大将乃木希典是日本近代史上最具话题性的人物之一。1912 年 9 月 13 日，明治天皇大丧典礼的礼炮响起时，乃木希典和夫人静子在宅邸自杀殉死。事发后，日本国内媒体竞相报道，除了少数批评乃木身居高位，却没有辅佐大正天皇的声音之外，呈现出了"赞美乃木之大合唱"的态势，歌颂乃木的忠义、人格之高洁，其死亡对于日本的"世道人心大有裨益"。①不过，部分知识分子对该事件持批判态度，认为乃木的行径中充满了"做戏"的成分，他们包括植村正久、武者小路实笃、志贺直哉、长与善郎等。但这些意见并非主流，很快便被淹没在对乃木的讴歌之中。例如，京都大学教授谷本富评论乃木"古武士的朴素性格，虽然非常了不起，但总感觉有矫饰的成分在里面"②后，立刻遭受了右翼的"社会性暴力"，被迫辞去京都大学的职位。③虽然这两种评论在当时力量悬殊，却形成了两根最基本的乃木评价轴。此后，日本走上军国主义路线，乃木逐渐被奉为"军神""武士之镜"，而批评乃木的声音遭到彻底压制。据高桥新太郎统计，从大正元年到 1945 年日本战败，关于乃木希典的单行本达 160 余册，其中大多为歌颂乃木"忠诚""朴素""清廉"的赞美论。④

不过，以 1945 年为转折，经久不衰的"乃木神话"出现了断裂。战败带来的原有价值观崩溃和新价值观确立，使乃木失去了人们的关注，民主成为言论界的中心问题。然而，安保运动的失败导致战后民主主义思想陷入困境，高度经济增长时代拉开序幕。此时保守言论逐渐抬头，对"明治"的评价也开始转变。小熊英二的研究表明，"明治"原本被丸山真男等知识分子看作"日本实现近代化和国家建设的时期"而给予肯定，但20 世纪 60 年代中后期，由于东京奥运会成功举办等，"民族主义不断高涨，日本政府随即开展面向'明治百年'对明治的再评价运动"。这个明

① 菅原克也：「二十世紀の武士道—乃木希典自刃の波紋」，『比較文學研究』1984 年第 45 号，第 94 頁。
② 菅原克也：「二十世紀の武士道—乃木希典自刃の波紋」，『比較文學研究』1984 年第 45 号，第 107 頁。
③ 高橋新太郎：『近代日本文学の周圈』，東京：笠間書院，2014，第 7 頁。
④ 高橋新太郎：『近代日本文学の周圈』，東京：笠間書院，2014，第 5 頁。

治 "是作为国家意识和元勋时代" 来进行描述的。① 与此同时，战后一度销声匿迹的乃木将军又重新回到公众视野，掀起了新的 "乃木热潮"。但较之前不同的是，此时对于乃木的评价呈现 "名将论" 与 "愚将论" 二元对立的图式。

20 世纪 60 年代转向保守立场的批评家江藤淳倡导 "明治精神"，赞美乃木大将的殉死，批判战后思想。江藤认为，"为明治天皇殉死是最美生活方式的表现。自杀这种最纯粹的个人行为，如果不是为 '明治精神' 殉死的话就不会受到侵犯"。② 而出于对这种精神论复辟的反感，司马辽太郎先后创作了小说《殉死》和《坂上之云》，实证性地考察了乃木在日俄战争中的作战技术。司马指出，旅顺战役中乃木一味采取 "正攻法"，葬送了六万将士的性命，故 "很难找到比乃木更缺乏军事才能的人"。③ 松本健一强调，司马在《殉死》和《坂上之云》中对乃木的描写，旨在打破 "二战期间深入人心的 '军神'" 形象。为了实现这一目的，司马 "没有讲述与乃木 '军神' 传说相关的 '美谈'"。④ 司马小说的影响力颇高，尤其是《殉死》，被视为 "乃木愚将论" 的源头，⑤ 令乃木的 "军神" 地位产生动摇。此后，保守派批评家、文学家们便致力于为乃木 "洗刷冤屈"，替其不知变通的作战手法辩护。⑥ 例如福田恒存在 1970 年发表的论文中，将矛头直指司马的小说。福田对 "旅顺攻略战" 进行考察后认为，乃木将军 "虽非智将"，但也绝非 "愚将"，而是日本历史上首个指挥要塞攻击战的 "悲剧之人"。⑦

至此不难发现，对乃木的评价存在着两极分化：乃木批判者以乃木作战指挥低劣，言行举止矫揉造作为由，认为他是 "愚将"，是天皇、长州派系的 "提线木偶"；乃木拥护者则强调其高尚的伦理道德、朴素的生活方

① 小熊英二：『〈民主〉と〈愛国〉：戦後日本のナショナリズムと公共性』，東京：新曜社，2002，第 557 頁。

② 『江藤淳著作集』第 6 卷，東京：講談社，1967，第 72 頁。

③ 『司馬遼太郎全集』第 25 卷，東京：文芸春秋，1973，第 206～207 頁。

④ 松本健一：『三島由紀夫と司馬遼太郎—「美しい日本」をめぐる激突』，東京：新潮社，2010，第 107～108 頁。

⑤ 福田和也：『乃木希典』，東京：文芸春秋，2004，第 24 頁。

⑥ 古川熏：「人物考察 乃木希典の毀誉褒貶」，『月刊自由民主』2009 年第 674 号，第 52～57 頁。

⑦ 福田恒存：「乃木将軍は軍神か愚将か」，『中央公論』1970 年第 13 号，第 83～85 頁。

式，视其为"军人楷模""武士之镜"。① 但更重要的是，不同的论者之所以看到别样的乃木"风景"，是因为在风景被发现前便有了发现风景的"认识性装置"，这就是意识形态上的差异。换言之，围绕乃木希典的"名将论"与"愚将论"论争，实际上是战后日本言论界各种思想碰撞的延伸。不过，正因为赞美和批判的声音彼此交错，"乃木热潮"才会不断扩大，引发人们的持续关注。可以说，即便毁誉参半，"乃木神话"的复活已是不争的事实。在此背景下，井上创作《乃木大将》的首要目的，就是解构"乃木神话"。

二 "戏中戏"结构与戏仿手法

《乃木大将》共十一幕，时间设置在 1912 年 9 月 13 日，明治天皇葬礼前的两小时，地点是乃木家宅邸的马厩。主要角色为乃木大将的三匹爱马"寿号"（ことぶき）、"璞号"（あらたま）、"乃木号"，以及邻家的母马"红号"（くれない）、"英号"（はなぶさ）。剧中的军马由三部分构成，分别是头身部分、前腿部分、后腿部分。在乃木大将与爱马逐一告别后，马腿们察觉到了乃木的异样，经过"马体分解""马格分裂"为前腿和后腿，将头身部分取下开始行动。与一般认为包括大脑在内的头身部分更为重要的观点不同，井上将整匹马的控制权交给了腿部，并且对前腿和后腿的分工做出了规定："在绝大多数情况下，掌握主导权的是前腿。但在排便、排尿时，主导权转移至后腿。"（第 24 页）因为分工的差异，前腿和后腿的意识存在明显区别。前腿们具有精英意识，认为自己掌握了整匹马的控制权，而后腿离大脑较远，所以缺乏智慧，与自己"最多是七三开的关系"。后腿们则强调若不是自己处理好了排便、排尿等工作，整匹马便无法存活，更重要的是性器官在后腿的管辖之下，所以完成"种族繁衍这等大业"的是

---

① 司马辽太郎、江藤淳、安冈章太郎、武田泰淳等四人参与的对谈"围绕作为文学象征的乃木希典"，也是把握乃木批评之图式的重要资料。安冈表示乃木是他"第一讨厌的人物"，不仅能力低下，而且言行举止装腔作势，宛如表演一般。与之相对，武田祖露自己不仅不讨厌乃木，甚至"非常喜欢"，被乃木近似于"剧中人物"的正义心所打动。司马和江藤则表示，自己对乃木的情绪十分复杂，既有尊敬爱戴，也有憎恶反感，但司马认为"表演"是最符合乃木的词语，江藤则在乃木身上看到了"肉感的忠诚心"。参见江藤淳「日本的なものとは何か一文学的シンボルとしての乃木希典をめぐって」，『文學界』1968 年第 1 号，第 136～151 頁。

后腿。意识上的差异也导致前腿和后腿对于马与主人的关系持有不同看法。寿号的前腿「こと」认为乃木是自己的"君主",并且从乃木当日的异常举动中看出他想要殉死的愿望,而"君主"一旦殉死,作为军马的自己也不能苟活。和寿号配种的母马红号的前腿「くれ」表示,对马而言主人就是"神"一般的存在,她将跟随「こと」殉死。相反,红号的后腿「ない」对殉死表示抗拒,声称要和亲爱的主公"共白发,寿千年"。寿号的后腿「ぶき」认为这才是"健全的思想""马真正的生活方式"。

为了劝说后腿同意殉死,前腿「こと」试图证明"将军的一生,是想要在何时何地死亡,即寻找死亡之时与死亡之地的,艰辛而漫长的一生"。而后腿「ぶき」反驳道,"将军绝不会殉死的证据如同街头的马粪一样多"(第 46 页)。从此处开始,由五匹马分解的总计十对性格迥异的马腿,为了弄清乃木大将当日举止异常的原因,开始扮演包括乃木大将、明治大帝在内的人物,还原了乃木希典人生的数个重要片段,也就是说,马腿模仿历史人物,表演关于乃木希典的"戏中戏",是该剧的基本结构。

"戏中戏"结构会令人联想起"元戏剧"(metatheatre)的手法。扇田昭彦曾明确指出,井上戏剧的"戏中戏"结构是一种"元戏剧"。① 然而,与强调文本的自我指涉和作者的想象力、迫使观众"认识到世界之虚幻"②的"元戏剧"相比,《乃木大将》中马腿们扮演的均是历史上真实存在的人物及事件,观众通过观看该剧可以获得与乃木希典相关的历史知识。显然,"元戏剧"并不能有效地解释《乃木大将》中的"戏中戏"结构。其实,马腿对历史人物、历史事件的模仿和再现,更接近于井上惯用的戏仿手法。

戏仿是一种常见的文学手法,指作家在作品中对其他文学作品的题材、内容、形式或风格进行模仿、扭曲和变形,从而达到"嘲笑、使之滑稽化的意图"。③ 井上对于戏仿有其独到的见解,认为"模仿原作并非有趣的工作,这意味着戏仿终究无法超越原作。而对于现实的模仿,更符合我思考的戏仿方程式"。④ 井上的"戏仿方程式"则是通过夸大"'伟大之物'之

① 扇田昭彦:『井上ひさしの劇世界』,東京:国書刊行会,2012,第 392 頁。
② Abel, Lionel, *Metatheatre*: *A New View of Dramatic Form*, New York: Hill and Wang, 1963, p. 113.
③ Hutcheon, Linda, *A Theory of Parody*: *The Teachings of Twentieth-Century Art Forms*, Urbana and Chicago: University of Illinois Press, 2000, p. 32.
④ 井上ひさし:『パロディ志願』,東京:中央公論社,1982,第 44 頁。

所以伟大的原因","将'伟大之物'贬为'卑小之物'"。《乃木大将》中，马腿们的表演完全符合井上的"戏仿方程式"。乃木的"军神传说"，经过马腿们夸张的再现后，立刻沦为滑稽可笑的事物。第十幕中，「こと」成功说服了「ぶき」相信乃木大将想要殉死，于是前腿和后腿纷纷重新合体：

> こと・ぶき　乃木将军为恪守与明治大帝的约定，完成武士之典型，已决心自尽。
> くれ・ない　而且静子夫人为了完成武士妻子之典型，已决心自尽。
> こと・ぶき　我等寿号，将为乃木将军殉死自杀。我等亦要完成日本军马之典型。
> くれ・ない　我们将跟随寿号大人，完成与日本军马配对的母马之典型。（第116頁）

原本悲壮的殉死场面，经过马腿们的夸张表演后产生了滑稽感。支撑着"乃木神话"的武士伦理被转为笑料，而观众则在目睹"伟大"跌落到"卑小"的过程中发出哄笑，戏仿便获得成功。总之，马腿对乃木进行戏仿，是戏剧《乃木大将》的基本结构。值得注意的是，"乃木神话"与井上关于战前的记忆存在密切联系。据井上回忆，"全国每所国民学校大概都一样，每逢陆军纪念日或海军纪念日，学校都会停止授课，将全体学生集中在操场上，讲授水师营会见或日本海海战的故事。（略）我们从体育老师那里，伴随着眼泪和笑容，学习了乃木大将的忠义和东乡元帅的沉着"。① 乃木希典的"军神传说"，在当时是作为皇国教育的一环被灌输至井上脑海中的。时隔多年的"乃木热潮"，对于井上而言恐怕意味着战时危险思想的复活。因此，井上撰写该戏剧的目的之一，就是利用戏仿瓦解乃木"军神"神话的权威性。

三　"军旗丢失事件"再解读

作为20世纪60年代后期日本言论界思想碰撞的延伸，"乃木热潮"中的两种主要观点，即"名将论"与"愚将论"都存在着各自的缺陷。讴歌

---

① 井上ひさし：『餓鬼大将の論理』，東京：中央公論社，1998，第87頁。

乃木的"名将论"压抑了其普通人的一面，建构过程中有明显的意识形态参与。而旨在批判神话的"愚将论"，对乃木的刻意贬低又有些矫枉过正。毕竟，乃木简朴至极的生活，令日本震惊的殉死等，是无法否定的事实。对此，井上的做法是结合两种乃木论，塑造具有表里两面的乃木形象，而其手法仍然是戏仿。井上认为，戏仿是一面"既正确又扭曲的镜子"，"能够正确地捕捉事物的外形和内心，同时又能对其长处和毛病加以夸张、扩大、歪曲、膨胀，也就是呈现出扭曲之后的镜像"。戏仿"如果不同时包含两种对立的看法便无法成立"，例如"胆小的英雄"。①

剧中由马腿扮演的乃木大将，兼具两种相对立的特质，其中最具代表性的是"军旗丢失事件"前后乃木截然相反的表现。作为日本陆军史上的著名事件，军旗对于乃木的意义一直是理解其人生的切入口。"军旗丢失事件"指的是 1877 年"西南战争"期间，乃木率步兵第十四连队赴熊本城平乱时，被西乡军夺走军旗的事件。该事件对于将军旗视为"天皇之分身"的乃木影响极大，导致其想要以死谢罪。乃木在遗书中亦强调此事："吾之罪孽不轻。在明治十年之役丢失军旗后，寻求死地而未尝如愿。承蒙皇恩，苟活至今。"② 然而，井上认为乃木的行为存在疑点，因为军旗在明治十年前后并没有被神圣化、绝对化。在第六幕中，「こと」如此叙述军旗在当时的意义：

> こと （略）对于普通的步兵连队而言，军旗几乎没有任何的权威。而且旧士族还恶语相加，称之为"土老百姓军队的标志"。（略）临时拼凑起来的军队的旗帜，谁都不屑一顾。大多数情况下，保管军旗的场所是连队长室或私宅，更有甚者，将军旗和雨伞一起插在门口伞架上。（第 69 ~ 70 頁）

在此背景下，井上认为乃木同样不把军旗放在眼里。第五幕中，乃木的弟弟玉木正谊请求他加入萨摩军的叛变。谈话期间，乃木不仅脚踢军旗，还用军旗擦桌子和鼻涕，没有丝毫的敬意。如此，关于乃木丢失军旗后性情大变的原因，便有了重新解读的余地。面对玉木的请求，"善于明

① 井上ひさし：『パロディ志願』，東京：中央公論社，1982，第 39 ~ 40 頁。
② 大濱徹也：『乃木希典』，東京：講談社，2010，第 289 頁。

哲保身"的乃木用保护军旗作为遁词，声称军旗是"天皇陛下的分身"，自己不能"在陛下的分身面前做出背叛之举"。此时，明治政府的密探正在记录二人的谈话。玉木发现密探，看穿了乃木是在利用自己"表明对新政府的忠心"，愤然离去。之后，"萩之乱"爆发，玉木正谊战死，乃木的恩师玉木文之进切腹自杀。乃木认为，自己以保护军旗为借口拒绝了弟弟的请求，现在他们已死，"军旗沾满了弟弟和恩师鲜血，如同弟弟和恩师的化身。如今弟弟和恩师都被夺走了，自己没有颜面活在世上"（第79页）。此后乃木想要"立刻切腹，去恩师身边道歉，但又无法像恩师那样堂堂正正地切腹，于是只能每次都冲锋在前，希望炮弹掉在自己头上"。（第84页）

　　如前所述，由于意识上的差异，前腿和后腿对乃木的看法存在很大出入。前腿强调乃木对天皇的忠义，而后腿则讽刺乃木"小心狡猾、明哲保身"的性格。因此，马腿们表演的乃木大将，正如"胆小的英雄"般存在着诸多矛盾的特质：轻视军旗与天皇，又以军旗和天皇为借口拒绝了亲弟弟的请求；为了向新政府表忠心，拒绝加入叛军，但在得知弟弟和恩师的死讯后却想要追随他们而去；企图自杀，却没有勇气切腹，只能寄希望于敌人的炮弹。正如大江所言，马腿们表演的乃木，既有"英雄传说"的一面，又有"奇妙的颠倒和粗心大意"的一面。[①] 力图建构乃木的某种主体性而陷入二元对立的"名将论"与"愚将论"，它们在此被打碎后重新混合，形成乃木的不同侧面，乃木前后矛盾的性格、作为人的多面性得以浮现。需要注意的是，以"复眼"的视角观察世界，同时审视事物的表里两面，是剧作家井上厦的基本思维。井上认为，"正统剧，尤其是悲剧，建立在坚如磐石的'单义性'上，喜剧则要求'多义性'"，"关于某个事物存在两种及以上的正确看法，是喜剧的根本立场"。[②] 无论是"名将论"还是"愚将论"，都只提出了关于乃木的片面看法。在这样的视角下，乃木必然是悲剧的。但当正反两面重新结合时，乃木便转化为喜剧角色。井上的喜剧思维不仅为乃木"军旗丢失事件"提供了全新的解读，也是解开乃木希典殉死中诸多谜团的有效方法。

---

① 大江健三郎：「浮かび上がる道化性—井上ひさし『しみじみ日本・乃木大将』」，『朝日新聞』1979年5月25日付。
② 井上ひさし：『パロディ志願』，東京：中央公論社，1982，第30、27頁。

四 "丑角"与"情欲"的共存

乃木以军旗是"天皇之分身"为由，拒绝了弟弟的请求。而弟弟和恩师相继死去，改变了军旗在乃木心中的意义。「こと」为其他马腿指出了乃木关于军旗认知的变化："将军为军旗赋予了'天皇之分身'的权威，并以此权威为借口，抛弃了亲弟弟和恩师。随后，弟弟战死，恩师切腹……也就是说，在将军的心中，这样的等式成立了，'军旗＝天皇之分身＋亲弟弟＋恩师'。（略）对于将军而言，军旗有了等同于全宇宙的分量。"（第70页）因此，丢失军旗的乃木自认为应当以死谢罪。这些消息很快传到了陆军首脑山县有朋和儿玉源太郎的耳朵里。山县和儿玉认为，可以利用此事件对国民实施"观念操纵"，赋予军旗"沉重的象征意味"，将军旗"应当由连队全员拼上性命守护"的思想灌输给全军将士。为了使这样的"观念操纵"成立，需要天皇宽恕乃木。而天皇的宽恕，可以将"弟弟和恩师从军旗中驱逐出去"，使之成为真正的"天皇之分身"。如此，"军队便可如同在陛下身边一般作战，乌合之众在数年内就能转变为一支钢铁军团"。儿玉还提议，需要天皇亲自对乃木说"尔决不能自尽。乃木的性命暂时由朕保管"，那么"全国上下都会知道，陛下能够自由处置将士的生命。（略）天皇陛下就能成为神"（第83～84頁）。

一方面，陆军高层的"观念操纵"，成功将乃木转变为绝对天皇制的政治工具。另一方面，乃木积极配合明治天皇的意图，采取正面进攻的方式击败沙俄，成为"旅顺开城英雄"，且生活简朴、自律，时刻穿着军装，拒绝乘坐汽车而是骑马出行，努力塑造"武士之镜"的形象。对于这样的乃木，井上认为其具有"丑角"的特征，试图"成为一面新的军旗"：

> 明治天皇是君主，在他的面前，乃木扮演着丑角。（略）乃木大将被拧上了"丢失军旗"的发条后，便自动地表演起来，彻底沦为丑角。（略）乃木是按照武士道建构起来的，所以只会采取正面进攻，丝毫没有战术可言。在旅顺时也是如此，任何人都能想到要拿下的战略要地，且俄军已经布置了充分的防御，但他仍旧采取正面进攻。原因在于，乃木认为如今军旗已经丢失，自己必须成为一面新的军旗。既然如此，

那就决不能偷袭敌军，否则会令天皇蒙羞。①

在井上看来，乃木指挥下的第三军之所以一味采取"正面进攻"的作战方式，是因为乃木选择贯彻"武士道"，甘愿沦为为创造神话而牺牲的"丑角"。而乃木作战指挥庸劣不堪的认识，是上述乃木观形成的前提条件。可见，将乃木视作"丑角"的观点，与抨击乃木举止矫揉造作、充满表演性的"愚将论"批评谱系存在联系。更重要的是，"丑角"式的乃木必然会迎来自杀的结局。第九幕中，明治天皇与乃木进行了如下对话：

明治大帝　朕希望你今后也能继续扮演武士之典型。身为军人，应该对天皇抱有何种感情，也请你今后继续做出表率。（略）乃木，朕不许你死。

乃木将军　遵命。（第 109 頁）

乃木正是因为接受了天皇的任务，所以在举手投足之间刻意扮演武士之"典型"，为国民展示天皇与武士关系的模范。如此，明治天皇驾崩后，乃木自杀也是预料之中：身为武士的楷模，主公驾崩之后他自然会切腹殉主。通过这样的方式，完美无瑕的武士之"典型"便完成了。

《乃木大将》相关的先行研究几乎都以井上的这种"丑角"式乃木观为基础展开论述。小野寺凡指出，陆军部高层利用乃木丢失军旗的事件，对国民实施"观念操纵"，展示伦理道德之模范，这是井上"理解乃木的切入口"。对于"被刻意美化、抬高为军神的乃木"，井上"进入其内面与私心，让其吐露真心话，使之从偶像下降到普通民众的水平线上，以此来接近乃木的实像"。② 小泉浩一郎认为，丢失军旗这一致命的行为，"被天皇特赦、宽恕，从而在乃木的内心制造出了'皇恩—报恩'这一对天皇的忠诚观念。（略）一言以蔽之，乃木的主体，被完全傀儡化了"。③ 的确，乃木扮演武士

---

① 井上ひさし、山口昌男：「対談　近代日本の道化群像」，『ユリイカ』1973 年第 7 号，第 184～186 頁。

② 小野寺凡：「戯曲しみじみ日本・乃木大将」，『国文学　解釈と教材の研究』1982 年第 4 号，第 140 頁。

③ 小泉浩一郎：「しみじみ日本・乃木大将」，『国文学　解釈と鑑賞』1984 年第 10 号，第 110～111 頁。

之"典型"直接受命于天皇，因此将乃木看作天皇的傀儡、对国民实施
"观念操纵"的道具，是解读井上塑造的乃木希典的途径之一。但这种解读
并不全面，天皇和乃木之间存在某种更为复杂的感情关系。剧中明治天皇
与乃木的对话还有前文和后文：

> 乃木将军　军旗是陛下的分身。丢失了军旗的乃木……也就是……
> 明治大帝　朕以为，军旗是你的弟弟，同时也是你的恩师。依朕
> 看，军旗绝非是朕。
> 乃木将军　我、我……
> 明治大帝　山县和儿玉，巧妙地将之转换，称军旗是朕的分身。
> 乃木自觉有罪，才会做好死的觉悟。而你，忠实地扮演了这个角色，
> 这个典型。（略）乃木啊，你为朕完美地扮演了"因丢失军旗而懊恼的
> 军人"，忠臣之典型。（略）朕对你表示感谢。
>
> （略）
>
> 明治大帝　尽量活久一点，出色地将武士之典型扮演到底。朕拜
> 托你了。
> 乃木将军　陛下……
> 明治大帝　朕惟有感谢，朕……别无他想。御名御玺。
> 乃木将军　（痛哭流涕）……天皇……陛下，万岁……
>
> （略）
>
> 明治大帝慢慢地退回井中，消失不见了。乃木想要追随大帝，呼
> 喊着"万岁"，纵身跃入井中。（第 108～111 頁）

明治天皇识破乃木的"演技"，理解军旗之于乃木的真正意义，并向其
表示感谢。乃木则为天皇的体恤而感动，并非"演技"而是发自内心地喊
出"天皇陛下万岁"，甘愿追随天皇坠入井中。显然，乃木和天皇之间存在
着"丑角与主人"的关系所不能解释的情感。作者设置这段对话，为乃木
的死赋予了另一种解读的可能——士为知己者死。这并非"观念操纵"的
结果，而是源自乃木内面的真情实感。佐藤秀明认为，乃木追随能够理解
自己的明治大帝而殉死，这其中必然有"甘美的情欲"存在。如果不做这
样的解释，乃木就会成为"被权力所吞噬的牺牲品"，伴随着乃木的自杀，

"典型" 没有被打破, 反而成为肯定的对象。① 的确, 若仅将《乃木大将》视作以 "偶像破坏" "神话解体" 为创作动机的作品, 就会忽视该剧中井上为塑造乃木希典而采取的戏仿手法, 其本质便是同时包含两种相反的观点。

实际上, 明治天皇和乃木之间的关系是由 "特殊的感情" 所维系的, 已经成为一些学者的基本认识。② 保守派批评家福田和也指出, 天皇对乃木抱有某种 "爱情", 而乃木则以行动努力回报天皇。③ 致力于解构乃木评价之二元对立的井上, 不可能没有注意到这些观点。因此, 井上笔下的乃木大将也必然对天皇抱有 "情欲"。然而, 佐藤秀明的解读也存在致命的缺陷。佐藤强调,《乃木大将》"虽然从文本的走向来看是促使 '神话' 解体的作品, 但这部戏剧将未曾被解体的, 形成 '神话' 的情念也打捞了上来。不过, 只要这是情念的问题, 那么其实就没有必要以明治大帝为对象。以玉木文之进这样的反体制运动指导者为对象也完全没有关系"。④ 佐藤过于强调 "情念" 的问题, 忽视了井上创作该剧的目的之一便在于批判天皇制, 因此他未能发现将天皇选为情念对象的必要性。总之, 正如佐藤指出的那样, 在自杀前特意拍下纪念照片的乃木,"恐怕早已知晓切腹的快乐"。兴盛于日本战国时期的殉死, 与受虐性的 "男色欲望" 存在密切关联, 到了江户时期更是出现了《叶隐闻书》, 称之为 "忍恋"。小森阳一认为,《乃木大将》中的殉死包含对性欲的认识, 这一点不容忽视。⑤

至此, 井上将解读乃木殉死的两种角度, 即为 "典型" 殉死与为 "情欲" 殉死相结合, 旨在颠覆言论界乃木评价二元对立的状况。需要注意的是, 无论哪种殉死, 都与绝对天皇制以及君临于顶点的明治天皇密不可分。同时, 为了天皇制这一国体献出生命的, 远不止乃木一人。在第一幕中, 乃木面对已故部下的遗孀这样说道: "你大概很恨乃木, 但这一切都是为了国家, 放弃吧。(略) 我乃木在旅顺包围战中, 将两个儿子, 胜典和保典都

---

① 佐藤秀明:「しみじみ日本・乃木大将」,『別冊 国文学 解釈と鑑賞』1999 年第 12 号, 第 299 頁。

② 菅原克也:「二十世紀の武士道—乃木希典自刃の波紋」,『比較文學研究』1984 年第 45 号, 第 90 頁。

③ 福田和也:『乃木希典』, 東京: 文芸春秋, 2004, 第 83 ~ 84 頁。

④ 佐藤秀明:「しみじみ日本・乃木大将」,『別冊 国文学 解釈と鑑賞』1999 年第 12 号, 第 300 頁。

⑤ 小森陽一:「『薮原検校』『しみじみ日本・乃木大将』江戸から明治へ: 階層構造の変容と分裂」,『すばる』2012 年第 10 号, 第 311 頁。

献给了国家。"（第 15 页）明治时代和绝对天皇制虽然使日本走上了富强之路，但背后的代价是无数国民的牺牲。井上在名为"明治百年"的明治再评价运动兴起之际着手创作《乃木大将》，实则包含了对日本言论界的明治狂热和政治右倾化的批判。

五 "乃木神话"的周边

安保运动失败后，日本言论界掀起了"复古"浪潮。1963 年林房雄的《大东亚战争肯定论》开始连载，而受日本浪漫派影响颇深的三岛由纪夫也于同年发表《林房雄论》，显露出右倾化的端倪。1966 年小说《英灵之声》的发表，则意味着三岛彻底滑向了天皇主义。三岛在《文化防卫论》中强调，战后日本丧失了"菊与刀"中"刀"的原理，充斥着"用和平保护和平"的文化主义幻想和女性式非理性，殊不知"为了守护和平，永远需要准备暴力"。① 战后，日本文化的连续性遭到破坏，而作为"菊与刀的荣誉之根源的天皇"也面临随之一同崩坏的危险。三岛说，"为了防止这样的事态发生，当务之急是用荣誉的羁绊使天皇与军队相联系"，具体做法是，"军事上的荣誉也要由作为文化概念的天皇来授予。（略）恢复天皇荣誉大权的实质，不仅要接受军队仪仗，而且要亲自赐予军旗"。②

如前文所述，在井上看来，通过军旗建立天皇与军队之间的荣誉联系，是战前、战时的"观念操纵"手法。正如桥川文三所言，天皇与军队相联系的瞬间，便不再是文化概念。作为政治概念的天皇，对于追求和平的井上来说，无疑是需要警惕的对象。井上曾指出，天皇制之所以在战后得以保留，其绝对条件是"在尽可能地降低天皇实权的基础上，再也不让天皇与军队相联系"。③ 然而，以 1970 年的三岛事件为契机，新右翼各派士气大涨，通过模仿三岛的方式制造了多起事件，对包括象征天皇制在内的战后体制发起了攻击。保守阵营则批判和平宪法为"占领宪法"，在鼓吹修宪之余积极推动"靖国神社国营法案"和"元号法"。松本健一指出，这一系列行动使"天皇制与军事力量，即自卫队，逐渐以非常紧密的形式结合起

---

① 三島由紀夫：「文化防衛論」，『中央公論』1968 年第 7 号，第 102～103 頁。
② 三島由紀夫：「文化防衛論」，『中央公論』1968 年第 7 号，第 117 頁。
③ 井上ひさし：『遅れたものが勝ちになる』，東京：中央公論社，1992，第 45 頁。

来"。① "军神乃木" 时隔多年重新回到公众视野绝非偶然，而是与上述政治、社会动向密切相关的。为树立天皇与军人的主从关系而捏造的 "乃木神话"，在政府主导的 "明治热潮" 中得以复活，企图成为重新链接天皇与军队的 "军旗"。面对这样的右倾化状况，井上采用戏仿手法，赋予乃木 "丑角" 和 "情欲" 两个侧面，将乃木从既往的悲剧神话中解放出来的同时，为观众、读者揭露绝对天皇制利用 "观念操纵" 将乃木转变为 "军神" 的荒诞过程，暴露 "殉死" 内在的封建伦理结构，借此对旧思想、旧体制的复活发起批判。

需要注意的是，三岛事件在 20 世纪 70 年代对于普通大众的影响其实非常有限。同样，面对 1970 年 6 月日美安保条约自动延长，并未爆发类似于 1960 年的大规模反对运动。大众享受着丰富的物质生活，田中角荣的 "日本列岛改造" 更是将战后的繁荣推向了顶峰。然而，石油危机和田中角荣倒台，以及高度经济增长的后遗症，使日本大众的价值观发生动摇，思想趋向保守，热衷于确认自我身份的历史读物。在此背景下，始于 20 世纪 60 年代后半期的 "明治热潮" 获得了继续延绵的土壤。子母泽宽《胜海舟》和司马辽太郎《花神》分别于 1974 年和 1977 年被翻拍为大河剧，收获了极高的关注。对此山田宗雄指出，这些原本是批判明治国家的作品，在 "创造体制，创造国民之共识" 的目的下被重新编排。② 应该说，这种刻意的歪曲也属于 "观念操纵"，其结果是明治 "富国强兵" 的意识形态被裹上糖衣，重新灌输到大众的意识之中。

明治的 "富国强兵" 最终走向了 "大东亚战争"，无疑是需要警惕的对象。为了建立绝对天皇制这一国体，政府以大量牺牲为代价，塑造了军人之 "典型" 乃木大将。因乃木的指挥而丧命的六万将士，以及乃木的两个儿子、夫人静子，均沦为 "军神" 的牺牲品。在第十幕 "典型的完成" 中，静子夫人表示要同乃木一道殉死。乃木称赞她为 "武士妻子之镜"，而静子夫人却用 "阴沉、令人害怕的声音" 回答道："并不是什么镜，我只是想尽快和夺走了胜典和保典的时代告别而已。"（第 115 页）该剧的结局同样指出了绝对天皇制的危险。第十幕中，马腿们虽然被「こと」说服，决心跟随主公殉死，然而听闻乃木和夫人自杀的消息时却 "如化石般一动不动"。

---

① 松本健一：「三岛事件十年目の现实」,『潮』1980 年第 259 号，第 85 页。

② 丸山邦男、山田宗雄：「对谈　明治ブームと现代大众」,『现代の眼』1977 年第 9 号，第 145 页。

数年后，它们被送往各地，最终以被屠宰（英号）、因骨折被毒杀（红号）、病死（乃木号）、行踪不明（璞号）、死因不明（寿号）等方式迎来了结局。明治时代建立起的近代国家日本，给五匹军马带来的是非自然死亡。不难想象，井上笔下的军马象征着被送往战场的普通日本大众，以及他们的悲惨命运。更重要的是，"马腿的表演"这一复杂的结构，使上述对于政治、社会的批判有了更深层次的意义。

实际上，该剧的"戏中戏"结构，即"马腿的表演"中，包含了井上建构的巧妙隐喻。大笹吉雄曾指出，马腿（馬の足）是"下等演员"的别称，因此可以将剧中的马腿理解为"我等普通百姓"。而该剧的主题正是揭露"作为'马腿'的我们，能够轻易地变身为'乃木将军'"。① 大笹虽然敏锐地注意到了该剧结构中的隐喻，但未能将之与时代背景结合起来论述。20 世纪 70 年代，未经历过战争的一代成长为日本社会的中流砥柱。与此同时，战争记忆逐渐风化，乃木希典等过去的日本军人、战犯，正在被当作与现实毫不相干的人物而看待。在此背景下，"马腿的表演"这一复杂的戏剧结构，成为重新审视"何为日本、何为日本人"的场域。对于经历了高度经济增长的日本大众而言，明治时代已是遥远的过往，"乃木将军"似乎成了与自己无关的历史人物，因此才会出现大众消费"明治热潮"的状况。然而，马腿们表演的"乃木将军剧"暴露出了"无论谁都能变身为乃木将军"的事实。换言之，井上意在向大众提示"明治热潮"中的意识形态暗流，以及毫无顾忌地消费历史所蕴含的危险。

结　语

在二元对立式乃木评价确立与"明治百年"以来日本社会、政治右倾化的双重背景下，井上着手创作戏剧《乃木大将》，具有解构批评图式和批判现实的重要意义。井上运用"戏中戏"结构和戏仿手法，对乃木希典的人生进行重新编排、演绎。通过马腿们的表演，乃木希典作为人的"卑小"得以恢复，"名将论"与"愚将论"割裂的现状被打破，观众则从乃木前后矛盾的性格和行为中品味到滑稽感。此外，戏仿所产生的批判效果使以"军旗丢失事件"为代表的"军神"神话受到质疑，其中隐含的"观念操

---

① 大笹吉雄：『同時代演劇と劇作家たち』，東京：劇書房，1980，第 252～253 頁。

纵" 被暴露出来。明治政府为建立绝对天皇制,将乃木希典打造为军人之 "典型"。这一 "典型" 的完成,伴随的是包括乃木全家在内,无数日本国民的牺牲。而建立在 "典型" 之上的近代日本,最终走向了残酷的战争。显然,这一切罪恶的源头,就是作为国体的绝对天皇制。

井上曾对以牺牲平民为前提保护天皇制的 "国体护持" 进行过猛烈的批判:"我们不应忘记,体制方以保留天皇制(国体护持)为绝对条件,接受了《波茨坦宣言》。体制将国民的生命与国体护持放在天平之上,最终选择保护国体。"① 井上在这里指的是 "近卫上奏文" 事件。1945 年 2 月,近卫文麿向天皇进言投降,却被天皇以 "如果不再赢得一场战争的话交涉会十分困难" 为由拒绝。至 8 月 15 日为止,冲绳战役和大量特攻战、空袭、原子弹投掷相继发生,无数平民被卷入战争,出现大量伤亡。正因为深知天皇制与军事力量结合的危险,井上才认为保留天皇制的绝对条件是断绝天皇与军队的联系。然而,明治时代建立起的绝对天皇制和诸多神话,在战争记忆逐渐风化的 20 世纪 70 年代重新回到公众视野,掀起了消费热潮。同时,保守势力的一系列举措,使天皇与军队有了再次结合的危险。对此,剧中 "马腿的表演" 这一复杂的结构,成为重新审视 "何为日本、何为日本人" 的场域。借助该场域,井上揭露出 "无论谁都能变身为乃木将军" 的事实,借此对 20 世纪 70 年代日本的政治、社会状况发起批判。

Transcending the Dichotomy Between Great General and Ignorant General
—A Study of Inoue Hisashi's *Simijimi-Nippon · Nogitaisho*

Abstract: After a prolonged disappearance, General Nogi Maresuke, known as God of Military, came back to public view in accompany with the The Meiji boom around the 1970s, and triggered the Great general versus Ignorant general debate. Inoue Hisashi adopted the structure of play within play as well as parody in his drama *Simijimi-Nippon · Nogitaisho* in response to the vogue of that times: By deconstructing the myth of which has been widely spread since the Meiji era, this drama transcended the binary opposition among the critics to demonstrate a multi-

---

① 笹沢信:『ひさし伝』,東京:新潮社,2012,第 207 頁。

faceted personality, and successfully created Nogi's image that combines aspects of clown and lust; In the face of the gradual loss of war memories and the unscrupulous consumption of historical figures, the form of "The performance of Horse legs" reveals the fundamental question that anyone might turns into General Nogi. This drama is an examination of "what is Japan and what is Japanese", aiming to expose to the public the ideology underlying in the Meiji boom and the dangers of the immoderate consumption of history.

Keywords: Inoue Hisash; Nogi Maresuke; play within play; parody; The Meiji boom

井上哲次郎的中江藤树论[*]

付慧琴[**]

【摘　要】井上哲次郎对日本阳明学之祖中江藤树的认识经历了一个从不重视到重视、从否定其思想特色到确定其在日本阳明学谱系中始创地位的过程。这种转变与当时日本的思想状况，如教育与宗教关系的论争等具有密切的关系。井上力图运用西方近代哲学的学术概念解释藤树的儒学思想，这对思考日本传统儒学的现代意义具有重要的理论价值，但其解释终究是为近代天皇制意识形态服务的。梳理井上构筑的藤树像，不仅有助于理解井上日本儒学研究范式的形成，而且为阐明日本近代学术思想发展与社会意识形态之间的关系提供了一种重要的史实参照，有助于深化对日本近代思想史相关问题的理解。

【关键词】儒学　阳明学　井上哲次郎　中江藤树

明治初期，经过维新开化，西洋的思想大量流入日本，与之相对，"儒教复活论"在汉学者中兴起，尤其是阳明学，被明治时期的知识分子再解释、再利用，从而形成近代日本的阳明学。井上哲次郎便是其中一人，他在1900年创作的《日本阳明学派之哲学》中，构筑了日本的阳明学派，由其开创的日本阳明学已作为"历史事实"，成为日本思想史研究领域中的常识。

关于井上的日本阳明学的研究，已涌现出不少优秀的成果。这些研究成果对于理解井上的日本阳明学，甚至对于认识近代日本阳明学的存在形

---

　*　本文系教育部人文社会科学重点研究基地重大项目"多维视角下的日本现代化专题研究"（编号：22JJD770040）的阶段性成果之一。
　**　付慧琴，南开大学日本研究院博士研究生，主要研究方向为日本思想史。

日本学研究　第 35 辑

态，都具有启发意义。但遗憾的是，它们都是从某种侧面或角度进行的探讨，几乎没有人对井上在《日本阳明学派之哲学》中关于具体人物的思想阐述进行研究。本文主要着眼于该书中最有代表性的日本阳明学派之祖中江藤树，以井上构筑的中江藤树像为研究对象，厘清井上在逐渐明确日本阳明学谱系的过程中，对藤树思想的评价；结合教育与宗教的冲突的社会背景，梳理井上与基督教徒对藤树的认识的对立；归纳井上在《日本阳明学派之哲学》中对藤树思想的阐释，从而总结出井上阐释藤树思想的特色。梳理井上构筑的藤树像，不仅有助于理解井上日本儒学研究范式的形成，而且为阐明日本近代学术思想发展与社会意识形态之间的关系提供了一种重要的史实参照，从而有助于深化对日本近代思想史相关问题的理解。

一　井上哲次郎对日本阳明学谱系的逐渐明晰

井上于 1880 年从东京大学哲学系毕业，毕业后就职于文部省，在编辑局兼官立学务局供职，从事《东洋哲学史》的编纂工作。1882 年成为东大的副教授，1883 年 9 月开设"东洋哲学史"的课程，1884 年奉命到德国留学。在留学期间，他经常拜访西欧著名的哲学家、教授，通过与他们的交谈，井上"意识到欧洲的哲学界对东洋哲学都很无知，本来在留学前从事的《东洋哲学史》的编纂工作成为必不可缺的事业"，"而且只有研修西洋哲学的自己才能担负起这一使命"。[①] 井上将留学期间发生的事情记录在《怀中杂记》中，其中，有一处记述了他对日本哲学家的初步构想，即在 1887 年 6 月 6 日访问巴黎索邦大学的 Paul Janet 的条目中，用括号括起来的内容，如下：

> 即伊藤仁斋本于吴廷翰的《椟记》《瓮记》《吉斋漫录》诸书，提倡仁义即道也之论。虽然物徂徕与仁斋同样倡导古学，但在旨趣上亦有很大不同，他一半本于荀子的《性恶篇》，一半依据杨升庵的《丹铅总录》，著述《辨道》《辨名》《论语征》，提倡礼乐即道也之论。贝原益轩虽渊源于罗整庵，亦多少自立一家之见，著述《大疑录》，怀疑程

① 大島晃：「井上哲次郎の『東洋哲学史』研究」，『日本漢学研究試論—林羅山の儒学』，東京：汲古書院，2017，第 485 頁。

　　　·250·

朱之说。山崎垂加到了晚年，融合神儒佛，形成一种无与伦比的折中学派。后来的大盐平八郎虽崇奉余姚之学，也自然提出一个中心，著述《洗心洞札记》，倡导大虚心说。①

　　由此可以看出，井上将伊藤仁斋等五人视为日本江户时期的哲学家，而且，在他后来创作的儒学三部曲中，伊藤仁斋、荻生徂徕成为古学派的代表人物，贝原益轩、山崎暗斋是朱子学派的主要人物，而大盐平八郎是阳明学派的代表人物。同时，井上也注意到日本儒学与中国儒学之间的关联，他不仅从中国儒学中探寻日本思想的源头，也指出列举的人物都有"自家独得之见"，② 试图凸显日本儒学自身的特色。但在《日本阳明学派之哲学》中，中江藤树被视为日本阳明学之祖，井上首先记述的人物便是藤树，很明显在这一时期，井上不仅没有形成"阳明学派"的分类，也未见到有关藤树思想的论述。1891 年 12 月，井上在本乡会堂做了题为《论王阳明之学》的演讲，他主要从哲学的视角解读王阳明的学问思想，介绍了王阳明的生平经历、著述，并将其与朱子学进行对照，论述王阳明的"理气合一论""心即理""致良知""知行合一"等思想，最后对阳明学进行批判，并进行总体评价。在论述王阳明的哲学对日本的影响时，井上列举了日本尊信王阳明的学者。

　　　　日本最早尊信王阳明的学者，是中江藤树……就是那位被称作"近江圣人"的人。此人曾尊崇朱子的学问，但后来逐渐趋向王阳明的学说。中江藤树的弟子熊泽蕃山酷爱王阳明，并尊崇其学问。此外还有一位名叫三轮执斋的学者，也是王阳明学派的人。在较近一段时间中痴迷于王阳明的便是大盐平八郎了。这位大盐平八郎不仅尊信王阳明，并且还提出了自己的一些见解。也就是说，在他的学说中，包含着一些自家独有的内容。众所周知，大盐平八郎著有《洗心洞札记》。在这本札记中，大盐提出了"大虚心"的概念，这一"大虚心"概念同黑格尔的思想有几分相似之处。不过，关于大盐平八郎的思想，今

　① 福井純子:「井上哲次郎日記　一八八四—一九〇『懐中雑記』第一冊」，『東京大学史紀要』1993 年第 11 号，第 38～39 頁。
　② 福井純子:「井上哲次郎日記　一八八四—一九〇『懐中雑記』第一冊」，『東京大学史紀要』1993 年第 11 号，第 38 頁。

天无法详述。此外，与大盐平八郎同时代的佐藤一斋实际上也同样喜
于王阳明的学说。从学统而论，此人并非王阳明学派的人，因为他是
林述斋的弟子，表面上始终尊崇朱子学。但可以看出，他心里也尊崇
王阳明（之后便没有王阳明学者了——此句被漏译）。[①]

在此，中江藤树、熊泽蕃山、三轮执斋、大盐平八郎、佐藤一斋都被
视为"王阳明学派"的人物，这些人物后来在《日本阳明学派之哲学》中
都是井上重点论述的对象。而且，此时井上认为大盐平八郎是最后的阳明
学者，又强调他有"自家独有的"学说，著述《洗心洞札记》，倡导大虚心
说。对于藤树，井上提到他由尊崇朱子到信奉王阳明，是"日本最早尊信
王阳明的学者"，评价藤树作为"王阳明信徒"，"蕴藏着巨大的力量"，
"是无与伦比的优秀者"。[②] 因为井上重视日本阳明学作为"哲学"的独特
性，所以，他虽然承认藤树在日本阳明学中的地位及其影响力，但并未提
及他的思想具有独特性。

井上在本乡会堂演讲的《论王阳明之学》，首先被刊载于《六合杂志》
上，后来也被转载到代表东西的两种阳明学杂志上，即吉本襄主办的铁华
书院的《阳明学》第 1 卷第 1 号至第 3 号（1896 年）和阳明学会的《阳明
学》第 1 号至第 3 号（1908 年）。井上对转载的内容进行了修改，在对大盐
平八郎及佐藤一斋介绍后，两个转载版本都将"之后便没有王阳明学者了"
这句话删掉了。在 1896 年版中，介绍了"尊崇王阳明"的人物，春日潜
庵、池田草庵、山田方谷、云井龙雄。而在 1908 年版中，增加了佐久间象
山、西乡南洲（隆盛）、大久保甲东（利通）、桥本景岳（左内）的名字。
两个版本也都删去了原本井上对王阳明的"非科学性"的批判和"矛盾很
多"的总评。[③] 水野博太认为，尽管井上扩大了"王阳明学者"的范围，撤
销了对阳明学的批判，但只是反复刊载，并未重新创作，显示出井上在

① 〔日〕井上哲次郎：《论王阳明之学》，姚睿麟译，参见刘岳兵编《儒教中国与日本》，付
慧琴等译，中国社会科学出版社，2021，第 173～174 页。
② 〔日〕井上哲次郎：《论王阳明之学》，姚睿麟译，参见刘岳兵编《儒教中国与日本》，付
慧琴等译，中国社会科学出版社，2021，第 174 页。
③ 水野博太：「明治期陽明学研究の勃興―井上哲次郎『日本陽明学派之哲学』に至る過
程」，『思想史研究』2017 年第 24 号，第 77～78 頁。

1891 年演说的时点，基本上形成了对阳明学理解的大致框架。① 可以说，在 1891 年，日本阳明学的谱系已经在井上的头脑中逐渐明晰，之后只是不断增加阳明学者的人物而已。

需要注意的是，1892 年 8 月，井上在《国民之友》第 163 号发表了题为《论大盐平八郎的哲学》的论文。其论述的观点与方法为《日本阳明学派之哲学》所原样继承。② 对于大盐平八郎，井上认为其根本学说太虚说虽主要依据阳明，但这一学说是在他广泛研究古人的学说后发现的，他直接以太虚作为学说的基础，来解释一切伦理，不落阳明之窠臼，所以能在哲学史上留下不朽功绩，仍强调大盐平八郎具有“自家独得之见”。③ 与之相对，井上认为藤树几乎没有形成自家的特色，他指出，“贝原益轩、中江藤树、山崎暗斋、室鸠巢、太宰春台、佐藤一斋等人的学说虽然也多少值得深思，但至于诸氏，可视为自家的特色之处则几乎没有”。④ 可知，井上重视日本阳明学作为“哲学”的独特性，这一点始终没有变化。由于井上认为藤树的思想没有特色，自然对藤树的关注度不高。但后来在《日本阳明学派之哲学》中，井上对藤树论述的分量最多，为了弄清这一原委，必须探讨明治时期的社会背景与思想背景。

二　教育与宗教的冲突中的中江藤树论

明治时期，随着文明开化政策的推行，西方的思想文化不断涌入日本，日本的传统思想逐渐衰颓。为统合国民的思想，明治政府于 1890 年 10 月 30 日颁布了《教育敕语》，如文部大臣芳川显正的“训示”所言，“谨作敕语之誊本，普颁之于全国之学校”，“定学校之纪念日及其他方便之时日，会集生徒，奉读敕语”，⑤ 以普及教育敕语的精神。于是，在学校现场发生

① 水野博太：「明治期陽明学研究の勃興—井上哲次郎『日本陽明学派之哲学』に至る過程」，『思想史研究』2017 年第 24 号，第 78 頁。
② 大島晃：「井上哲次郎の『東洋哲学史』研究」，『日本漢学研究試論—林羅山の儒学』，東京：汲古書院，2017，第 491 頁。
③ 井上哲次郎：「大塩平八郎の哲学を論ず」，井上哲次郎著，佐村八郎編『井上博士講論集』第二編，東京：敬業社，1895，第 93、87 頁。
④ 井上哲次郎：「大塩平八郎の哲学を論ず」，井上哲次郎著，佐村八郎編『井上博士講論集』第二編，東京：敬業社，1895，第 87 頁。
⑤ 〔日〕井上哲次郎：《敕语衍义》，唐小立译，刘岳兵编《儒教中国与日本》，付慧琴等译，中国社会科学出版社，2021，第 30 页。

了"内村鉴三不敬事件"。1891 年 1 月 9 日，在第一高等中学校的敕语奉读仪式上，基督教徒内村鉴三未对教育敕语深深鞠躬行最敬礼，只稍微低下了头，因而被视为"不敬"。他的这种行为被解读为反对天皇的神格化，或否定国家至上主义。因此，内村遭到学校国粹主义者的攻击，被迫辞去了学校嘱托教员的职务。当时的日本反对欧化主义，极端的国家主义形成广泛的舆论，当局强大的权力在背后操纵，对为内村或基督教辩护的报纸、杂志进行各种干涉。① 因此，此事虽被全国报道，但许多报道迎合时势、歪曲事实真相。

在 1888 年后半期，国粹主义者的反动气氛急剧强烈。其实，在内村鉴三不敬事件发生前，就已经存在关于基督教徒不忠不孝的事件的报道。而继这些事件之后发生的内村鉴三不敬事件，引起如此轩然大波与井上的批判有关。1892 年 11 月 15 日，井上在《教育时论》上发表《关于宗教与教育的关系的井上哲次郎氏的谈话》，1893 年 1 月 15 日，又在《教育时论》和其他报纸杂志上发表题为《教育与宗教的冲突》的论文。与之相对，同年 3 月 15 日，内村也在《教育时论》上发表了《呈文学博士井上哲次郎君之公开状》。而且，井上对前述论文加以修订，在敬业社发行《教育与宗教的冲突》一书。② 在此书中，井上论述"内村氏做出如此不敬事件，毫无疑问，完全因为他是耶稣教的信徒"，③"大多数耶稣教徒不接受和汉自古以来的教育，只在英美人的教育下成长起来。因如此现状，比起我国，他们更尊崇英美，最终以至于将画有他国国旗的扇面挂在我国天皇的照片之上"，④不仅非难内村，而且攻击基督教。井上批判基督教的要点可归纳为四点：第一，基督教无国家的区别，其道德亦是无国家的；第二，基督教重视出世间之事，轻视现世事物；第三，基督教论说爱，如同墨子论说的兼爱，是无差别的博爱；第四，基督教不论说忠孝道德。⑤ 这一论争后来如内村所

---

① 市丸成人：「『教育と宗教の衝突』考」，『教育哲学研究』1963 年第 8 号，第 68、70～71 页。
② 市丸成人：「『教育と宗教の衝突』考」，『教育哲学研究』1963 年第 8 号，第 71~72 页。
③ 井上哲次郎：『教育ト宗教ノ衝突』，東京：敬業社、文盛堂、哲学書院，1893，第 7 页。
④ 井上哲次郎：『教育ト宗教ノ衝突』，東京：敬業社、文盛堂、哲学書院，1893，第 13 页。
⑤ 井上哲次郎：「宗教と教育との関係につき井上哲次郎氏の談話」，島薗進、磯前順一編『井上哲次郎集』第 9 巻，東京：クレス出版，2003，第 110～111 页。

言："我个人的事件，进而发展到基督教与国家、皇室的关系这种一般性问题。"① 这一冲突从 1892 年持续到 1894 年甲午中日战争爆发前，可见论争的激烈程度。

而井上与基督教徒的对立也表现在双方对阳明学解释的对立上。首先，关于对阳明学的解释，井上与内村的对立是"伦理的解释"与"宗教的解释"的对立。② 内村认为阳明学与基督教相似，具有反官学的进步性。他在《代表的日本人》中论说西乡隆盛与王阳明的关系时，论道："阳明学在中国思想中，与同样起源于亚洲的最神圣的宗教存在极为相似之处，就是教导崇高之良心，论说恩泽深厚却严厉的'天'法这一点"；"与旧政府为维持体制而特别保护的朱子学不同，阳明学是进步的、带有前瞻性的、充满可能性的教说"。③ 同样，井上也指出阳明学与官学朱子学的对立，但明显抛弃了阳明学曾在幕末维新中体现的反体制的特质，将其纳入日本国民国家的精神建设中，如其所论，"然而阳明学并非谋反之学，这是不争的事实。只是因为朱子学是官方的教育原则，而阳明学主要由民间学者提倡，几近平民主义，自然而然形成了官民之别"。井上将阳明学与朱子学进行对比，指出阳明学在道德伦理上的特点，如"德行本身即唯一的学问""真正的知识唯存此心，故其倾向唯心论""知行一致""尚实践""能使学者单刀直入、得其正鹄""胜于人物陶冶"。④

其次，关于对藤树的解释，井上与基督教徒的对立是"国家主义·日本主义"与"个人主义·世界主义"的对立。内村在《代表的日本人》中论述藤树的学问主张时，提到"藤树是一位很有创造性的人物"。⑤ 这种创造性体现在藤树认为古代圣贤的论著中有许多内容不适合当时的社会，因此，通过对古典注释来表达自己的观点。同是基督教徒的海老名弹正在《中江藤树的宗教思想》⑥ 中认为藤树的上帝信仰接近于唯一神信仰，并对

① 内村鑑三：「ベル宛内村鑑三書簡」，『教育の体系』日本近代思想大系 6，東京：岩波書店，1996，第 388 頁。
② 山下龍二：「明代思想研究はどう進められてきたか」，『名古屋大学文学部研究論集』1964 年第 12 号，第 60 頁。
③ 内村鑑三：『代表的日本人』，鈴木範久訳，東京：岩波書店，1995，第 18 ~ 19 頁。
④ 〔日〕井上哲次郎：《日本阳明学派之哲学》，付慧琴、贾思京译，中国社会科学出版社，2021，《叙论》第 2 ~ 3 页。
⑤ 内村鑑三：『代表的日本人』，鈴木範久訳，東京：岩波書店，1995，第 133 頁。
⑥ 海老名弾正：「中江藤樹の宗教思想」，『六合雑誌』1899 年第 217 号。

此高度评价。① 井上也论述"藤树的学问与耶稣教相似之处也不少","藤树尊信人格性的上帝,将其作为自己的本体,以期与之合一",承认藤树的学说具有上帝的观念,与基督教相似。但井上认为"藤树关于上帝的观念与耶稣教如此类似,因此,耶稣教徒可能会说'他未听过基督的福音,就已经是基督教会的长老了'。然而,绝不能将藤树的学问与耶稣教混淆"。② 其中,井上所说的"耶稣教徒",指的就是海老名弹正,井上引用海老名弹正前述论文中的一句并进行了批判。井上对藤树与基督教做了如下的区别:

> 藤树的学问深得洙泗精神,其重点在于维护人伦秩序,即便他主张人类平等,也并非蔑视君臣父子等关系,不,而是要使君臣父子等关系更加正确。总而言之,藤树的学问终究是世俗的、现实的,虽然有时具有超越性的观点,但只是为了确定实践伦理的根本,并非希求出世间的解脱。然而,耶稣在人伦关系以外建设天国,蔑视君臣父子等关系,只尊重人类对天父的关系,为此别说一家了,即便给一个国家带来不和也不以为意,即为了出世间的关系,牺牲了世间的关系,差之毫厘,谬以千里,不免给民族命运带来巨大的变动。③

在这里,井上主要论述藤树学问的世俗性和人伦关系的等级性,与基督教的出世性和平等的博爱主义是对立的。显然,这两点的区别承续了井上在《教育与宗教的冲突》中批判基督教的观点。紧接着,井上援引藤树对道与法、儒道与儒书所载的礼仪礼法的区分,说明"藤树在认定道即普遍的同时,主张其应用必须根据时处位不同而进行调整","即便是孔子的言论,也未必都适应我国"。而"耶稣教徒动辄倡导笼统的世界主义,将西洋的耶稣教教义原封不动地传播到我国,应用于现实,不免左支右绌",从而论证藤树与耶稣教徒有很大不同,进而非难海老名的言论"将藤树视为

---

① 大岛晃:「井上哲次郎の『東洋哲学史』研究と『日本陽明学派之哲学』」,『陽明学』1997 年第 9 号,第 41~42 页。

② 〔日〕井上哲次郎:《日本阳明学派之哲学》,付慧琴、贾思京译,中国社会科学出版社,2021,第 90~91 页。

③ 〔日〕井上哲次郎:《日本阳明学派之哲学》,付慧琴、贾思京译,中国社会科学出版社,2021,第 91 页。

基督教会的长老，不过是皮相之见"。①

结合上述的思想论争，可以说井上在此处对基督教的论难，处于教育与宗教的冲突的延长线上。而且，此时的井上对藤树如此评价："藤树如同先哲道破'和魂汉才'一样，以日本精神钻研汉学，不被汉学吞并，采取我国人应采取的立脚点，俨然有所树立。"② 如前所述，井上着眼于日本哲学家思想的独特性，相较藤树，屡次强调大盐平八郎的自家独得之见。但到了这一时期，井上也开始评价藤树的学问具有日本精神。这种评价的改观，很可能受到了内村的启发。如前所述，内村在论说藤树的"创造性"时，不仅提到他借助注释中国的古典，表达自己的观点，不拘泥于古代圣贤的学说，同时还谈及藤树区分"法"与"真理（道）"，主张"法随着时代、中国圣贤的不同而变化"，"法的创作要符合时代需要"，由此内村认为藤树的注释书"大胆、划时代性、新颖"。③ 而井上采用同样的论证内容和思维逻辑，只不过其援引的材料更翔实，而将批判的矛头指向基督教徒。可以说，基督教徒由于重视藤树，从基督教的立场解释藤树，而井上为了批判基督教，也开始聚焦于藤树，辨别藤树与基督教的异同，进而提出藤树思想的日本化的特色。

三 井上哲次郎的中江藤树论的特色

明治二三十年代，井上在教育与基督教的冲突中，为批判基督教，更加关注被基督教徒以宗教的视角阐释的中江藤树，不得不从新的角度重新塑造藤树像。所以，有必要分析井上是如何解释藤树的思想的，探明其对藤树的思想解释的特征。

第一，井上用西方的哲学理论与藤树的思想相对照。最为显著的就是井上在整理藤树的学说时，尝试用欧洲哲学的范畴来构筑藤树的学问体系，他将藤树的思想分为"宇宙论、神灵论、人类论、心理论、伦理论、政治论、学问论、教育论、异端论"。在具体阐述藤树的思想时，比如关于知

---

① 〔日〕井上哲次郎：《日本阳明学派之哲学》，付慧琴、贾思京译，中国社会科学出版社，2021，第92~93页。
② 〔日〕井上哲次郎：《日本阳明学派之哲学》，付慧琴、贾思京译，中国社会科学出版社，2021，第92~93页。
③ 内村鑑三：『代表的日本人』，鈴木範久訳，東京：岩波書店，1995，第133~134页。

识，藤树认为知识先天存在于人心中，"依据经验从外界获得的知识反而会
产生掩盖真正知识的弊端"。对此见解，井上论述道："他与斯宾诺莎的主
张甚为相似。斯宾诺莎认为我们原本具有知识，但被情欲遮掩，若扫除情
欲，知识自然明了。康德认为理性是解释世界的根本主义，通过先天知识
可以说明心理发展，其哲学构成未必可以相较，但在确立先天知识这一点
上也与藤树相似。"① 又如关于政治与伦理的关系，藤树认为二者并不分离，
政治是以伦理为基础形成的。与之相应，井上论道："西洋古代的哲学家也
往往以伦理为政治的基础，尤其是柏拉图、亚里士多德诸氏主张国家的目
的在于培育民族道德。"② 需要注意的是，井上用西方的学术概念分析藤树
的思想，蕴含着与儒学的本质相疏离的可能性。比如，井上对藤树所说的
"良知即善，致良知，善常主心"，评价道"这并未尽其意"，"若就良知本
身而言，良知乃心之本体，与世界之本体为一体，故无善无恶，即从绝对
的角度来讲，良知无善恶，良知即善只是相对而言"。不仅如此，井上还指
出王阳明早就有这种思想："阳明主张人性为善，又认为性无善恶，这并非
自相矛盾，而是融合了相对之善与绝对之善。"③ 实际上，王阳明以心即理
阐释心与理的关系，其含义之一便是理内化于心而构成心的内容，此内化
之理决定了心体的至善之维，而心体的至善规定又为成圣提供了内在的根
据。但心体所规定的是一种可能的向度，就后天或现实的形态而言，主体
的发展是一个可善可恶的过程，无善无恶在逻辑上意味着可善可恶。④ 由于
个体在现实过程中的无善无恶（可善可恶）的可能趋向，王阳明的四句教
最终落脚到为善去恶的格物功夫，从而突出道德实践的重要性。这种阐释
同样也适用于晚年受阳明思想影响的藤树，但井上从绝对与相对的辩证关
系来看良知的善与无善无恶，就无法体认藤树思想的真正意蕴。

第二，井上以其融合的实在论立场解释藤树的思想。井上提倡"现象
即实在论"，即现象与实在为同一物的两个方面，两者绝不分离。现象又是

---

① 〔日〕井上哲次郎：《日本阳明学派之哲学》，付慧琴、贾思京译，中国社会科学出版社，
2021，第 52～53 页。
② 〔日〕井上哲次郎：《日本阳明学派之哲学》，付慧琴、贾思京译，中国社会科学出版社，
2021，第 74 页。
③ 〔日〕井上哲次郎：《日本阳明学派之哲学》，付慧琴、贾思京译，中国社会科学出版社，
2021，第 47～48 页。
④ 杨国荣：《心学之思：王阳明哲学的阐释》，华东师范大学出版社，2020，第 193 页。

世界差别的方面，实在是世界平等的方面。① 辨别现象之差别形成认识，尽管差别与平等融合、无法分离，但认识仅止于差别的世界，无法认识平等的世界实在。唯有通过内部的直观才能传达实在的观念。② "差别"与"平等"原是佛教用语，所以，井上的这一实在论融合了德国观念论哲学与佛教思想。关于这一实在论，井上在论述藤树的学说时，在"宇宙论"与"心理论"两小节中共提到五次，在此仅举出两处。一是，藤树所说的上帝绝非理气以外的事物，"分而言之，为理气，合而言之，为上帝，同一世界有两面，差别观之，为理气，平等观之，为上帝。因此藤树清楚地道破了他的一元世界观"。③ 二是，"《中庸》所谓的中乃良知之别名，中为喜怒哀乐未发之状态，即混沌的心之本体。若喜怒哀乐已发，必有其迹，成为现象，未发之间，乃无差别平等之实在。"④ 若按照井上对其现象即实在论（差别即平等）的界定，生成宇宙的理气确实应与现象之差别对应，但这样却漠视了理气二者的关系，即相对于生物之具的气，理具有本体论上的优先性，如藤树在《明德图说》中道："盖理者，气之桎轖，造化之主宰也。气者理之舟车，造化之具也。"⑤ 同样，井上认为未发状态的"中"乃"无差别平等之实在"，从而掩盖了作为心之本体的"中"具有的先天性与普遍必然性。井上以其现象即实在论为解释世界的真理，并将其运用到日本阳明学的解释中，虽然使日本的传统儒学获得了近代化的意义，但同时由于其理论的局限性，未能全面把握藤树学的内涵。

第三，井上以强化教育敕语体系为旨趣阐释藤树的思想。对于藤树的孝说，井上提出了最具代表性的"祖先教"。比如，藤树在《孝经启蒙》中对《诗经·大雅》的"无念尔祖，聿修厥德"注释道："祖指生之本，言身之本父母也。父母之本，推之至始祖。始祖之本天地也。天地之本太虚也。

① 〔日〕井上哲次郎：《明治哲学界的回顾》，付慧琴译，刘岳兵编《儒教中国与日本》，付慧琴等译，中国社会科学出版社，2021，第 421 页。

② 井上哲次郎：『哲学叢書』第 1 卷第 2 集，東京：集文閣、共益商社，1900，第 359 ~ 360 頁。

③ 〔日〕井上哲次郎：《日本阳明学派之哲学》，付慧琴、贾思京译，中国社会科学出版社，2021，第 32 页。

④ 〔日〕井上哲次郎：《日本阳明学派之哲学》，付慧琴、贾思京译，中国社会科学出版社，2021，第 42 页。

⑤ 中江藤樹：「明德図説」，『藤樹先生全集』第 1 冊，東京：岩波書店，1940，第 679 頁。

举一祖而包父母先祖天地太虚。"① 井上对此论道:"虽然孝始于敬爱父母,但其所关系的并非仅限于父母,敬爱父母即敬爱天地神明,由此可以说藤树在建设一种深远的祖先教。"② 而井上对"祖先教"论述较为详细的一处如下:

> 孝乃祖先教之纲常,最重视孝的地方必存在祖先教,若祖先教颓废,也就没有重视孝的理由了,因为孝联结祖先与子孙,所以家族的命运如何发展取决于孝的强弱程度。日本民族从同一个古老传说继承其系统,流传久远,建国以来未被其他民族扰乱,而具有同样的语言、风俗、习惯、历史等,故形成一大家族,国家形成孝之家族制,如此一来,日本民族不像其他民族在过去的历史中呈现过混乱的景象,而具有古今一贯的血统,现在的国民继承祖先,子孙又继承现在的国民,越来越发达,因此,孝之教对日本民族的命运关系重大。③

井上将藤树重视孝的原因归结于"祖先教",并且他从国家主义的立场出发,将从古至今具有同样的古老传说、语言、风俗、习惯、历史等的日本与混乱的他国进行对照,彰显日本国内的安定,论说孝关乎日本民族的命运。井上的这一论点是否符合历史事实,暂且不论,总之,井上认为孝对日本具有重大的意义,"祖先教"发挥了根本的作用。

若不熟悉藤树的思想,单纯参照井上的论述,就会认为他对藤树的"祖先教"论述有根有据,似乎没有不备之处。而藤树的孝说,诚如井上论述的广义与狭义之分,具有先天的和经验的两种旨趣。对于孝的先验性与超越时空的普遍性的一面,井上都已论述,在此不再赘述。而关于孝在经验领域的内容,具体表现为敬爱父母和明善诚身两个方面。敬爱父母的内涵在于子孝父慈,即感念父母生育之恩德,以爱敬父母为本,再推及爱敬其他人伦;子之身乃父母恩德之遗体,故父母成就子女之才德,即孝,此

---

① 中江藤樹:「孝経啓蒙」(定稿本),『藤樹先生全集』第 1 册,東京:岩波書店,1940,第 315 頁。

② 〔日〕井上哲次郎:《日本阳明学派之哲学》,付慧琴、贾思京译,中国社会科学出版社,2021,第 69 页。

③ 〔日〕井上哲次郎:《日本阳明学派之哲学》,付慧琴、贾思京译,中国社会科学出版社,2021,第 93 页。

时父母之爱乃慈爱，而非"姑息之爱""舐犊之爱"。① 明善诚身，是说孤子养亲之事，要求其"养吾性""尊吾性"，如藤树所论："自己德性乃父母遗体之天真也，是以养吾性，所以养亲也，尊吾性，所以尊吾亲也，此则大孝之精髓不可论在膝下与否。"② 由此可见，藤树的孝说乃是自然日常的爱敬父母之心，其学问道德的主旨就在于扩充爱敬之心。很明显，这种教说在任何地方都是共通的，具有普遍性，并非井上强调的日本特殊的"祖先教"。井上之所以强调"祖先教"，完全是为了强化教育敕语体系。1890年井上留学回国，正值《教育敕语》颁布，不久井上便被政府委以重任，为敕语进行解说。1891年出版的《敕语衍义》成为唯一的官定解说书。井上认为"敕语之主义，在于修孝悌忠信之德行，固国家之基础，培养共同爱国之义心，备不虞之变"，③ 为此，他发掘日本传统的思想资源，用以强化敕语体系并对其进行理论粉饰。④ 如井上在论藤树的孝说时，不仅借助"祖先教"宣扬孝的重要性，还将家父长制式的道德吸纳到国家道德中，如"要像在家对待父亲那样，在国家对待君主，国是家的扩充，家是国的缩小"。⑤

结　语

井上对日本阳明学谱系的认识有一个逐渐明晰的过程，他在对日本的哲学家进行初步构想时，对阳明学派的代表人物，仅举出了大盐平八郎，并强调其思想的独特性。到1891年的《论王阳明之学》之时，井上才大致形成了日本阳明学谱系的基本轮廓，尽管他承认藤树乃日本阳明学之祖，且在道德教化上非常优秀，却认为其思想没有自家的特色。在《教育敕语》颁布以后，国粹主义者逐渐得势，开始与欧化主义对抗。以"内村鉴三不敬事件"为契机，掀起了"教育与宗教的冲突"的思想论争，井上成为批判基督教的代表人物。而包括内村在内的基督教徒，可能出于使基督教教

① 中江藤樹：「翁問答」，『藤樹先生全集』第3冊，東京：岩波書店，1940，第82、85頁。
② 中江藤樹：「孝」八条，『藤樹先生全集』第1冊，東京：岩波書店，1940，第216頁。
③ 〔日〕井上哲次郎：《敕语衍义》，唐小立译，刘岳兵编《儒教中国与日本》，付慧琴等译，中国社会科学出版社，2021，第32页。
④ 刘岳兵：《日本儒学研究的"井上范式"及其意义》，《中华读书报》2021年10月13日，第10版。
⑤ 〔日〕井上哲次郎：《日本阳明学派之哲学》，付慧琴、贾思京译，中国社会科学出版社，2021，第93页。

义更好地融入日本的思想文化中的目的，论说藤树的上帝信仰与基督教类似。为了彻底批判基督教，井上更加关注对藤树的研究，在《日本阳明学派之哲学》中论述藤树的内容最多。他将西方哲学的学术概念与藤树的学说乃至日本阳明学的思想相比照而加以理解，但这种套用欧洲哲学的范畴理解日本儒学的尝试，并不能真正把握日本儒学的本质。井上还通过融合德国观念论哲学与佛教思想，提出"现象即实在论"并用来解释藤树学。尽管他试图"研究东洋哲学，并与西洋哲学比较对照，进而构成更进步的哲学思想"，[①] 但哲学毕竟是西洋思想历史发展的产物，井上将近代西方哲学视为既定的真理，以西方哲学的标准来重新审视日本传统儒学的做法，可以说是西方中心主义的。同时，井上的做法也是日本主义的，他运用近代西方的理论体系解释日本的阳明学，虽然客观上拓展了阐释日本儒学的视角，使其具有近代化的意义，但其最终旨归在于为现实的国家需要服务，即强化教育敕语体系。

Inoue Tetsujirō's Thoughts of Nakae Tōju

Abstract：Inoue Tetsujirō's understanding of Nakae Tōju, the progenitor of Japanese Yangming School, has gone through a transformation from a lack of importance to importance, from denying his ideological characteristics to establishing his position as the founder of the genealogy of Japanese Yangming School. This transformation was closely related to the state of thought in Japan at that time, such as the debate on the relationship between education and religion. Inoue tried to explain Nakae Tōju's Confucian thoughts through the academic concepts of modern Western philosophy, which did impose a profound theoretical value for thinking about the modern significance of Japanese traditional Confucianism, but his explanation ultimately served the ideology of Japanese imperial system in the modern era. Sorting out the images of Nakae Tōju portrayed by Inoue not only helps to understand the formation of Inoue's paradigm of Japanese Confucianism research, but also provides an important historical reference for elucidating the relationship be-

---

① 〔日〕井上哲次郎：《明治哲学界的回顾》，付慧琴译，刘岳兵编《儒教中国与日本》，付慧琴等译，中国社会科学出版社，2021，第 430 页。

tween the development of modern Japanese academic thoughts and social ideology, thus helping to further deepen the understanding of issues related to the history of modern Japanese thought.

Keywords：Confucianism；Yangming School；Inoue Tetsujirō；Nakae Tōju

世阿弥的艺术思想与禅宗美学

——以身体表现的"舍"为中心

王歆昕[*]

【摘　要】世阿弥是活跃于日本室町初期的能乐艺术家，他深受禅文化的影响，并将禅思想应用到自己的艺术表现中。从早期的能乐论《风姿花传》到《花镜》等中后期能乐论，他的艺术理想呈现为由"形（花＝幽玄）"到"心（心＝幽玄）"的变化，艺术手法也显示了一个从写实到抽象的变化过程，其中，"舍"作为最重要的抽象化手法之一，在表现方法与意图上都与禅画的"减笔"有异曲同工之妙。"舍"与"减"是禅的"简"之美的重要表现，皆重在舍弃细节而一举把握本质，以呈现根源的内在精神。

【关键词】世阿弥　能乐　能乐论　禅宗美学

引　言

世阿弥是室町时代能乐艺术集大成者。作为剧作家，一生创作了众多能乐剧本，作为演员，年轻时即展现非凡才能，深受足利义满的青睐。明治 42 年（1909），吉田东伍校注出版了《世阿弥十六部集》，一直秘藏的能乐论终得公开，世阿弥作为能乐理论家的一面为世人所知。关于能乐论的研究，日本迄今已积累丰硕成果，而国内相关研究寥寥。日本学界对能乐论思想研究的焦点涉及教育、哲学、戏剧、文学等多领域，但中日比较的视野较缺乏，据当前所见，尚未看到有此类研究，有鉴于此，本文拟从禅

---

* 王歆昕，广东外语外贸大学日语语言文化学院博士研究生，主要研究方向为日本思想文化。

宗美学出发阐释世阿弥的艺术思想与手法，并考察世阿弥的能乐与另一代表性的禅宗艺术——禅画在审美特征上的共通性，以呈现世阿弥的艺术思想与禅宗美学之间的本质联系。

一 从"形"到"心"的美学

世阿弥的能乐论是其艺术思想不断深化的结晶，这尤其体现在由"形"到"心"之审美理想变迁中，由"形"之美学，深入到"心"之美学，能乐才得以脱离娱乐性的大众艺能，在艺术殿堂登堂入室。

1.《风姿花传》的"形"之美学："花＝幽玄"

"花"是世阿弥的《风姿花传》的关键概念之一，据小西甚一考证，《风姿花传》中出现"花"的频率达到137次，而在中后期艺论中仅出现16次，[①]"花"可谓《风姿花传》中的核心审美概念。"花"的用法多样，成川武夫指出，"花"具有主客两方面意义，即表演主体的"花"（主观）和作为演出效果的"花"（客观），[②] 而能乐是一种舞台艺术，作为演出效果，在观众眼中呈现的"花"占据更重要的地位。世阿弥就写道："假如演员自认为深得'花'之意，却不琢磨如何使观众感受到'花'之趣，那么他的'花'不过是僻村深谷里徒然开放的野花而已。"[③]（笔者译，下同）

在世阿弥看来，"花"的美感又以演员的身体魅力为媒介，"（十二三岁时）因为是童姿，无论怎样表演都是优美的，嗓音也悦耳"。[④] 少年时期的形体是可爱优美的，因此无论怎样的演技都会呈现出美。不过，这种"花"只是"一时之花"，一旦失去身体的魅力，演员就不再具有"花"的美。

"虽然演员的技艺没有下降，却无奈年龄增长，自身形体之'花'与观众眼中之'花'都凋谢了。"[⑤]

"即便是优秀的演员，可能也会因失去'花'而表演失败，无论是怎样的名贵树木，不开花还会有人欣赏吗？而即便是普通的樱树，当其初绽放

---

① 小西甚一：『能楽論研究』，東京：塙書房，1961，第37頁。
② 成川武夫：『花の哲学』，東京：玉川大学出版部，1980，第77頁。
③ 田中裕：『新潮日本古典集成 世阿弥芸術論集』，東京：新潮社，2018，第43~44頁。
④ 田中裕：『新潮日本古典集成 世阿弥芸術論集』，東京：新潮社，2018，第16頁。
⑤ 田中裕：『新潮日本古典集成 世阿弥芸術論集』，東京：新潮社，2018，第21頁。

时，岂有人漠然视之?"①

那么，如何永葆"花"之美，使其不随年龄增长而丧失呢? 世阿弥提出，演员需理解"真正的花"，领悟"花"永不凋谢之理，"真正的花，无论是绽放还是凋谢，都任随演员的想法，因此这种'花'才能经久不衰"。②正如花开花落的迁移变化带给人新鲜感，世阿弥认为，能随时向观众呈现新鲜感的演员，才算理解了"真正的花"，如此一来，即便失去了"一时之花"，也不会在舞台上凋零。

"花于各种草木之中，随季节变化而开，应时而绽放，故其新鲜感为人们所欣赏。能亦如此，观众觉得新鲜之处，亦能之趣味所在。所谓'花''有趣''新鲜'三者实为一者。世间没有不凋谢的花，正因有凋谢时，绽放之际才让人觉得新鲜。能亦然，'无所住'方能成就'花'。演技不千篇一律，不断变化，才能给人新鲜感。花草随四季推移，只在最佳的时节吐芳展艳，这种迁移变化，呈现为新鲜之美，正如自然界的花草一样，演员也需要通过千变万化的演技让观众出人意料，根据观众之喜好，选取最合适的表演风格。"③

为此，演员需精通各家艺风，以顺应观众之需，临机应变地展现各种表演风格，"花"的新鲜感就从这种变换自在的舞台中产生。

由此可见，"花"作为舞台呈现，既是演员身体自身的魅力，也是身体变化的美学，它注重演员外在形体的魅力与视觉效果的新鲜感。无疑，"花"是一种显露于外的"形相"美。那么，它与能乐论中的另一审美概念"幽玄"④ 又有怎样的关系呢?

在《风姿花传》中，"花"与"幽玄"相通，都属于感性的、向观众视线开放的外在"形相"美，在《风姿花传》中"花 = 幽玄"这一等式可以成立。

"幽玄"一词，源自中国古代释道文献，形容"深邃""深远""微妙"的境界。在平安时代以来的歌论中，"幽玄"作为一种艺术美的概念广泛应

---

① 田中裕:『新潮日本古典集成　世阿弥芸術論集』，東京:新潮社，2018，第 43 頁。
② 田中裕:『新潮日本古典集成　世阿弥芸術論集』，東京:新潮社，2018，第 52 頁。
③ 田中裕:『新潮日本古典集成　世阿弥芸術論集』，東京:新潮社，2018，第 83 頁。
④ "幽玄"是日本重要的美学范畴，其内涵经历了复杂的变迁。室町初期的"幽玄"主要指"优雅""优美"，王冬兰译《风姿花传》即译为"优美"，考虑到世阿弥能乐论中"幽玄"存在的思想变化，为方便分析，本文未使用"幽玄"的中文译词。

用，表示一种幽深、隐微的美，注重余情余韵、言外之意，经壬生忠岑、藤原基俊，到藤原俊成趋于成熟，到了平安末期成为最重要的美学概念，鸭长明在《无名抄》中将"幽玄"描述为"言辞难以呈现的余韵，隐于形相的景色"。[①]"幽玄"是高深莫测、余韵悠长的美，注重深藏于词章中的余韵、言外之趣，因此这种幽玄美具有"心大于词"[②]的美学结构，显然，这是一种超越外在"形相"的抽象美。

然而，上述这种抽象化的余情幽玄，到了镰仓末期及室町时代却让位于另一种"幽玄"，在这种"幽玄"中，象征性、抽象性通通褪去，呈现出注重优美、华丽的外在美倾向。室町时代的歌人正彻对此描述道："袴姿的女官四五人眺望着南殿百花烂漫，此景或为幽玄体。"[③] 此处的"幽玄"已不再是超越"形相"的言外之意，而是分明呈现于眼前的女性风姿，正如能势朝次所说，这种"幽玄"以优美为基调，带有强烈的"感性、感觉的"色彩[④]。小西甚一也指出，南北朝室町初期的"幽玄"常常被写作"优玄"，主要以容貌形体的优美为中心。[⑤] 当时的"婆娑罗"[⑥]之世风，又为这种以优美形体为中心的幽玄美更添一些华丽的色彩，堂本正树就将这一时期流行的美意识描述为"明朗优美""新奇艳丽"[⑦]。世阿弥早期能乐论中的"幽玄"也多属此类，其论著中提及的"幽玄"，是一种优美的风姿、柔和的体态。他在《风姿花传》中写道："人之中，如女御[⑧]、更衣[⑨]、舞伎、美女、美男之类，草木之中，如花卉之类，其形态都是幽玄的。"[⑩] 显然，此处"幽玄"指高雅的气质、柔美的风韵，是对外在"形相"、形体的欣赏。

①　久松潜一：『日本古典文学大系』（65）『歌論集/能楽論集』，東京：岩波書店，1961，第88頁。
②　成川武夫：『花の哲学』，東京：玉川大学出版部，1980，第24頁。
③　久松潜一：『日本古典文学大系』（65）『歌論集/能楽論集』，東京：岩波書店，1961，第223頁。
④　〔日〕能势朝次、大西克礼：《日本幽玄》，王向远编译，吉林出版集团，2011，第106页。
⑤　小西甚一：『中世の文芸—「道」という理念』，東京：講談社，1997，第165頁。
⑥　"婆娑罗"（バサラ）原为梵语"vajra"的音译，意即"金刚石"，日本南北朝时期，用于形容当时盛行的华美奢侈、张扬奔放、不拘常规的审美意识和行事风格。
⑦　堂本正樹：『演劇人世阿弥—伝書から読む』，東京：日本放送出版協会，1990，第39頁。
⑧　日本古代宫廷嫔妃的一种，地位仅次于皇后与中宫。
⑨　日本古代宫廷女官名衔，后转为嫔妃称号，地位次于女御。
⑩　田中裕：『新潮日本古典集成　世阿弥芸術論集』，東京：新潮社，2018，第75頁。

值得注意的是《风姿花传》对"童姿"的重视,《风姿花传》在谈及十二三岁少年期时就写道:"因本身为童姿,所饰的角色均呈幽玄。"① "童姿"的"幽玄"美在世阿弥的艺论中占据重要地位,事实上,将"童姿"视为"幽玄"并对此鉴赏品味的风潮盛行于中世,在大寺院的"延年"②艺能表演中,美童的舞蹈被时人视为最具魅力的一幕。据弘安六年(1283)的《春日临时祭礼记》,"舞童"翩翩起舞的风姿被描述为"青娥行黛之容颜幽玄也",③ 二条良基在评价"藤若"(世阿弥幼年的名字)时,也将其舞姿形容为"幽玄"。南北朝室町初期的"幽玄"是一种感性的"形相"美,优美柔和,不失明朗艳丽。

然而,外在"形相"美终究存在一定的限定条件,如前所述,"童姿"并非永恒,只是"一时之花",外在的感性形体无法突破身体性这一客观条件的限制,不具有普遍性,正因如此,在中后期的能乐论中,《风姿花传》的"花 = 幽玄"开始向新的含义发展。

2.《花镜》的"心"之美学:"心 = 幽玄"

《花镜》是世阿弥中后期能乐论的代表作,完成于应永三十一年(1424,世阿弥 62 岁时),已是《风姿花传》前三篇完成的 20 多年以后,在该著中,世阿弥的观点有较大变化,艺术思想走向成熟。北川忠彦指出,从《风姿花传》到《花镜》的变化,表现在能乐的艺术理想由外相美转为内相美这点。④ 在《风姿花传》中,同属于外在"形相"美的"花"与"幽玄"之间可以成立"花 = 幽玄"的等式,而到了《花镜》,向外开放、注重视觉美的"幽玄"逐渐转变为内在凝聚的、以余情为主的"幽玄",即"心 = 幽玄",世阿弥的审美理念发生了改变。

《花镜》中已浮现了一种"一切皆可幽玄"的"泛幽玄论"⑤ 之雏形,世阿弥写道:"表演任何形体,都不可离开幽玄。"⑥ "任何形体",就体现了"幽玄"本质的改变。他在《风姿花传》中曾认为,对于"村夫俗汉"

---

① 田中裕:『新潮日本古典集成 世阿弥芸術論集』,東京:新潮社,2018,第 16 頁。

② "延年"是一种流行于中世的综合性寺社艺能。

③ 諏訪春雄:『能・狂言の誕生』,東京:笠間書院,2017,第 71 頁。

④ 北川忠彦:『世阿弥』,東京:中央公論新社,1972,第 150 頁。

⑤ 金春禅竹即"泛幽玄论"的主要提出者,在其能乐论中,一切万物都有"幽玄","幽玄"被等同于佛性,走向本体化、神秘化。禅竹的"幽玄"论可参考〔日〕能势朝次、大西克礼《日本幽玄》,王向远编译,吉林出版集团,2011,第 179 ~ 191 頁。

⑥ 田中裕:『新潮日本古典集成 世阿弥芸術論集』,東京:新潮社,2018,第 30 頁。

等下层民众的形体，不宜多做模仿，尤其一些低贱职业，其行为更不宜模仿，因为"这是不宜给贵族观赏的，即使他们观赏了，因过于粗俗，也会索然无趣"，① 而在《花镜》中，这些"低贱"的形体，也成为"幽玄"美的体现。

"贵族、庶民、男女、僧侣，乃至村夫野人、乞讨者、贱民，无论身份高低，若折取花枝饰于发际，同样能呈现花的美感，因为所有人都能开出优美的花。'花'即'姿'，而使'姿'变得优美的，是演员的内心。"②

《风姿花传》中曾被视为不宜表演的下层民众，在《花镜》中也与贵族形象拥有同等艺术价值，因为"所有人都能开出优美的花"，原为具体形体之美的"花"，被一种向内凝聚的美——"姿"替代，所谓"姿"，是主体意趣的呈现、内心的显露，唯有"心"才能进入"幽玄"之堂奥。一切表演之所以都能呈现为幽玄之"姿"，正是因为一切演技都是主体内在精神的自然显发。世阿弥不再仅追求外在形体的美——"花＝幽玄"，而转为重视内在的"心"，认为一切演技都是演员主体精神"心"的呈现，它是诞生"幽玄"之种。从"花＝幽玄"到"心＝幽玄"，显然世阿弥的审美理念出现了重大变化，原本注重外在身体表现的艺术理想，逐渐向内部沉潜，专注于对内心"本来面目"之参悟。如果说"姿"尚残留少许感性"形相"的色彩，在《花镜》接下来的论述中，以"心"为体的"幽玄"进一步潜入玄奥隐微的深处，形成冷寂枯淡的"无心"之美："由心所成的能。指的是名家在演出中，既不以歌舞之优美，也不以模仿细腻及情节戏剧性取胜，而是在幽寂的氛围中动人于无形，这就是'冷寂'之曲……只有造诣高深的名家才能呈现这一艺境，这就是由心所成的能，也叫'无心之能'。"③

舞台上的身体已超越了现实一切"形相"，成为难以言诠的心境显露。久松真一认为，能的"幽玄"是"无"的表现，④ 那么也可以说，表现出这一"幽玄"的身体正是"无"的身体。"无"即"无相"，难以感官捕捉，用意识把握。"在幽寂氛围中动人于无形"的"无心之能"呈现的正是"无相"之美，它并非存在于"形相"之美中，而是"心"这一内在主体性的自我呈现。

① 田中裕：『新潮日本古典集成　世阿弥芸術論集』，東京：新潮社，2018，第20頁。
② 田中裕：『新潮日本古典集成　世阿弥芸術論集』，東京：新潮社，2018，第140～141頁。
③ 田中裕：『新潮日本古典集成　世阿弥芸術論集』，東京：新潮社，2018，第150頁。
④ 久松真一：『禅と芸術』久松真一著作集五，京都：法藏館，1995，第128頁。

二 从写实到抽象的身体表现："舍"之诞生

从《风姿花传》到《花镜》，世阿弥的艺术理念呈现为由"花 = 幽玄"到"心 = 幽玄"的变迁，从外到内、由形到心，世阿弥对艺术美的认识不断沉潜到心灵的内部，他关注人真实的生命、内在的精神。随着艺术理念的变迁，艺术表现也势必发生转变，即"舍"的诞生。

1. 大和猿乐的写实主义

据《申乐谈义》的记录，大和猿乐的艺风以模仿的写实性与对话的丰富性为根本，表现为明朗的演技风格、激烈的动作性，写实模仿曾在世阿弥所属的大和猿乐中占有重要的地位。

在世阿弥的父亲观阿弥的时代，猿乐座主要有以奈良地区为中心的大和猿乐和以京畿地区为中心的近江猿乐，观阿弥所属的结崎座就是"大和四座"之一。大和猿乐的艺风以模仿为基本，尤其擅长"鬼能"①，通过强有力的动作、丰富写实的科白，呈现趣味性、新鲜感，世阿弥在《风姿花传》中对"花"之新鲜感的推崇显然正是延续了大和猿乐的传统。与此相对，近江猿乐则以优雅的舞姿为中心，世阿弥就在《风姿花传》中指出近江猿乐看重歌舞情趣，以优美风情为根本，模仿为次，可见其艺风与大和猿乐的写实、趣味性不同，更注重写意性、歌舞性。观阿弥积极汲取了近江猿乐的艺风，结崎座由此压倒其他猿乐座，确立了猿乐界的霸权。庆安七年，在今熊野神社的猿乐能表演中，观阿弥、世阿弥父子的演出赢得将军足利义满的青睐，得到幕府的庇护。

然而，虽然观阿弥吸纳了近江猿乐的歌舞艺风，但其能乐表演中，写实性的模仿仍占据中心地位。从他创作的剧目来看，《自然居士》《卒都婆小町》《吉野静》等都呈现注重写实性、戏剧性的情节展开、趣味性的科白等风格，与后来世阿弥发展出的抽象化风格形成鲜明的对比。观阿弥个人的表演风格，通过《申乐谈义》可窥其一斑：

"在住吉迁宫式的猿乐能演出上，头戴立乌帽子，恶尉面，手扶鹿杖

---

① 能乐中以鬼、神灵为主角的剧目，如《大江山》《土蜘蛛》《黑冢》等。

（中略）展开论议①。"

"虽身材魁伟，却能展现女子的纤细，在《自然居士》中，他以少年之姿现身舞台，看起来如同十二三妙龄。"

"在表演凶悍风格的'鬼能'时，比如《融大臣》中以鬼神之姿恐吓大臣一幕，动作强烈粗犷，而在柔和的'碎动风'中，则步履柔和。"②

观阿弥的风格显然还是偏向大和猿乐的模仿写实传统，无论是趣味性对白，还是"如同十二三岁之妙龄"的写实演技，以及在"力动风"之激烈与"碎动风"③之柔和间的变化自如，都表明观阿弥重视写实、变化、戏剧性、趣味性的表演风格。

2. 抽象化的身体表现："舍"

世阿弥的能乐论中，涉及模仿表演论的著作主要有前期的《风姿花传》和中期的《至花道》《二曲三体人形图》《花镜》等，下面将以这几部著作为中心进行考察。

《风姿花传》在表演论上的一大特点，即写实主义。该作把表演模仿的对象分为九种类型（"九体"），分别讨论其本质和演技上的要点。《风姿花传》中指出，模仿当遵循的宗旨为："演什么像什么，这是模仿的根本。但还应懂得因对象不同，在表演上呈现浓淡之分。"④ 模仿追求最大限度地再现对象，也就是写实，然而作为舞台艺术，同时也要求观赏性，世阿弥因此强调，在某些情况下需要进行或浓或淡的加工。可见，世阿弥所说的"写实"也并非对自然形态的原本摹写，而是经过一定美化的"写实"，即源了圆所说的"经过王朝审美趣味限定的写实主义演技"。⑤

在《风姿花传》中，世阿弥列举了九种人物类型，明示其表演的要旨。比如，天皇、大臣、公卿这类贵族角色，需要恭听上流阶层观众的意见，模仿其日常行止，以求能够细腻地表现贵族举手投足间的高雅气质。对贵族角色的模仿主要在于如何在装扮举止方面做到细致入微的相似，尤其是

---

① "论议"原为佛教僧人就经文意义的问答，能乐的"论议"指主角「シテ」与配角「ワキ」、合唱团「地謡」相互间唱和、对唱。

② 田中裕：『新潮日本古典集成 世阿弥芸術論集』，東京：新潮社，2018，第181~182頁。

③ "碎动风"是"鬼能"的一种表演风格。世阿弥将"鬼能"分为"力动风"与"碎动风"，前者外形为鬼，内心也为鬼，故动作激烈；"碎动风"则外形为鬼，内心为人，故动作柔和。

④ 田中裕：『新潮日本古典集成 世阿弥芸術論集』，東京：新潮社，2018，第24頁。

⑤ 源了円：『型』，東京：創文社，1989，第78頁。

"女御""更衣"等贵族女性,穿着都有一定的规矩,更需要仔细了解扮装和姿态的特征,女性的模仿也以形似为主,"女人姿态更要以装扮为本"。①"法师""唐人"等角色也是力求形似把握,如模仿"僧正""僧纲"等高级僧侣时要表现其威仪,而模仿修行僧则要表现其沉浸佛道之状。总之,《风姿花传》表演论的特点,就在于从外在"形相"上把握对象,将"美"视作一种外在之物,对象化地去把握,这样一来,表演手法自然就是忠于原物的描写主义,如《风姿花传》中写道:"模仿幽玄②的人物时,自然就会有幽玄,模仿凶悍的人物,自然就显凶悍。"③模仿贵族女性等优美角色,自然有优美之感,反之模仿武士、鬼神等凶悍的角色时,自然会凶悍。当"美"只是一种外在的、表现于"形相"上的价值时,模仿也只需如实表现外在特征即可。

而所谓的"浓淡之分"又是什么呢?世阿弥认为,贵族阶层等优美的人物固然可以如实地、细致入微地模仿,但诸如"村夫野人"等下层民众,如实模仿反而会弱化美感,因此这类角色属于需"淡化"处理的类型,不能完全地追求相似,这是由于上层观众看了只会觉得扫兴。能乐是以观众为中心的艺能,因此不得不迎合观众的好尚,"当世以幽玄为风潮,因此在观众面前,表演强悍的角色时,也需表现得幽玄,即便这有违模仿的原则"。④然而,世阿弥对这种追求外形优美的"幽玄"也难掩怀疑:"原本是粗犷的人物,却刻意表现得幽玄,这不是正确的表演,所谓幽玄也只是软弱无力。"⑤仅仅追求外形之美,却忽视乃至扭曲了对象的真实,在以模仿为本的大和猿乐看来无疑是一种堕落,于是他转而追求另一种深层的真实。

由"外"到"内"、由"形"到"心"是世阿弥中期艺论的一个变化。在写成于应永二十七年的《至花道》中,《风姿花传》的"九体"被简化为"三体"。《至花道》"关于二曲三体"中指出:"本派的习艺诸条虽提及多种风体,但入门不过'二曲三体'。"⑥"二曲",即歌与舞,"三体",即

① 田中裕:『新潮日本古典集成 世阿弥芸術論集』,東京:新潮社,2018,第 27 頁。
② 此处"幽玄"指的是优美。
③ 田中裕:『新潮日本古典集成 世阿弥芸術論集』,東京:新潮社,2018,第 30 頁。
④ 田中裕:『新潮日本古典集成 世阿弥芸術論集』,東京:新潮社,2018,第 28 頁。
⑤ 田中裕:『新潮日本古典集成 世阿弥芸術論集』,東京:新潮社,2018,第 30 頁。
⑥ 田中裕:『新潮日本古典集成 世阿弥芸術論集』,東京:新潮社,2018,第 101 頁。

三种模仿的角色："老体"（老者）、"女体"（女性）、"军体"（男性）。世阿弥认为，演员首先应在童年时代将歌舞二曲的要旨谙熟于心，以在成年后的各种表演中都不失"幽玄"之美。"欲获得高超的表演造诣，其入门唯有三体，应穷尽这三体的演技，并将童姿时期习得的歌舞二曲贯穿于整个表演中。"①

模仿的人体唯有三种，而在学习"三体"之前，首先应当从孩童时代就充分掌握歌舞二曲，将渗透着"童姿"之美的歌舞沉淀到今后的一切演技当中，以此将美的精神贯穿到整个表演实践中，可见此处的"童姿"之美显然已不再是转瞬即逝的"一时之花"，而是贯穿演员整个表演生涯、统摄整个演出的内在精神。世阿弥在同一时期的著作《二曲三体人形图》中也认为："在最初的童姿时代习得歌舞二曲，理解了恒久不移的'有主风'，故能在以后的表演中也保留其美感，并在一切表演中运用自如。"② "有主风"是主体精神的呈现，"有主风"下的"童姿幽玄"不是感性的身体魅力，而是突破形体条件的限制、演员自我精神的呈现。

《至花道》中将《风姿花传》的"九体"缩减为"三体"，这体现世阿弥已放弃过去为实现"真正的花"而提出的精通各家艺风的观点。"只注重学习各类模仿演技，追逐新奇之风，恐将沦为无主的风体，能乐表演软弱无力，失去光彩"。③ 变化多端、广涉各家艺风的演出技巧在此时不再具有积极性的意义，反而成为使能乐表演堕落、黯淡失色的"无主风"，这种"无主风"在《花镜》中被比喻为僧人的"转读"（僧人念诵经文时仅唱经题），看似广博实则肤浅，缺乏主体性，不过是随外境转而已。

"三体"的表演方法是什么呢？《二曲三体人形图》非常简要地概括了三种人体的表演要旨。如"女体"的表演，世阿弥认为其核心是"体心舍力"："须牢记以心为体，不可于形似上用力。模仿的关键即在此。亦可说以幽玄为根本。切记不可忘心体。"④ 显然，此处的"女体"演技，已经完全不同于《风姿花传》中在装扮与姿态上力求形似的态度，演员不需要仔细了解女性服装的穿着规律和举止仪态，一切的功夫（"力"）都凝聚到"心"这一处，与"心"无关的都需要舍去。"体心舍力"，即是将所有的

① 田中裕：『新潮日本古典集成　世阿弥芸術論集』，東京：新潮社，2018，第 102 页。
② 小西甚一：『日本の思想』（8）『世阿弥集』，東京：筑摩書房，1970，第 157 页。
③ 田中裕：『新潮日本古典集成　世阿弥芸術論集』，東京：新潮社，2018，第 103 页。
④ 小西甚一：『日本の思想』（8）『世阿弥集』，東京：筑摩書房，1970，第 159 页。

特征都集中到内部的"心"，除了表现"心"这一本质以外，不再需要其他多余的模仿。这已不再是对外在对象的简单模仿，演员的意识并不向外散发，相反，他需要将向外的意识集中到自身内部的身心感知中，本着自身的主体性来表现角色。通过"体心舍力"呈现出的"女体"已与现实中的女性身姿不同了，正如渡边守章所指出，这是一种"虚构的身体"，① 现实的、具体的身体性已被洗涤而尽，留下的是一个抽象的身体，然而"本来面目"也在这去除驳杂剩下的精纯中显露出来，世阿弥称之为"有主风"，既是演员自身的主体精神，也是存在于万物的普遍性。表现这种内在超越的精神，需向内凝聚，集中一处，而非追求"形相"上的特征，如此身体表现也从写实转变为高度抽象的手法。

如上所述，凝聚精神力而专注本质的身体表现，关键在于"舍"。在《花镜》中，也可以看到"舍"的手法的应用："有观众说'无作之处'才有观赏性。这种地方正是演员密藏在心底的功力所在。一般而言，以歌舞为主的，招式动作、模仿等各种演技都是身体所成的演技。而'无作之处'是各种演技之间的空隙。此处为什么有观赏性呢？因为这里正是演员用心之处。在舞蹈动作之间的空隙、音曲衔接之间的空隙，乃至科白、模仿等一切演技之间的空隙处都要保持精神集中，将内心凝聚。这种内心的状态显露于外即生美感。"②

"身体所成的演技"，指的是身体的表演与表现，即歌舞与模仿。而在这些身体表现之间的间隙，存在着"无作之处"。这是一个舍去任何身体表现后形成的，空无、留白的场域，但此处却是最有观赏性的，这是因为在这些演技的空白中，填满了演员的"心力"，舍去了身体表现的地方，却能直显"心力"的浑厚。演员在每一间隙都保持高度集中的内心状态，这种紧张专注、充实状态下的内心显露于外时，即会产生美感。

同样在《花镜》的"动十分心　动七分身"一节中，世阿弥也通过"舍"的手法，抑制身体的表现，突出对"心"的呈现。他写道："所谓'心动十分，身动七分'，是说在刚开始学艺的时候，一举一动都要充分遵从师傅的教示，而在完全掌握了教示后，动作就不必做到十分，在心的控制下，要对身体表现有一定抑制，这不仅限于舞蹈动作，普通的动作也需

① 渡辺守章：『劇場の身体　身体の劇場　叢書文化の現在 2』，東京：岩波書店，1982，第100 頁。

② 田中裕：『新潮日本古典集成　世阿弥芸術論集』，東京：新潮社，2018，第 144 頁。

要由心抑制身，如此，身成体，心成用，此正是美感之所在。"①

显然，这段文字里的"心"，也是一种高度凝定的"心力"，"心动十分"，正是演员将"心"向内部集中，沉潜至内心深处的状态。这种达到"十分"的"心力"显露于外时，身体的动作受到抑制，只能留"七分"，舍去了多余的部分。舍掉身体表现后的空白，则由满"十分"的充实"心力"填补，如此观众才会获得审美感受。

如上所述，《至花道》《花镜》等能乐论中多用"舍"的手法，这种"舍"，既是从"九体"到"三体"的人体类型之"舍"，更是舞蹈、科白、模仿等身体演技之"舍"。"舍"是为了凝聚心力，沉潜至内心深处，以显现活泼泼的真实生命与饱满的内在精神，"舍"之处、留白之处，正是"心力"充盈处。

三 "舍"的表现法与禅宗美学

日本中世时代，中国的禅文化经由频繁往来两国间的贸易商、禅僧大量涌入日本，对日本文化产生了深远影响，世阿弥的中后期艺论中也随处可见禅的思想痕迹，《至花道》完成于应永二十七年，《花镜》完成于应永三十一年，皆处在足利义持执政的应永年间，这正是"北山文化"最繁荣的时期。义持在连歌、书画等方面有很高造诣，尤其倾心于禅宗思想，其周围聚集了当时一流的高僧文士，世阿弥正是在"义持文化圈"的影响下，开始接近禅的思想，将其用于自己的艺术思想之中。

1. 禅宗美学的"心"

中国禅有两大思想传承，一为般若思想，一为佛性思想。② 而中国人对"用世"的世俗关怀的强调，使注重主体精神的佛性思想尤其受到禅门重视。禅宗六祖惠能在初次参学五祖弘忍时，曾就"佛性有无南北"展开对话。"众生皆有佛性"的思想在唐以来的南宗禅中进一步发展为将具体的、现实的人等同于佛的思想，原本只是成佛潜能或内在动力的"佛性"被赋予了更加现实性、实践性的意涵，于是现实中的人的主体人格——"心"自然就成为禅宗主要的阐扬对象，活生生的人之现实态就是佛，现实人心

---

① 田中裕：『新潮日本古典集成 世阿弥芸術論集』，東京：新潮社，2018，第118頁。
② 杨惠南：《禅史与禅思》，台北：东大图书公司，2008，第2页。

就是佛性。因此宗密在《禅源诸诠集都序》中将惠能的南宗禅称为"心宗"，延寿甚至在《宗镜录》中提出"一心为宗"的命题，意图以"心宗"统一佛教各派，强调"心"的重要性，主张以心为本源，可以说，心性论是禅宗的理论基础与出发点。

心性论是禅宗的理论基础，于是"心"也成为禅宗美学的根本，"'心'的内涵涉及禅宗的审美本体论"。① 禅宗美学的理想即在于显发人的主体性——"心"，从而使人从一切外在经验条件的束缚中解脱出来，获得自由的心境。禅艺术方面造诣颇深的久松真一就指出，禅的艺术就是一种"自我表现"，表现人自身的生命本质，他写道："禅画就是禅的自我表现。书画所表现的是与禅相同性格的东西，所以凡见到禅画的人，会油然而生一种禅意。这种禅意，正是他本来的自己，故见到禅画的人，会感到自己从一切形累与束缚中获得自由。"②

禅的修行旨在从外在形累中解脱，显发本来的自己，禅画等禅艺术所显现的，也正是这种真实的自己。这种表现自身生命本质的禅艺术精神在禅门盛行的牧牛图中就有淋漓尽致的呈现，在廓庵师远的《十牛图颂》中，从"寻牛""见迹""见牛""得牛""牧牛"到"骑牛归家""忘牛存人""人牛俱忘""返本还源""入廛垂手"，这一过程中的"牛"便是人自身本具的真实本心，而这本来的"心牛"因种种虚妄迷见而走失，《十牛图颂》所展现的正是一个寻回自己真实心灵的过程，禅宗美学的宗旨就是要透显出一种畅达洒脱、自由无碍的本然生命。

2. 禅艺术的"简"之美与"减笔"

禅以开发"本心"为宗旨，禅宗美学以显现自我本性为归趣，于是禅艺术在表现形式方面自然也是抽象化的、强调精神的象征主义，超脱任何形象束缚，拒绝肤浅的描写主义，它集中体现在"简"这一审美特征中。

"简"是禅宗美学的一个重要审美风格，禅画的八种品鉴名相"高、逸、清、简、古、淡、浑、远"③ 中即有"简"，葛兆光认为禅的美学性格为"自然、凝练、含蓄"，④ "凝练"正是"简"的表现，在久松真一所列

---

① 皮朝纲：《禅宗美学史稿》，电子科技大学出版社，1994，第 21 页。
② 久松真一：『禅と芸術』久松真一著作集五，京都：法藏馆，1995，第 256 页。
③ 妙虚法师、孙恩扬：《禅画研究》，人民美术出版社，2016，第 46 页。
④ 葛兆光：《禅宗与中国文化》，台北：天宇出版社，1988，第 197 页。

举的禅宗艺术的七个性格中，也有"简素"这一要素，他认为这种审美特征尤其体现在水墨禅画的表现手法中："禅画的风格与以往院体画的细密繁复不同，它不是一个个部分的集聚，而是浑然的一个整体首先被一气呵成地描绘出来，部分呈现于其中。"① 禅画的艺术表现，正如禅所追求的直下彻悟自心的顿悟一样，主张浑然一体地把握对象，于"一"中见"多"、于"无形"中显"有形"，这就形成了一种追求简素的表现方法。

关于水墨画表现之"简"，芳贺幸四郎就做了一段精妙描述："它将色彩、阴影等表现都视作非本质的部分而尽数舍弃，舍到了再无可舍的地步，仅保留一些线条——极富表现力和律动感的水墨线条。这种手法正是省略无关本质的部分，只为直截了当呈现最本质的、根源的要素，水墨画的根本生命力正在于其表现手法的缩小性格。"②

芳贺所说的"缩小性格"，正是禅画的"减笔"，这是一种舍去多余部分以求表现本质的手法。南宋画家梁楷尤擅此手法，将其发展为"减笔"，有"惜墨如惜金"之誉，力求用粗简的笔墨一举勾勒出形体，以充满生命力的笔力直逼对象的真髓。在他的《泼墨仙人图》中，仅面部有淡淡的几笔勾勒，整个身体都以酣畅淋漓的泼墨一气呵成，虽厚重却无凝滞感，在身体的行进中透显豁达、自在的动态美，展现出脱离一切窒碍、在世间游戏三昧的"真我"的存在状态。"减笔"之"简"，是为传达心意之深，它绝非一种对外在形式之简的刻意追求，明代的恽向写道："画家以简洁为上，简者简于象而非简于意，简之至者缛之至也。"③"减笔"虽省略了笔墨，却提高了对生气、笔意的要求，一切表现皆需是心源的自然流淌、自在的艺术呈现，这即久松真一所说的"无相自我的自我表现"，"禅"通过灵动挥洒的笔墨显示其自身。

3. 世阿弥与禅宗美学："舍"与"减"

世阿弥的艺术思想与禅宗美学的联系是显而易见的，尤其表现在对"心"的重视与"舍"的表现手法两方面。

中后期的世阿弥受到禅宗思想影响，开始重视对心境的呈现，认为舞

---

① 久松真一：『禅と芸術』久松真一著作集五，京都：法藏館，1995，第38页。
② 芳贺幸四郎：『中世文化とその基盤』，東京：思文閣，1970，第238页。
③ 恽向：《道生论画山水》，俞剑华编著《中国画论类编》下卷，人民美术出版社，1986，第767页。

舞

台之美并非源自外在"形相",而源自内在的心灵,由此形成的舞台形象,就不再停留于感性事物的外在美,而是对心灵意趣的呈现。"众生皆有佛性",因此能乐表演即为表现这种普遍的精神,《风姿花传》中曾被视为令人扫兴的"村夫俗汉""乞讨者""贱民"等下层阶级的形体,在演员主体意趣之呈现——"姿"中被赋予了与优美典雅的贵族形象同等的美,"所有人都能开出优美的花","花"已不仅仅是外在的"形相"美,而是内在生命的呈现。世阿弥中后期的著作如《至花道》《花镜》《拾玉得花》等多冠有"花"之名,此时的"花"已不再是《风姿花传》中的"形相"之"花",而是本性之"花",花虽是刻刻迁流的无常,但禅正是透过无常之色显示真常自性,见花即性,见色便见心,禅的艺术通过艺术形象呈现生命实相。

从《风姿花传》到《花镜》等中后期艺论,世阿弥的审美理想从执着于外在"形相"转向对内部精神的显发,从"花 = 幽玄"到"心 = 幽玄"的转变,显示了他对超越一切名相、直指心性的禅宗美学精神的理解与接受,同禅画一样,能乐舞台也成为一种心性的映照。

能乐的舞台身体表现与禅的"无心"顿悟相通,演员要扫除杂念,向内凝定,达至主客双泯的心理融合。这种表现法,即身体的抽象化——"舍",抑制身体的演技,扫尽多余的写实,一切功夫都集中到彰显心灵本质这一处,大有马祖"若悟圣心,总无余事"的气魄,"心"是本源与真实,若体证"心"就一证全证,再无多余,能乐的身体表现也是如此,演员的身体不是为了写实的,而是为了表现内在生命的灵动,因此任何与精神实质无关的身体表现都要舍掉。突破"形相"的束缚,抑制冗余的写实,以"舍"的手法直达内心,正与禅宗的代表性艺术——禅画的"减笔"一脉相承。禅画通过减笔淡墨,尽洗浮华色彩,剔除烦琐的束缚,干脆利落地直逼物象的本质,世阿弥在能乐舞台上追求的身体表现也正如水墨线条,简洁而素淡,一举一动都传达着心灵的律动,无不是深远心境的自然流露。

结 语

从早期的能乐论《风姿花传》到《花镜》《至花道》等中后期能乐论,世阿弥对审美理想与艺术表现两方面的认识都出现了明显深化。在审美理想方面,《风姿花传》追求充满感性与变化的"花"之美学,而《花镜》

《至花道》则追求向内凝定的"心"之美学,"花"之美学以新奇、有趣为其审美原理,"花""有趣""新鲜"三要素交织成向观众视线开放的"形相"美、视觉美,"心"之美学则追求主体心境显发于外的"姿",乃至超越一切"形相"的"无心""冷寂"的艺境。随着由"花"到"心"的审美意识变迁,艺术表现也从《风姿花传》的写实模仿,转变为《花镜》《至花道》的抽象化表现——"舍",舍去非本质的身体表现,高度凝练地表现最根源的本然生命。这两点都与以彰明"自我本心"为审美理想、以"简"为审美特征的禅宗美学精神内在相通,正是在这个意义上,可以说世阿弥的舞台身体是"无的身体",他的能乐是"禅的艺术"。当然,禅宗美学的审美特征并不止"简"这一点,久松真一曾列举了包括"简"在内的"不均齐""静寂""枯高""脱俗"等禅的七个美学特征,这些美学特征与世阿弥的艺术表现之间存在怎样的联系,仍是今后有待研究的课题。阐明世阿弥的艺术思想与禅宗美学的关系,既有助于揭示能乐的艺术精神建构及美学旨趣,也有助于探究中国禅宗美学的思想蕴涵在日本的接受、传播及变化。

Zeami's Artistic Thought and Zen Aesthetics
—Focus on the "Reduce"（舍）of Body Expression

Abstract：Zeami was a Noh artist active in the early days of Muromachi period，He was deeply influenced by Zen culture and applied the thoughts of Zen to his artistic expression. From the early Noh theory book *Fushikaden*（『風姿花伝』）to *Kakyo*（『花鏡』），his artistic theories are presented as a change from "exterior shape［Hana（花）= Yūgen（幽玄）］" to "interior soul［Kokoro（心）= Yūgen（幽玄）］". The performance technique also shows a process of change from realism to abstraction. As one of the most important abstraction techniques，the "reduce"（舍）of body expression，is wonderfully similar to the reductive painting technique in Zen painting in terms of expression technique and intention. As the important manifestation of the Zen Aesthetics of "simple"，both of them focus on abandoning details and grasping the essence in one fell swoop，so as to present the rooted inner spirit.

Keywords：Zeami；Noh；Noh theory book；ZEN Aesthetics

异于唐都的日本平安宫中和院"居中"设计[*]

聂　宁^{**}

【摘　要】日本千年之都平安京仿唐都修建，而在平安宫的正中央，却有着不同于唐都的仅用于举行国家祭典的中和院。本文着眼于日本平安宫祭典空间的"居中"设计，在明晰中和院与平安宫同期建造的基础上，通过分析中和院的营造理念，对这一"居中"设计所蕴含的中国古代都城营造思想进行讨论。中和院的"居中"虽与唐不同，却体现着日本对中国都城营造思想的再现与重构。它再现了中国上古三代"宫中立庙"的都城营造思想，重构了中国古代"建中立极"的都城规划特点，是日本对中国都城文化承继的"可视化"实证。

【关键词】平安宫　"居中"设计　祭典空间　中国记忆

引　言

关于日本宫廷空间设计深受唐代影响这一点，中日学术界已达成共识，尤其在对藤原宫遗址、平城宫遗址、难波宫遗址、恭仁宫遗址、长冈宫遗址、平安宫遗址等的考古发掘的基础上，更是得到验证。^① 然而，有着日本

＊　本文为国家社会科学基金重点项目"日本思想中的中国传统文化记忆研究"（编号：20AWW002）阶段性研究成果。该项目负责人为四川外国语大学中外文化比较研究中心东亚文化研究所姚继中教授，笔者为该项目课题组成员。

＊＊　聂宁，西安外国语大学日本文化经济学院讲师，主要研究方向为中日文化比较、东亚仪式空间研究。

① 木原克司：「日本古代宫都・宫室の構造と諸類型」，『鳴門教育大学研究紀要』2008 年第 23 卷。

"千年之都"称号的平安京,它的宫城的"中心"是中和院。[①] 这是一个在唐代都城空间中所未见到的处于"居中"位置的祭典空间。中和院这一与唐都不同设计的存在,一直以来都未进入重点探讨的范围。平安宫是日本平安时代(794~1192)首都的宫城,是天皇朝廷、国家中枢所在。它的空间设计反映着平安时代的日本思想特点。平安时代有着强调日本"国风"的时代特点,对于不同于唐都的"平安宫中心",是否体现出在平安迁都前,日本宫廷中已经有强调"国风"的倾向?而异于唐都的"平安宫中心"所体现出的"国风"中,是否又蕴含着日本对中国文化的记忆?本文以位于平安宫正中央的中和院为研究对象,在"空间"这一视域下,明析前述两个问题。

一 与唐都相异的"居中"祭仪区

成书于日本江户宽政二年(1790)的《大内里图考证》卷第七"中和院"条中对日本古代史书中所记之中和院的称谓有如下综述:

> 中和院,诸书作中院。贞观仪式,作神今食院。西宫记,作斋院。日本记略曰,天德元年,十一月廿一日癸卯,新尝祭,天皇御中院。拾芥钞曰,中和院内里西,号中院。帘中抄(同上)神嘉殿,天子,祭社稷神所。西宫记曰,中和院,天子,祭社稷神所。又神今食曰,弘仁十四年,十二月二十八日,宣旨云,戌一点,御斋院十二月用酉,寅二点,还宫十二月用卯。小野宫年中行事神今食曰,天皇,着帛御衣,御腰舆,幸中院,不称警跸,若不御中院,小忌亲王以下,就神祇官行事,或于中院行之。又新尝祭日,改供忌火,行幸中院。江次第神今食次第曰,戌时,御腰舆,幸中和院,一本作中院。又神今食装束首书曰,中和院,在中重之西。神嘉殿者,中和院之殿也,中和门者,东面门也。(后略)[②]

中和院,日本文献亦将其记为"中院""神今食院""斋院"。中和

① 橋本義則:「平安宮の中心——中院と緑の松原をめぐる憶説」,『平安京とその時代』,京都:思文閣出版,2009。
② 今泉定介編『故實叢書　大内裡圖考證』,東京:東京築地活版製造所,1893,第529頁。

院的主殿是"神嘉殿",是天子"祭社稷神所",天皇于其中行"新尝祭""神今食"等祭祀仪式。在古代日本,天皇有三大"亲祭"——大尝祭、新尝祭、神今食。大尝祭作为天皇即位礼的一部分,仅在即位之时于临时兴建于朝堂院中的大尝宫中举行,而新尝祭与神今食则是在中和院的神嘉殿举行。由此可断言,中和院是古代日本宫城中最为重要的祭仪场所。

在平安宫,中和院位于朝堂院北、内里之西,在宫城正中央。据《江家次第》卷第七"(六月)中和院神今食御装束新尝祭并十二月神今食同"条①所记,中和院由神嘉殿、东舍、西舍、殿后屋②组成。神嘉殿是一座朝南的建筑,其北设有作为偏殿使用的殿后屋,东西两侧有回廊,回廊向东西延伸后转折向南,与位于正殿建筑东南侧的东舍,以及位于正殿建筑西南侧的西舍相连。也就是说,神嘉殿通过两侧的回廊与东舍、西舍连成一体,其构造于《大内里图考证》③可见。

奈良、平安时代是日本与古代中国往来密切的时代,藤原京、平城京、长冈京、平安京的空间布局深受唐代都城影响。然而,作为祭仪场所的中和院位于宫城"居中"位置这一点,据目前考古发掘成果可知,是完全不同于唐长安、洛阳宫城空间构造的地方,也是不同于藤原京、平城京、长冈京宫城空间布局的地方。唐长安、洛阳的宫城中央皆不是举行国家祭祀典礼的场所。在唐长安、洛阳的宫城中轴线上,是"前朝后寝"的空间布局。在藤原京宫城的中轴线上,同样为"前朝后寝"的空间布局。不论是唐都,还是藤原京,宫城中央核心处,都是君主日常开展朝政的地方。藤原京宫城主殿大极殿就在此处。大极殿其南为朝堂院,朝堂院南面正对宫城正门朱雀门。大极殿区域之北是作为天皇生活空间的内里。大极殿、朝堂院与内里皆在中轴线上。奈良前期的平城京宫城中轴线上,与藤原京相同,同样是大极殿与朝堂院;奈良后期的平城京宫城中,大极殿、朝堂院与内里皆在同一轴线上,只是此轴线位于中轴偏东。值得注意的是,不论是在奈良前期还是奈良后期,平城京的宫城中央位置皆被政务空间所占据。

---

① 神道大系編纂会編『神道大系 朝儀祭祀編四 江家次第』,東京:神道大系編纂会,1991,第 383~390 頁。

② "殿后屋"之称仅出现于『江家次第』中,『古本拾芥抄図』与『延喜式』记为"北殿",『京兆図』记为"座殿",『西宫記』记为"北舍"。

③ 今泉定介編『故實叢書 大内裡圖考證』,東京:東京築地活版製造所,1893,第 562 頁。

然而，在平安京宫城的中轴线上，南侧正对宫城正门朱雀门的仍然是朝堂院与大极殿，[1] 但朝堂院与大极殿之北不是内里，而是位于宫城正中央的中和院。同时，作为天皇生活空间的内里则位于中和院之东，偏离了中轴线和中央区域。这与宫城中轴上置皇帝"朝寝"的唐代宫廷的空间布局完全不同。这种与唐代宫廷相异的空间设计是随着平安时代的到来出现的，而中和院的营造时间正是其证。

二　出现于平安前的异唐设计

在与中和院相关的诸称谓中，于历史记录中最早出现的是"中院"一词。《续日本纪》卷第三十二，宝龟四年（773）一月七日条有载：

> 是日。御重阁[2]中院。[3]

此条所记之"中院"，时代早于平安迁都，可见此"中院"并不属于平安宫，当为平城宫中的建筑。对于此"中院"，福山敏男根据一月七日白马节会之仪，判断此"中院"指示的是一个宴会场所，该场所与平安宫丰乐院发挥着相同的举行宾宴仪的功能。在福山敏男看来，"中院"可能为"中门"之误，就是说此"中院"并不是指示中和院，而应当指示的是平城宫朝堂院中大极殿前的某一设施。[4] 丸山茂根据《平城京发掘调查报告Ⅱ》，认为福山的主张可信，"重□中院"当指示朝堂院的一部分。[5] 换言之，《续日本纪》宝龟四年一月七日条所记之"中院"虽与中和院之称谓相同，但并不是指示中和院，中和院当未建造于奈良时代。

《日本后纪》延历二十三年（804）八月十日条中亦有"中院"的记录：

---

① 平安时代，大极殿并入朝堂院，位于朝堂院中的北部。
② 原文中用"阎"字。
③ 皇学馆大学史料编纂所编『続日本紀史料』第十六卷，伊勢：皇学馆大学出版部，2012，第 602 頁。《类聚国史》卷第七十一，"岁时二・七日节会"条亦有载："御重阁中院。"
④ 福山敏男：「大極殿の研究」，『考古学雑誌』1957 年第 42 卷。
⑤ 丸山茂：「平安時代の神嘉殿について—神事伝統の継承からみる常設神殿の一成立過程」，『日本建築学会論文報告集』1983 年第 326 号。

暴雨大风。中院西楼倒。打死牛。[①]

关于其中之"楼",按《古事类苑》居处部三,内里三·楼之条所记:

坛与廊坛连接,封以条石石板,廊屋上有阁,又有小阁四相依四隅阁各东西荣四柱(中略)在中者二层,而三阁中有户二扉。[②]

构成中和院的神嘉殿、殿后屋、东舍、西舍中并无与上述内容相吻合的"楼"的存在,而在空间位置上能与"西楼"相对应的"西舍"的构造与"楼"亦有所不同。由此,"中院西楼"实难以断言是对中和院的记录。但平安宫中和院内的神嘉殿与东舍、西舍的连接模式,同朝堂院的大极殿与白虎楼、翔鸾楼的连接模式相同,皆以回廊相连接,都是"凹"字形的建筑样式。换言之,存在着以"西楼"代指中和院西舍的可能性。[③] 同时,福山敏男根据《西宫记》卷四神今食条中所引之弘仁十四年(823)十二月的右大臣宣旨内容所言之"斋院",进一步推断中和院作为新尝祭与神今食之祭祀空间被建设的时间是在延历年间,即 782～806 年。[④] 由此,按福山敏男、丸山茂、铃木亘所考,中和院的营造工程,是平安宫建设工程的一部分。

又,在《内里式》中卷,十一月新尝会式条中有记:

其日迟明,皇帝回自神嘉殿,祭御殿。(中略)既而车驾幸丰乐院,诸卫服中仪服乘舆边前小斋阵,次大斋阵。皇帝御丰乐殿,左右近卫就南庭阵大斋先就阵。次小斋就阵,在大斋北。并着胡床。未御之前预立之。(后略)[⑤]

---

① 今泉定介編『故實叢書　大内裡圖考證』,東京:東京築地活版製造所,1893,第 563 頁。
② 丸山茂:「平安時代の神嘉殿について―神事伝統の継承からみる常設神殿の一成立過程」,『日本建築学会論文報告集』1983 年第 326 号。
③ 鈴木亘:「古代宮殿建築における前殿と朝堂―その 6 長岡宮および平安宮」,『日本建築学会論文報告集』1986 年第 337 号。
④ 福山敏男:「大極殿の研究」,『考古学雑誌』1957 年第 42 巻。
⑤ 神道大系編纂会編『神道大系　朝儀祭祀編一　儀式・内裏式』,東京:神道大系編纂会,1980,第 359 頁。

新尝会是新尝祭举行之后，于朝堂院西的丰乐院所举行的宴礼。此条记录的存在，则是新尝祭已于神嘉殿举行的明证。而《内里式》成书于弘仁十二年，① 因此，中和院的建构时间早于此年。基于此，可断言前述所言之中和院为平安宫营建期构建的一部分之说无误。

此外，关于中和院主殿神嘉殿，《类聚国史》卷第九，天长七年（830）十一月二十一日条新尝祭仪的记录中有载：

> 十一月辛卯。天皇御神嘉殿。以申如在。②

此条记录明确记载了"神嘉殿"的存在。同时，天长七年十二月十一日神今食条中亦有"神嘉殿"的记录。此为最早的同年新尝祭与神今食之祭仪皆于神嘉殿举行的记录。并且，天长八年六月十一日条中，有"中（和）院"记录。新尝祭条及神今食相关记录中皆出现的"神嘉殿"与"中（和）院"，这是新尝祭与神今食在天长年间（824~834年）于中和院举行的明证。

并且，据《日本文德天皇实录》卷第七，齐衡二年（855）十一月丁卯条所记：

> 帝不御神嘉殿。所司奉祭如常仪。③

根据此条记录，可知至迟在855年时，于中和院神嘉殿举行祭礼已成为常态。而《日本三代实录》卷第十四，贞观九年（867）十一月二十日条有载：

> 修新尝（会）祭于神嘉殿。天皇斋居内殿。遣亲王公卿行事。④

① 丸山茂：「平安時代の神嘉殿について―神事伝統の継承からみる常設神殿の一成立過程」，『日本建築学会論文報告集』1983年第326号。
② 今泉定介編『故実叢書　大内裡圖考證』，東京：東京築地活版製造所，1893，第529頁。
③ 黒板勝美、国史大系編修会編『新訂増補　国史大系　第一部7　日本文德天皇実録』，東京：吉川弘文館，1961，第77頁。
④ 黒板勝美編『新訂増補　国史大系　第四卷　日本三代実録』，大阪：大八洲出版株式会社創立事務所，1934，第224頁。

据此可推断，此时期的神嘉殿已成为天皇祭祀仪式的新尝祭与神今食的专用场所，成为宫城内的常设神殿。作为常设神殿的神嘉殿的营造，按史料所记难以断言为平安初期的建设工程，但作为祭祀场所的中和院的建构无疑是与平安宫建设同步开展的。就是说，于宫城中央设立祭仪空间的宫城建设规划，应是平安迁都前便已然存在的。

三 承继中国"宫中立庙"理念的"居中"

神嘉殿是平安宫中仅有的以"神"字命名的宫殿，是一个纯粹的祭祀仪式举行空间。于这个祭典空间中举行的"新尝祭""神今食"等天皇亲祭仪式，在中和院建成之前，是于内里之中举行的。[①] 律令体制下的新尝祭于每年十一月的下卯日（或中卯日）及辰日举行。新尝祭最为重要的仪式部分，是天皇于神嘉殿与"神"共食当年"新稻"所制的新膳、新酒。神今食与新尝祭内容一致，不同之处在于神今食所用的是"旧谷"而非"新稻"。此两仪式的核心祭祀内容与天皇即位时所举行的祭礼——大尝祭的核心内容基本一致。大尝祭是天皇即位礼的一部分，有"大的新尝"之称，由新尝祭发展而来，每位天皇仅在即位之时能够举行一次大尝祭。[②] 在武家社会时期，大尝祭曾被中断，而未举行大尝祭的天皇则被称为"半天皇"。正因为大尝祭所包含的政治属性，举行大尝祭的大尝宫则是在仪式举行之前，于天皇朝政空间的朝堂院中临时建设，仪式结束之后则拆除。而于中和院举行的祭祀仪式，与代表天皇身份的大尝祭紧密关联，是不同于日本宫廷一般祭祀的仪式。这从侧面体现出中和院的祭仪在具备祭祀属性之外，还带有政治属性。由此，有意识地将中和院建设于宫城中心这一"居中"位置所表达的空间含义则需要进一步探讨。

与平安宫内诸殿舍的建筑样式相比，由主殿神嘉殿、东舍、西舍、殿后屋四座建筑构成的中和院的空间构造是特别的。其与平安时代朝廷正殿之大极殿的空间构造相似。这是空间构造所体现出的中和院与天皇朝廷紧密关联的特点。按前引《大内里图考证》中所引之《帝中抄》与《西宫记》所记，中和院是"祭社稷神所"，其祭典无疑与国政有关。值得注意的

---

① 橋本義則：「平安宮の中心—中院と縁の松原をめぐる憶説」，『平安京とその時代』，京都：思文閣出版，2009。

② 皇学館大学神道研究所編『大嘗祭の研究』，伊勢：皇学館大学出版部，1978，第 42 頁。

正是举行与国政紧密关联的祭典空间位于宫城中央这一点。将祭祀空间设立于宫城中枢位置的情况，实是古已有之。

据日本学者吉田欢所考，日本奈良、平安时代的宫城的中枢部受到了中国两汉、魏晋南北朝、隋唐宫城中枢部构造的影响。大极殿的营建，以及内里紫宸殿的"日常"化，皆是明证。[①] 对于位于宫城中心的中和院，吉田欢虽无更多论述，但中和院的设置受到了中国古代文化影响这一点却是"可视"的。

祭典空间的营造是中国古代建设都城的第一要务。《左传·庄公二十八年》有载："凡邑，有宗庙先君之主曰都，无曰邑。"[②] 城市之所以能够成为都城，作为祭祀先君空间的宗庙是必不可少的。又《左传·成公十三年》有载："国之大事，在祀与戎。"[③] 祭祀与军事防御都是国家政务的"大事"。按《墨子·明鬼下》记载："昔者虞夏商周三代之圣王，其始建国营都日，必择国之正坛，置以为宗庙，必择木之修茂者，立以为丛社。"[④] 可知，夏商周三代建国营都之时，首先构建的正是祭典空间。而《礼记·曲礼下》有载"君子将营宫室，宗庙为先，厩库为次，居室为后"，[⑤] 更强调了祭典空间是都城建设中的第一要务。可见在中国夏商周三代宫城营造思想中，以祭典空间为先。换言之，宫城内祭典空间的建构与都城、宫城的营造必然是同时期的，甚至于是优先于国家政治空间的。

据近年来考古发掘的成果可知，中国上古三代宫城内皆可见祭典空间遗迹的存在。例如，属于龙山文化期的山西襄汾陶寺遗址。陶寺遗址经过多年的考古发掘，考古学家基本确认了这是一座"尧都"。在陶寺遗址的宫城内，位于城内南部区域，有 FJT1 大型天文台遗迹，这是祭祀建筑遗迹。[⑥] 此外，同为龙山文化期的江苏连云港藤花落遗址，是尧舜时代的淮夷方国都城遗址，在这一都城的内城中，在Ⅱ号台基的中央位置，有 F26 祭祀与集

①　吉田歓：『日中宮城の比較研究』，東京：吉川弘文館，2002，第 247～253 頁。
②　李学勤主编《十三经注疏七　春秋左传正义》，北京大学出版社，1999，第 291 页。
③　李学勤主编《十三经注疏七　春秋左传正义》，北京大学出版社，1999，第 755 页。
④　孙诒让：《新编诸子集成　墨子间诂》，中华书局，2001，第 235～236 页。
⑤　李学勤主编《十三经注疏六　礼记正义》，北京大学出版社，1999，第 114 页。
⑥　中国社会科学院考古研究所山西队等：《山西襄汾陶寺城址 2002 年发掘报告》，《考古学报》2005 年第 3 期。

会场所遗迹，以及 F48 大型祭祀广场遗迹。① 在河南登封的王城岗遗址中，于西城内同样发现了祭祀建筑遗迹。② 在夏、殷时代的遗址中，河南二里头宫城是最具代表性的宫城遗存之一，二里头宫城中的二号大型廊院建筑，其属性被推断为祭祀建筑。③ 在偃师商城遗址中，位于城中央位置的区域，也是一个作为祭祀空间的"庙堂区"。④ 河南安阳的洹北殷墟商城遗址中，发掘的宫城"宫殿宗庙区"，同样位于宫城中央位置。⑤ 这些考古成果都表明，中国在上古时代开始就已经出现了"宫中立庙"的都城营造理念。不仅如此，在出土文字中，同样有着于宫城中设置祭祀空间的相关记录。出土的西周小盂鼎上，就有着对周代宫城记录的相关铭文，日本学者白川静亦对其进行了解读：

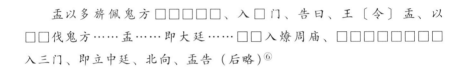

这是"盂"（人名）征伐鬼方凯旋之后，向周天子报告的情形。铭文所记载的正是于宫城所举行的"献捷"之礼。在周代，此为"国家大典"。⑦ 而铭文中所记之"周庙"，按我国古文字学家、考古学家陈梦家先生的判断，当为周之大庙，其与天子路寝皆在宫城之内。⑧ 由此可知，周代宫城之中，同样有着祭祀空间。

而《吕氏春秋·慎势篇》有载："古之王者，择天下之中而立国，择国

---

① 南京博物院等：《江苏连云港藤花落遗址考古发掘纪要》，《东南文化》2001 年第 1 期。周润垦等：《2003～2004 年连云港藤花落遗址考古发掘收获》，《东南文化》2005 年第 3 期。

② 北京大学考古文博学院、河南省文物考古研究所：《河南登封市王城岗遗址 2002、2004 年发掘简报》，《考古》2006 年第 9 期。

③ 刘叙杰主编《中国古代建筑史》第一卷，中国建筑工业出版社，2003，第 134 页。

④ 中国社会科学院考古研究所河南二队：《1984 年春偃师尸乡沟商城宫殿遗址发掘简报》，《考古》1985 年第 4 期；中国社会科学院考古研究所河南第二工作队：《河南偃师商城宫城第五号宫殿建筑基址》，《考古》2017 年第 10 期。

⑤ 中国社会科学院考古研究所河南第二工作队：《河南偃师商城小城发掘简报》，《考古》1999 年第 2 期。

⑥ 『白川静著作集別卷 金文通釈 1 下』，東京：平凡社，2004，第 690～699 页。

⑦ 『白川静著作集第五卷 金文と経典』，東京：平凡社，2000，第 106 页。

⑧ 陈梦家：《西周铜器断代》，中华书局，2004，第 109 页。周之大庙，为周代祭仪空间；周代路寝，是朝政举行的场所之一。

之中而立宫，择宫之中而立庙。"① 宫城之中设置祭祀空间，为"古之王者"的新都营建制度。从宫城空间布局来看，将中和院设置于平安宫的中央，则可言是日本平安朝采用了"择中"建立祭仪空间的宫城布局，亦可言这是平安朝追求古礼的体现。

四　中和院展现的两重"中"与"极"

如前所述，中国上古三代的宫城核心皆为祭祀仪式举行空间。而日本的平安宫将中和院立于宫城中央，则同样是将祭典空间放置于宫城核心区域。在中和院的周边，是天皇的政务空间、生活空间。如将视线聚焦于平安宫的中轴线，会发现日本的祭典空间与政务空间位于中轴线上，而生活空间已然偏离中轴线，这正是日本通过空间设计对国家祭典的强调。

不仅如此，中和院位于宫城中心位置，其背后还有着更深一层的空间含义。也就是说，在平安宫营建之时，需要将一个祭典空间设立于宫城中央，独立于天皇的政务、生活空间之外，即独立于"朝""寝"空间之外。受奈良时代影响，天皇与太上天皇之间需要一个能够"凌驾"于二者之上的存在来实现"中和"。朝堂内外显然并没有这种存在，而作为古代日本共识的"皇祖灵"则可实现势力的均衡。故而，作为被祭祀对象的"皇祖灵"则成为宫城中央空间的"主体"。这一"主体"的空间，不仅位于宫城中轴线上，更处于宫城"居中"位置。这是日本将"居中"区域赋予祭祀属性的原因。

在强调"唐风"的奈良时代，平城京已完全呈现出成熟的律令制都城的格局。平城宫宫城已然形成了"建中立极"的空间规划。"建中立极"是指建立起都城与宫城的中轴线，于都城中轴线北端设立宫城，构建大极殿为朝廷正殿。其中作为朝政空间的大极殿是"极"的具体体现。而大极殿之名，源自中国的太极殿。太极殿作为宫城主殿，最早出现于魏晋南北朝时期的洛阳城中，直至唐太极宫仍然沿用。平城宫中央区的大极殿和朝堂院正是唐宫城的直接写照。②

① 张双棣等译注《吕氏春秋译注》，吉林文史出版社，1987，第580页。
② 苌岚：《7—14世纪中日文化交流的考古学研究》，中国社会科学出版社，2001，第194页。

到了平安时代，平安宫空间设计的变化与其时代有关。在平安时代派遣的遣唐使仅有两批，804 年藤原葛野麻吕和 838 年最后的遣唐使藤原常嗣。① 虽然，平安宫对大极殿的建设，对主殿前类阙的附属建筑的设置，对龙尾道的构建，皆是对唐长安城宫城元素延续的体现，② 但是，中和院的出现，是对前代平城宫已然出现的"建中立极"元素的进一步诠释。

中和院的出现，使平安京出现了两重"极"与"中"。首先，宫城建于都城中轴北端以对应"北极"，宫内中轴线上设立朝廷正殿大极殿以强调"立极"，此为两重之"极"；其次，都城与宫城皆有中轴，又于宫城中央建立"中（和）院"，此为两重之"中"。这两重"极"与"中"的同时出现，是唐都城中所没有的。可以说，因中和院而呈现出的两重"极"与"中"，是日本平安时代对"建中立极"这一唐代以前就已存在的中国都城营造思想的进一步诠释。

在中和院举行的国家祭典，皆为神道仪式，中和院的"居中"同样体现着平安时代的日本对本土祭仪的强调，这与奈良时代的"兴佛"特点有所区别。不仅如此，平安时代的"建中"，不只包括建立中轴线，还包括在建立中轴线的基础之上，于宫城中央设立祭仪空间以强调"祭礼"的含义。这是日本平安京的祭政文化与唐代宫廷所不同之处。日本通过采用不同的宫廷空间设计，来强调其与唐的不同，强调"国风"。将作为祭仪空间的中和院建设于宫城中央，正是即将于平安建都的日本对异于唐的强调。可见，强调"国风"的倾向，在平安迁都以前就已经出现。然而，这种异唐的"国风"强调，却是通过对中国唐以前都城营造理念的"再现"体现出来的，是通过对汉籍所记之中国古礼的强调体现出来的。这从客观上直接"有形"地反映出了古代日本对古代中国的文化记忆。

可以说，中和院的建立，其实已是日本在"唐风"文化的基础上，向着"国风"文化发展的空间体现，日本强调自身"国风"的意识早在平安迁都以前已然出现。而"宫中立庙"与"建中立极"等宫廷空间营造理念，也因为中和院的存在，将中国古代文化已渗入日本国家核心思想中这一点"可视地"展现了出来。

---

① 苏岚：《7—14 世纪中日文化交流的考古学研究》，中国社会科学出版社，2001，第 198 页。
② 聂宁：《文化记忆视域下日本朝觐仪空间中的长安元素》，《文化学刊》2021 年第 2 期。

结　语

空间不同于时间，也不同于意识形态，是一个"可视"的存在。作为人类活动场所的空间，空间的布局与设计，反映着人的思想，是人的抽象认知的具象表达。在古代，都城、宫廷作为国家的核心空间，其中的空间设置并非随性而为，而是在时代的大历史背景下，被有意识地构建的。宫廷中的"居中"位置，更是空间设置中的重点。

在日本平安宫营建之时，于宫城中央建设了作为天皇亲祭场所的中和院。中和院的建成，使新尝祭与神今食等国家祭典不再于内里举行，内里的"生活"功能更为突出，天皇日常活动空间与祭祀空间区划分别开来。而平安宫主殿大极殿、朝政空间朝堂院，以及祭祀空间中和院，都建设在了平安宫的中轴线上。由此，天皇祭政核心空间建于中轴，天皇的祭政活动皆于中轴线上举行的规划完全形成。平安时代之"建中立极"，在前代的基础上，赋予了"中"更深层次的祭祀含义。

在日本自奈良时代出现的"建中立极"，是中华文明对古代日本影响的直接体现。平城京延续此空间设计思想，构建了日本的"唐风"宫城。到了平安京，宫城中央设置"中和"之院，不仅是对"建中立极"这一空间设计思想的延续，而且是在融入"日本特色"之后所进行的对中华文明中的"宫中立庙"及"建中立极"古代都城营造思想的进一步诠释。这种诠释，是古代日本在开始强调自身"国风"文化的平安时代对中华文明核心思想的受容与重构的体现，亦是中华文化对日本文化深刻影响的实证。

The "Centered" Design of the Heian Palace Chukain in Japan Which Different from the Tang Capital

Abstract：Heian-kyo, the capital of the millennium in Japan, was built in imitation of the capital of the Tang Dynasty. In the center of the Heian Palace, Japan built the Chukain, which is different from the Tang Capital and is only used for holding national ceremonies. This article focuses on the "centered" design of the sacrificial space in Japan's Heian Palace. On the basis of clarifying the construction of the Chukain and Heian Palace at the same time, by analyzing the construction concept of the Chukain, discuss the concept of ancient Chinese capital construction contained in this "centered" design. It reproduces the capital construction ideas of the "establish a temple in the center of the palace" in ancient China, reconstructs the planning characteristics of the "building neutral poles" in ancient China, and is a "visual" demonstration of Japan's inheritance of Chinese capital culture.

Keywords：Heian Palace；"Centered" design；sacrificial space；Chinese cultural memory

日本社会与经济

信息通信专业技能对日本中高年龄劳动者生产率影响的实证研究[*]

姜茗予[**]

【摘　要】本文运用日本家庭面板调查（JHPS/KHPS）2019年数据，实证分析信息通信专业技能（ICT 技能）对日本中高年龄劳动者生产率的影响。结果表明，运用表格计算软件及其中的宏功能、使用程序语言处理或解析数据，以及用物联网（IoT）、云（Cloud）、人工智能（AI）、机器人流程自动化（RPA）等多项 ICT 技能均能显著提高 50 岁及以上劳动者的生产率。此外，研究还发现技能培训对 50 岁及以上劳动者的绩效评估产生正向影响。在少子化和老龄化加速、劳动力短缺背景下，诸多国家实施老年人就业促进政策以提高老年人就业率，但同时也应该关注如何维持中高年龄劳动者的生产率，从而实现经济持续发展。应注重劳动者 ICT 相关技能的培训，以缓解劳动力老龄化过程中生产率的下降。

【关键词】日本　信息通信专业技能　劳动生产率　小时工资绩效评估

引　言

根据柯布－道格拉斯生产函数，工业发展水平主要是由投入的劳动力、资产，以及综合技术水平等所决定的。关于劳动力项目，除了数量外，其

---

　*　本文系教育部人文社科一般项目"人口老龄化时代日本提高生产效率的经验与启示研究"（项目编号：23YJCGJW003）的成果。

**　姜茗予，复旦大学国际问题研究院日本研究中心助理研究员，主要研究方向为应用微观经济学、日本经济。

质量（主要指劳动力的年龄结构、受教育程度、技能及经验水平等）也是影响生产率的重要因素。在少子化和老龄化加速、劳动力短缺的背景下，诸多国家实施了促进老年人就业政策以提高老年人的就业率。当前的日本劳动力市场中，中高年龄劳动者已成为就业人员的主要组成部分，他们在劳动力供给中发挥着重要的作用。如何提高中高年龄劳动者的劳动力质量，使其维持生产率，并让有限的劳动力产出更多的附加价值，对于实现经济的持续发展而言是重要的课题。此外，从劳动者的角度而言，日本中高年龄劳动者在退休之后再就业时面临着工资低和非正式雇用等就业条件不佳的问题，维持生产率也可以一定程度上改善问题。

　　本文运用日本家庭面板调查（JHPS/KHPS）2019 年数据，实证分析信息通信专业技能（ICT 技能）对日本中高年龄劳动者的生产率的影响。本研究的边际贡献有以下几点。第一，近年来，诸多文献利用个人、企业或产业层面数据，发现中高年龄劳动者对生产率没有负面的影响，[①] 但目前仍缺乏对原因和机制的具体探究。同时，也有文献肯定了劳动者 ICT 技能或技能培训对提高其生产率的积极影响。[②] 然而，目前关于 ICT 技能对中高年龄劳动者群体的影响，仅有部分文献分析了在就业或退休方面的影响，[③]极少探讨在生产率方面的影响。本文试图分析 ICT 技能与相关的技能培训对日本中高年龄劳动者的生产率的影响来弥补这一空白。第二，以往的研究大多仅用 "是否使用计算机"[④] 或一项评分[⑤]代表 ICT 技能，本研究使用多项具体的 ICT 技能指标，包括使用表格计算软件进行简单处理、灵活运用表格计算

① Mahlberg, Bernhard, et al., "Aging, Productivity and Wages in Austria," *Labour Economics* 22, 2013; Börsch-Supan, Axel, and Matthias Weiss, "Productivity and Age: Evidence from Work Teams at the Assembly Line," *The Journal of the Economics of Aging* 7, 2016; Lee, Jong-Wha, Eunbi Song, and Do Won Kwak, "Aging Labor, ICT Capital, and Productivity in Japan and Korea," *Journal of the Japanese and International Economies* 58 (C), 2020.

② Falck, Oliver, Alexandra Heimisch-Roecker, and Simon Wiederhold, "Returns to ICT Skills," *Research Policy* 50 (7), 2021; Almeida, Rita K, and Marta Faria, "The Wage Returns to On-The-Job Training: Evidence from Matched Employer-Employee Data," *IZA Journal of Labor & Development* 3 (1), 2014.

③ Biagi, Federico, Danilo Cavapozzi, and Raffaele Miniaci, "Employment Transitions and Computer Use of Older Workers," *Applied Economics* 45 (6), 2013.

④ Dolton, Peter and Gerry Makepeace, "Computer Use and Earnings in Britain," *The Economic Journal* 114 (494), 2004.

⑤ Lee, Jong-Wha, and Eunbi Song, "Can Older Workers Stay Productive? The Role of ICT Skills and Training," *Journal of Asian Economics* 79, 2022.

软件中的宏功能、使用程序语言处理或解析数据，以及物联网（IoT）、云（Cloud）、人工智能（AI）、机器人流程自动化（RPA）、机器学习和深度学习，全方位地综合评估 ICT 技能的影响。第三，就本课题，本研究选取了具有代表性的研究对象——日本。目前，日本已经成为全球人口老龄化最严重的国家。随着人口老龄化程度加深，劳动力人口的年龄结构也呈现老化。实施怎样的措施可以防止中高年龄劳动者生产率的下降？技能培训是否为有效的方法？日本的经验可以为我们提供启示和借鉴。

本文后面章节的内容如下。第一节阐述日本劳动力老龄化及 ICT 技能与培训等背景，并且按照课题类别回顾文献；第二节介绍本文所使用的实证模型；第三节为数据描述与变量说明；第四节在阐述分析结果的基础上对结果进行解释；在最后的章节，我们进行总结。

一　背景及文献综述

1. 背景

（1）日本的劳动力老龄化

在 20 世纪 80 年代，日本老龄化率尚低于大部分发达国家，但 20 世纪 90 年代后其人口老龄化率的增速加快，日本仅用 24 年即从"老龄化社会"转变为"老龄社会"。① 日本内阁府最新报告显示，2021 年日本老龄化率已高达 28.9%，② 目前日本已经成为世界上老龄化最严重的国家。少子老龄化衍生出的主要社会问题之一即劳动力人口的短缺。在 1995 年至 2019 年的 24 年间，日本的生产年龄人口（15～64 岁人口）从约 8700 万人减少到约 7500 万人，并且预计未来至 2065 年将减少至约 4500 万人。③ 为解决劳动力人口短缺的问题，近年来日本实施了诸多老年人就业促进政策，其中主要包括 2006 年和 2013 年雇用安定法改革等。在政策的推动下，日本老年人的就业率持续稳步增加。自 2000 年至 2022 年的 20 多年间，受政策影响的主要群

---

① 老龄化社会指 65 岁及以上人口占总人口比重高于 7%，老龄社会指 65 岁及以上人口占总人口比重高于 14%。

② 内阁府：「令和 4 年版高龄社会白书を公表しました」，https://www8.cao.go.jp/kourei/whitepaper/index-w.html。

③ 总务省：「国势调查」，https://www.e-stat.go.jp/stat-search/files? page = 1&toukei = 00200521&tstat = 000001136464；国立社会保障·人口问题研究所：「日本の将来推计人口（平成 29 年推计）」，https://www.ipss.go.jp。

体 60～64 岁老年人的就业率由 51.0% 提高至 71.5%，提高了超过 20 个百分点。在此期间，65～69 岁老年人的就业率也由 36.2% 提高至 46.6%，提高了超过 10 个百分点。此外，50～54 岁群体的就业率由 79.5% 提高至 85.6%，55～59 岁群体的就业率由 73.0% 提高至 82.2%，分别提高了约 6 个、9 个百分点。可以说，劳动力的老龄化已经成为日本劳动力市场的显著特征之一。在人口老龄化的背景下，当前的日本劳动力市场中，中高年龄劳动者已成为主要的组成部分，他们在劳动力供给中发挥着重要的作用。最新数据显示，2022 年，50 岁以上群体就业人数约占总就业人数的 27.0%，同时，50 岁以上劳动人口占总劳动人口的 26.6%。①

（2）日本 ICT 技能水平与参与职业培训的比率

整体而言，日本人的 ICT 技能在经济合作与发展组织（OECD）成员国中处于中等以上水平。中高年龄人群的水平仅略低于其他国家的平均水平。根据由 OECD 实施的国际成人能力评估调查（Programme for the International Assessment of Adult Competencies，PIAAC）② 数据显示，利用信息技术解决问题的能力（problem solving in technology-rich environments）处于中等及高等水平③的日本人比例为 35%，略超过 OECD 国家的平均水平 34%，在调查对象的 24 个国家中排名第 10 位。15～60 岁日本人利用信息技术解决问题的能力的平均分均超过了 OECD 国家平均水平，60～65 岁年龄层群体的平均分仅略低于其他国家的平均水平。但，关于参与职业培训（job training）的比例，同调查数据显示，无论是中年段（30～49 岁）还是中高年龄段（50～65 岁），日本人的参与比例均低于 OECD 国家的平均水平。

2. 文献回顾

（1）劳动力老龄化对生产率的影响

在本小节，我们对本文相关的课题，具体而言，从劳动力老龄化对生产率的影响、ICT 技能的回报率、技术发展与 ICT 技能对中高年龄劳动者就业的影响等三方面进行文献回顾。

---

① 総務省：「労働力調査」，https://www.e-stat.go.jp/statistics/0020053。
② 该调查由 OCED 于 2011 年至 2013 年在 24 个国家和地区实施，调查对象包括年龄处于 15 岁至 64 岁的约 15.7 万人。具体而言，24 个国家为爱尔兰、美国、英国、意大利、爱沙尼亚、澳大利亚、奥地利、荷兰、加拿大、韩国、塞浦路斯＊、瑞典、西班牙、斯洛伐克、捷克、丹麦、德国、挪威、芬兰、法国、比利时、波兰、俄罗斯＊、日本，其中标星国家为非 OECD 国家。
③ 一共包括三个水平，这里的中等及高等水平分别对应调查中的水平 2 和水平 3。

目前已有诸多文献从个人、企业或产业层面分析了老龄化对于生产率的影响。Börsch-Supan 和 Weiss 利用德国大型汽车制造商数据，将工人在生产过程中的错误次数作为生产率的代理指标，发现劳动者的生产率至少在60 岁以前不会下降。[1] 另外，也有诸多文献在企业层面进行了探讨。部分早期研究表明中高年龄劳动者对公司的生产率产生不利的影响。[2] 但近些年的研究发现，中高年龄劳动者对公司或产业的生产率没有消极影响，甚至有积极影响。[3] 虽然诸多文献均发现近年来各国中高年龄劳动者对生产率没有负面影响，但上述文献很少探讨中高年龄劳动者的生产率没有下降的具体原因，仅有少数文献从人力资源管理措施的角度进行了解释。[4]

（2）ICT 技能的回报率

关于劳动者的 ICT 技能是否能提高其劳动回报率，DiNardo 和 Pischke 的早期代表性研究结果表明，ICT 技能未必可以提高工资，[5] 但近年来，诸多国家的证据都显示，ICT 技能对工资可以产生积极的影响。[6]

DiNardo 和 Pischke 利用美国的数据，表明计算机技能未必能产生工资溢价，计算机用户可能拥有难以观察的其他技能而使其在劳动力市场上得到相应的回报，又或者其高工资本质是由于计算机较早地被引入到高薪职业

① Börsch-Supan, Axel, and Matthias Weiss, "Productivity and Age: Evidence from Work Teams at the Assembly Line," The *Journal of the Economics of Aging* 7, 2016.

② Haltiwanger, John C., Julia I. Lane, and James R. Spletzer, "Productivity Differences across Employers: The Roles of Employer Size, Age, and Human Capital," *American Economic Review* 89 (2), 1999.

③ van Ours, Jan C., and Lenny Stoeldraijer, "Age, Wage and Productivity in Dutch Manufacturing," *De Economist* 159 (2), 2011; Mahlberg, Bernhard, et al., "Aging, Productivity and Wages in Austria," *Labour Economics* 22, 2013; Lee, Jong-Wha, Eunbi Song, and Do Won Kwak, "Aging Labor, ICT Capital, and Productivity in Japan and Korea," *Journal of the Japanese and International Economies* 58 (C), 2020.

④ Göbel, Christian, and Thomas Zwick., "Are Personnel Measures Effective in Increasing Productivity of Old Workers," *Labour Economics* 22, 2013.

⑤ DiNardo, John E., and Jörn-Steffen Pischke, "The Returns to Computer Use Revisited: Have Pencils Changed the Wage Structure Too," *The Quarterly Journal of Economics* 112 (1), 1997.

⑥ Krueger, Alan B., "How Computers Have Changed the Wage Structure: Evidence from Microdata, 1984 – 1989," *The Quarterly Journal of Economics* 108 (1), 1993; Dolton, Peter, and Gerry Makepeace, "Computer Use and Earnings in Britain," *The Economic Journal* 114 (494), 2004; Hanushek, Eric A., et al., "Returns to Skills around the World: Evidence from PIAAC," *European Economic Review* 73, 2015; Falck, Oliver, Alexandra Heimisch-Roecker, and Simon Wiederhold, "Returns to ICT Skills," *Research Policy* 50 (7), 2021.

或相关工作中。[1] 但 Dolton 和 Makepeace 的研究结果否定了 DiNardo 和 Pischke 的观点,该文献利用英国的数据,发现在控制了可能影响工资的职业、行业、技能及能力等各种因素之后,结果依然显示使用计算机会使男性劳动者的工资溢价 13% ~ 14%。[2] Krueger 利用美国数据,发现在工作中使用计算机的工人与不使用的相比,工资高约 10% ~ 15%。[3] Hanushek 等利用包含 23 个国家的国际数据,发现用信息技术解决问题的能力可以使劳动者的工资提高约 14%。[4] Falck 等利用包含了 19 个国家的国际数据,并运用工具变量模型,发现 ICT 技能可以使劳动者的收入提高 24% ~ 30%。[5]

(3) 技术发展与 ICT 技能对中高年龄劳动者就业的影响

已有文献探讨了技术发展或 ICT 技能对中高年龄劳动者就业 (或退休) 产生影响,结果表明其影响可能受到技术发展阶段或劳动者 ICT 技能实际可应用情况的影响。Burlon 和 Vilalta-Bufí 运用英国和美国的数据,在产业层面上分析了技术进步对中高年龄劳动者就业产生的影响,结果显示工业技术进步在最初阶段会对中高年龄劳动者的退休产生正向影响 (侵蚀效果,erosion effect),但其后会产生负向的影响 (工资效果,wage effect)。[6] Yashiro 等利用来自芬兰的数据,发现接触数字技术较多的中高年龄劳动者更有可能离开其工作岗位,而且当他们有资格获得失业福利

---

[1] DiNardo, John E., and Jörn-Steffen Pischke, "The Returns to Computer Use Revisited: Have Pencils Changed the Wage Structure Too," *The Quarterly Journal of Economics* 112 (1), 1997.

[2] Dolton, Peter, and Gerry Makepeace, "Computer Use and Earnings in Britain," *The Economic Journal* 114 (494), 2004.

[3] Krueger, Alan B., "How computers Have Changed the Wage Structure: Evidence from Microdata, 1984–1989," *The Quarterly Journal of Economics* 108 (1), 1993.

[4] Hanushek, Eric A., et al., "Returns to Skills around the World: Evidence from PIAAC," *European Economic Review* 73, 2015.

[5] Falck, Oliver, Alexandra Heimisch-Roecker, and Simon Wiederhold, "Returns to ICT Skills," *Research Policy* 50 (7), 2021. 该论文使用两种工具变量。其中之一为各国电话网络的普及率与年龄组的交互项。基本的思路是网络的普及率会影响劳动者的 ICT 技能,然后会进一步影响工资。但仅使用网络的普及率会产生问题,就是在相对富裕国家,网络普及率高,劳动者的工资和技能水平也很高。也就是说工具变量可能不满足外生性条件。作为解决方案,该研究利用年龄之间的变化,使用网络普及率与年龄的交乘项。原因是在电话网络对 ICT 技能的影响方面,在各年龄组之间存在差异。在仅使用德国数据的分析中,另一个工具变量为距离宽带网络信号发射器是否超过 4200 米。原因是,历史上,在德国从电话网络升级到宽带网络时,由于技术问题,在离信号发射器超过 4200 米的地区无法使用网络。

[6] Burlon, Lorenzo, and Montserrat Vilalta-Bufí, "A New Look at Technical Progress and Early Retirement," *IZA Journal of Labor Policy* 5 (1), 2016.

时，这种影响会进一步被扩大。[1] Biagi 等利用意大利的数据，发现单独的"使用 ICT 的能力"和"实际 ICT 使用经验"没有显著的影响，但其交互项可以降低中高年龄劳动者退休的概率。也就是说，除非中高年龄劳动者在工作中使用其 ICT 技能，否则即便中高年龄劳动者有相应的能力，也不会促进其就业。[2]

如上文所述，目前关于 ICT 技能对中高年龄劳动者影响的研究，大部分仅分析了对就业或退休的影响，极少文献探讨了对生产率的影响。目前仅有 Lee 等利用韩国的数据，发现 ICT 技能对 50~64 岁的高学历或从事技能密集型职业工人的工资有积极影响。[3] 本研究的贡献在于，首次以日本为研究对象，分析了 ICT 技能对中高年龄劳动者生产率的影响。

二　实证模型

根据人力资本理论（human capital theory），劳动者的人力资本决定了其在劳动力市场上的工资或生产率。本研究依照 Mincer 工资方程构建基本模型，如公式（1）所示。其中 Y_i 为个人 i 的工资对数或绩效评估，反映了劳动者的生产率。$ICTskill_i^j$ 代表个体 i 的技能水平 j，是我们主要关注的解释变量。此外，我们在模型的控制变量 X_i 中加入年龄、年龄平方、性别、受教育水平虚拟变量、职业虚拟变量、产业虚拟变量、企业规模虚拟变量、地区虚拟变量等。β_j 可以识别与作为基础比较对象的"低技能水平"相比，具有 j 技能水平对劳动者的工资或绩效评估产生的影响。

$$Y_i = \alpha + \sum_{j=2}^{5} \beta_j ICTskill_i^j + \gamma X_i + \varepsilon_i \qquad (1)$$

为进一步分析 ICT 技能是否提高了中高年龄劳动者的生产率，我们对上述公式进行拓展。如公式（2）所示，我们在公式（1）的基础上加入 ICT 技能与劳动者年龄组虚拟变量之间的交互项。关于年龄的分组，我们采用

① Yashiro, Naomitsu, et al., "Technology, Labour Market Institutions and Early Retirement," *Economic Policy* 37 (112), 2022.

② Biagi, Federico, Danilo Cavapozzi, and Raffaele Miniaci, "Employment Transitions and Computer Use of Older Workers," *Applied Economics* 45 (6), 2013.

③ Lee, Jong-Wha, and Eunbi Song, "Can Older Workers Stay Productive? The Role of ICT Skills and Training," *Journal of Asian Economics* 79, 2022.

与诸多海外先行文献①相同的做法，将劳动者分为 30 岁以下（青年）、30 岁至 49 岁（中年）及 50 岁以上（中高年龄）等三组。采用与先行文献相同的做法便于比较结果。γ_{jk} 可以识别，与作为比较对象的青年劳动者相比，ICT 技能是否能对 50 岁以上劳动者的工资或绩效评估产生相对有利的影响。

$$Y_i = \alpha + \sum_{j=2}^{5} \beta_j \, ICTskill_i^j + \sum_{j=2}^{5} \sum_{k=middle,old} \gamma_{jk}(ICTskill_i^j \times Agegroup_k) + \delta X_i + \varepsilon_i \quad (2)$$

另外，同样根据人力资本理论，劳动者的生产率可以随着培训的增加而得到提高。在上述分析的基础上，本文试图探究技能培训是否可以提高中高年龄劳动者的生产率。与公式（2）相似，我们建立了如（3）所示模型，$Training$ 代表 "是否接受技能培训，以获得新知识和技能（是 = 1，否 = 0）"。γ_k 可以识别，与青年劳动者相比，技能培训是否能对 50 岁以上劳动者的工资或绩效评估产生相对有利的影响。②

$$Y_i = \alpha + \beta_j ICTskillTraining_i + \sum_{k=middle,old} \gamma_k(ICTskillTraining_i \times Agegroup_k) + \delta X_i + \varepsilon_i \quad (3)$$

三 数据描述与变量说明

1. 数据描述

本研究数据来源于 "日本家庭面板调查"（简称 JHPS/KHPS）2019 年调查数据。JHPS/KHPS 是由日本庆应大学面板数据中心（Keio University Panel Data Research Center）实施的一项追踪个体的数据，旨在为社会科学研究和政策决策提供面板数据的支持。庆应家庭面板调查（Keio Household Panel Survey，简称 KHPS）是自 2004 年开始实施的，而日本家庭面板数据（Japan Household Panel Survey，简称 JHPS）是自 2009 年开始实施。2014

---

① Lee, Jong-Wha, Eunbi Song, and Do Won Kwak, "Aging Labor, ICT Capital, and Productivity in Japan and Korea," *Journal of the Japanese and International Economies* 58（C）, 2020; Lee, Jong-Wha, and Eunbi Song, "Can Older Workers Stay Productive? The Role of ICT Skills and Training," *Journal of Asian Economics* 79, 2022; Mahlberg, Bernhard, et al. , "Aging, Productivity and Wages in Austria," *Labour Economics* 22, 2013; Peng, Fei, Sajid Anwar, and Lili Kang, "New Technology and Old Institutions: An Empirical Analysis of the Skill-Biased Demand for Older Workers in Europe," *Economic Modelling* 64, 2017.

② 技能培训的效果分析中，可能存在一定的自选择问题，即是否参加技能培训并不是随机分配的。本研究不只关注技能培训的影响，所以此处未使用拓展模型，期待今后的研究可以进一步完善。

年，两项调查被合并并更名为日本家庭面板数据（JHPS/KHPS）①。JHPS/KHPS 数据对于本课题而言是理想的数据库，2019 年该调查中新增了丰富的劳动者的 ICT 技能的调查项目。此外，关于被解释变量，除了以往常用的代表生产率的工资外，调查中还新增了绩效评估项目。2019 年 JHPS/KHPS 样本覆盖日本全国 47 个都道府县，总样本量包括约 6100 名成人。为保证研究的可行性，我们删除数据缺失样本，最终从调查问卷中得到 3135 个成年样本。

2. 被解释变量

劳动者的小时工资及绩效评估是可以代表劳动者生产率的两项指标。依照新古典微观经济学理论，在竞争性劳动力市场中劳动者的薪酬反映了其边际产品，在实证经济学分析中劳动者的小时工资也是代表生产率的常用指标之一。但在其他理论背景下，劳动者的小时工资并不能完全反映其生产率，两者之间可能存在一定程度的脱节。在人事管理经济学（personnel economics）中，Lazear 的"延期报酬模型"（delayed payment contracts）指出，在雇员的职业生涯的早期，其工资低于边际产品价值（value of the marginal product，VMP），但在职业生涯的后期，工资却高于其边际产品价值，从而使劳资双方可以达成长期稳定的合同。② 此外，有先行实证研究使用管理者或劳动者自身的主观绩效评估作为生产率的衡量标准。③ 本文遵循先行文献的做法，同时选取了工资及主观绩效评估等两项具有代表性的指标，以全面综合地评估劳动者 ICT 技能对生产率的影响。具体而言，劳动者的工资数据为小时工资 [计算方法为年收入/（每周工作时间×4×12）] 的对数。另外，由于无法精准计算劳动者的年工作小时，所以一般情况下计算得到的小时工资中都会存在偏大或偏小的值。为了减少误差，我们对样本进行了 1% 的截尾处理。关于工作绩效评估，调查问卷中设置问题"在同样的

---

① KHPS 的调查对象为 20 岁至 69 岁的男女，JHPS 的调查对象为 20 岁以上的男女。虽然在抽样的总体选取中存在重叠，但从最终调查样本来看，KHPS 和 JHPS 不存在重复。

② Lazear, Edward P., "Why Is There Mandatory Retirement," *Journal of Political Economy* 87 (6), 1979.

③ Medoff, James L, and Katharine G. Abraham, "Experience, Performance, and Earnings," *The Quarterly Journal of Economics* 95 (4), 1980; Frederiksen, Anders, Lange Fabian, and Ben Kriechelc, "Subjective Performance Evaluations and Employee Careers," *Journal of Economic Behavior & Organization* 134, 2017; Morikawa, Masayuki, "Work-from-Home Productivity during the COVID – 19 Pandemic: Evidence from Japan," *Economic inquiry* 60 (2), 2022; Morikawa, Masayuki, "Productivity Dynamics of Remote Work during the COVID – 19 Pandemic," *Industrial Relations: A Journal of Economy and Society* 62 (3), 2023.

0～10 分的范围内，你如何评价你在过去四周（28 天）的工作日中的总体表现?"并设有相应的 10 档范围的答案选项。本文根据该问题的定义，使用 0～10 的数字来代表从"最差工作绩效"到"最佳工作绩效"。

3. 主要解释变量

劳动者的 ICT 技能是本研究的主要解释变量。调查问卷中共包括 9 项指标。其中，实际操作的指标包括"使用表格计算软件进行简单处理"（以下简称"简单处理"）、"灵活运用表格计算软件中的宏功能（工作的记录和反复）"（以下简称"使用宏功能"）、"使用程序语言处理和解析数据"（以下简称"处理和解析数据"）3 项指标。问卷中设置的相应问题为"您在多大程度上可以进行相关操作"，回答选项为从"可以无障碍地使用"到"不了解"5 档。另外，关于信息技术知识的掌握程度包括"物联网（IoT）技能""云（Cloud）技能""人工智能（AI）技能""机器人流程自动化（RPA）技能""机器学习""深度学习"6 项指标。卷中设置的相应问题为"您对以下信息技术掌握多少"，回答选项为从"有实际运用的经验并非常了解"到"基本没听说过"5 档。本研究根据知识运用或掌握的熟练程度对相应技能水平进行统一定义，将技能水平分为 5 档，分别为"技能水平低""技能水平较低""技能水平中""技能水平较高""技能水平高"。

此外，关于技能培训，KHPS2019 中共设置了两项指标。其中一项指标为，是否正在学习新技术相关的知识或技能。答案包括正在接受公司或团体的培训、正在自学、正在通过新闻获得知识、没有学习等。但由于技能培训效果可能存在一定的滞后性，目前的技能培训不一定能立即对劳动者的生产率产生影响，因此，我们同时还使用了另一项指标，该指标为一年内是否自主地为提升工作相关的技能或能力而学习（包括去技能培训学校、听讲座或自学等）。

4. 其他控制变量

关于是否在控制变量中加入"工作年数"，先行文献的做法并不一致。例如，Falck 在模型中仅加入了年龄，[①] 而 Lee 等则在模型中同时加入了"年龄"和"工作年数（由年龄与上学年限相减得到的数值）"，以获得纯年龄

[①] Falck, Oliver, Alexandra Heimisch-Roecker, and Simon Wiederhold, "Returns to ICT skills," *Research Policy* 50（7）, 2021.

效应（pure age effect）。① 本研究采用前者的做法，原因如下。

关于老龄化对生产率产生影响的理论假说主要有两点。一方面，假说涉及衰老和生产率之间的关系。根据医学研究，劳动者的能力会随着年龄的增长而退化。② 但另一方面，人力资本理论则认为，劳动者可以通过培训和教育来提高或积累技能。③ 随着劳动者年龄的增长，他们积累的技能会导致生产率的提高。因此，我们可以将年龄看作代表劳动者积累的经验和身体健康因素的一个变量。由于本研究不是想剥离劳动者经验的影响而单纯分析 ICT 技能能否弥补中高年龄劳动者身体衰老而带来的问题，因此，我们采用和 Falck 等相同的做法，④ 在控制变量中不加入"工作年数"，而分析综合的影响。

5. 统计性描述

表 1 显示了本研究样本的统计性描述（平均值和标准差）。总体而言，劳动者的平均年薪为 353.0 万日元，每周工作时间为 36.2 小时，每小时工资的对数为 7.4，平均绩效评估为 6.1。另外，当前接受 ICT 技能或自学的劳动者的比例为 33.1%，一年内接受过技能培训或自学比例为 25.1%。⑤ 关于解释变量，"简单处理""使用宏功能""处理和解析数据"的平均值分别为 3.3、2.7、2.2。相对容易的 ICT 技能的平均值较高，相对困难的技能则较低。在掌握 ICT 信息的技能中，Cloud 技能和 AI 技能的平均值较高，而其他的则较低。此外，雇员的平均年龄约为 48 岁。年龄小于 30 岁、处于 30 至 49 岁、大于 50 岁的劳动者分别占比 10.4%、43.3%、46.2%。日本中小企业中的中高年龄员工的比例高于大公司，在分析的样本中，有 71% 是雇员少于 500

① Lee, Jong-Wha, and Eunbi Song, "Can Older Workers Stay Productive? The Role of ICT Skills and Training," *Journal of Asian Economics* 79, 2022.

② Shock, Nathan W, "The Physiology of Aging," *Scientific American* 206 (1), 1962; Welford, A. T., "Performance, Biological Mechanisms and Age: A Theoretical Sketch," Welford, A. T., and James E. Birren, eds., *Behavior, Aging, and the Nervous System.* Springfield, IL: Charles C. Thomas Press, 1965.

③ Ben-Porath, Yoram, "The Production of Human Capital and the Life Cycle of Earnings," *Journal of Political Economy* 75 (4, Part 1), 1967; Mincer, Jacob, *Schooling, Experience, and Earnings*, New York: Columbia University Press, 1974; Becker, Gary S., *Human Capital: A Theoretical and Empirical Analysis, with Special Reference to Education*, 2nd edition, NBER, 1975.

④ Falck, Oliver, Alexandra Heimisch-Roecker, and Simon Wiederhold, "Returns to ICT Skills," *Research Policy* 50 (7), 2021.

⑤ 如上文所述，技能培训的两项指标不只是时间长短的区别。ICT 技能培训中的定义更加广泛，包括通过看新闻努力获得相关知识等。因此，当前 ICT 技能培训的指标比一年内技能培训指标的概率更高。

人的中小企业的雇员，样本的年龄构成与日本的实际情况基本一致。

表 1   统计性描述

	平均值	标准差		平均值	标准差
被解释变量			职业		
年薪（万日元）	353.0	303.0	农林渔业	0.0172	0.130
每周工作时间（小时）	36.19	17.07	销售	0.155	0.362
每小时工资（日元）对数	7.425	0.813	服务	0.175	0.380
绩效评估	6.061	1.770	管理者	0.0431	0.203
当前技能培训	0.331	0.471	事务性工作	0.172	0.378
1 年内技能培训	0.251	0.434	运输、通信	0.0383	0.192
主要解释变量			制造、建筑、维护、搬运等	0.184	0.388
简单处理	3.271	1.380	处理信息技术人员	0.0239	0.153
使用宏功能	2.699	1.217	专业、技术性工作	0.182	0.386
处理和解析数据	2.234	1.023	保安	0.00766	0.0872
IoT 技能	1.746	0.976	其他	0.00159	0.0399
Cloud 技能	2.270	1.160	产业		
AI 技能	2.448	0.885	农业	0.0159	0.125
RPA 技能	1.433	0.794	渔业、林业、水产业	0.00191	0.0437
机器学习	1.525	0.844	建筑业	0.0781	0.268
深度学习	1.445	0.760	制造业	0.161	0.368
控制变量			批发、零售业	0.172	0.378
男性	0.536	0.499	餐饮业、住宿业	0.0542	0.227
年龄	47.97	13.78	金融、保险业	0.0383	0.192
30 岁以下	0.104	0.306	房地产业	0.0153	0.123
30 岁至 49 岁	0.433	0.496	运输业	0.0530	0.224
50 岁以上	0.462	0.499	信息服务和调查业	0.0201	0.140
学历			其他通信信息业	0.0198	0.139
中学	0.0287	0.167	电、煤气、水、供热业	0.00478	0.0690
高中	0.384	0.486	医疗、福祉	0.156	0.363
短期大学、专门学校	0.159	0.366	教育、学习支援业	0.0504	0.219
大学	0.307	0.461	其他服务业	0.147	0.355
大学院	0.0316	0.175	公务	0.0102	0.101
其他	0.0896	0.286	其他	0.000638	0.0253
企业规模			样本量	3135	
大企业（500 人以上）	0.287	0.452			

资料来源：笔者自制。

图 1 显示了劳动者各项 ICT 技能的分布。分别有 22%、7%、2% 左右的人可以无障碍地 "简单处理" "使用宏功能" "处理和解析数据"。另外，在 ICT 信息掌握程度中，有实际运用的经验并非常了解 "Cloud" 的人数相对较多，占比 8% 左右。整体而言，如正态分布的拟合曲线所示，"简单处理" "使用宏功能" "处理和解析数据" "Cloud 技能" "AI 技能" 等相对简单的技能的峰值更靠近中间，而其他难度较大的技能峰值则更靠近左边。

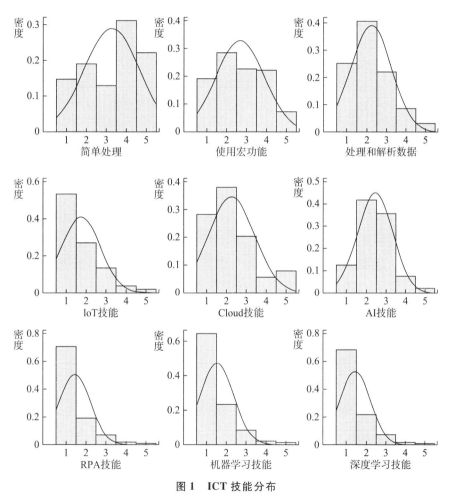

图 1　ICT 技能分布

　　注：设置矩形的宽度为 1，密度/矩形宽度为频率。1~5 分别为 "技能水平低" "技能水平较低" "技能水平中" "技能水平较高" "技能水平高"。

　　资料来源：笔者自制。

四 分析结果

1. ICT 技能对生产率的影响

表 2 显示了基于公式（2）的回归结果，即劳动者的各项 ICT 技能对其生产率的影响。表格的上半、下半部分分别为被解释变量为每小时工资对数和绩效评估的结果。在工资对数方程的回归结果中，我们可以发现多项技能（中等以上水平），如简单处理、使用宏功能、处理和解析数据、IoT 技能、AI 技能、RPA 技能、机器学习技能、深度学习技能等对劳动者的工资产生积极影响，可以使劳动者的工资增加约 10 个百分点。此外，在有关多项技能（包括使用宏功能、IoT 技能、机器学习技能）的结果中，我们都可以观察到随着技能水平的增加，其回归系数也有所增加，ICT 技能对生产率影响的程度提高。在绩效评估方程的回归结果中，同样，我们可以观察到几乎所有的 ICT 技能均对劳动者生产效率具有正向影响，并且多项技能的相关结果都显示，随着技能水平提高，其对生产率的影响也有所增加。

一方面，劳动者的工资可以更客观地反映其生产率；另一方面，绩效评估虽然具有一定主观性，但可以更及时地反映生产率的实际情况。我们将两种变量的结果作为互补性的证据，并不对结果的区别进行深入的探讨。基于上述结果，可知在控制了各种可能影响劳动者生产率和工资的变量之后，劳动者的 ICT 技能水平可以影响其生产率。本研究与 Falck 等、Hanushek 等和 Krueger 的结论①一致。另，不同技能水平之间，结果有显著的不连续性，其原因可能是总体样本量不大，而属于其中某个水平技能的样本较少。但是，我们观察到多项中级以上技能水平对生产效率产生正向影响。②

2. ICT 技能对中高年龄劳动者的生产率的影响

表 3 为 ICT 技能对中高年龄劳动者的生产率影响的分析结果。在工资对

---

① Falck, Oliver, Alexandra Heimisch-Roecker, and Simon Wiederhold, "Returns to ICT Skills," *Research Policy* 50（7），2021；Hanushek, Eric A., et al., "Returns to Skills around the World: Evidence from PIAAC," *European Economic Review* 73, 2015；Krueger, Alan B., "How Computers Have Changed the Wage Structure: Evidence from Microdata, 1984－1989," *The Quarterly Journal of Economics* 108（1），1993.

② 如果单纯将技能水平的数值加入回归，存在一个问题，就是我们较难解释其具体代表的经济方面的含义。所以，虽然分析样本量并不大可能会导致各技能水平的虚拟变量回归结果呈现显著的不连续性，但本文优先经济含义的解释而使用虚拟变量的方法。

表 2　ICT 技能对生产率的影响

每小时工资对数

	简单处理	使用宏功能	处理和解析数据	IoT 技能	Cloud 技能	AI 技能	RPA 技能	机器学习技能	深度学习技能
技能水平较低	0.0249 (0.0472)	−0.0155 (0.0392)	0.0119 (0.0331)	0.0619** (0.0309)	0.00471 (0.0336)	−0.0167 (0.0448)	0.0417 (0.0333)	0.0290 (0.0313)	0.0491 (0.0316)
技能水平中	0.00810 (0.0508)	0.0860** (0.0431)	0.0105 (0.0389)	0.0923** (0.0401)	0.0317 (0.0414)	0.00627 (0.0465)	0.105** (0.0495)	0.0888* (0.0474)	0.0769 (0.0513)
技能水平较高	0.0669 (0.0448)	0.0339 (0.0416)	0.138*** (0.0516)	0.103 (0.0649)	0.0462 (0.0653)	−0.0178 (0.0669)	0.181 (0.114)	0.0274 (0.104)	0.215* (0.116)
技能水平高	0.134*** (0.0482)	0.134** (0.0599)	0.0870 (0.0821)	0.163* (0.0870)	0.0627 (0.0543)	0.172* (0.0984)	0.0370 (0.110)	0.231* (0.121)	0.152 (0.187)
样本数	3135	3135	3135	3135	3135	3135	3135	3135	3135
R-squared	0.237	0.237	0.236	0.236	0.234	0.235	0.236	0.236	0.236
地区	Yes	Yes	Yes	Yes	Yes	Yes	Yes	Yes	Yes
职业	Yes	Yes	Yes	Yes	Yes	Yes	Yes	Yes	Yes
企业规模	Yes	Yes	Yes	Yes	Yes	Yes	Yes	Yes	Yes
产业	Yes	Yes	Yes	Yes	Yes	Yes	Yes	Yes	Yes

绩效评估

	简单处理	使用宏功能	处理和解析数据	IoT 技能	Cloud 技能	AI 技能	RPA 技能	机器学习技能	深度学习技能
技能水平较低	0.318*** (0.112)	0.201** (0.0969)	0.153* (0.0840)	0.0689 (0.0756)	0.110 (0.0816)	0.284*** (0.107)	0.144* (0.0799)	0.0707 (0.0751)	0.0832 (0.0756)

续表

	绩效评估								
	简单处理	使用宏功能	处理和解析数据	IoT 技能	Cloud 技能	AI 技能	RPA 技能	机器学习技能	深度学习技能
技能水平中	0.271**	0.144	0.246***	0.0383	0.234**	0.399***	0.210*	0.0663	0.170
	(0.123)	(0.101)	(0.0916)	(0.0995)	(0.0982)	(0.109)	(0.123)	(0.121)	(0.126)
技能水平较高	0.140	0.338***	0.279**	0.318*	0.344**	0.503***	0.274	0.392**	0.344
	(0.105)	(0.103)	(0.123)	(0.172)	(0.139)	(0.155)	(0.220)	(0.199)	(0.239)
技能水平高	0.573***	0.481***	0.470**	0.565**	0.519***	0.578**	0.645**	0.384	0.377
	(0.117)	(0.148)	(0.228)	(0.221)	(0.141)	(0.234)	(0.287)	(0.263)	(0.277)
样本数	3135	3135	3135	3135	3135	3135	3135	3135	3135
R-squared	0.035	0.030	0.028	0.027	0.030	0.030	0.028	0.026	0.026
地区	Yes	Yes	Yes	Yes	Yes	Yes	Yes	Yes	Yes
职业	Yes	Yes	Yes	Yes	Yes	Yes	Yes	Yes	Yes
企业规模	Yes	Yes	Yes	Yes	Yes	Yes	Yes	Yes	Yes
产业	Yes	Yes	Yes	Yes	Yes	Yes	Yes	Yes	Yes

注：模型还控制了性别、年龄、年龄的平方、职业、企业规模、产业和地区。括号内为稳健标准误。*** 为 $p < 0.01$，** 为 $p < 0.05$，* 为 $p < 0.1$。
资料来源：笔者自制。

表 3　ICT 技能对劳动者生产率的影响

每小时工资对数

	简单处理	使用宏功能	处理和解析数据	IoT 技能	Cloud 技能	AI 技能	RPA 技能	机器学习技能	深度学习技能
50 岁及以上 × 技能水平较低	0.00664 (0.142)	0.0903 (0.115)	0.212** (0.0952)	0.329*** (0.0994)	0.204** (0.0953)	0.141 (0.109)	0.269** (0.113)	0.138 (0.104)	0.116 (0.103)
50 岁及以上 × 技能水平中	0.235 (0.161)	0.117 (0.128)	0.231** (0.116)	0.194 (0.121)	0.352*** (0.126)	0.293*** (0.107)	0.146 (0.177)	0.0861 (0.144)	0.193 (0.148)
50 岁及以上 × 技能水平较高	0.246** (0.105)	0.194* (0.0996)	0.310** (0.155)	-0.00538 (0.301)	0.150 (0.303)	0.237 (0.172)	0.337 (0.395)	0.572 (0.364)	0.316 (0.407)
50 岁及以上 × 技能水平高	0.195 (0.130)	0.538*** (0.195)	0.294 (0.269)	0.265 (0.249)	0.216 (0.159)	-0.0619 (0.305)	-0.200 (0.437)	-0.173 (0.282)	-0.162 (0.520)
样本数	3135	3135	3135	3135	3135	3135	3135	3135	3135
R-squared	0.239	0.240	0.239	0.239	0.237	0.238	0.238	0.237	0.237
地区	Yes	Yes	Yes	Yes	Yes	Yes	Yes	Yes	Yes
职业	Yes	Yes	Yes	Yes	Yes	Yes	Yes	Yes	Yes
企业规模	Yes	Yes	Yes	Yes	Yes	Yes	Yes	Yes	Yes
产业	Yes	Yes	Yes	Yes	Yes	Yes	Yes	Yes	Yes

绩效评估

	简单处理	使用宏功能	处理和解析数据	IoT 技能	Cloud 技能	AI 技能	RPA 技能	机器学习技能	深度学习技能
50 岁及以上 × 技能水平较低	0.432 (0.342)	0.522* (0.278)	0.101 (0.238)	0.528** (0.231)	0.516** (0.223)	0.461* (0.255)	0.216 (0.229)	0.372 (0.229)	0.405* (0.224)

续表

	绩效评估								
	简单处理	使用宏功能	处理和解析数据	IoT 技能	Cloud 技能	AI 技能	RPA 技能	机器学习技能	深度学习技能
50 岁及以上 × 技能水平中	0.869 **	0.247	0.228	0.0527	0.172	0.510 **	0.139	− 0.0809	− 0.394
	(0.339)	(0.258)	(0.235)	(0.299)	(0.259)	(0.244)	(0.391)	(0.362)	(0.405)
50 岁及以上 × 技能水平较高	0.242	0.108	− 0.118	0.509	0.419	0.675 *	1.070	0.480	0.657
	(0.231)	(0.256)	(0.378)	(0.617)	(0.486)	(0.394)	(0.718)	(0.702)	(0.922)
50 岁及以上 × 技能水平高	0.625 **	0.277	− 0.0433	0.144	0.628	0.549	0.643	− 0.341	− 1.83
	(0.310)	(0.416)	(0.606)	(0.736)	(0.434)	(0.659)	(1.239)	(0.777)	(0.636)
样本数	3135	3135	3135	3135	3135	3135	3135	3135	3135
R-squared	0.040	0.034	0.031	0.029	0.033	0.034	0.029	0.028	0.029
地区	Yes	Yes	Yes	Yes	Yes	Yes	Yes	Yes	Yes
职业	Yes	Yes	Yes	Yes	Yes	Yes	Yes	Yes	Yes
企业规模	Yes	Yes	Yes	Yes	Yes	Yes	Yes	Yes	Yes
产业	Yes	Yes	Yes	Yes	Yes	Yes	Yes	Yes	Yes

注：模型还控制了技能水平、技能水平 30~49 岁的交乘项、性别、年龄、年龄的平方、职业、企业规模、产业和地区。括号内为稳健标准误；*** 为 p < 0.01，** 为 p < 0.05，* 为 p < 0.1。

资料来源：笔者自制。

数方程的回归结果中，简单处理、使用宏功能、处理和解析数据、IoT 技能、Cloud 技能、AI 技能、RPA 技能等多项 ICT 技能均对提高中高年龄劳动者的生产率有显著的正向影响。在绩效评估方程的回归结果中，深度学习对生产率有显著的正向影响。此外，与表 2 的总体回归结果相似，ICT 技能对生产率的正向影响随着技能水平的提高而增强。本研究的分析结果与 Lee 等基于韩国的数据的回归结果①基本相一致。

3. 技能培训对中高年龄劳动者的生产率的影响

表 4 显示了技能培训对中高年龄劳动者的生产率影响的分析结果。在一年内的技能培训的分析结果中，我们发现技能培训对中高年龄劳动者的工资和绩效评估均有积极影响。另，我们没有在当前的技能培训的分析中观察到显著结果，可能是由于培训的效果存在一定的滞后性。

表 4　技能培训对中高年龄劳动者的生产率的影响

	每小时工资对数（1 年内）	绩效评估（1 年内）	每小时工资对数（当前）	绩效评估（当前）
30～49 岁×技能培训	0.122 (0.0791)	0.404** (0.180)	-0.0358 (0.0836)	0.297 (0.185)
50 岁及以上×技能培训	0.183* (0.0942)	0.558*** (0.208)	0.0336 (0.0907)	0.242 (0.202)
技能培训	-0.0669 (0.0760)	-0.294* (0.167)	0.0921 (0.0804)	0.249 (0.174)
样本数	3135	3135	3135	3135
R-squared	0.236	0.028	0.237	0.040
地区	Yes	Yes	Yes	Yes
职业	Yes	Yes	Yes	Yes
企业规模	Yes	Yes	Yes	Yes
产业	Yes	Yes	Yes	Yes

注：模型还控制了技能水平、技能水平与 30～49 岁的交乘项、性别、年龄、年龄的平方、职业、企业规模、产业和地区。括号内为稳健标准误；*** 为 $p < 0.01$，** 为 $p < 0.05$，* 为 $p < 0.1$。
资料来源：笔者自制。

---

① Lee, Jong-Wha, and Eunbi Song, "Can Older Workers Stay Productive? The Role of ICT Skills and Training," *Journal of Asian Economics* 79, 2022.

结论与启示探讨

伴随着劳动力老龄化的加速，如何维持中高年龄劳动者的生产率已经成为重要的课题。本文运用日本家庭面板调查（JHPS/KHPS）2019 年数据，实证分析 ICT 技能对日本 50 岁及以上劳动者的生产率的影响。

结果表明：第一，多项 ICT 技能对提高劳动者的生产率有显著的积极影响；第二，使用表格计算软件进行简单处理、灵活运用表格计算软件中的宏功能、使用程序语言处理和解析数据，以及物联网（IoT）、云（Cloud）、人工智能（AI）、机器人流程自动化（RPA）等多项 ICT 技能均对提高中高年龄劳动者的生产效率有显著的正向影响；第三，研究还发现技能培训对中高年龄劳动者的绩效评估产生积极的影响。

目前，已有诸多文献发现中高年龄劳动者对企业的生产率没有产生负面影响，但缺乏对其原因和机制的探究。关于 ICT 技能对中高年龄劳动者的影响，大多文献仅分析了其对就业或退休的影响，极少探讨其对生产率的影响。目前仅有 Lee 等利用韩国的数据，发现通信技术的掌握对 50~64 岁的高学历或从事技能密集型职业工人的工资有积极影响。[①] 本文使用日本的数据，并使用多种 ICT 技能指标，提供了新的经验证据。

在少子化和老龄化加速、劳动力短缺的背景下，诸多国家实施促进老年人就业政策以提高老年人的就业率，但同时，也应该关注如何维持中高年龄劳动者的生产率，从而实现经济的持续发展。本文基于日本的经验提出建议和启示，即应注重劳动者 ICT 相关技能的培训，以缓解劳动力老龄化过程中生产率的下降。

以下是关于日本 ICT 技能培训相关政策的概述及启示。如研究背景部分所述，日本人的 ICT 技能在经济合作与发展组织（OECD）成员国中处于中等以上水平。这与日本政府重视国民的 ICT 技能教育密不可分。早期，日本中等学校以及高等学校的教育中已经包含编程课程内容。近年来，日本政府制定了新版学习指导要领，该指导要领中大幅增加关于培养学生的信息利用能力的内容，并将利用信息的能力定位为与语言能力同等重要的"学

---

① Lee, Jong-Wha, and Eunbi Song, "Can Older Workers Stay Productive? The Role of ICT Skills and Training," *Journal of Asian Economics* 79, 2022.

习基础资质、能力"。目前在指导要领的指导下，各级学校已经制定并实施了新的教育大纲和课程目标。其中，小学教育中增加对学生的文字输入等基本操作的教育，将编程变为必修内容。中等学校教育中充实技术领域编程相关课程，高等学校教育中新设包括编程在内的共通必修科目。除了新增和充实编程课程内容外，日本政府还积极完善学校的 ICT 硬件及软件设备。文部科学省根据上述新版学习指导要领的实施情况，制定了具体并详细的增加学校 ICT 硬件及软件设备的计划，包括增加学生和老师人均可使用电脑数量，在教室中配置大型显示器或投影仪、高速网络和无线网络等。通过日本政府的一系列政策，我们可以看出其非常注重国民整体的 ICT 技能教育。

最后阐述本文的局限性。Falck 等的结果显示，在使用最小二乘法模型时 ICT 技能的回报率为 12% ~ 24%，而利用国家或地区之间网络的普及率或信号情况作为工具变量分析之后，结果显示 ICT 技能的回报率为 24% ~ 30%。[①] 由于 KHPS/JHPS 调查仅公开了回答者所在的地区而未公开所在的都道府县信息，并且日本网络普及率数据较难获取，本文没有使用工具变量法，这可能会导致本文对 ICT 技能的回报率存在偏小的估计。未来如有基于工具变量法的分析会更加理想。

An Empirical Study of the Impact of Information and Communication Skills on the Productivity of Middle-and Older-Aged Workers in Japan

Abstract：This study empirically examines the impact of information and communication professional skills（ICT skills）on the productivity of middle- and older-aged workers in Japan using the Japan Household Panel Survey（JHPS/KHPS）2019 data. The results show that several ICT skills, such as use of table calculators and its macro functions, use of programming languages to process or parse data, use of Internet of Things（IoT）, Cloud（Cloud）, Artificial Intelligence（AI）, and Robotic Process Automation（RPA）, have a significant positive effect

---

① Falck, Oliver, Alexandra Heimisch-Roecker, and Simon Wiederhold, "Returns to ICT Skills," *Research Policy* 50（7）, 2021.

on the productivity of workers aged over 50. Moreover, the study finds that skills training positively impacts the performance evaluation of workers aged 50 years and older. Many countries have implemented employment promotion policies to increase the employment rate of older persons in the context of accelerated population aging and labor shortage. It is also crucial to maintain the productivity of middle-and older-aged workers to achieve sustainable economic development. The results indicate that providing ICT-related skills training to middle-aged and older workers can help mitigate the decline in productivity.

Keywords: Japan; ICT skills; labor productivity; hourly wage; performance evaluation

书　评

中日关系史研究的新视角

——《日本对中国的认知演变——从甲午战争到九一八事变》读后

周玉顺[*]

周玉顺[*]

【摘　要】《日本对中国的认知演变——从甲午战争到九一八事变》以"中国近代民族国家的构建过程"为切入视角，力行实证主义的研究方法，运用长时段、整体史的理念尝试对甲午战争至九一八事变期间日本政界、军界、财界、大陆浪人、舆论界、知识分子以及普通民众对中国同期发生的重要事件的认知状况进行系统梳理，探究了日本的对华观与对华政策之间的关系，为中日关系史研究提供了新视角。同时，作者使用了新材料，提出了新观点，尝试了新方法，呈现出鲜明的问题意识和强烈的现实关怀。

【关键词】中日关系史　对华认知　甲午战争　九一八事变

长期以来，中华文明领跑世界，日本是中华文明的仰慕者、追随者。但甲午战后，中日两国关系发生变化，日本的对华观也由此发生逆转。观念是行动的先导，观念影响行动，行动强化观念。日本对华观的变化导致其在对华问题上采取侵略行动，以致制造九一八事变、发动十五年战争。从甲午战争到九一八事变，日本的对华观何以发生逆转，由传统的"慕华观"转向近代的"蔑华观"？在中国近代民族国家构建过程的系列重大事件中，日本是如何观察思考并形成对华认知的？包括日本政界、军界、财界、大陆浪人、舆论界、知识分子以及普通民众在内的认知主体，是如何竞合

＊　周玉顺，北京大学马克思主义学院博雅博士后、助理研究员，主要研究方向为中共党史、抗日战争史。

博弈、相互影响的？在日本各界多元复杂的对华观中，蔑视型对华观如何上升为国家意志，导致日本发动了侵略战争？王美平教授近期出版的《日本对中国的认知演变——从甲午战争到九一八事变》① 为我们理解上述问题提供了参考。

一　近代民族国家构建的切入视角

鸦片战争后，从"主权在君"的封建帝制王朝向"主权在民"的近代民族国家转型成为中国近代史发展的一条主线。因此，作者将"中国近代民族国家的构建过程"作为研究日本对华观的切入视角。而"民族主义的觉醒是近代民族国家建设的内部动力"，② 于是作者依据民族主义思想的觉醒程度，将甲午战争到九一八事变中国近代民族国家的构建过程划分为列强瓜分中国时期、清末新政时期、辛亥革命时期、五四运动时期和国民革命时期，围绕近代国家转型过程中遇到的必要性问题、改革抑或革命的道路问题、动力问题和效果问题等重大问题铺陈展开。

甲午战争是中国人有意识地建设近代民族国家的开端。被视为"蕞尔小国"的日本战胜自诩"天朝上国"的中国，使中华民族感受到了亡国灭种的空前危机，甲午战争也成为日本由"慕华观"转向"蔑华观"的分水岭。甲午战争形成的"蔑华观"逐步病变为"东亚盟主论"与"中国亡国观"，进而形成"侵略客体观"，并在后续列强瓜分中国、戊戌变法、义和团运动等重大事件中得到不断强化。通过梳理日本对这些事件的看法，作者认为，日本无视戊戌变法和义和团运动的进步意义而对其进行否定性判断，深化了"中国亡国观"与"侵略客体观"，这构成近代日本不断对华采取侵略政策的思想根源。③

清末新政是中国走向近代民族国家的重要一环。新政以日本为蓝图并在日本的援助下进行，但在日本看来则是实现其"东亚盟主"构想的大好

① 王美平：《日本对中国的认知演变——从甲午战争到九一八事变》，社会科学文献出版社，2021。
② 王美平：《日本对中国的认知演变——从甲午战争到九一八事变》，社会科学文献出版社，2021，绪论，第 12、15 页。
③ 王美平：《日本对中国的认知演变——从甲午战争到九一八事变》，社会科学文献出版社，2021，第 107 页。

契机。新政之初形成的"迁延逶迤"的新政观助推了日本发动日俄战争。日本对东三省的侵逼，是清廷决定派遣五大臣出洋考政的重要外因。日俄战争后，新政以推行宪政体制改革为中心，日本却进一步否定中国通过改革实现救亡图存的前途。作者认为，日本主流只将清末新政视作对华扩张的契机，忽视其进步意义，贬低中国通过改革实现救亡图存与近代化的能力，强化了"中国亡国观"与"中国客体观"，"这种认识成为此后日本扩大'满洲权益'、推行'大陆政策'的思想根源"。①

辛亥革命本质上是建设近代民族国家的民主革命运动。辛亥革命发生后，日本政界存在"援清论"、"分裂论"、"双援论"和"援革论"多种因应。关于清朝覆灭的原因，日本在"中国非国论"的基础上提出了"清朝自灭论"，对辛亥革命性质的认识则存在"封建王朝更替说"和"民族民主革命说"两种主要观点，而"封建王朝更替论"成为日本制定侵华政策的认识基础。日本就中国问题提出"中国分割论"和"中国保全论"两种政策方案，二者虽针锋相对，但"中国保全论"者主要出于利己目的才倡导"保全中国"。通过梳理日本对辛亥革命的诠释与认知，作者指出，日本贬低辛亥革命的进步意义，逆向诠释辛亥革命，宣扬革命会导致中国最终走向分裂与灭亡，这成为此后日本不断扩大对华侵略、蚕食中国领土的认识基础与思想根源。②

五四运动时期是中国民族主义的普遍觉醒的时期。"二十一条"暴露了日本的侵华野心，引发了中国民众的强烈反弹，但日本各界不仅未能批判其侵略性，反而指责第五号的撤回是对华要求的不彻底。之后提出的"日支亲善"为日本对华扩张披上"中日亲善"的外衣。日本民间还出现了"大亚细亚主义"论调，以歧视与侮辱的态度看待中国。五四运动标志着中国民族主义的普遍觉醒。然而，日本存在政界的煽动说、知识分子的否定论、吉野作造的肯定论等不同认识，鼓吹五四运动是政治家的教唆与外国人煽动所致的"煽动说"成为主流认识框架。通过对五四运动时期日本对华认知的梳理考察，作者指出，否定中国民族主义的普遍觉醒"导致日本无视中国以民族主义为动力建设近代民族国家的方向，并进而构成日本继

---

① 王美平：《日本对中国的认知演变——从甲午战争到九一八事变》，社会科学文献出版社，2021，第185页。

② 王美平：《日本对中国的认知演变——从甲午战争到九一八事变》，社会科学文献出版社，2021，第258页。

续推行侵华政策的重要原因"。①

国民革命是中国构建统一国家的重要步骤。北伐前夕,"中国统一无望论"、"中国远期统一论"和"中国非国论"三种认识,影响了日本国民的中国独统观念和对华战略的制定与实施。四一二政变前,日本对国民革命的知行经历了由"轻视—隐忍"到"重视—出兵"再到"敌视—增兵"并"逼蒋反共"的跌宕演进。四一二政变后,对国民革命持"苏联控制说"的田中义一组阁,对华采取强硬政策,三次出兵山东,并制造济南惨案。北伐期间,"满蒙放弃论""满蒙相对论""满蒙领有论"相互竞合,"满蒙领有论"最终成为决策依据。关东军在此基础上制造了皇姑屯事件,敲响了日本军部发动侵华战争的警钟。总之,对于北伐统一中国的历史进程,日本主流派未能给予正面理解,而将之视为"威胁",这是日本制造九一八事变、发动十五年战争的重要因素。②

综上,作者以时间为经、事件为纬,叙述了日本对从甲午战争到九一八事变期间中国发生的重大事件的认知,阐释了蔑视型对华观与侵华政策的双向互动。甲午战后,列强掀起瓜分中国的狂潮,日本的对华认知完成了从"沉睡的雄狮"到"支那已死"的蜕变。在后续发生的自上而下的清末新政、自下而上的辛亥革命、民族觉醒的五四运动和谋求统一的国民革命一系列救亡图存运动中,日本未能形成清醒的对华观,而是否定中国改革路线、逆解中国革命道路、贬低中国转型动力、排斥中国统一趋势,并最终一步步走向战争的道路。总之,近代日本的对华认知及其行动产生了深远影响,"不仅梗阻了中国的近代化进程,还撬动了东亚传统的国际秩序,从而改变了中国的历史命运"。③

二 问题意识与现实关怀

发现问题、分析问题和解决问题是我们认识世界和改造世界的不二法

---

① 王美平:《日本对中国的认知演变——从甲午战争到九一八事变》,社会科学文献出版社,2021,第 328 页。

② 王美平:《日本对中国的认知演变——从甲午战争到九一八事变》,社会科学文献出版社,2021,第 329 ~ 410 页。

③ 王美平:《日本对中国的认知演变——从甲午战争到九一八事变》,社会科学文献出版社,2021,第 411 页。

门，同时也是学术研究的内在理路。鲜明的问题意识是学术研究的基础。"提出一个问题，确切地说来是所有史学研究的开端和终结。没有问题，便没有史学。"① 问题意识不会凭空产生，而是根植于作者对历史和现实问题的敏锐洞察。

抗日战争早已落下帷幕，但对日本何以发动战争的追问从未停止。在深入分析日本侵华的内在逻辑的基础上，作者从思想维度对这一问题给出了自己的答案："蔑视型对华观在日本政界升级、病变为侵略客体型对华观，也是不容忽视的思想动因。"② 同时，从现实维度来看，中日两国民众之间依然存在着严重的感情隔阂和相互仇视情绪，"中国的'反日'与日本的'厌华'成为近年来两国国民感情的显著特征"，这是中日关系发展一波三折的重要原因。解析近代日本的对华认知，有助于缓解政治摩擦，化解历史积怨，构建互信、和谐和理智的中日关系。③ 此外，在学术史梳理中，作者敏锐地发现：与日本相对成熟的对华观研究相比，中国对该课题的研究相对滞后。目前中日学界鲜见对甲午战争至九一八事变期间日本政界、军界、财界、大陆浪人、舆论界、知识分子以及普通民众有关中国在同期发生的政治、经济、社会、思想、文化变迁的认识状况做出综合性研究的专著，也缺乏将同期日本的对华观与日本制造九一八事变、发动十五年战争联系起来进行探讨的著作。④ 基于上述分析，作者的问题意识呼之欲出，即以长时段、整体性理念研究甲午战争到九一八事变期间日本各界的对华认知及其与对华政策之间的关系，从对华观角度揭示日本发动侵华战争的原因。

围绕"甲午战争到九一八事变期间日本各界的对华认知及其与对华政策之间的关系"这一总问题，作者在每一章节中又提出若干小问题。在对不同时期的不同群体对华认知进行实证性解析、展现日本对华认知的基本内容与发展脉络、从思想层面深度解剖日本发动侵华战争的原因的基础上，作者又进一步发问："近代日本为何未能正确把握中国？日本的对华认知主

---

① 转引自鲍绍霖等《西方史学的东方回响》，社会科学文献出版社，2001，第191页。
② 王美平：《日本对中国的认知演变——从甲午战争到九一八事变》，社会科学文献出版社，2021，第45页。
③ 王美平：《日本对中国的认知演变——从甲午战争到九一八事变》，社会科学文献出版社，2021，绪论，第2页。
④ 王美平：《日本对中国的认知演变——从甲午战争到九一八事变》，社会科学文献出版社，2021，绪论，第8~9页。

体及其决策方式如何？不同的对华认知流派是如何演进、博弈的？日本的对华认知存在哪些规律与特点？面对日本的相关‘认知’中国应该反思什么？”① 正是在对上述各个问题进行深入剖析的基础上，作者完成了对开篇提出的整个问题的解答。

除了鲜明的问题意识，该著还有强烈的现实关怀，这一点在绪论部分已有展现，在结论部分更为突出。作者指出：“探究中国近代民族国家构建期日本对华认知的规律，有助于理解当今日本的对华认知，并为制定合理的对日政策提供重要参考。”继而指出日本对华认知的规律：第一，世界文明秩序及国际政治经济体系是制约日本对华观的根本框架；第二，中日实力对比是左右日本对华观的内在决定性因素。中国强大，日本就会对中国产生敬仰、学习、追赶之情；反之，中国弱小，日本就会蔑视、欺侮、侵略中国。② 因此，推动构建世界文明新秩序、不断提升自己的综合国力，是从根本上扭转日本对华观和世界对华观的重要举措。

此外，作者指出，“近代日本对华观的形成与中国自身的不足具有密切的因果关系”，即应从日本的对华观反思中国，以史为鉴：第一，公共环境与国民素养、腐败问题、中央与地方的关系以及民族问题是影响日本对华观的四个重要因素，理应严加注意与警惕；第二，中日之间的相互认识与理解呈现出严重的非对称性，中国应该加强对日研究与考察工作；第三，中国应该正确认识、区别对待日本不同的对华观群体；第四，中国应该正确认识自我、增强忧患意识、追求实际利益，关注国际局势，把握时代脉搏，紧跟时代潮流，善于利用国际环境与日本打交道。③ 凡此种种，皆应引起重视，在内政外交上采取相应举措，以此促进国家不断进步、中日两国关系良性发展。

三 材料、观点、方法的创新之处

史料在历史研究中处于基础地位。关于史料之于史学的重要性，前人

---

① 王美平：《日本对中国的认知演变——从甲午战争到九一八事变》，社会科学文献出版社，2021，第 411 页。

② 王美平：《日本对中国的认知演变——从甲午战争到九一八事变》，社会科学文献出版社，2021，第 422~424 页。

③ 王美平：《日本对中国的认知演变——从甲午战争到九一八事变》，社会科学文献出版社，2021，第 428~431 页。

之述备矣，尤以傅斯年提倡的"史学便是史料学"广为人知。作者在史料挖掘与阐释方面做出了巨大努力，在绪论部分已有自白：首先，《日本外交文书》与亚洲历史资料中心的档案，有助于揭示日本政府的对华认知与行动；其次，各大政党机关报综合反映了党内上、中、下层的意见，结合外交文书、政要传记及其日记，有助于更为全面地揭示日本政界的对华观；再次，近代日本人的游记、意见书及研究著作，有助于理解日本对中国政治、经济与社会、思想、文化风貌的认识和把握日本对华决策的主体与渠道；最后，早稻田大学等机构所藏的近代日本具有重要影响的报纸杂志，有助于分析舆论界的对华观，透视普通民众的对华观。① 上述资料基本涵盖了甲午战争至九一八事变前夕日本政界、军界、财界、大陆浪人、舆论界、知识分子以及普通民众在内的各个认知主体，构成了日本对华观研究的整体链条，为从整体视角探讨日本对华观奠定了扎实的史料基础。

"历史学开始的途径之一是资料。另一途径是历史学家本身：他们的兴趣、观念、环境和经历。"② 从呈现心路历程的后记部分，可以看出该书作者的兴趣、所处环境和亲身经历对该书的完成起到了助推作用。南开大学日本研究院是中国日本研究的重镇，作者先后师从宋志勇、杨栋梁等名师，完成硕士、博士学业。研究生期间，作者参与导师主持的教育部重大攻关项目"近代以来日本的对华认识及其行动选择研究"的子课题"从甲午战争到九一八事变期间日本的对华认识"，并以此为主题完成了学术问题的聚焦，此后十年如一日精耕细作，博采众长。此外，硕士学习期间，赴日本立命馆大学留学一年，强化了日语基本技能，深化了对日本的了解。博士学习期间，公派留学至日本早稻田大学跟随山冈道男教授学习，与依田熹家教授每周定期交流，并在此期间参加东京大学加藤阳子教授的研讨课，学习了东京大学实证主义的治史方法。③ 正是基于中日两国多年的生活学习经历，才能洞察中日关系史。中国近代史和日本近代史极其复杂，探讨日本对中国的认知演变必须对中国近代史和日本近代史的发

---

① 王美平：《日本对中国的认知演变——从甲午战争到九一八事变》，社会科学文献出版社，2021，绪论，第17～18页。
② 〔英〕约翰·H. 阿诺德：《历史之源》，李里峰译，译林出版社，2008，第65页。
③ 王美平：《日本对中国的认知演变——从甲午战争到九一八事变》，社会科学文献出版社，2021，后记，第472～473页。

展主线、重大事件、重要人物和主要思想了然于胸。基于上述种种合力，该书得以成功。

唐代史家刘知幾将才、学、识奉为"史学三才"，尤以史识最见功力。观点最能凸显作者见识。基于对上述问题抽丝剥茧的条分缕析，作者得出结论：日本认识中国的目的在于侵华。这一出发点很大程度上制约了日本认识中国的能力与水平，使之陷入"捕捉表象、建立虚像"的认识怪圈："日本未能正确把握中国近代社会转型的过程、本质及其进步意义，是导致其制造九一八事变、发动十五年战争的认识根源；近代日本对华认知与对华行动之间的恶性循环关系，是日本敢于发动侵华战争的思想鸦片。"① 除了核心观点外，作者对学界相关观点进行了商榷。例如，有学者将清末新政时期称为中日关系的"黄金时代"，作者指出"黄金时代"只是相对而言的，日本出于战略考量援助中国改革，但实质上其对中国的蔑视，尤其是日本国民对中国留学生的污蔑，证明所谓"黄金时代"在本质上并不是真正的友好与和平。在所谓"黄金时代"，日本发动了旨在争夺中国东北与朝鲜的日俄战争，这更证明"黄金时代"只不过是幻梦而已。②

在方法与理论上，作者不拘泥于某一种方法，而是力图多学科交叉融合。一是坚持实证研究法。如前所述，作者立足《日本外交文书》和档案材料，广泛运用政党机关报、日记和游记等相互比对，坚持一份材料说一分话，力行实证主义的研究方法。二是运用比较史学的研究方法。将同一时期的中国和日本进行比较，按照历史发展进程将不同时期的中国和不同时期的日本进行比较，将不同时期的日本和列强进行比较，将同一时期不同群体的对华观进行比较，将各个时期不同群体的对华观进行比较，通过横向和纵向的多维比较，凸显其中异同。三是坚持整体研究与个案考察相结合的方法。整体是由个体组成的，甲午战争至九一八事变的日本对华观是由各个时段的对华观构成的，作者将这一时段划分为五个时期，每个时期聚焦一个主题进行个案考察，在每个时期又对这一时期的若干重大问题进行个案考察。由此，梳理了从微观到中观再到宏观的长时段、整体性、系统性的日本对华观。四是坚持唯物史观，用发展的、联系的观点看问题，

---

① 王美平：《日本对中国的认知演变——从甲午战争到九一八事变》，社会科学文献出版社，2021，第 414～415 页。

② 王美平：《日本对中国的认知演变——从甲午战争到九一八事变》，社会科学文献出版社，2021，第 121、123 页。

在分析日本错误的对华观产生的深层次原因时尤为突出。作者指出，日本往往只是静态观察甲午战后中国发生的重大事件，导致对华认知出现了"短期视之正确而长期察之错误"的悖论。近代日本的对华认知犯下的最大错误，就是将暂时的、变动的、发展的现象固化与放大，从而形成了对华认知的虚像。①

诚然，该著在研究视角、利用材料、论证观点、分析方法上都足资借鉴，对于推动中日关系史研究具有重要借鉴意义。但是，也有需要进一步完善之处。如，作者在学术史回顾提及，杨栋梁教授主编的六卷本《近代以来日本的中国观》以"质疑→蔑视→无视→敌视→正视→竞合"为线索，较为系统地阐释了鸦片战争以来日本对华观的演变轨迹。② 其中第四卷正是作者执笔，论述了日本对华观从"蔑视"到"无视"的演进。这两本著作的区别与联系是什么？作者并未详细交代。此外，该著主题是探讨甲午战争至九一八事变期间日本对华认知与对华政策之间的关系，因此，在每一章结尾升华时，总会提及日本对中国各个时期重大事件的否定性判断强化了"中国亡国观"和"侵略客体观"，这成为日本对华采取侵略政策的思想根源，这样论述固然有其合理性，但读来不免有同质化倾向之感。

总之，该著将日本对中国的认知演变放置于更为广阔的时空场景下进行考察，以"中国近代民族国家的构建过程"为切入视角和参照对象，立足大量原始材料，力行实证主义的研究方法，运用长时段、整体史的理念尝试对甲午战争至九一八事变期间日本政界、军界、财界、大陆浪人、舆论界、知识分子以及普通民众对中国同期发生的产生重大影响和具有深远意义的重要事件的认知状况进行综合系统梳理，从而探究日本的对华观与日本制造九一八事变、发动十五年战争之间的关系。在中日关系史谱系中，《日本对中国的认知演变——从甲午战争到九一八事变》是一部颇具新意的著作。

---

① 王美平：《日本对中国的认知演变——从甲午战争到九一八事变》，社会科学文献出版社，2021，第427页。

② 王美平：《日本对中国的认知演变——从甲午战争到九一八事变》，社会科学文献出版社，2021，绪论，第8页。

A New Perspective of Research on the History of Sino-Japanese Relations
—After Reading *The Evolution of Japanese Cognition of China: From the Sino-Japanese War of 1894 – 1895 to the September 18 Incident*

Abstract: *The Evolution of Japanese Cognition of China: From the Sino-Japanese War of 1894 – 1895 to the September 18 Incident* takes "the construction process of the nation state in modern China" as the starting point , practices the research method of positivism. Using the concept of long-term and holistic history, it attempts to comprehensively and systematically sort out the cognition status of the Japanese politicians, military, financiers, mainland ronin, public opinion, intellectuals and ordinary people on the important events that had great influence and far-reaching significance in China during the period from the Sino-Japanese War to the September 18 Incident, explores the relationship between Japan's view of China and its policy towards China, providing a new perspective for the study of the history of Sino-Japanese relations. At the same time, the author uses new materials, puts forward new views, tries new methods, and presents a clear awareness of problems and a strong realistic concern.

Keywords: history of Sino-Japanese relations; cognition of China; the Sino-Japanese War of 1894 – 1895; the September 18 Incident

史海钩沉与形象嬗变

——评杨洪俊《他者之镜：日本人笔下的清末上海·南京·武汉》

吴光辉　王　婧*

【摘　要】"清末"这一时期是日本自过去的崇拜中国、视中国为"文明母国"到转向蔑视中国、视中国为"东洋专制"的一个重要时期。杨洪俊博士的论著《他者之镜：日本人笔下的清末上海·南京·武汉》聚焦这一时期，"白描式地"呈现了清末中国，尤其是上海、南京、武汉三大都市的景观与人物，也对这一时期的中国、中国人乃至中国的未来进行了整体概述，彰显出日本人将中国视为"他者之镜"的方法论内涵，对于当下的中国形象研究，尤其是世界场域内的中国形象建构具有极为重要的文献价值与启示意义。

【关键词】中国形象　杨洪俊　他者之镜

引　言

"媒介与文化记忆"丛书联合主编、德国伍珀塔尔大学教授阿斯特莉特·埃尔在论述"记忆的模式：如何去记忆"的时候，曾讲述这么一段话："一场战争可以被记忆为一个神话事件（'作为末世的战争'）、政治史的一部分（第一次世界大战是'20世纪的重大原生灾难'）、一种创伤经历（'战壕纵横、炮弹呼啸、万枪齐发的恐惧感'等等）、家庭史的一部分

---

*　吴光辉，厦门大学外文学院教授、博士生导师，浙江工商大学特聘教授，从事跨文化形象学、比较思想史、高等教育学研究；王婧，通讯作者，英国伦敦国王学院硕士，从事比较文学研究。

（'我叔祖参加过的战争'），以及激烈的争端的焦点（'老家伙们、法西斯分子、男人发动的战争'）。神话、宗教记忆、政治史、创伤、家庭记忆和世代记忆，都是提及过去时的不同模式。"① 换言之，在以历史为媒介来构筑过去的记忆之际，我们将遭遇多样化的解构与诠释，也会基于自身的需要针对同一个事物或者事件而形成丰富多彩的话语模式。

在此，若是将幕末以来日本人的中国"游记"视为来自"异域他者"的针对"文明母国"的一种"记忆文学"的话，那么应当也会产生出以"体验与想象"为核心的丰富多彩的解构与截然不同的诠释，同时也会针对日本人眼中的"中国叙事"自然而然地产生出一种文学批评的态度。换言之，日本人笔下的清末应该不只有对清末中国的描写，同时也有对这一时期的日本人，包括日本式的思维模式、行动样态、宗教情感，尤其是日本在面对世界变革之际文明选择的描写。这一点，或许也就是杨洪俊博士《他者之镜：日本人笔下的清末上海·南京·武汉》（江苏人民出版社，2022）一书试图勾勒出来的核心内容。

1. 学迹钩沉与研究经纬

提到清末日本人的中国游记的研究，或许我们可以追溯竹内实、野村浩一、小岛晋治、子安宣邦等一批日本学者的前期研究，进而联想到中国学者冯天瑜、诸葛蔚东、吴光辉、徐静波、孙立春等的系列研究。这一批研究展现了"中国像"②"中国认识""中国印象""中国形象""中国观"③等为数不少的以中国为关键词，且被赋予特殊时代内涵的范畴，同时也为清末日本人的中国游记这一"文学性的主题"添加了光怪陆离、惆怅感奋的想象空间。不过，与日本学者侧重于以中国形象为工具理性来确立近代日本的身份认同，从而将近代中国视为一个"巨大的他者"④不同，中国学者或是探索历史，或是梳理形象内核，或是聚焦中心城市，或是阐明城市

---

① 〔德〕阿斯特莉特·埃尔、安斯加尔·纽宁主编《文化记忆研究指南》，李恭忠、李霞译，南京大学出版社，2021，第 9 页。

② 借助竹内实教授的阐述，较之具备体系化、逻辑性的"中国观"这一范畴，日本人的中国认识更多的是碎片化、无意识的存在。参阅竹内实『日本人にとっての中国像』，東京：春秋社，1996（初版1966），第 276 页。

③ 围绕这样的概念问题，杨洪俊博士亦进行了简要阐述。参阅杨洪俊《他者之镜：日本人笔下的清末上海·南京·武汉》，江苏人民出版社，2022，第 6 页。

④ 〔日〕子安宣邦：《东亚论——日本现代思想批判》，赵京华译，吉林人民出版社，2004，第 78 页。

留痕，仿佛将日本人的中国游记绝对化地视为一种回溯历史事实、把握传统中国的记忆影像。在这一批研究中，杨洪俊博士《他者之镜：日本人笔下的清末上海·南京·武汉》以所谓的"他者之镜"——该理论结合了法国哲学家萨特的"他者"（the Other）与被誉为法国"弗洛伊德"的雅克·拉康的"镜像"（mirror）理论——尝试沟通中日学者之间的文明"差异"，站在一个既宏观广博亦细致微观，既关注历史问题亦牵涉当下思维的视角来把握"日本人笔下的清末"中国。

就整部著作的基本结构与核心内容而言，第一，作为引入，"上篇：史料解题"可谓最大限度地扎根在历史学的立场上，以多样化的文献史料勾勒出幕末日本人上海游记、明治日本人长江中下游游记整体样貌。尤其是对明治时期之后的游记，再度划分为"甲午中日战争前部分""甲午中日战争后部分"，并逐一就日本人的中国考察，亦包括上海东亚同文书院学生调查团的调查报告进行了解题式的介绍。最为关键的，就是针对中国考察的主体、时间、线路、内容等进行了简要介绍，展现出以史料为根本、"论从史出"的研究态度与方法。这样一个概说无疑为读者全盘把握、整体思索近代日本人的中国认识提供了指南，同时也为自身切入主题性的研究提供了不少的参考样本，更为后来的研究者提供了巨大的想象空间。

第二，在作为重点的"中篇：描述与认识"部分，杨洪俊博士基于"合分"结构，以上海、南京、武汉为对象展开了微观性的考察研究，并侧重于城市概观、租界或市井、城市人物，还附加了上海风俗、南京古韵、武汉"华界"这样的特殊对象，也就是关注对中国的"日常性"（Everyday）的研究，从而将日本人考察中国的诸多文本汇聚在一起，构成了恢宏壮阔、跌宕起伏的中国画卷。最为关键的，就是杨博士以 1894～1895 年甲午战争为分水岭，指出日本人的中国认识出现了巨大的变化。① 这样的嬗变既呈现在日本人以长江中下游的城市为对象的中国考察之中，也影响到了"大日本帝国"针对中国而采取的一连串的后续行动。

第三，就是作为归结的"下篇：观念与评价"。所谓"观念"，应该是指日本视角下的"华夷"观念，日本处在这一观念之下，构筑起"东洋·皇国"的自我定位，并采取一种实用主义的立场来将中国视为他者，同时

---

① 杨洪俊：《他者之镜：日本人笔下的清末上海·南京·武汉》，江苏人民出版社，2022，第263页。

也由此确立日本作为"新兴国"（语出德富苏峰）、作为真正的中华的身份认同。所谓"评价"，就是最后的幕府末期以来，且时至今日亦时不时地浮现出来的蔑视型的中国认识或者亚洲认识，① 甲午战争前后日本针对中国前途、中国根性、欧化进步等一系列问题的思索，也归结到了这样一种蔑视型的中国认识或者亚洲认识，在这样的认识背后隐藏的则是以西方为文明的旗手，以求知识于世界，实则"脱亚入欧"（语出福泽谕吉）的西化主义路线。在这一过程中，杨博士的论著借助大量的文献史料——同时也是自身课题研究而收集到的成果来阐述事实，构筑起实证性的推导与研究。

2. 文脉理路与问题意识

该著作的文脉理路，或许只要聚焦于史料解题、描述与认识、观念与评价这样的关键词即可一目了然。但是这样的关键词也会给人留下学术研究是否就应该这样的"疑问"。换言之，由此而产生的"疑问"，绝不只有一个"是什么"（what）的问题。这种"疑问"更会引导读者去思索究竟是"为什么"（why），还会让不少的研究者深入"方法论"（methodology），也是"如何"（how）的视域下去进一步探索。在这样的"疑问"呈现出来的"问题群"的背后，其实质问题是"日本人笔下的清末"究竟如何，何谓"他者之镜"，由此也会指向最为根本的"问题意识"。

> 本书所说"游记"不单指文学意义上的纪行散文，而是扩展到所有行走甚至居留清末中国，以实地考察所获亲身体验为基础撰写的作品。……本书主要运用比较文学形象学的方法，并结合历史地理学的基本理念，从形象的三个构成成分，即词汇、等级关系、故事情节出发，以游记为基本史料，白描呈现幕末明治日本人眼中的清末长江中下游三重镇的城市形象，并分析在日本实用主义华夷观逐步确立的呼应下日本的清末中国形象的建构逻辑。②

作为整部著作的前言，这一段话应该说体现出了提纲挈领的重要价值。接

---

① 〔日〕沟口雄三：《历史认识问题是什么问题》，中国社会科学研究会编《全球化下的中国与日本》，社会科学文献出版社，2003，第 12 页。
② 杨洪俊：《他者之镜：日本人笔下的清末上海·南京·武汉》，江苏人民出版社，2022，前言，第 2 页。

下来，本书评拟就杨博士的一段文字展开诠释，尝试勾勒出该论著的立场、对象、内容、方法，由此来把握潜藏在字里行间的文脉理路，进而挖掘出这一研究的理论价值与推衍意义。

第一，区别于北京大学教授孟华的"比较文学形象学"① 的基本框架，杨洪俊博士的著作没有将日本人的中国游记单纯地、直接地认可为"游记"，而是将之确立为实地考察与亲身体验的一个结果。换言之，该著作在此不仅超越了孟华教授的比较文学的范畴，也突破了厦门大学周宁教授提倡的注重"知识与想象的'表述'（representation）或'话语'（discourse）"，② 也就是跨文化形象学的视角，站在体验与想象的立场来把握日本人是如何认识清末中国，如何萌发与确立实用主义型的华夷观念，进而建构起清末的中国形象的历史经纬。在这一过程中，"中国体验－实用主义华夷观念－中国形象建构"构成了一种逻辑性的演绎。

第二，区别于单纯的语言学、文学的研究范式，杨洪俊博士借助如今流行的跨学科——"文学地理学"（literary geography）的范畴，将词汇、等级关系、故事情节视为日本人构筑中国形象的三大要素，就此展开文本解读与形象批评。不言而喻，杨博士在此提取"文学地理学"的核心内容的同时，通过文本解读的方式来把握文学表现的重要词汇——文化关键词，运用思想史研究的方法来把握西方文明框架下的"文明"（civilization）的等级关系，通过叙事学的理论来构筑起以中国形象为核心的"故事情节"（context），由此而在综合了文学的解读、思想史的研究、叙事学的理论的基础上，树立起清末时期日本人的中国认识的体验与想象。

第三，区别于迄今为止日本人的中国形象研究的既有范式，杨洪俊博士的著作既不同于整体性的中国形象的描述，也不同于中国局部地区也就是地域性的研究，而是选择一个"广域空间"——长江中下游三重镇为研究对象。我们难以确认杨博士选择这一广域空间的缘由或者契机究竟何在，但是这一研究对象的选择却具有多重性的内涵，至少我们可以联想到：一个是暗合了日本历史学者内藤湖南曾经提示的中国的"文化中心"南移所带来的势力变迁；③ 一个是契合了近代日本通过与中国签署《马关条约》而

① 孟华主编《比较文学形象学》，北京大学出版社，2001。

② 周宁：《天朝遥远——西方的中国形象研究》，北京大学出版社，2006，第 3 页。

③ 内藤湖南：「地势臆说」，转引自钱婉约《从汉学到中国学》，中华书局，2007，第 170 页。

得以深入武汉、重庆这样的中国腹地，不断侦察中国、探查中国的历史事实；① 一个是关注到中国的城市形象——城市饱受来自西方的冲击，亦代表着中国的未来，日本要如何面对这样的中国将走向何处的问题；一个是摒弃了中国的乡村，选择了重点城市，但就是中国的乡村、中国的农民，却成为中国革命乃至彻底改变中国的中坚力量，② 而这一点也仿佛预言了日本认识中国的"失败"之所在。不管怎么说，上海、南京、武汉三重镇的选择具有多重性的内涵，带有一种隐喻。

一言蔽之，杨洪俊博士的论著抱有既极为独特，亦无比厚重的问题意识：一个是希望超越过去的文学研究，站在跨文化形象学的立场来把握日本人笔下的清末中国；一个是以文学地理学为代表，融汇了文本解读、思想史研究、叙事学理论等多样性的方法来构建起"中国形象"的内容与结构。这样的问题意识应该说贯穿在整部著作之中，更反映出杨博士对当下时代的深切叩问。

3. 时代叩问与价值重塑

第一个时代叩问，就是追根溯源，日本究竟依据什么样的价值判断来认识中国、把握中国。事实上，当中国作为"他者之镜"呈现在日本人笔下的时候，中国是什么反而不是一个重要话题，而"日本人为什么这样把握中国？""究竟以一种什么样的'他者'的态度来审视中国？""为什么会是这样一种'他者'的态度？"这样的系列问题或许更为重要。不言而喻，这样的时代叩问不只是凸显出潜藏在日本人的中国认识之中的"意识形态"的问题，也就是以西方文明为标准的问题，同时也延续到文明互鉴的当下，我们要如何才能彻底地摆脱西方中心主义的樊篱，真正地成为"世界的中国"，真正地树立起自我认同的标准。

第二个时代叩问，就是日本人书写清末中国是否就只是为了考察中国。对此，笔者曾论述日本学者竹内实的中国研究的三大问题，即"中国是什么、中国将走向何处、如何与中国交往"的问题群。③ 换言之，在日本人考察中国的逻辑之中，存在着通过"知识性"的确证——中国是什么，来决

---

① 对此，杨洪俊博士亦简要地进行了提示。参阅杨洪俊《他者之镜：日本人笔下的清末上海·南京·武汉》，江苏人民出版社，2022，第235页。
② 围绕这一问题，参阅西顺藏『中国思想論集』，東京：筑摩書房，1969，第476页。
③ 吴光辉、余项科：《"第三个问题：如何与中国交往"——竹内实的现代中国形象研究》，《国际社会科学杂志》2009年第2期，第17~19页。

定中国将走向何处——陷入"病态"的中国必须进行彻底的改革，进而引导出第三个问题，也就是如何与中国交往——中国必须以"成功"的"新兴国"即日本为师，走向西方式的文明开化。这样的三大问题存在着逻辑推导的延续性，也暗合了近代日本认识中国乃至对中国采取行动的思想轨迹。

第三个时代叩问，就是"他者之镜"的方法论价值。"幕末明治日本人游记是一个研究日本对清末中国认识的史料宝库，同时也是反观近代日本自我形象建构的一面镜子，值得更多学者关注并深入研究。"① 这是杨洪俊博士在其著作前言的最后讲述的一段话，在此我们可以确证两点：第一就是游记作为"史料宝库"的价值；第二就是游记是"反观近代日本自我形象建构的一面镜子"。也就是说，通过日本人笔下的清末中国，通过日本人的中国形象构筑，我们可以审视日本人构筑自我形象之际遭遇的问题所在。

事实上，这样的"问题"也延续到了当下。就在文明互鉴的当下，围绕中国形象的认识，我们可以提到美国学者柯文所谓"知识帝国"，提到清末日本人考察中国之际提到的所谓"东亚病夫"的刻板印象（stereotype），还可以联想到或是被标示为"现代国家"（语出日裔美国学者弗兰西斯科·福山），或是被称为"文明国家"（语出英国学者马丁·雅克）的当下认识。如果说中国形象在过去成为西方文明观念下的一大"他者"，也被日本人排斥为了"巨大的他者"的话，那么到了文明互鉴的当下，中国如何摆脱"他者"形象，历史性地、现实性地重塑"世界的中国"形象？面对这样紧迫的时代叩问，我们需要重新审视中国形象的价值重构。不言而喻，这样的问题也是杨博士《他者之镜：日本人笔下的清末上海·南京·武汉》一书接下来的课题之所在，同时也将是众多关注中国形象建构的研究者需要共同努力、协商对话的重要课题。

---

① 杨洪俊：《他者之镜：日本人笔下的清末上海·南京·武汉》，江苏人民出版社，2022，前言，第5页。

Deep Truths Exploration and Image Changeover
—A Book Review of Hongjun Yang's *The Mirror of the Other*: *The Late Qing Dynasty in Japanese Study*, *Shanghai*, *Nanjing*, *and Wuhan*

Abstract: "The late Qing dynasty" is an important period in which Japan shifted from worshiping China as the "mother country of civilization" to contempt standpoint, and consider China as the "oriental despotism". Dr. Hongjun Yang's book *The Mirror of the Other*: *The late Qing Dynasty in Japanese Study*, *Shanghai*, *Nanjing*, *and Wuhan* regarding on this period, and it presents a "line-drawing style" of the landscape and people of late Qing dynasty China, especially the three major cities of Shanghai, Nanjing, and Wuhan. It also provides an overall overview of China, Chinese people, and even the future of China in this period. The book shows that revealing the connotation of the Japanese perception of understanding China as a "mirror of the other", which is enriching literatures and inspiration on the study of China's image nowadays, especially the construction of China's image in the global arena.

Keywords: Chinese image; Yang Hongjun; the mirror of the other

日本九州学派思想的巅峰展现[*]

——以《阳明学的位相》为中心

欧阳祯人[**]

【摘　要】本文回顾了日本九州学派形成的过程，简要介绍了九州学派的奠基人楠本正继先生的家学渊源、成长历史和学术贡献。在此基础之上进而介绍了九州学派第二代代表性学人荒木见悟先生的《阳明学的位相》。这部著作从多个方面讨论了王阳明及其后学的思想。文章认为，该著钩沉致远、探赜索隐、博大精深。文献资料之宏富、见识之广博、创见之深邃，均令人叹为观止，是九州学派思想的巅峰展现。

【关键词】九州学派　楠本正继　荒木见悟　《阳明学的位相》

由日本九州大学文学部荒木见悟（1917~2017）教授撰写的《阳明学的位相》一书的中译本已经由江苏人民出版社于 2022 年 7 月隆重出版。此书日文原著题为『陽明学の位相』，是荒木见悟先生在中国思想史研究领域的扛鼎之作。该著最初由日本研文出版社出版于 1992 年。本次中文译本由日本阳明学专家焦堃、陈晓杰、廖明飞、申绪璐联手翻译，体悟深刻、语言精当，准确地传达了原著作者的深刻思想，是一部难得的日本阳明学研究中译本专著。

荒木见悟先生是日本著名汉学家，也是战后日本学界中国思想史研究的代表性学者之一。其生前所执教的九州大学，是日本科研实力最为雄厚

---

* 本文是 2022 年度国家社科基金冷门绝学专项学术团队重大项目"钱绪山学派、龙溪学派与近溪学派文献整理及思想研究"（22VJXT001）的阶段性成果。

** 欧阳祯人，武汉大学中国传统文化研究中心教授，现任中华孔子学会副会长，主要从事儒家哲学、阳明心学、日本阳明学研究。

的国立大学之一，也是战后日本国内汉学研究，尤其是中国思想史研究的一所重镇，形成了极具特色和学术成就的"九州学派"。九州大学的中国思想史研究在战前即已发端，其开创者是出身于长崎的学者楠本正继（1896～1963）先生。楠本正继先生家学渊源极其深厚，其祖父是江户末期的朱子学传人楠本端山（1828～1883），楠本端山的弟弟楠本硕水（1832～1916）也是当时著名的儒家学者，影响很大。楠本正继的父亲叫楠本正翼（1873～1921），也是儒学专家。他年轻的时候深受楠本硕水的呵护与熏陶。楠本正继的家学渊源正是九州学派最原始的学术根基。楠本正继先生年轻时师从宇野哲人（1875～1974）先生，并且留学于德国、英国和中国，在中国思想史方面，特别是在宋明理学、陆王心学方面取得了重要的成就。九州学派的第二代主要学者即楠本正继先生培养出来的荒木见悟、冈田武彦、福田殖等大量弟子。在荒木见悟、冈田武彦、福田殖等先生的带领下，九州大学的中国思想史研究开创了更加开阔的局面，奠定了九州学派在日本国内乃至国际学术界的声誉和地位。

楠本正继先生是一位终身沉潜于学术研究、埋头书斋的"醇儒"。楠本正继先生的业师宇野哲人曾经长年游历中国各地。虽然对中国思想史的方方面面都有涉猎，但是最后的学术归宿是儒家哲学，其代表作是《孔子》《中庸新释》《中国哲学概论》《中国哲学史——近世儒学》等，这对楠本正继先生的学术成长有了重要的影响。楠本正继先生学贯中西，是九州大学中国哲学史首任讲座教授，是日本中国思想研究之九州学派的创始人。其学术以朱子学与阳明学的比较研究而著名。其代表作《宋明时代儒学思想之研究》中译本刚刚由武汉大学哲学学院连凡教授翻译，并于 2022 年 1 月由山东人民出版社出版。

楠本正继先生的《宋明时代儒学思想之研究》一书，长于考证，能够深入到古代中国思想史内部探赜索隐、考镜源流，其研究之深入细致，令人十分惊叹。例如楠本先生认为，心学是中国历史、中国思想史发展到宋明时期的必然产物。以文本的考证为依据，楠本正继先生始终是从学术思想史的源流角度来研究阳明心学。他认为陆象山的思想是对秦汉以来思想史发展的纠偏，是对先秦儒家学说的回归，而王阳明的思想又从陆象山、杨慈湖及其后学的思想深处汲取了深厚的营养和启发。

因此，从研究领域来说，自楠本正继起，宋明新儒学便是九州大学中国研究的主要关注对象，到荒木、冈田两位先生这一代时依然如此。尤其是明代心学思想，到了九州学派第二代的时候，在其学术兴趣和著作中所占据的比重呈现出越来越高的趋势。荒木先生写作《阳明学的位相》一书时已届晚年，此书可以说是先生在阳明心学研究方面的总结之作。全书共设十章，及结语、后记各一篇。十章题目分别为：第一章"陈白沙与王阳明"；第二章"心之哲学"；第三章"圣人与凡人"；第四章"顿悟与渐修"；第五章"知行合一"；第六章"性善论与无善无恶论"；第七章"阳明学与大慧禅"；第八章"拔本塞源论"；第九章"未发与已发"；第十章"乐学歌"。此外，结语副标题为"关于'自然'"，实质上也是一篇关于心学思想特质的专论。荒木先生此书钩沉致远、探赜索隐、博大精深，论及了包括王阳明及其后学等人在内的思想等各个方面，且随处皆是深造自得之旨。书中使用和参阅的文献资料之宏富、见识之广博、创见之深邃，均令人叹为观止。下面笔者结合荒木见悟先生思想的继承与发展，就该著的内容与特色做一些简要的介绍与分析。

第一，全书开篇便论及陈白沙与王阳明在思想上的谱系传承之关系，可谓为明代心学思想廓清了源流。王阳明本人及其门人弟子均很少提及陈白沙，更不会明言陈、王之间的思想继承关系。此间有陈白沙在明代地位不彰、白沙弟子湛若水与阳明之间的学术分歧，乃至王学一派有意维护王阳明的创立宗师地位等种种因素之影响，以致下及近代，仍很少有学者深入论证阳明心学思想在白沙那里已发其端绪。而荒木先生在详细剖析之后，不但将明代心学定为"白沙—阳明"一系，亦同时分辨了湛若水与这一学术谱系在思想上的区隔，可以说是正本澄源、开宗明义。诚如上文笔者所言，从思想史发展的角度而言，荒木见悟先生不论是从研究的方法上来讲，还是从研究的内容上来说，都是接着楠本正继来讲。楠本正继先生的《宋明时代儒学思想之研究》专注于宋代新儒学的研究，考证非常仔细，他把宋学的发展划分为前期、中期、后期三个阶段，有理有据，深入史料本身，让史料本身说话，从朱熹与陆象山的纠缠，以及北宋到南宋各家各派的思想互渗，直达明代中期的阳明心学。因此，荒木见悟先生《阳明学的位相》一书的《陈白沙与王阳明》一章，就是接着楠本正继先生来讲述阳明心学的渊源，弥补了楠本正继先生研究的不足，旁征博引，使从陆象山到王阳明的思想脉络更加丰满、更加清晰了。

第二，书中虽无一章一节专门讨论代表宋学的程朱理学之思想特质，但实际上处处皆是在对理学的潜默观照之下而立论。如首章考镜源流后，次章即辨章学术，总论心之哲学。"心之哲学"一章之立意，无疑是要将心学之"心"与理学之"理"对相标举，以突出"心"之自觉这一从理学向心学转化的根本路径，为接下来剖析心学各个方面的特质及具体概念奠定基础，更是全书在理论上的总纲。这正是陆象山所谓发明本心、"先立其大者"，为全书论述的展开确立了方向与基调。由于荒木先生对儒家经典非常熟悉，所以，对心之哲学的讨论，时时刻刻没有离开过朱子与陆子、朱子与阳明的思想纠葛，时时刻刻都没有离开过儒学与佛教思想彼此的比较与渗透，时时刻刻都没有离开阳明学内部王阳明及其弟子在相关问题上的细致讨论。"心之哲学"一章学术视野广阔、思想理解深刻、文笔流畅而冷静客观，是笔者多年来很少见到的专题研究心之哲学的上乘之作。细细读来，振聋发聩，令人深受启发。

第三，从第三章起，分论围绕圣凡之关系、顿悟渐修、知行合一、无善无恶、未发已发等论题而展开的心学体系之思想观念，其间皆是以最具心学特色、最能彰显明代心学思想逻辑发展方向的人物、论述为眼目，努力推极心学思想之演化路径。或换句话说，书中论心学思想，乃是浙中王门之王龙溪、泰州学派之王心斋等人所代表的王门之中的高蹈、超脱之一路，或曰"左派"为主线，循其思维之理路而展开的。而在此过程中，亦同时考察了反对心学的一些人物、王门之中较为保守的修证等派别的思想立场，为读者描绘出了心学之分化以及与其他思想派别并立的整体图景。左派王学，长期以来，在中国学术界往往并不是一个褒义词，因为他们高蹈超脱，"空谈心性"，自晚明刘宗周、黄宗羲以来就有各种批评。但是，荒木先生立足于"心之哲学"的理论，对心学对理学的取代予以了充分的肯定，视之为历史的必然；尤其是从纯哲学的角度来分析王学左派，却是别开生面，令人耳目一新。

值得特别注意的是，荒木见悟先生在中国佛学，尤其是禅学的研究方面具有突出造诣。荒木先生不但有不少专论禅学、禅僧的研究著作，更是在其研究中将心学与禅学交互参究、融会贯通，因此往往能发前人所未发，令人有耳目一新之感。在这一方面，《阳明学的位相》一书淋漓尽致地展示了荒木见悟先生在这方面的深厚造诣。自本书的第二章论心之哲学起，书中便随时随处参引禅家之语，与心学互相印证；第七章更是以专章来论述阳明心学与大慧禅之关系，这是非常珍贵的讨论。如此深入的研究，都是拜荒木先生长期精研佛学、深有心得所赐。阳明心学在明代便已时时遭受

"类禅"之诟病。而荒木先生之考述，实则从正面论证了心学与禅学在某些方面的相通之处，甚至令人有禅学为心学的源头之一的感觉，不仅让人明白了心学与禅学的某些特质，同时也是对二者思想价值相通、融汇的肯定。荒木先生在这个问题上没有学派的偏见，打破了长期以来中国儒学与佛学的障壁，学术视野和胸怀更加宽阔，对问题的讨论就更加深入圆融。

此书以"阳明学的位相"为题，在笔者看来，对明代心学源流之探索、对心学与程朱理学之比较区分、对王门内部分化情况的讨论等内容，可以说是着眼于阳明学之"位"；而对心学乃至禅学具体思想内容的发明阐述、对一些重要概念的分剖考辨等，则可以说是在描摹阳明学之"相"。九州学派自楠本正继起，便倾向于不将近代西方哲学的概念、体系套用在传统中国思想之上，而是深入中国思想内部，注重让史料本身说话，注重考镜源流，察势观风，从学术思想发展脉络的根源处入手来讨论问题，从古人之思维、感受出发，以体悟所得而加以提炼、升华，能够引领读者濡染于中国传统思想的丰富世界之中。这一点，对于长期浸染于西学范式的影响和苏联概论式研究方式的中国当代学者来讲，尤其具有重要的启发作用。

The Pinnacle of the Kyushu School's Thought
—Centered on *The Yiso of Yomeigaku*

Abstract：This article reviews the formation process of the Kyushu School in Japan, and briefly introduces the family background, growth history, and academic contributions of the founder of the Kyushu School, Kusumoto Masatsugu. On this basis, the thesis introduces *The Yiso*（位相）*of Yomeigaku* written by Araki Kengo, who is the second generation representative scholar of the Kyushu School. The author discusses the thoughts of Wang Yangming and his successors from multiple perspectives. *The Yiso of Yomeigaku* is insightful and inspiring, with broad and profound visions. The richness of literature, the breadth of knowledge, and the depth of creativity are all breathtaking, making it the pinnacle of the Kyushu School's thought.

Keywords：Kyushu School；Kusumoto Masatsugu；Araki Kengo；*The Yiso of Yomeigaku*

《日本学研究》征稿说明

1. 《日本学研究》是由"北京日本学研究中心"与"教育部国别和区域研究基地——北京外国语大学日本研究中心"共同主办的综合性日本学研究学术刊物（半年刊、国内外发行），宗旨为反映我国日本学研究以及国别和区域研究最新研究成果，促进中国日本学研究的进一步发展。本刊于2021年入选为 CSSCI 收录集刊。

2. 本刊常设栏目有：特别约稿、热点问题、国别和区域、日本语言与教育、日本文学与文化、日本社会与经济、海外日本学、书评等。

3. 来稿要求和注意事项

（1）来稿要重点突出，条理分明，论据充分，资料翔实、可靠，图表清晰，文字简练，用中文书写（请按照国务院公布的《简化字总表》书写，如果使用特殊文字和造字，请在单独文档中使用比原稿稍大的字体，并另附样字）的原创稿件。除特约稿件外，每篇稿件字数（包括图、表）应控制在 8000~12000 字为宜。

（2）来稿须提供：①一式两份电子版论文（word 版 + PDF 版）、②文题页、③原创性声明（可在北京日本学研究中心官方网站 http://bjryzx.bfsu.edu.cn/下载），所有文档通过电子邮件发送至本刊编辑部邮箱（rbxyjtg@163.com）。

（3）论文内容须包括：题目（中英文）、内容摘要（中英文）、关键词（中英文）、正文、注释（本刊不单列参考文献，请以注释形式体现参考文献）。可在北京日本学研究中心官方网站（http://bjryzx.bfsu.edu.cn/）下载样稿，并严格按照撰写体例要求撰写。

（4）文题页须包括：论文的中英文题目、中英文摘要（约200字）、中英文关键词（3~5个）、作者信息（姓名、单位、研究方向、职称、电子邮箱、手机号码及通信地址等）、项目信息。

（5）来稿电子版论文中请隐去作者姓名及其他有关作者的信息（包括"拙稿""拙著"等字样）。

（6）论文中所引用的文字内容和出处请务必认真查校。引文出处或者说明性的注释，请采用脚注，置于每页下。

4. 本刊所登稿件，不代表编辑部观点，文责自负。不接受一稿多投，本刊可视情况对文章进行压缩、删改，作者如不同意请在来稿中声明。

5. 本刊采用双向匿名审稿制，收到稿件后 3 个月内向作者反馈审稿结果，3 个月后稿件可另作他投。

6. 来稿一经刊登，每篇文章将向作者寄赠样刊 2 册，不支付稿酬。

投稿邮箱：rbxyjtg@163.com

咨询电话：（010）88816584

通信地址：邮政编码 100089

中国北京市西三环北路 2 号 北京外国语大学 216 信箱

北京日本学研究中心《日本学研究》编辑部（收）

《日本学研究》稿件撰写体例要求

1. 稿件用字要规范，标点要正确（符号要占1格），物理单位和符号要符合国家标准和国际标准，外文字母及符号必须分清大、小写，正、斜体，黑、白体；上、下角的字母、数码、符号必须明显。各级标题层次一般可采用一、1、（1），不宜用①。

2. 字体、字号、页面字数要求：

（1）关于字体，中文请采用宋体、日文请采用明朝、英文请采用 Times New Roman 字体撰写。

（2）关于字号，论文题目请采用14号字、正文请采用11号字、正文中标题请采用12号字、英文摘要和关键字请采用9号字撰写。

（3）关于页面字数，每页请按照39字×44行撰写。

3. 参考文献具体格式请按照以下规范撰写。

【专著】〔国籍〕作者：书名，出版社，出版年，参考部分起止页码。

章宜华：《二语习得与学习词典研究》，商务印书馆，2015，第1~15页。

〔日〕日原利国：『春秋公羊伝の研究』，東京：創文社，1976，第17頁。

Halliday M. A. K. *An Introduction to Functional Grammar*（2nd edition），London：Edward Arnold，1994，pp. 24 – 25.

【期刊】〔国籍〕作者：文章名，期刊名，卷号（期号），出版年。

沈家煊：《语言的"主观性"与"主观化"》，《外语教学与研究》2001年第4期。

〔日〕服部良子：「労働レジームと家族的責任」，『家族社会学研究』2015年第2期。

Ono Hiroshi，"Who Goes to College? Features of Institutional Tracking in Japanese Higher Education，" *American Journal of Education* 109（2），2001.

【报纸】〔国籍〕作者：文章名，报纸名，刊行日期。

刘江永：《野田外交往哪里摇摆?》，《人民日报（海外版）》2011年10

月 22 日。

〔日〕丸冈秀子：困難な"家ぐるみ離農"，『朝日新聞』1960 年 9 月 11 日付。

【学位论文】〔国籍〕作者：题目，授予单位，授予年。

王华：《源氏物语的佛教思想》，山东大学博士学位论文，2009。

〔日〕久保田一充：『日本語の出来事名詞とその構文』，名古屋：名古屋大学，2013。

【译著】〔国籍〕作者：书名，译者，出版社，出版年，参考部分起止页码。

〔德〕胡塞尔：《现象学的观念》，倪梁康译，上海译文出版社，1987，第 29 页。

【网络电子文献】〔国籍〕作者：题目，引用网页，日期。

北京日本学研究中心：《日本学研究》征稿说明，https://bjryzx.bfsu.edu.cn/publisher1.html，2021 年 6 月 10 日。

注：外国出版社或学位授予单位请注明所在地名。中国出版社或学位授予单位所在地可省略。

4. 初校由作者进行校对。在初校过程中，原则上不接受除笔误以外的大幅修改。

《日本学研究》编辑委员会
2021 年 6 月 10 日修订

图书在版编目（CIP）数据

日本学研究. 第 35 辑 / 郭连友主编. -- 北京 : 社
会科学文献出版社, 2023.10
ISBN 978 - 7 - 5228 - 2461 - 1

Ⅰ.①日… Ⅱ.①郭… Ⅲ.①日本 - 研究 - 丛刊
Ⅳ.①K313.07 - 55

中国国家版本馆 CIP 数据核字（2023）第 165093 号

日本学研究　第 35 辑

主　　编／郭连友

出 版 人／冀祥德
责任编辑／卫　羚
文稿编辑／卢　玥
责任印制／王京美

出　　版／社会科学文献出版社·人文分社（010）59367215
　　　　　　地址：北京市北三环中路甲 29 号院华龙大厦　邮编：100029
　　　　　　网址：www.ssap.com.cn
发　　行／社会科学文献出版社（010）59367028
印　　装／三河市龙林印务有限公司

规　　格／开 本：787mm × 1092mm　1/16
　　　　　　印 张：21.75　字 数：362 千字
版　　次／2023 年 10 月第 1 版　2023 年 10 月第 1 次印刷
书　　号／ISBN 978 - 7 - 5228 - 2461 - 1
定　　价／128.00 元

读者服务电话：4008918866